JN208355

証券経営研究会 編

変貌する金融と証券業

公益財団法人 日本証券経済研究所

はしがき

　「証券経営研究会」は1996年春に日本証券経済研究所の東京研究所と大阪研究所による２年間の共同プロジェクトとしてスタートした。バブル崩壊後の証券会社の厳しい経営環境，そしてその後の経営環境を激変させることになる証券市場改革，いわゆる「日本版ビッグバン」の進展の下で，わが国における証券経営の将来の方向性を検討するという実践的な課題を掲げ，大学や証券会社系研究所の研究者の参加も得て活動を開始した。その後，テーマの重要性に鑑みてプロジェクトは更新され今日に至っている。

　2008年のリーマン・ショックから10年目を迎えた。1987年のブラック・マンデー，97−98年のロシア経済危機と東南アジア通貨危機，そしてリーマン・ショックと，過去30年程度の経験則から2018年が10年周期の金融危機のサイクルに当たるため，その再発を警告する声も強い。しかし，こうした図式化はかえって硬直的な思考回路を生み出し，冷静な現状認識と将来展望を歪める恐れがある。歴史的な事実としては，アメリカに限っても，この間にもドレクセル・バーナム社の破綻とジャンク・ボンド市場の崩壊，S&L危機（1990年前後），ITバブルの崩壊（2000年頃）など，決して無視できない深刻な金融市場の危機がもっと頻繁に発生していたのである。金融危機発生の10年周期が強調されることによって，これらの事実が無視ないし軽視されることは問題である。

　重要なことは，経済活動の進展における矛盾の累積過程を把握し，その発露としての金融システム危機の諸条件の成熟度を明らかにすることであろう。そのサイクルが５年であろうが，10年であろうが，大した問題ではない。経済活動の進行の中で形成される金融システム危機の内的な諸条件の状態を明らかにすることこそが最も重要な課題である。サブプライム危機は，主流派の経済学者や主要な政策担当者が「大いなる安定」（the great moderation）として経済政策運営に自信を強めていたさなかに発生した。

　こうした現状に対する誤認は過去の経済危機の際にも度々認められる。不況免疫性に自信を強めた「ニュー・エコノミックス」，「デジタル・エコノミー」，「ニュー・エコノミー」といった，かつて喧伝された標語はその例である。事実は「今回も同じ」（This time is the same）であった。

　2008年11月，イギリスのエリザベス女王はロンドン・スクール・オブ・エコノミックス（LSE）の新校舎の落成式に出席した際に，並み居る重鎮経済学者を前に極めて率直な物言いで，「どうして，経済危機が起きることを誰も分からなかったのですか？」と述べたのである。多くの経済学者や政策担当者にとって大変ショッキングな一コマであり，英国学士院（The British Academy）はこの問題を討議するために経済学者，政策担当者などを招集して翌09年7月17日に公開討論会を開催した。そこでの議論のエッセンスがエリザベス女王への公開書簡として提出されたが，イギリスを代表する専門家たちは個別には危機の兆候に気が付いていたものの，システム全体のリスクを予想できなかったことを率直に認めたのである。

　もっとも，反主流派の経済学者で例外的な存在に止まったものの，ラグラム・ラジャンやヌリエール・ルービニのようにほぼ的確に経済危機の到来を予想していた研究者が存在したし，ヒュン・ソン・シンのように，金融仲介構造の変貌により金融市場におけるリスクが高まっていることに警鐘を鳴らす研究者も存在した。あるいは，過去に遡れば，このような系譜に属する経済学者としてハイマン・ミンスキーやチャールズ・キンドルバーガーのような経済学者をあげることもできる。

　それはともかく，リーマン・ショック以降，危機の再発防止のために，その原因究明と全面的な金融規制の見直しに向けた取り組みが行われてきた。これらの成果として，金融安定化理事会（FSB）などの新たな国際的な監督機関の創設や，各国の破綻処理制度の整備と調整，あるいはバーゼル（Ⅲ）資本規制などがあげられる。こうした動きも受けて，金融機関はそれまでの証券化やデリバティブを積極的に利用した金融工学に基づき最大限にリスクを取って利益を追求する利益至上主義的なビジネスモデルの見直しを余儀なくされている。

　金融機関のこのような動きをさらに強めているのは，情報通信技術（ICT）の発展である。サブプライム危機に至る信用拡張の背景には，証券化を中心とした金融機関の組成配分（originate-to-distribute, OTD）モデルや CDS などのデリバティブの商品開発があったことが明らかにされているが，それを可能にしたのは ICT の急激な発展である。

　ここ数年，IoT（Internet of Things），フィンテック，ビッグデータといった技術革新が凄まじい勢いで進展している。また，チェス，囲碁，将棋の世界でも，人工知能（AI）が次々と名人を破るという事態が起き，大きな話題となっている。これらのことを可能にしているのは，コンピュータの記憶容量と通信速度の指数関数的増大である。この点について，Brynjolfsson E. and McAfee A.〔2014〕, *The Second Machine Age*（村井章子訳〔2015〕,『ザ・セカンド・マシン・エイジ』日経 BP 社），第 3 章が大変示唆的で分かり易い例示を紹介している。彼らが注目するのは，「ムーアの法則」と「チェス盤の残り半分」である。

　まず，後者の「チェス盤の残り半分」とは，未来学者のレイ・カーツワイル（Rey Kurzweil）が，人間の脳が指数関数的な増加が持続したらどうなるかをあまり良く理解できないことを古い逸話を紹介して明らかにしたものである。その逸話とは次のようなものである。6 世紀頃のグプタ朝の時代に，現在のインドにあたる場所で，ある賢い男がチェスを発明した。この男は王様にチェス一式を献呈するが，王様はこのゲームを大変気に入り，褒美として望むものを与えると言った。すると，男は家族を養うためのコメが欲しいと言い，王様が気に入ったチェス盤に因んで，コメの量を最初のマス目に 1 粒，二番目のマス目に二粒，三番目のマス目に四粒…という具合に，前のマス目の倍の米粒を置いて，それをいただきたいと言った。王様はこの（見かけは）控えめな申し出を容易いこととして承知する。

　このやり方でコメを増やしていくと，チェス盤には 64 のマス目があるから，真ん中の 32 マス目で，米粒の数は 2^{32-1} で約 21 億粒になる。64 マス目では，米粒の数は 2^{64-1} 粒，つまり 922 京粒にもなる。積み上げればエベレスト山より

も高くなる。王様は真ん中のマス目のあたりで一杯食わされたことに気が付き，腹を立てて男の首を刎ねてしまったというのである。

　この逸話のもう一つのミソは，チェス盤の中盤のあたりまでの増加のペースはそれほど急激ではないということである。ところが，中盤を過ぎたあたりから，増加のペースは加速し，最後には文字通り天文学的数字に達するのである。

　次に，半導体の集積度のスピードを表す指標として，「ムーアの法則」が良く知られている。1965年，当時，フェアチルド・セミコンダクターにいた（その後，インテルの創業者の一人になる）ゴードン・ムーアは，『エレクトロニクス』誌に発表したわずか4頁の論文の中で，それまでの経験則を踏まえて，今日まで語り継がれている有名な予測を提示した。それによると，集積回路（IC）に組み込まれる素子の性能は大雑把に言って1年間に2倍のペースで上昇し，ホーム・コンピュータ，自動車の自動運転，携帯通信端末といった驚異的な製品の実現に寄与するであろうというのである。それから半世紀が過ぎた今日では，これらの製品はすべて現実のものとなり，我々はその恩恵に浴している。

　当初，ムーアはこのスピードが最低10年間は続くと予想した。その後，ややペースは落ち，倍増する期間は18ケ月，あるいは2年とされたりしたものの，今日まで持続し，ムーアの予想は極めて控えめであったことが明らかになる。ムーアの言うように，1年間で倍増するとすれば，10年後の1975年には集積回路の性能は同じ値段で65年の512倍（2^{10-1}）になる。

　アメリカ商務省の経済分析局（BEA）は，1958年に企業の投資対象として「情報技術（IT）」という項目を新設した。仮にこの年をIT初年度とみなしムーアの法則が発動した年と仮定し，さらに集積回路の性能が18ケ月で倍増したと仮定すると，32回倍増した年，つまりチェス盤の32マス目に到達した年は2006年ということになる。

　ブリニョルフソンとマカフィーが言うように，これは極めてラフな推定で，性能の向上スピードなどを変えれば結果はまったく違ったものになる。それで

も，2010年前後から，集積回路の性能は「チェス盤の後半」の驚異的な累積段階に到達し，そのことが人工知能（AI），IoT，フィンテック，ビッグデータといった驚異的な技術革新を可能にしたと言えるのではないだろうか。また，「モラベックのパラドックス」と呼ばれるように，人口知能が論理的な課題に対して圧倒的な賢さを発揮する一方で，人間の幼児にとっても簡単な画像認識，音声認識，自然言語処理が苦手であることも，近年の膨大な情報と計算能力が可能にした深層学習（ディープ・ラーニング）によって克服されようとしている。自動運転技術（グーグルカーなど），チャット・ボット（Facebook Messengerなど），音声ビジネス（アップルのSiri, Pepperのようなコミュニケーション・ロボット，アマゾン・エコーなど），金融分野のレグテック（regulationとtechnologyの結合），またアルゴリズム取引や高頻度取引（HFT），ロボ・トレーダー，ロボ・アドバイザーなどの製品やサービスは，これらのICTの発展によって実現したものである。

　本書は4編から構成されている。第1編は，国際的および各国の資本市場の変貌についてである。一言でいえば，2000年代には，グローバリゼーション（国際化）とフィナンシャリゼーション（金融化）が進展し，不動産価格の投機的上昇をもたらし，2008年以降の金融システム危機はその行き詰まりと金融システムの再構築に向けた取り組みの契機となった。

　サブプライム危機の有力な原因の一つとして，金融仲介構造における非銀行金融機関，いわゆるシャドー・バンキングの台頭が指摘できる。実際，破綻ないし経営危機に追い込まれた金融機関（および投資機関）は，中央銀行の与信や預金保険制度というセーフティネットの対象である伝統的な銀行ではなく，主要な資金源泉をレポ市場，ABCP市場などの短期金融市場に大幅に依存していた，政府系住宅金融機関，保険会社，住宅ローン会社，投資銀行，MMF，ヘッジファンドなどである。その分析とそれらに対する規制のあり方が重要な課題である。

　また，技術革新を支える資本市場として，IPO市場の動向や，TOKYO PRO Marketのような既存市場が改組され新たな産業のために創設された市場につ

いても注目していく必要があろう。

　第2編は，アメリカとイギリスにおける金融規制改革の動向を取り上げている。アメリカでは，トランプ政権下で，オバマ政権の下で成立したドッド・フランク法の廃止ないし修正に向けた議論が活発になっている。その背景には共和党，民主党のイデオロギー的な対立があるが，その行方は現時点でははっきりしない。イギリスでも業務規制の見直し，監督機関の再編など，金融規制の再構築に向けた取り組みが行われてきた。この中でも，金融機関も含めたコーポレート・ガバナンス（CG）改革は，わが国のCGコード，スチュワードシップ・コードにも大きな影響を与えており，その導入の経緯が詳細に分析されている。

　第3編は，フィンテックの現状について取り上げている。フィンテックは，決済，融資，資金調達，保険，資産管理など，あらゆる金融取引の分野で目覚ましい進展を示しており，その背景であるハード面での技術革新については既にふれたとおりである。フィンテックは，アメリカのみならず，EU諸国，イギリスでも，国際的な競争力強化の観点から国を挙げた取り組みが行われている。ましてや，形式的には社会主義国である中国では，国家の統制下で，スケールが大きくかつダイナミックなフィンテックの展開がみられる。わが国でも，経済産業省，日本銀行などの監督機関も加わって，フィンテックをめぐる活発な取り組みが進んでいる。金融機関の経営との関係では，そのコストと便益の関係も重要な関心事であり，それについての分析を行っている。

　第4編は，証券業務の変化についてである。世界的に，金融業務における規制の撤廃と緩和によって，銀行，証券，保険の各業務を手掛ける大手金融グループの存在が一般的になっている。この業務・収益構造はどのような競争環境の下で形成されたのであろうか。英米に例を取り，リテール・バンキングへの進出や抱合せ取引の実態について分析している。

　また，リテール証券業務をめぐっては，フィデューシャリー・デューティ（FD）が問題になっている。アメリカでは，もともと投資顧問業者の顧客に対する受託者（フィデューシャリー）としての義務としてFDが定められてい

た。一方，年金資産運用をめぐって労働省が同様な規則を定めようとする動きがあり，両者の調整が問題になっていた。2017年に労働省の規則が採択され，証券会社の営業戦略も見直しを迫られている。また，ロボ・アドバイザーの台頭により，それに対するFDの位置づけも問題になっている。

　わが国では，金融庁が銀行，証券，保険各社に顧客本位の営業の徹底という観点から，FDの履行を求めている。その政策の詳細についても分析している。

　資料は，ここ20年間に参入および退出したわが国の証券会社の類型分析である。業務範囲が広がったために，極めて多様な業者が存在するようになったが，その財務数値を分析することによって特徴を捉えようとしている。業者のバックグラウンドが異なれば，その行動様式も異なってくるから，産業組織論的な観点から証券市場の競争構造を見る上で基礎的な情報を与えるものである。

　個々の論文は執筆者個人の責任で執筆されており，研究会や日本証券経済研究所の見解を反映するものではない。研究会主査の佐賀が表記や用語の統一を行ったが，内容については手を加えていない。

　多忙な中，研究会の運営に参加されたメンバーやオブザーバーの方々に感謝する次第である。ほぼ月一回のペースで開催される研究会では，大学や民間の研究者だけではなく，証券会社の実務担当者の方からも貴重なお話しを伺うことができた。これらの方々にも感謝する次第である。本書がわが国の証券市場の将来，特に証券会社の経営のあり方を考える上で何らかの示唆を与えることができれば幸いである。

2018年3月

公益財団法人　日本証券経済研究所
証券経営研究会
主査　　佐賀卓雄

執　筆　分　担

はじがき　　佐　賀　卓　雄　当研究所理事・特任研究員

第Ⅰ編　変貌する資本市場の諸相

第1章　　渡　部　　亮　　法政大学経済学部教授
　　　　　　　　　　　　　当研究所客員研究員

第2章　　佐　賀　卓　雄　前　　出

第3章　　岡　村　秀　夫　関西学院大学商学部教授
　　　　　　　　　　　　　当研究所客員研究員

第4章　　松　尾　順　介　桃山学院大学経営学部教授
　　　　　　　　　　　　　当研究所客員研究員

第Ⅱ編　欧米の金融規制改革の動向

第5章　　若　園　智　明　当研究所主任研究員

第6章　　漆　畑　春　彦　平成国際大学法学部教授

第Ⅲ編　金融技術革新と証券業

第7章　　大　木　　剛　　みずほ総合研究所
　　　　　　　　　　　　　金融調査部上席主任研究員

第8章　　李　　　立　栄　京都学園大学経済経営学部准教授

第9章　　小　林　陽　介　当研究所研究員

第Ⅳ編　証券業務の変化をめぐる諸論点

第10章　　掛　下　達　郎　松山大学経済学部教授
　　　　　　　　　　　　　当研究所客員研究員

第11章　　　沼　田　優　子　明治大学国際日本学部特任准教授
　　　　　　　　　　　　　　当研究所客員研究員

第12章　　　横　山　　　淳　大和総研金融調査部
　　　　　　　　　　　　　　制度調査課主任研究員

資料　　　　二　上　季代司　当研究所主任研究員

目　次

はしがき

第Ⅱ編　欧米の金融規制改革の動向

第5章　アメリカ共和党の金融規制政策

第6章　金融規制改革とイギリスのコーポレート　　　　ガバナンス論議

第Ⅲ編　金融技術革新と証券業
第7章　デジタルイノベーションがもたらす
　　　　リテール金融・証券ビジネスの変革

第Ⅳ編　証券業務の変化をめぐる諸論点
第10章　英米大手銀行グループの業務展開と金融深化

第11章　トランプ政権下のリテール証券業と
　　　　　フィデューシャリー・デューティ

第12章　「顧客本位の業務運営に関する原則」と　　　　証券会社の対応

第Ⅰ編　変貌する資本市場の諸相

第1章　ポピュリズム時代の証券業

はじめに

2000年代初頭に進行したグローバリゼーション（国際化）とフィナンシャリゼーション（金融化）は，2007年以降の一連の国際金融危機によって限界に達し，世界経済は低い経済成長率，所得格差の拡大，負債の肥大化（特に国家債務の肥大化）というトリレンマ（三重苦）に陥った。

このトリレンマには相互増幅作用が働いていた。第一に，低成長が所得格差拡大を加速させた。これは，トマ・ピケティ著『21世紀の資本』が指摘した状況である。すなわち，資本収益率が経済成長率を上回ると，資本分配率が上昇し逆に労働分配率が低下する。第二に，所得格差拡大は有効需要の低迷によって低成長を長期化させる。なぜなら，高所得者は低所得者に比べて消費性向が低いので，経済全体としてみれば，消費需要が不足するからである。家計消費が低迷すれば，企業の設備投資も盛り上がらない。

第三に，金融危機収拾のための銀行救済と低成長を底上げするための財政支出拡大および国債増発が負債を増大させた。もともと民間部門の負債増（住宅ローンや消費者ローン）が金融危機を引き起こし，その危機を収拾するために公共部門（政府）の負債が増加したのであった。そして，公共部門の負債の返済圧力が経済成長の足枷となった。第四に，量的緩和政策によって中央銀行が国債を購入した結果，貨幣が増発され，それが過剰流動性となって資産市場に流入した。資産価格が再び上昇し，高所得者（資産保有者）と低所得者の間でいっそうの格差拡大を生んだ。そして第五に，低所得者の困窮は教育支出の削

減や健康阻害となり，生産性向上を阻害する要因にもなった。

　2007〜08年の国際金融危機を境にして，資本主義と民主主義の間に亀裂が生じたということもできる。資本は国境を超えて自由に移動するが，人が国境を超えて移動すれば，在来の住民との間で摩擦が起きる。また自由に移動できる人と移動できない人との間で所得格差が生じたということもできる。資本主義は絶えざる創造的破壊と社会不安を伴い，それを補正するためには所得再分配が必要だが，財政の硬直化によって所得格差是正のための再分配政策も機能不全に陥っている。ポピュリズムの横行はこうした経済状況を反映するものであり，証券市場もその影響を受けることになる。以下では，米国経済の現状を分析しながら，ポピュリズムが財政金融政策や証券市場に与える影響を考えてみよう。

1．負債を抱えた経済

　連邦準備制度理事会（FRB）の統計によると，米国非金融部門の負債総額（証券発行残高と借入残高の合計）は，2016年末現在47兆ドルで，名目GDPの2.5倍に達する。このうち政府部門が1倍である（図表1-1参照）。従来の低金利下では，負債の利子負担が問題にならなかったが，金利が上昇すると状況が変わる。平均金利を2％とした場合，名目GDPが5％（2％の2.5倍）以上で成長しないと負債比率が膨張する（ただし，賃金，企業利益，税などの付加価値構成比を一定とする。）

　1980年代のレーガン政権初期には非金融部門の負債のGDP比が1.4倍，うち政府分は0.4倍分にすぎず，国債発行を財源とする減税の余地もあった。それでも大幅減税が深刻な財政危機を引き起こし，1987年10月19日の株価大暴落（ブラックマンデー）の一因ともなった。

＜生産性の停滞＞

　低い潜在成長率の背後には，労働生産性の低迷がある。Gordon〔2016〕によれば，情報通信技術（ICT）革新による全要素生産性の向上効果は2004年こ

図表1-1　米国の部門別負債：GDP に対する倍率

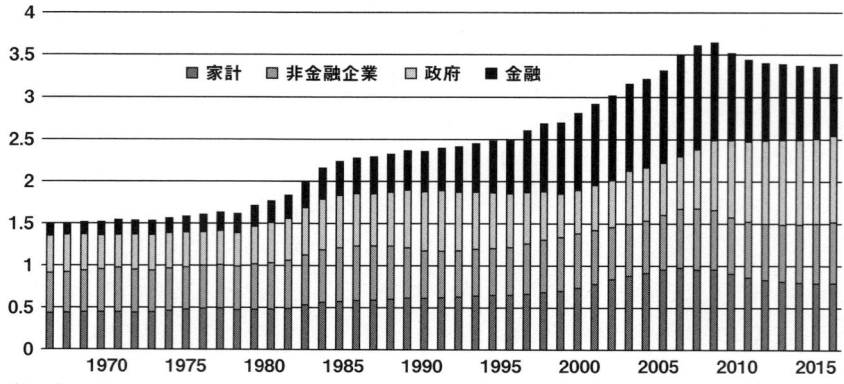

〔出所〕FRB Financial Account of the United States を使って作図

　ろまでに出尽くしたという。将来を見据えた設備投資や市場占有率拡大に対する経営者の意欲（アニマル・スピリット）も減退した。米国企業の経営は，設備投資や製品値下げによる市場占有率拡大よりも，配当や自社株買いなど株主還元のためのフリーキャッシュフロー確保を重視している（図表1-2参照）。

　低生産性に加えて，中所得者や低所得者の生活水準向上（所得成長）を阻害する要因が多い。第一に，高齢化によって総労働時間が減少するとともに，政府債務の将来にわたる返済が可処分所得の減少をもたらす。第二に，新興国からの安価な製品輸入と労働代替的な技術革新によって，中低所得者の工場労働やホワイトカラーの事務労働に対する需要が減少し，運送や清掃，店員などのサービス労働に対する需要ばかりが増加する。そうしたサービス労働には工場労働などで職を失った白人労働者階級も参入するので，賃金に下方圧力がかかる。第三に，教育の質低下（低所得者や片親世帯の識字率低下），第四に新興企業の起業件数減少とそれに伴う新規雇用創出の停滞している。Gordon〔2016〕によれば，5年以内に新規起業した企業数の全企業数に占める割合（開業率）は，1978年の14.6％から2011年には8.3％に低下した。その間，廃業企業数の全企業数に対する比率は8〜10％で変わらないので，創業後16年以上経つ成熟企業の割合が全企業数の3分の1を占めるまでになった。新興企業の

図表1-2　非金融企業の営業キャッシュフローの使途別構成比

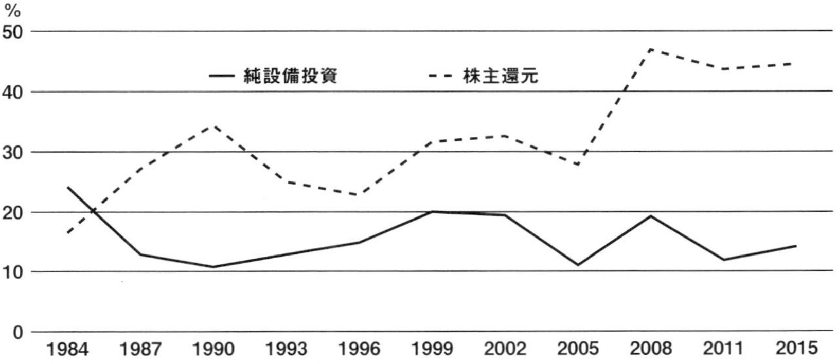

〔出所〕BEA 国民所得統計を使って作図

雇用者数の割合も，1982年の19.2％から2011年の10.7％に低下した[1]。

　2012年にオバマ政権は，小規模企業の資金調達を促すために起業支援促進法（JOBs法）を制定したが，新規株式公開（IPO）の件数は減少している。ひとつの理由は，2002年のサーベンズ・オクスレー法（SOX法）によって上場企業の開示義務が増えたことだが，そのほかにも米国企業を取り巻くIPO環境が悪化したことが影響している。たとえば，国民皆保険制度が整っていないので，独立して起業すると職域の健康保険から離脱する羽目に陥り，医療費や保険料の自己負担が急増する。また，大学在学時に借り入れた奨学ローンの返済負担も大きい。こうしたことが新規起業やIPOに伴うリスクを忌避する傾向を生んでいる。また，新規株式公開の目的が，上場による株式資金調達よりもベンチャーキャピタルやプライベートエクイティの投資資金回収，いわゆる「出口（exit）戦略」に偏っている。時価総額10億ドル以上のユニコーンと呼ばれる非上場企業数は増加したが，新規公開企業件数は激減している。こうした状況だと，個人投資家が新規公開株への投資機会を失うだけでなく，新興企業による雇用者数増加も期待できない。

＜税制改革の効果＞

　もちろんトランプ政権の経済政策（減税や公共インフラ投資）が奏功し，企

業経営者のアニマル・スピリットが蘇り，新規の設備投資が増加するという楽観的シナリオも描ける。実際，懸案の税制改革も新規の設備投資促進を目的としていた。

　下院共和党の税制改革法案（2017年当初の原案）には，①法人税率を現行35％から20％に引き下げ，②国境税ないし国境調整税の導入（輸入は費用としての損金算入を認めず，20％の法人税を課税するとともに輸出は免税とする），③全世界所得課税方式から国外所得免税方式へ切り替え（米国企業が国外に保有する現預金の米国内送金には一回限りの8.75％課税で済ます），④設備投資費用の一括損金算入（キャッシュフロー課税への移行），⑤負債利子の損金算入制度の廃止などが盛り込まれた。最終的に2017年末に成立した税制改革法（Tax Cuts and Jobs Act of 2017）では，①の法人税率は21％に，②の国境税（国境調整税）は採択されず，③海外利益送金への課税率は15．5％となった。そして④と⑤は部分的にしか実施されなかった。

　上記の税制改革原案の趣旨は，アメリカ国内の設備投資を，負債ではなく自己資本の増強によって促進することにあった。たとえば，②の海外利益の米国内送金に関わる軽課税は，新規の設備投資促進を目的としていたが，この点に関しても次のような問題がある。

　S&P500構成企業を例にとると，アメリカの設備投資の大半はエネルギー，不動産，公益事業など内需型産業の投資であって，これらの産業では海外利益のウェートが少なく，また負債比率も高い。したがって，こうした産業は税制改革の恩恵を受けにくい。また税制改革の効果を見込んだとしても，営業キャッシュフローの範囲内では設備キャッシュフローを賄いきれない（フリーキャッシュフローが依然としてマイナス）。反対に，海外利益が多く，フリーキャッシュフローも潤沢な企業は，情報通信技術やバイオなど消費財関連のハイテク産業が多いが，そうした企業群は，フリーキャッシュフローをM&Aや金融資産投資，自社株買いなどの財務キャッシュフローに充当してきた。税制改革の恩恵もこうした企業群に偏り，財務リスクが高まる可能性がある。実際，1986年の税制改革や1990年代後半の金融規制緩和，2004年の海外利益の米

国向け送金の優遇税制などの直後には，財務キャッシュフローが増加して財務リスクが高まった[2]。

　要するに，税制改革によって企業経営者のアニマル・スピリットを回復させるのはむずかしい。環境保全の必要性，公共インフラの劣化，社員研修のコスト増など，積極的な設備投資には逆風が吹く。

2．ポピュリズムと金融業務への影響

　近年のアメリカでは，学歴のあまり高くない白人労働者階級（White Working Class）が，グローバリゼーションや情報通信技術（ICT）発達の敗者として浮かび上がった。彼らは推定で5000万人以上存在し，そのうちの相当数は，そもそも長期間にわたって求職活動をしていない。中には薬物中毒で早死にする者も多い。そうした現実が長い間放置されていた。

　白人労働者が困窮に陥ったひとつの理由は，アメリカのような消費主導型経済では，所得格差が拡大しやすいからだ。家計消費は日用品ないし生活必需品と，奢侈品および高級サービスとに二極化するが，このうち安価な生活必需品は中国やメキシコなどの新興国から輸入される。一方，奢侈品やハイテク製品の生産や金融サービスなどは，高学歴の技術者やエリートに任される。低学歴の白人労働者に残された職は，小売業の店員や配送，清掃のような低賃金のサービス業務に限定された。アメリカの消費主導型経済が自国の製造業を空洞化させ，その影響で中低所得者の雇用削減と消費低迷を招いたとすれば，皮肉な結果である。

　白人労働者の多くは，従来民主党支持者だったが，2016年の大統領選挙では保護主義を訴えたトランプ氏が支持された。民主党のクリントン候補はエリート寄りとみなされたからである。このことがポピュリズムにつながっている。ポピュリズムとは明確な政治思想ではなく，エリート層に対する反感を示す風潮である[3]。ポピュリズムを担ぎ上げる反エリート層（中低所得者や地方在住者）からすれば，金融機関やマスメディアの関係者がエリートとみなされ，エ

リートの行動に規制や制限を加えようとする。そうした意味では，第4節で述べるように，ポピュリズムは金融規制強化に傾く傾向がある。

　ポピュリズムにはゼロサムゲームの発想があり，経済成長よりも所得再配分を指向するが，具体的に実現可能な政策提案があるわけではない。教育投資やインフラ投資，競争促進政策などによって中長期的に経済成長を促進するといったプラスサムの発想には欠ける。復古主義および排外主義という点では一貫性があるが，それ以外の政策は場当たり的である。実際トランプ政権の政策も一貫性を欠き，高所得者を優遇する減税や金融規制緩和に傾きつつある。2017年末に成立した税制改革法も，資本所得を労働所得よりも優遇する結果となり，中低所得者の不満をますます高めるであろう。たとえば Pass Through Entity と呼ばれるパートナーシップや個人営業主，REIT などの譲渡益や利子配当所得，および不動産所得の20％所得控除が認められ，最高税率29.6％になった。（最高所得税率37％の8掛け）。

　ポピュリズムはアメリカの政治経済に暗雲を投げ掛けている。白人労働者や中低所得者層の一部は，トランプ大統領に未来を託したわけだが，失われた工場労働がアメリカに戻ってくるとは考えられない。経済自由主義が行き過ぎて金融危機が頻発し，また所得格差も拡大した結果，民主主義が内部崩壊しかけている。ポピュリズムはその兆候ともいえる。

　ポピュリズムは，自分たちとは異なる複数意見の存在を認めないので，民主主義を否定し，全体主義の独裁専制政治につながる危険性もある。ポピュリズムが過激な形をとると，「国家は人民のもの」とか「人民の味方」という名目で，政権が司法やジャーナリズム（メディア）を妨害したり支配したり，いわば国家の占拠ないし自国の植民地化が進行する。トランプ大統領の就任演説にも「国家は人民のもの」という表現があった[4]。

3．フィナンシャリゼーション

　ポピュリズムの横行は，グローバリゼーション（国際化）だけでなく，行き

過ぎたフィナンシャリゼーション（金融化）の反動でもある。フィナンシャリゼーションとは，銀行業を始めとする金融サービス業が主力産業となり，その収益が一国の経済成長を牽引する状況を指す。図表1-3に示すように，米国の企業利益全体に占める金融サービス業の利益シェアは2000年代央には35％に達した。

　フィナンシャリゼーションの具体的実態は，第一に，個人が生産現場の労働者として経済成長に貢献するよりも，住宅ローンや消費者ローンの借り手として銀行収益に寄与する。第二に，企業は設備投資の資金調達よりも，資産投資や自社株買入れのための資金を銀行から借り入れる形で銀行収益に寄与する。第三に，銀行は預金よりも負債調達（たとえば銀行間借入れや債務担保証券発行）によって得た資金を使って，自己勘定で証券投資業務や証券化ビジネスを行う。特に大金融危機に至る過程で進行したフィナンシャリゼーションでは，銀行が供給サイドの貸し手としてだけではなく，需要サイドの借り手としても躍り出た。その結果，実体経済の資金需給とは切り離された形で信用創造が拡散的に行われた。

　フィナンシャリゼーションとグローバリゼーションはワンセットで展開し，

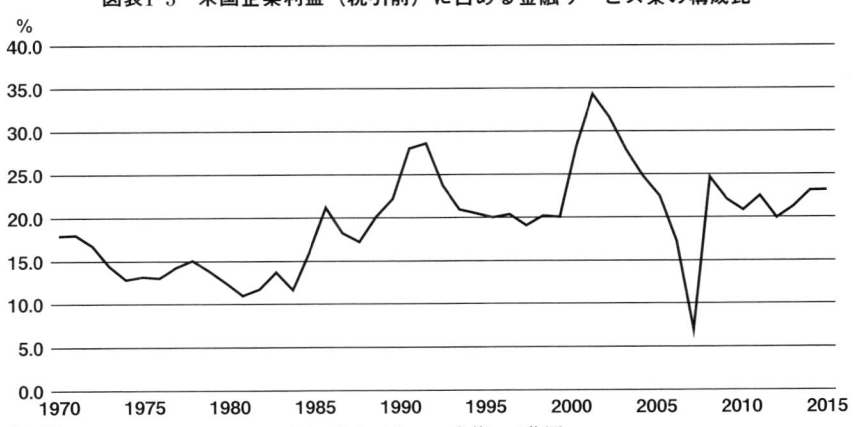

図表1-3　米国企業利益（税引前）に占める金融サービス業の構成比

〔出所〕FRB Financial Account of the United States を使って作図

欧米の大手金融機関は，グローバル・ユニバーサル・バンクないしグローバル・フィナンシャル・スーパーマーケットのようになった。これらの金融機関は政治への影響力を行使し，低金利政策と金融規制緩和を推し進めた。米英にとっては金融サービス業が主力産業だから，他国よりも手早く金融規制緩和を行わないと自国の金融サービス業が空洞化する。そうした恐れが政策当局者の側にもあった。

　1930年代の大不況時に導入された金融規制は，銀行の証券業務を禁じたが，1999年のグラス・スティーガル法の撤廃によって自由化された。弱体化した製造業に代わって金融サービス業が経済を牽引したので，金融規制緩和とグローバリゼーションが米英両国の産業政策ともなった。その過程で信用（credit）と負債（debt）が相乗的に膨張した。

＜信用と負債の膨張＞

　Graeber〔2011〕によれば，貨幣の起源は貸借関係およびその関係を表象するものである[5]。貨幣は債権者からみれば信用（credit）であり，債務者からみれば負債（debt）である。近代の貨幣は，銀行の信用に基づいて発行される負債（中央銀行券や預金通貨）となった。民間の貨幣発行銀行（預金取扱銀行）は，貸出（信用）に対する付利（貸出金利）によって利益を上げ，その利益によって決済機能提供（預金通貨発行）に付随するコストを賄った。しかし，そうした与信業務だけでは利益率が低く，国家経済の主力産業としての期待にも応えられない。そこで銀行は，預金以外の市場性負債（証券などの疑似通貨）を発行することによって，積極的な投融資業務に乗り出した。

　もちろん，同じ銀行の負債でも，狭義の負債である貨幣（預金通貨）と，広義の負債である証券などとの間には，区別が存在する。広義の負債の市場価格は時々刻々と変化するし，証券など負債の発行者は支払い不能（デフォルト）に陥ることもある。それに対して，貨幣（銀行の狭義の負債）は物価上昇によって価値が減価することはあっても，銀行が支払い不能に陥ることはめったになかった。ところが，近年になりフィナンシャリゼーションが活発化した結果，貨幣（狭義の負債）と広義の負債（証券など）の境界線があいまいになっ

た。その典型が債務担保証券や国債を担保とするレポ取引，マネーマーケット
ファンドなどである。それは中央銀行システムを迂回した疑似通貨の発行を意
味する。それに伴って銀行の信用リスクや流動性リスクも高まった。このこと
が2007〜08年の金融危機の伏線となった。

　従来の中央銀行は，景気政策と金融システムの健全性の双方を担うと想定さ
れてきた。このうち，景気政策の目標は物価安定や雇用促進など国内均衡の達
成である。主要先進国の場合，変動相場制移行後には，国際収支や外貨準備の
制約を受けなくて済むようになり，国内均衡を重視した金融政策が可能になっ
た。つまり一国の中央銀行の独立性が高まったわけであり，2000年代前半に
は，物価安定のもとで安定成長が続く「大安定（great moderation）」という
状況を迎えた。しかし，現実にはフィナンシャリゼーションやグローバリゼー
ションによって，中央銀行が統御できない広義の負債（疑似通貨）が増発さ
れ，金融システムの健全性が損なわれた。それがリーマンショックとなって頂
点に達した。

　資本主義は多数の人々の生活水準を高める半面，行き過ぎた利益追求が資産
バブルや所得格差拡大を引き起こす。資本主義にはそうした二面性がある。特
に金融サービス業において行き過ぎた利益追求が行われると，資産バブルおよ
びその崩壊によって，経済全体に甚大な打撃が及ぶ。資本主義経済が自己調整
力や矯正力を失い，資本主義を支える諸制度（特に租税や社会保障などの所得
再分配制度）も弱体化した。それがポピュリズムといった現象となってあらわ
れている。

4．ポピュリズムの経済政策と証券市場

　フィナンシャリゼーションとグローバリゼーションが統御不能になり，資本
主義と民主主義の間に亀裂が生じて，その亀裂にポピュリズムが表出したとす
れば，常識的な政策対応は，フィナンシャリゼーションとグローバリゼーショ
ンを統御することである。いわゆる金融抑圧や脱グローバル化であり，具体的

には金融規制強化や保護主義化を意味する。政府による貨幣管理や負債管理の必要性も高まるであろう。それと同時に既存の政府債務を削減することも必要である。

　一つの具体的な政府債務削減策は，超長期国債ないし永久国債の発行による既発国債の借り換えである。アメリカでは，財務省が主要な金融機関を集めて開催する「財務省借入れに関する諮問会議（Treasury Borrowing Advisory Committee）」の場で，50年債の発行可能性が討議された。2017年初め現在，既発の米国債の加重平均残存期間は5.3年であり，日本の9.0年，イギリスの17.9年に比較すると短い[6]。

　将来的にはインフレ率を次第に高めて，実質的な債務負担を軽減することも可能である。インフレは債権者（貯蓄者）に対する課税に相当し，所得再分配政策にもなる。現代の先進国の資金循環構造では，資金余剰部門が企業，資金不足部門が政府だが，伝統的な金融資本市場には両者の過不足を仲介する手段が存在しない。したがってこうした奇策（インフレ政策や永久国債発行）が俎上に上がるかもしれない。

＜ヘリコプターマネーとベーシックインカム[7]＞

　しかし，債券投資家が将来のインフレを懸念すれば永久国債に対する需要は限定的であろう。そこで無利子の永久国債に相当する政府紙幣を発行して，その資金を既発国債の買入れ償却や所得減税，インフラ投資などに充当することが考えられる。これはいわゆるヘリコプターマネーの発想でもあり，ポピュリズムを代弁する政策だ。アメリカのように民間経済への政府介入を忌避する国では，政府紙幣の発行に対して拒否反応が強いと考えられがちだが，19世紀末から20世紀初頭には，中部の農業州でポピュリスト運動が起こり，彼らが政府紙幣発行を支持した歴史もある[8]。

　政府紙幣の発行は，民間銀行による信用創造を抑止することを意味する。前述のように，現代の貨幣（中央銀行券や預金通貨）は銀行の信用に基づいて発行される。特に預金通貨の場合は，その供給量が景気変動と正の相関性（pro-cyclicality）を持つといった特徴がある。好況時には，借入れ需要が強いので

貸出増加によって預金通貨が増発されるが，逆に不況時には，借入れ需要が弱まり通貨発行が自動的に減少する。つまり，資産バブルやその崩壊を引き起こしやすいわけだが，政府が貨幣発行を直接管理すれば，そうした弊害を未然に防止できる。

　超長期国債や永久国債の発行は，配当優先株の発行によって企業が負債を償却するデットエクイティ・スワップと似ている。とすれば，政府紙幣発行は普通株発行に相当する。政府紙幣発行を価値創造の手段とするわけである[9]。それによってインフラ投資を行ったり，社会福祉支出によって国民相互間の連帯感を高めたりすれば，国民資産の充実と国民の相互信頼，さらには社会の安定につながる。この点に関連して，政府紙幣発行によってベーシックインカムないし普遍的基礎所得（Universal Basic Income：UBI）を交付することも考えられる。また，ベーシックインカムの配布財源を増税によって賄えば，累進所得税制を利用した所得再分配政策にもなる。

　UBI は，国民各人に交付される現金所得であり，マイナス所得税ともみなされる。UBI の受給者は使途を制限されないが，情報通信技術（ICT）関連の商品やサービス購入に使用され有効需要を高める効果が期待される。ICT に関わる技術者や起業家の所得は増加するが，労働者の平均所得が増加しないので，UBI は所得再分配政策となる。ICT 自体の発展を楽観視できても，経済成長や所得成長は楽観視できないので，なんらかの所得再分配政策が必要になる。ただし政府紙幣発行の問題は，企業の増資が株式価値の希薄化を起こすように，貨幣価値の希薄化（インフレ）を引き起こすリスクがあることだ。しかし，これを一種の所得再分配政策とみなせば，受け入れることができる。

　ヘリコプターマネーやベーシックインカムのような奇策が論じられる時代背景は，経済成長の限界が意識され始めたことである。それは第一に「長期停滞論」のような成長に関する悲観論による。第二に，かりに経済成長が可能であっても，地球環境劣化のような外部不経済が発生することである。そして第三に，所得格差拡大といった問題を引き起こすことに対する懸念も存在する。

＜トランプ政権の金融規制緩和＞

　ポピュリズムの時代には，フィナンシャリゼーションの逆転が起き，金融抑圧のもとで金融サービス業の利益は圧迫されるであろう。それは所得格差，政府債務，低成長といったトリレンマを解決するための政策といえる。

　しかし，先に述べたように，ポピュリズムには整合的で実現可能な政策提案があるわけではなく，トリレンマに対する対応策も場当たり的である。実際，トランプ政権の政策も一貫性を欠く。トランプ氏は，ポピュリズムを先導することで大統領になったが，税制改革は高額所得者や資本所得を優遇することになった。また同政権は，連邦準備制度理事会や証券取引委員会（SEC）の委員指名権を行使して，法改正を伴わない形で裁量的に規制緩和を進めている。具体的には，たとえばボルカー・ルールの適用延期（銀行による非流動的ファンドへの投資の処分期限延期を認める）とか，消費者金融保護局（CFPB：Consumer Financial Protection Bureau）の Consumer Law Enforcement Agency（CLEM）への改組などが遡上に上っている。

　また，ムニューシン財務長官の私的な諮問委員会が「金融システム規制の中核的原則（core principles for regulating the US financial system）」を提言しており，それに対して米国証券業金融市場協会（SIFMA）が意見書を提出している。特に大手資産運用会社を「システム上重要な金融機関（SIFIs：Systemically Important Financial Institutions）」の認定から除外すること，資産運用会社のレバレッジ比率規制やデリバティブズ利用の弾力化，ETF（上場投資信託）の認可プロセス簡素化などが盛り込まれるという[10]。大統領府は，連邦準備制度理事会や証券取引委員会などの規制監督機関の理事や委員の任免権を行使して，金融行政に影響力を与えることもできる。共和党が上下両院で過半数を占める現状では，抜本的な規制強化策は実現しないであろうが，2018年の中間選挙の結果次第では，再度規制強化の動きが高まるかもしれない。

5．情報通信技術の金融サービス業への影響

　情報通信技術（ICT）の発達に伴い，金融サービス業における価格破壊も起きるであろう（図表1-4）。物財の価格破壊の一例として，前述のGordon〔2016〕は，2014年央に一台449ドルで販売されたレノボ製PC（メモリー6ギガバイト）をあげている[11]。1976年に発売されたクレイ社製スパコンClay-1の価格は880万ドル（現在価格換算で3690万ドル）であったが，レノボ製PCはClay-1に比べてメモリーが750倍，1秒当たりの計算処理量では1000倍である。これを1ドル当たりの計算処理能力に換算すると，1976年から2014年の間に年率44%のスピードで向上したことになるという。強烈な価格破壊が起きたのである。

　しかし，金融サービス業の分野では，たとえば投資信託の販売・管理手数料などはそれほど低下していない。これは，金融サービス業の利益が消費者（金融サービスの購入者）には十分に還元されないことを意味する。企業部門の総

図表1-4　情報通信技術の発達と顧客種類別の投資サービス業務

情報通信技術の特徴とその影響　　↓	個人投資家向け資産運用業務（リテール）	機関投資家向け資産運用業務(ホールセール)	
		受託運用機関向け業務	ヘッジファンドなど独立系ファンド向け業務
仲介業者の中抜きと価格破壊　⇒	戸別訪問や電話外交からネットトレーディングへ，バックオフィスのシステム化	引き続き仲介業者としての対面対人業務，今後価格破壊が起きるとコスト削減が必要に	プライム・ブローカレッジのアンバンドリング
プラットフォーム化　　　　⇒	特定口座（受渡・決済・振替），ラップ口座，ロボアドバイザー	受託者責任やESG投資の助言，受渡・決済へのブロックチェーン活用	機械学習型人工知能やアルゴリズムを駆使したクォンツファンド
収入形態の変化　⇒	取引に応じた個別手数料から期間に応じた定額料金へ	引き続き手数料収入だが個別サービス項目ごとの分別勘定へ	手数料から顧問料およびシステム利用料へ

〔出所〕筆者作成

利益に占める金融サービス業の利益の割合が高まったにもかかわらず，それが金融サービス業者だけを潤わしたともいえる[12]。

　Davis, Lukomnik, & Pitt-Watson〔2016〕によれば，証券取引業務や資産運用業務（アセット・マネジメント業務）には，証券の受渡しと資金決済，証券保管といった基幹業務に加えて，投資対象企業や投資環境の調査，受託者としての議決権行使およびその助言コンサルティングなど，様々な補助的サービスが付随する[13]。同様に住宅担保ローンの証券化業務にも，不動産鑑定士や司法書士の仕事に始まり，ローン担保証券の格付けや信用保証，入出金の照合など各種サービスが付随する。企業年金の場合には，積立者（社員）に投資商品を推奨するフィナンシャルアドバイザー，積立者とアドバイザーの間を斡旋する人事部職員も含まれる。もちろん個々のサービスには存在理由があるが，こうした補助的サービスには手数料が掛かり，その手数料の多くの部分は積立者へ付け替えられる。それも運用成果に連動するのではなく，運用資産の規模に比例して増大する。

　金融サービス業は分業化されており，個別業務はそれぞれに競争的である。分業が競争的に行われれば，アダム・スミスの指摘を待つまでもなく，商品やサービスの価格は，費用に見合った適正な水準に低下するはずだ。しかし，商品の組成や市場構造が複雑になると，商品やサービスの消費者（積立者）にとっては不透明性が高まり，価格低下圧力をかけにくくなる。しかも商品やサービスの供給者側で価格低下のインセンティブが働かないと，価格の下方硬直性が高まる。資金の出し手（貯蓄者ないし積立者）と資金の取り手（事業会社）が単純に結びついていた時代には，補助的サービスの種類も限定的だったし，透明性も高かったが，証券取引が金融機関相互間で活発に行われるようになると，サービスにかかる手数料が積み上がる。フィナンシャリゼーションによって資本がコモディティ化し，しかも低金利を利して金融機関が負債を発行し，その負債資金を使って証券化業務やトレーディング業務を遂行して利益を高めたのだが，その利益は主に大手金融機関および各種の補助的サービスの提供者に配分された。

＜金融商品の価格破壊＞

　しかし，今後は情報通信技術の発達によって，金融サービス業への新規参入者が増加するとともに，最終的な資金の出し手と取り手が直結するようになり，金融商品や金融サービスの分野でも価格破壊が起きるであろう。手数料が安く流動性が高い ETF（上場投資信託）の爆発的普及，アクティブファンドからパッシブファンドへの投資資金の移動などはその一端といえよう。実際，大手の ETF 供給業者ブラックロック（Black Rock），バンガード（Vanguard），ステートストリート（State Street）の収益が拡大している。資産運用会社どうしの企業統合によるコスト削減も必要になるであろう。すでにジャナス・キャピタル（Janus Capital）とヘンダーソン（Henderson），またスタンダード・ライフ（Standard Life）とアバディーン（Aberdeen Asset Management）が企業統合を行っている。

　資産運用業務（アセット・マネジメント業務）における競争政策に関しては，英国の金融行為監督機構（FCA: Financial Conduct Authority）が，2017年6月28日に調査結果およびそれに基づく意見書を公表した[14]。調査対象期間（2010年から2015年）における資産運用会社の営業利益率は36％で，継続的に高い利益を達成したが，個人投資家向けアクティブ運用ファンドの運用成果（運用手数料控除後）はベンチマークの株価指数を下回った。また，手数料の高低と運用成果の高低との間に相関関係がみられないことも指摘されている。なかには成功報酬型手数料（performance fee）の設定方法が不明確なファンドもあるという。

　FCA の提言としては，運用手数料に関する情報の透明性向上と標準化，手数料設定における競争原理導入などに加えて，ファンドのガバナンス強化（資産運用会社が投資家の最良利益のために行動する義務の強化）があげられた。具体的には，二名以上の独立取締役の採用，運用費用と運用成果に関する年一回以上の検証作業実施などである。

＜中抜き（disintermediation）＞

　金融サービス業の利益は，情報通信技術の発達によって圧迫されるであろ

う。特にアクティブ運用ファンドのような業務は，装置産業とは違い固定費が少ないので損益分岐点が低く，小規模業者の新規参入も比較的容易である。今後は，フィンテック（Fintech）も含めて，資産運用業務の競争が激化するであろう。図表1-4に，情報通信技術の特徴（中抜き，プラットフォーム化，儲け方や収入形態の変化）と，それがリテール業務とホールセール業務に与える影響を一覧表にして示した。

　情報通信技術の真骨頂は仲介業者の中抜きとそれに伴う価格破壊である。アマゾン・ドットコムの登場によって書店のような小売店が，また楽曲のストリーミングによってレコードやCDの販売店が中抜きされた。航空券を販売する旅行代理店や保険代理店の多くも中抜きされた。証券トレーディング分野でも，顧客対応するセールス・トレーダーの人数が，2008年までの全盛期と比較して半減している[15]。その理由は，第一に，電子取引の普及によってセールスマンの介在が不要になったこと，第二に，電話での顧客応対や情報提供に代わって電子メールやテキストメッセージが使用されるようになったこと，などによる。それに加えて欧州連合（EU）では，「第二次金融商品市場指令（Mifid Ⅱ：Markets in Financial Instrument Directive Ⅱ）が2018年1月以降実施された。金融商品市場および市場行為規制の一環として，資産運用会社と投資銀行（証券業者）との関係の透明性向上および利益相反回避が厳格化になった。それによって前者（バイサイド）が後者（セルサイド）に支払う売買委託手数料の明細の公開（アンバンドリング）が義務付けられた。証券売買の執行や調査は分別勘定が可能だとしても，セールスの役割をどう評価するかあいまいであり，セールスコストは削減を余儀なくされるであろう。なお，従来売買委託手数料のなかに含まれていた企業調査や経済調査に関わる情報料を，今後は手数料とは分けて支払うことになり，それを年金積立者などの貯蓄者が負担するか，それとも資産運用会社（アセット・マネジャー）が負担するかが焦点となっている。大方は後者が負担する方向に向かいつつあるが，そうなるとアセット・マネジャーの収益がその分圧迫される。そうしたこともアセット・マネジャー同士の統合を促進する要因となるであろう。

　フィンテックにも，在来の金融サービス業者の中抜き（disintermediation）といった側面がある。貨幣は貸借関係を表象するものであり，従来は銀行が発行する貨幣（預金通貨）が貸借関係の精算（決済）に使用された。今後ブロックチェインを使った分散処理型決済システムを通じて金銭貸借契約や決済認証が行われるようになると，銀行を始めとする在来の金融機関が中抜きされるかもしれない。投資信託の資産管理や売買にブロックチェインを活用するといった動きも始まっている。また，フィンテックはグローバル・ユニバーサル・バンキングの機能分解ないし総合金融業のビジネスプロセス・リエンジニアリング（BPR）といった性格を持っている。

　仲介業者の中抜きということは，ユーザーからすればそれだけ対人対物の両面で摩擦が少なくなることを意味する。それは無摩擦（frictionless）というコンセプトである[16]。しかし，無摩擦の状況が貨幣ないし金融のコモディティ化を再度促進し，システム全体の不安定性を高めるとしたら，それも問題であろう。したがって，無摩擦の高速取引に何らかのブレーキをかけるような仕組み（抑制システム）を考案することも必要であろう。対面対人型の仲介業務の質向上によって顧客満足度を高めることが，信頼（loyalty）や粘着性（stickiness）を高めるという意味で，在来の金融機関の営業戦略上は必要になるであろう。

結び

　冒頭で述べたように，アメリカでは所得格差問題が深刻化している。リーマンショックまでは，フィナンシャリゼーションによって経済成長や所得成長が維持された。金融サービス業は裾野の広い産業であり，各種の補助的サービスに加えて航空，服飾，飲食などの周辺産業に対する需要も引き起こす。雇用の拡大や所得の再分配といった形での波及効果も大きい。しかし，フィナンシャリゼーションが行き過ぎて金融危機と景気後退が起き，その後は低成長を余儀なくされた。所得格差の拡大によってポピュリズムが広がり，そうした事態が

金融市場や証券市場にも影響を与えている。一例として，アメリカでは低所得者向け融資専業のペイディ・レンデイング・ストア（Payday lending store）とかチェック・キャッシング・センター（Check cashing center）とか呼ばれる消費者金融業者が出現している。2017年4月8日付け『エコノミスト』誌によれば，給料日前の当座の資金需要を賄うため，アメリカの家計50軒当たり1軒が，平均借入額350ドル，借入期間2週間，年利15％以上で借り入れるという。業界規模（融資残高）は400億ドルに達する。低所得層の庶民にとっては銀行よりも身近な存在であり，親身に対応してくれる金融機関でもある[17]。

　アメリカでは1980年代以降，金利自由化に伴って中小銀行や貯蓄貸付組合（S&L）が破綻し，金融機関の経営統合が進展した。統合によって巨大化した金融機関は，経営戦略の軸足を小口の消費者金融から，大口の投資ファンド向け融資や自己勘定でのトレーディングなどに移した。それと同時に，賃金所得の伸び悩みや所得変動の激化，ヘルスケアや教育費の高騰，正規雇用の減少による福利厚生収入の縮小などで，家計の財政状況が悪化した。さらに追い打ちをかけたのが，2007〜08年のサブプライム金融危機であった。大手金融機関に対する消費者の信頼も低下した。大手銀行は，最低預金残高が一定額を割り込んだ場合の手数料を引き上げるなどして，一般の消費者から乖離した存在となった。そうした状況を埋めたのがペイディ・レンデイング・ストア とかチェック・キャッシング・センターといった代替的金融機関である。今後，大手金融機関は，そうした状況を修復し，消費者に近づく努力が求められるであろう。

＜市場のリスク要因＞

　資本主義は所得格差や金融危機といった弊害を生みやすい。民間の利益追求の行き過ぎを政府が制御する必要があるが，米国連邦議会を始めとする政界が経済的利権がらみのイデオロギー対立によって制御不可能になっている。低所得者向け減税や社会福祉支出などの所得再分配政策を行わないと，米国社会の混乱は激化するであろう。

　証券市場を取り巻く不安定性が高まると，1987年に起きたブラックマンデー

のような混乱が起きる可能性もある。1987年当時のプログラム・トレーディングに相当するのが，アルゴリズムを利用した高速取引や恐怖指数（VIX）の変動に連動する仕組み証券，マシーン・ラーニングと呼ばれる機械学習型人工知能を駆使したクォンツ・ファンドである。最近では新規に設定されるヘッジファンドの多くが，こうしたクォンツ・ファンドになっている。リスクの顕在化をリターンの源泉とする自動的な取引が，連鎖的株価下落のような予期せぬ打撃を与えることもあり得よう。

　金融サービス業が利子という付加価値を創造するためには，絶えざる経済成長を必要とする。その経済成長を金融サービス業者自身が担ったのがフィナンシャリゼーションであり，銀行信用と銀行負債の相乗的増殖が金融の不安定性と所得格差拡大をもたらすという罠に陥ったわけである。そして，金融の不安定性と所得格差拡大が限界に達し，経済は低成長を余儀なくされている。そのため，金融サービス業の利益も低迷するであろう。

＜注＞

1）　Gordon〔2016〕を参照。
2）　IMF〔2017〕の Figure1.7, Figure1.11を参照。
3）　本節の記述は Muller〔2016〕に依拠している。
4）　2017年1月20日の就任演説の一部を引用すると，We are transferring power from Washington D.C. and giving it to back to you, the people.（中略）January 20, 2017 will be remembered as the day the people became the ruler of this nation again.
5）　David Graeber〔2011〕を参照。
6）　アメリカは *Treasury Bulletin*, Federal Debt の TABLE FD-5，日本は財務省「日本国債の平均償還年限」（4ページ），イギリスは Debt Management Office *Quarterly Review* による。
7）　ヘリコプターマネーに関する包括的な説明は Turner〔2016〕を参照。またベーシックインカムに関しては，Van Parijs & Vanderborght〔2017〕を参照。
8）　アメリカにおけるポピュリストの嚆矢は，1891年にネブラスカ州で設立された人民党（People's Party）であった。同党およびその支持者の南西部農民や住民は，反連邦政府，反金融業界，反巨大企業の集団であった。中央銀行創設にあたって，ポピュリスト党は次の二点を要求した。第一は，連邦準備銀行を一般公衆ないしその代表者である政府の支配下に置くこと，第二は，紙幣を連邦政府の債務（国家債務）として発行することであった。
9）　Bolton & Huang〔2017〕を参照。
10）　2017年7月3日付 *Financial Times* 紙：John Dizard *The Trump era of light-touch regulation dawns* による。
11）　Robert Gordon〔2016〕
12）　この点に関する先行研究としては，Philippon〔2012〕がある。

13)　Davis, *et al*〔2016〕を参照。
14)　Financial Conduct Authority〔June, 2017〕
15)　2017年8月4日付け *Financial Times* 紙：Dan McCrum *Mifid Ⅱ promises a revival of 'Death of Salesman'* による。
16)　2017年5月10日付け *Financial Times* 紙：Izabella Kaminska *Lessons in loyalty from the tech sector* による。
17)　Sevron〔2017〕を参照。

＜引用・参考文献＞

Bolton P. and Huang H.〔2017〕, "The Capital Structure of Nations", *NBER Working Paper Series*, 23612
Davis S., Lukomnik J., and Pitt-Watson D.〔2016〕, *What They Do With Your Money*
Financial Conduct Authority〔2017〕, *Asset Management Market Study Final Report*
Gordon R.〔2016〕, *The Rise and Fall of American Growth*
Graeber D.〔2011〕, *Debt*：*The First 5000 Years*（邦訳〔2016〕,『負債論　貨幣と暴力の5000年』以文社）
IMF〔2017〕, *Global Financial Stability Report*
Muller J.〔2016〕, *What is Populism?*（邦訳〔2017〕,『ポピュリズムとは何か』岩波書店）
Philippon T.〔2012〕, "Has the U.S. Finance Industry Become Less Efficient? On the Theory and Measurement of Financial Intermediation," *NBER Working Paper Series*, 18077
Sevron L.〔2017〕, *The Unbanking of America*
Turner A.〔2016〕, *Between Debt and the Devil*（邦訳〔2016〕,『債務，さもなくば悪魔』日経BP社）
Van Parijs P. and Vanderborght Y.〔2017〕, *Basic Income*

第2章　金融仲介構造の変貌とシステミック・リスク

はじめに

　リーマン・ブラザーズの経営破綻を発端として，相次ぐ金融機関の経営破綻でピークを迎えた2007年～08年のサブプライム危機，さらには09年のギリシャの債務危機が引き金となったユーロ圏のソブリン危機は，国際的に金融ネットワークに対する関心を高める契機となった。

　リーマン・ショックを例にとれば，同社はアメリカでは資産規模では4番目に大きい投資銀行ではあるものの，大手商業銀行と較べれば突出して規模の大きな金融機関ではなかった。しかし，半年前の2008年3月に5番目の規模の投資銀行であるベア・スターンズが経営危機からJPモルガン・チェースに買収されたこととの関連では，市場の投機筋では虎視眈々と次の破綻候補が物色されるという動きが強まっていた。したがって，リーマンの破綻はさらなるターゲットを物色するという動きを強めたのであり，それがバンク・オブ・アメリカによるメリルリンチの買収，ゴールドマン・サックス，モルガン・スタンレーのFRBの信用供与を受けることのできる銀行持株会社化という一連の動きに繋がっていったのである。こうなってくると，外見的には古典的なシステミック・リスクの発現パターンと変わらないことになる。

　同じように，ギリシャはユーロ圏17ヵ国の中では経済規模（GDP）ではEU加盟28ヶ国中15番目で決して経済大国ではない。それにもかかわらず，同国の債務危機はユーロ市場を不安定にさせ，アイルランド，イタリア，ポルトガル，スペインに波及したのに加え，ギリシャ国債を大量に保有していたフラン

ス，ドイツの銀行の経営問題に波及したのである。

このように，2007年以降のグローバルな金融システム危機は，「トゥー・ビッグ・トゥ・フェイル（TBTF）問題」よりは，金融上の「相互連関性」（inter-connectedness）に強い関心が向けられるようになった。これを契機に，「トゥー・インターコネクテッド・トゥ・フェイル」，「トゥー・システミック・トゥ・フェイル」，「トゥー・セントラル・トゥ・フェイル」という，金融機関間の相互連関性に強い関心が向けられるようになった。また，このような問題意識からシステミック・リスク概念そのものの再検討と精緻化が試みられている。

今回の金融システム危機の特異な性格をもたらしたのは，金融仲介構造の変貌である。一つは，従来，銀行に対して採られていた規制体系とセーフティネットの枠組みの外で，シャドー・バンキングと呼ばれる非銀行金融機関が台頭してきたことである。これにより，監督機関による監視の及ばない金融分野が広がることになった。この兆候は既に1970年代後半の「ノンバンク・バンクス」の出現にみられていたが，決定的であったのは，住宅債権の流動化の金融技術として始まった証券化のスキームが，その後，多様な金融取引分野に応用され始めたことである。これとともに，銀行業務が分解される（アンバンドリング）とともに，細分された各業務を専門とする業者が全体として金融仲介のチェーンを形成した。これらの業者は，その資金調達の大部分を資産担保CP（ABCP）市場やレポ市場などの短期金融市場から調達した。これらの市場は預金保険制度などのセーフティネットを欠いているため，カウンターパーティ・リスクに対して極めて敏感であり，一旦，市場や業者に対する不安が生じると，機能不全に陥り，業者の突然死を迎えることになる。金融危機が大手非銀行金融機関の相次ぐ破綻として深刻化していったのはこのためである。

したがって，今回の金融システム危機は，シャドー・バンキング・システムの台頭と，その資金調達市場であった短期金融市場の機能不全がもたらしたものである。そこで，最初に，金融仲介構造の変貌の背景と実態について分析する。

　次に，金融ネットワーク分析の視点からシステミック・リスクを分析する。TBTF 問題は「規模」の観点から30社程度の大手金融機関の規制を問題にするのに対して，金融ネットワークの観点からは，中心性（centrality）やクラスター（cluster）という概念が重要である。TBTF 問題の観点からは，しばしば大手金融機関の分割や業務制限が対策として提言されるが，金融ネットワーク分析の観点からはそれは決して根本的な解決にはならないことが指摘できる。たとえ規模はそれほど大きくなくとも，他の金融機関との業務や資金面での繋がりが緊密であれば，決して無視できない影響を及ぼすことになるからである。さらに，感染効果ということになると，かつての銀行取付がそうであったように，金融ネットワークとは無関係，無差別に取引の中断や債権の引出しにさらされる。危機がそのような事態に至れば，それに対処できるのは中央銀行の「最後の貸し手」（Lender of Last Resort）機能だけである。

　本章では，このような観点から，この間の金融システム改革，とりわけ破綻処理制度の改革の前提となる金融システムの実態について分析し，今後の課題について検討する。

1．金融仲介構造の変貌

（1）シャドー・バンキング・システムの台頭

　アメリカだけではなく主要先進国では，商業銀行が決済システムの担い手であるため，その健全性の維持を目的として，免許制，業務制限，自己資本規制など，様々な規制が課せられている。他方，その破綻を防ぐため，中央銀行信用へのアクセス，および預金保険制度がセーフティネットとして設けられている。かくして，商業銀行は規制にともなうコストを負担しながらも，その免許価値（charter value）を享受することができた。

　アメリカでは，1956年銀行持株会社法において，銀行とは「要求払い預金または同等の預金を受け入れ，かつ商工業貸出しを行う機関」（U.S.Code §

1841（C）（1）（B）とされているため，どちらか一方の業務しか手掛けない金融機関は定義上，「銀行」ではなく，したがって商業銀行に課せられる様々な規制を免れることができた。

　他方，非銀行金融機関に対する監督はその安全性や健全性よりも投資家を保護することに焦点が当てられてきたため，業務に対する規制は相対的に緩やかであった。

　かくして，1970年代後半頃より，この抜け道を活用して金融業務を手掛ける金融機関が台頭してきた。これらの非銀行金融機関を「ノンバンク・バンクス」と呼んでいる。その後，両金融機関の併存は，パラレル・バンキングとして注目されるようになる。

　これらの非銀行金融機関はセーフティネットで保護されない代わりに，監督機関の規制下に置かれないため，自由な業務展開が可能である。このような状況では，いわゆる規制の裁定（regulatory arbitrage）が働き，商業銀行は次第に利益機会を喪失し，競争力を失っていくことになる。既に1990年代には「銀行衰退論」が盛んに主張されるようになった。

　ノンバンクや外国銀行などの競合者による銀行業への参入，そしてジャンク・ボンド市場の成長，ミューチュアル・ファンドなどの非銀行金融仲介機関の成長は，銀行のシェアと免許価値を低下させる。かくして，既存の銀行は収益性を維持するために新規業務に参入するようになると同時に，よりリスクの大きい業務を手掛けるようになる。

　さらに，情報通信技術（ICT）の発展により，審査，融資，債権保全などが一体化していた銀行業務が分解（アンバンドル）され，それぞれの機能を担う情報処理組織が存続するようになる。この結果，それまで銀行が担っていた様々な機能は細分化された業務に特化，専門化した業者によって担われ，信用仲介チェーンが延長される（図表2-1参照）。これらの業者は，その資金を証券化商品，レポ，CPなどの短期金融市場から調達するため，金融資産の累積が加速されることになる。また，ローンセールスや，債権をプールしそのキャッシュフローを裏づけに新たな証券を発行して資産を流動化する証券化の手法が

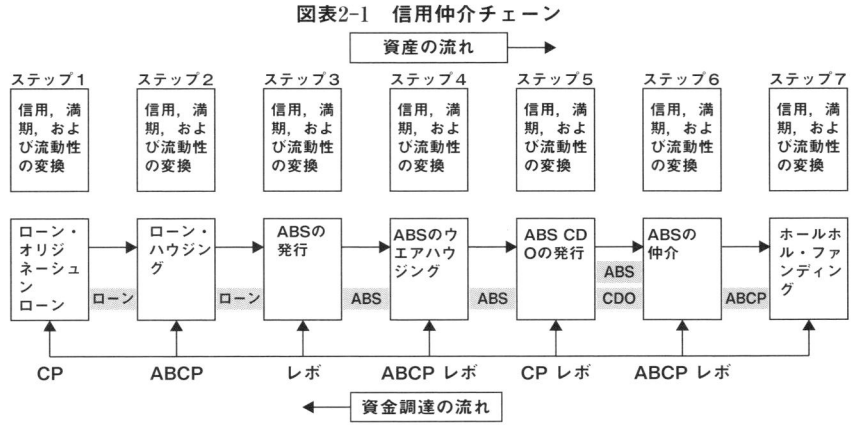

図表2-1　信用仲介チェーン

〔出所〕Cetorelli *et al.*〔2012〕

　普及した。これは，従来の銀行業が組成保有型モデル（Originate-to-Hold（OTH）Model）であるのに対して，組成配分型モデル（Originate-to-Distribute（OTD）Model）と呼ばれる。

　このように，「銀行業」が分解されると，「銀行」の定義も難しくなり，参入障壁を設けることも困難になる。そこで，「銀行」を再定義し直し，新たな規制の枠組みを構築しようとする動きが出てくることになった。一つの有力な考え方は，銀行と同じような機能を果たす組織を新たに定義される「銀行」と位置づけ，それらを規制下に置き，銀行に対すると同様に業務制限や自己資本規制などを課す一方，中央銀行信用へのアクセスや預金保険などのセーフティネットも提供するというものである。この場合，安易なセーフティネットの拡大はモラル・ハザードの問題を惹起するため，カバーする範囲を確定するのが難しいという課題がある。

　しかし，実際には2008年の春以降，大手金融機関の破綻を契機として金融市場が機能不全の状態に陥ったため，FRB は投資銀行への信用供与，ABCP，ABS などの買取り，MMF の元本保証に踏み切った。したがって，実態の方が先行していたのである。いうまでもなく，このような FRB の措置に対しては，モラル・ハザードの問題はもちろん，中央銀行としての権限を逸脱したも

のという厳しい批判が巻き起こった。

　それはともかく，どのような組織を新たに「銀行」と定義し，それらに対して新たな規制の枠組みを構築する場合，まず問題になるのは商工業向け貸付と預金の取扱いという従来の定義に代わる「銀行の機能」とは何かということである。このような問題意識から，McCully〔2007〕は短期の負債によって調達した資金で非流動的な長期資産を保有し，満期変換（maturity transformation）の機能を果たしながらも，規制の枠外に置かれている組織を「シャドー・バンク」と呼んだ。この定義では，規制逃れから誕生したノンバンク・バンクスだけではなく，投資銀行，およびMMF，ヘッジ・ファンドなどのいわゆる間接投資機関も「シャドー・バンク」に含まれることになる。ただし，年金基金や生命保険などの機関投資家は，短期調達による長期運用という満期変換機能を果たしてはいないので，「シャドー・バンキング・システム」には含めないようである。いずれにしろ，この用語自体が新しいため，定義が必ずしも明確ではない[1]。

（2）証券化とシャドー・バンキング・システム

　商業銀行に代わってシャドー・バンキング・システムが金融仲介に占める比重が高まってきた背景には，資産の証券化によるオフバランス化が普及してきたことがある。

　アメリカの銀行業において資産の証券化は，住宅金融の専門金融機関であった貯蓄貸付組合（Saving and Loan Association, S&L）における「期間のミスマッチ」に対する ALM（資産負債管理）問題が契機となった。すなわち，S&L は短期の預金を集め，それを長期の固定金利の住宅ローンとして提供していた。1980年代に入るまで預金金利は規制されていたから（レギュレーションQ），長期の固定金利で住宅ローンを組成しても，期間のミスマッチにともなう金利リスクは発生しない。それどころか，その頃までS&Lは「3-6-3」業界と揶揄されていたのである。この意味は，3％の金利で集めた預金を6％の金利で貸し出し，午後3時にはゴルフ場にいるという意味である。ことほど左

様に，牧歌的で居心地の良いビジネスであった。

　ところが，預金金利が自由化されると，「期間のミスマッチ」にともなう金利リスクが顕在化する。バランス・シートの借方の住宅ローンは長期の固定金利であるのに対して，貸方の短期負債である預金は預け替えの度に金利が変動する。したがって，市場金利の上昇時には，より高い金利を提供しなければ預金の流出を招き，流動性の問題が発生する。預け替えてもらうには金利を上げる必要があるが，融資が長期の固定金利で行われているため，逆ザヤの状態になりかねない。典型的な ALM の問題である。

　この問題の解決策は，融資を市場金利に連動する変動金利にするか，保有する資産を流動化，オフバランス化するかである。後者の手法として発展したのが証券化である。これはバランス・シートの資産を証券化の受け皿として設立した特別目的会社に譲渡し，その資産の生み出すキャッシュフローを裏づけとした証券を発行し投資家に売り出すことである。これによって，資産はオフバランス化され，証券化商品の販売によって融資した資金を回収できる。銀行にとっては証券化により流動性を回復し資金効率を高めることができる。

　この証券化の仕組みが上手く機能するためには，証券化商品の信用度を保証し，投資家に訴求する必要がある。このために，証券化のスキームには巧妙な仕組みが組み込まれている。それはトランシェと優先劣後構造や超過担保による信用補完である。

　トランシェは，プール化された債権から組成される証券への原債権からの支払いの帰属に優先順位をつけることによって，リスクの異なる証券を創り出すことである。例えば，原債権からの支払いの 9 割が優先的に帰属するトランシェは，たとえ原債権全体の延滞率が10％近くに達したとしてもそのキャッシュフローは確実に支払われることになる。さらにそれを補強するのが，超過担保である。万が一，顧客が支払い不能になった場合，担保となっている資産を処分し融資を回収し，証券化商品の保有者への支払いに充当するが，それを多めに見積もっておくのである。そして，それに加えて信用保証会社による保証が行われる。

　これだけ手厚い信用補完がなされているため，社債と較べて証券化商品の格付けはある意味で異常なほど高かった。2007年中頃でトリプルAの格付けを取得している割合が社債はわずか1％以下であったのに対して，証券化商品は約6割を占めていた。

　証券化商品の市場性を高めるためには，高い格付けは必要不可欠でもあった。というのは，機関投資家は原則的に「投資適格債」以外の低格付債の保有が認められていない場合が多かったからである。最上級の格付けのトリプルAともなれば，運用規制が課せられている機関投資家も何の問題もなく保有できた。

　サブプライム住宅ローンのような高い金利の債権を組み入れた証券化商品は高い利回りとなるため，それが最も信用度の高いトリプルAの格付けを付与されていれば，文字通り「ローリスク・ハイリターン」の商品として人気が高く，アメリカ以外の銀行や年金基金などの機関投資家もポートフォリオに組み込んだ。証券化商品（とくに，サブプライム住宅ローンを組み込んだ高利回りの証券化商品）は銀行や機関投資家が好んでポートフォリオに組み込む金融商品となったのである。

　銀行預金と競合するMMFが組み入れる金融商品は流動性の高い短期物であるが，投資銀行の発行するCPや証券化のための受け皿として設立されたSIV（structured investment vehicle，証券化のための特別目的会社の一種）の発行する資産担保CP（ABCP）を保有した。もっとも，2008年9月のリーマン・ブラザーズの破綻にともない，大手MMF（Reserve Fund's Primary Fund）が運用資産の1.25％に相当する7億8,500万ドルをリーマンの発行する無担保CPに投資していたため，純資産額（NAV）が0.995ドルと1ドルを下回る水準にまで低下（break the buck）した。これを契機に，リーマンのCPを保有していないMMFにまで解約の動きが広まった（3.（1）を参照）が，FRBによる流動性の供給によってMMFはとりあえず苦境を脱することができた。

　証券化商品が市場性を獲得すると，証券化を媒介とした金融仲介システムは

証券市場を重要な構成要素として包摂するに至る。シャドー・バンキング・システムを構成する投資銀行，MMF，GSE，ヘッジ・ファンド，ABCPコンデュィなどは証券化商品市場を支える資金プールとして重要な役割を果たしている。

　この点は，この間，資産規模を目覚ましく拡大してきた投資銀行の資金調達・運用構造に顕著に現れている。他の部門と較べて，投資銀行は資産価格の上昇に合わせてレバレッジを上昇させ逆の場合には低下させるプロシクリカル（循環拡大的）な特徴を持っていることが明らかにされている。すなわち，投資銀行は保有資産の価格（時価）が上昇すると，負債を増加させて資産の取得を行う行動がみられ，景気変動の波を増幅させる傾向があると指摘されている（Adrian and Shin〔2008〕）。

（3）金融仲介の現状

　それでは，金融仲介機能を担っていた伝統的な銀行システムとシャドー・バンキング・システムはどのような状態にあるのだろうか。証券化の進展とともに，金融仲介システムは伝統的な銀行中心の金融仲介（bank-centered system）から非集中型の金融仲介チェーン（decentralized credit intermediation chain）に変化してきた。Cetorelli *et al.*〔2012〕は，これを「金融仲介のシャドー・バンキング・モデル（shadow banking model of financial intermediation）」と呼んでいる。この結果，金融部門の資産残高に占める商業銀行のシェアは低下し，非銀行金融機関のシェアが上昇したため，前者を上回る水準に達するようになった。図表2-2は，家計，非金融企業，証券会社（ブローカー・ディーラー），商業銀行の4つの部門の資産の伸び率（左図），銀行と「市場ベースの金融システム」[2]の総資産額の比較（右図）である。まず，4つの部門の中で，証券会社（ブローカー・ディーラー）の資産額の伸び率が突出して高いことが分かる。他の3部門が1954年以来，約80倍に増加したのに対し，証券会社の資産額は今回の金融危機の直前には実に800倍に増加している。また，証券会社の資産額が1980年代以降，急激に増加していることが分かる。次

図表2-2　伝統的金融機関対シャドー・バンク

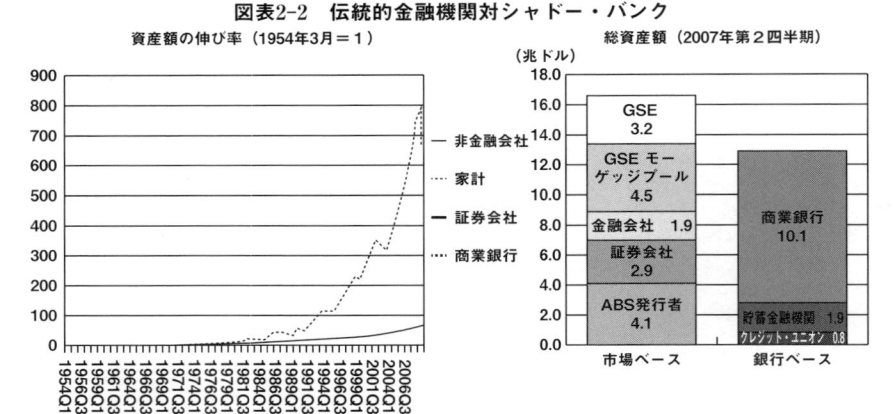

〔出所〕Adrian and Shin〔2009〕

に，右図をみると，2007年第２四半期には「市場ベース」の資産が「銀行ベース」のそれを上回っていることが分かる。

　このように，1980年代以降，非銀行金融機関の成長が目覚ましく，無視しえない存在になっていた。しかし，金融規制の枠組みは依然として商業銀行を中心としたものであり，金融市場の変化が進展するにつれ，実態との不整合が顕著になっていた。

（4）シャドー・バンキング・システムの資金調達構造

　シャドー・バンクは「銀行」ではなく，預金の取り扱いが認められていないため，それを主要な資金調達源泉とすることはできない。その主要な資金調達手段は投資銀行やヘッジ・ファンドの場合にはレポ市場，ABCP コンデュィの場合には ABCP である。MMF は集合投資スキームであるため，投資家から資金を集めそれを（AB）CP などに投資している。このように，シャドー・バンクによって資金源泉は異なっているが，ここではその特徴が最も良く現れている投資銀行についてその資金調達源泉を検討する。

　投資銀行のバランス・シートの最も大きな特徴は，（短期）負債への依存度の大きさと，レバレッジ水準の高さである。まず，短期負債はその大部分がレ

ポ市場からの資金の取入れである。2008年前半で，ブローカー・ディーラーは
その資金調達の42％をレポあるいはレポ類似取引によって調達していた。個別
の業者では，ベア・スターンズ55％（08年2月），モルガン・スタンレー50％
（08年5月），リーマン・ブラザーズ46％（08年5月），ゴールドマン・サック
ス39％（08年5月），メリルリンチ28％（08年6月）である（Duffie〔2011〕，
pp.30-31, Table 3.1）。

　預金の取り扱いが認められていない投資銀行が非預金短期資金に大きく依存
しているのは当然であるが，商業銀行も同じような傾向が認められることが注
目される（図表2-3）。シャドー・バンキング・システムの台頭にともない，伝
統的な銀行も子会社などを通じて業務を多角化し，その一翼を担うようになっ
ているのである。

　それ以外の独自の資金源泉としては，プライム・ブローカレッジ顧客からの
預り資産がある。プライム・ブローカレッジ業務とは，ヘッジ・ファンドや大
手投資家向けに，証券保管，清算，キャッシュ・マネジメント，証券貸付，そ
してリスク・マネジメントやアカウンティングについての報告などの一連の
サービスを提供することである。その預り資産のうち，顧客が短期の通知に
よって返還を請求できる資金額（これを無条件信用残高と呼んでいる）は投資
銀行自身のビジネスに充当することが認められている[3]。したがって，プライ
ム・ブローカレッジ業務は投資銀行にとって重要なフィー収入源であるととも
に，預り資産の一部は資金源泉でもある[4]。

　いうまでもなく，レポ取引は預金保険制度の対象ではないため，取引当事者
の間で取引履行の確実性を担保する独自の仕組みがある。それはヘアカットで
ある。ヘアカットとはいわば担保に差し入れられる政府債の（1－掛目）であ
り，オーバーナイト（翌日物）・レポの場合，危機以前には取引全体の平均ヘ
アカットは2％以下であった。これは，例えば担保に差し入れられる時価1億
ドルの証券に対して9,800万ドル以上の貸出しが可能ということを意味する。

　次に，投資銀行のレバレッジ水準の高さである。レバレッジの定義はいくつ
かあるが，総資産／負債で大手投資銀行のその水準の推移をみると，商業銀行

図表2-3　主要な商業銀行と投資銀行の資産と負債，2008年（100万ドル）

	JP モルガン	シティグ ループ	バンク・オ ブ・アメリカ	ウェールズ ファーゴ	ゴールドマ ンサックス	モルガンス タンレー
日　　付	2008年 12月31日	2008年 12月31日	2008年 12月31日	2008年 12月31日	2008年 11月28日	2008年 11月30日
資産総額	2,175,052	1,945,263	1,817,943	1,309,639	884,547	658,812
負債額						
預金	1,009,277	774,185	882,997	781,402	27,643	42,755
レポ取引残高	192,546	205,293	206,598	62,203	118,626	129,749
CP とその他短期						
負債額	37,845	126,691	158,056	45,871	52,658	10,483
非預金短期債務	230,391	331,984	364,654	108,074	171,284	140,232
取引勘定，デリバ ティブ，ブローカ レッジ，その他	166,878	238,452	87,996	–	429,815	245,112
付利費用その他	187,978	90,275	36,952	53,921	23,216	16,445
その他	142,961	–	–	–	–	–
長期負債	270,683	359,593	268,292	267,158	168,220	163,437
負債総額	2,008,168	1,794,489	1,640,891	1,210,555	820,178	607,981
株主資本	166,884	150,774	177,052	99,084	64,379	50,831
負債・自己資本	2,175,052	1,945,263	1,817,943	1,309,639	884,547	658,812
非預金短期負債 対資産（％）	10.6	17.1	20.1	8.3	19.4	21.3
2010年末の 割合（％）	14.7	14.0	13.5	4.4	28.5	23.6

〔出所〕Scott〔2016〕, p.70

が10-15倍であるのに対して，ゴールドマン・サックスは約20倍であるが，そ れ以外の大手投資銀行は軒並み30倍を越えている。しかも，その水準は2004年 を境に例外なく上昇している。

　これは，2004年に大手投資銀行に対してCSE（Consolidated Supervised Entities）プログラムが導入されたためである。このプログラムは，2002年に EUが金融コングロマリット指令を採択し，本国で同等の規制を受けていなけ ればEUの規制に服さなければならなくなったために，大手投資銀行がそれま で課されていたネット・キャピタル・ルールに代わる新たな監督の枠組みを要

請し，SEC がこれを認めたことによって導入された。これにより，大手投資銀行は CSE として認められれば，ネット・キャピタル・ルールの代替法（alternative method）によりネット・キャピタルを計算できることになった。この結果，投資銀行は以前であればネット・キャピタルに対する負債の比率を15倍以内（自己資本に対する負債を表すレバレッジとは異なる），あるいは最低25万ドルか負債総額の 2 ％を下回らないネット・キャピタル，のいずれかを維持する必要があったが，このプログラムではレバレッジには制限がなくなったのである。

　この効果は抜群であった。SEC の報告によると，これにより約40％の資本の控除が可能になり，その資本を新たな投資先に振り向けることによって，収益率は20ベーシス・ポイント（0.2％）上昇したという。そして，これらの資本の多くはサブプライム証券化商品市場に流入したとみられる（詳しくは，佐賀〔2010〕を参照）。

（5）　短期資金調達市場の機能不全

　Duffie〔2011〕は，証券市場と OTC デリバティブ取引の市場における仲介を行う金融機関を「ディラー・バンク」と定義し，投資銀行を含むプライマリー・ディーラーがほぼそれに相当するとしてその破綻のメカニズムを分析している。シャドー・バンキング・システムはこれらを包摂した概念である。投資銀行の固有の機能は伝統的には証券の発行・引受業務であるが，現在では業務分野が広がり，M＆A や証券化商品の組成など，それらに関連するディーリング業務からの収益の割合の方が高くなっている。したがって，ダフィーの「ディラー・バンク」の破綻のメカニズムがそのまま適用できる訳ではないが，投資銀行の独特の資金調達を分析する上では大変，参考になる。

　資金調達問題に関連して，OTC デリバティブ取引におけるカウンターパーティ・リスクの顕在化，レポ市場におけるヘアカットの上昇，そしてプライマリー・ブローカレッジ業務における顧客流出が重要である。レポ市場は投資銀行にとって主要な資金調達源泉であり，OTC デリバティブ市場はそれをス

ムーズに行うためのリスク管理の機能を果たす市場である。また，それらの市場はリバース・レポ取引やCDSの売りのように，資金運用のための市場でもある。そして，ヘッジ・ファンド向けに様々なサービス提供を行うプライマリー・ブローカレッジ業務は，それ自体が収益源であるとともに，その預り資産はレポ市場での資金調達の際の担保（collateral）として重要な役割を果たしている。

いま，市場でこれらのカウンターパーティについてその財務内容や支払能力について不安視する情報が流布したとしよう。これらの取引市場は連銀信用による保証や預金保険のようなセーフティネットを欠いているから，このカウンターパーティ・リスクを避けるための自衛措置が採られる。その一つは，OTCデリバティブ取引の場合にはエクスポジャを減らすために契約更改（novation）を行うことである。この場合，カウンターパーティを変更することが普通であるため，元の投資銀行は決済に伴う資金流出に直面し，一気に流動性危機に追い込まれることが多い。ベア・スターンズおよびリーマン・ブラザーズの破綻はこうして起きたのである。

ヘアカットは担保となる証券によって異なるが，08年秋には投資適格の民間債で20％まで上昇した（BISのCommittee on the Global Financial Systemは各証券毎に07年6月と09年6月のヘアカットを明らかにしている）。ヘアカットが引き上げられれば，既存の取引については追加的に担保を差し入れるか，保有資産の投売り（fire sale）によって資金を調達せざるをえなくなり，新規の取引は難しくなる。

レポ取引の残高については公式の統計が存在しないが，市場関係者によるとレポ市場全体の15-20％を占めるとみられる（Gorton〔2010〕，p.134）クリアリング・バンクが仲介するトリパーティ・レポについては公式の残高が分かる。それをみると，2008年4月に2.8兆ドルであったものが，2009年7月から2010年1月には1.5兆ドル強となっており，この間にレポ市場が半分強の水準にまで縮小したことが分かる。

投資銀行やヘッジ・ファンドは短期資金の調達を大幅にレポ市場に頼ってい

るために，このような事態が生じればこれらの金融機関は資金繰りに窮し，次々と破綻していく危険性が生じる。2008年3月のJPモルガン・チェースによるベア・スターンズの救済合併以降，大手投資銀行が次々と経営破綻に追い込まれて行ったのはこのようなメカニズムによる。Gorton〔2010〕は，これは「銀行取付」（bank run）が連銀信用や預金保険制度というセーフティネットを欠いた「レポ市場での取付」（repo run）に形態を変えたものに他ならないとしている。

さらに，投資銀行およびサブプライム住宅ローンの証券化商品に関連する業者（SIV，ABCPコンデュイなど）の信用不安が昂進すると，証券化商品市場での発行も困難になり，大きく縮小する。

ABSの発行額は2007年に2380億ドルであったが，翌08年第4四半期にはわずか20億ドルに激減している。このほとんどはサブプライム，CDOおよびCLOの非伝統的なABSの減少によるもので，自動車ローン，クレジット・カード，学生ローンを証券化した伝統的ABSはさすがに08年第4四半期にはかなり減少したものの，その時期を除けば安定的に推移している（Stein〔2010〕，Figure 1）。

また，ABCPの発行残高は07年のピーク時には1.2兆ドルに達したが，同年12月にはその34％の4,040億ドルに激減した。

このように，シャドー・バンキング・システムの資金源泉が同時に枯渇していくと，ABCPコンデュイやSIVなどの証券化に関連した組織が存続できなくなり，システムそのものが崩壊する。まさにシステミック・リスクの顕在化といえる。

最後に，プライム・ブローカレッジ顧客の流出である。例えば，ある投資銀行が二つのプライム・ブローカレッジ顧客（ヘッジ・ファンド）と契約を結んでいるとしよう。ヘッジ・ファンドAからは15億ドル預り，ヘッジ・ファンドBには10億ドル融資しているとする。ここで仮にヘッジ・ファンドAが突然，預り資産を引き揚げる行動に出れば，この投資銀行はヘッジ・ファンドBへの貸付の原資である10億ドルの新たな資金源を探さなければならなくなる。それ

ができなければ，やはり資産の投売りに追い込まれるであろう

　このような行動は，ヘッジ・ファンドが投資銀行の流動性について不安を抱き，より信用度の高い投資銀行に預り資産を移すことによって引き起こされる。

　投資銀行やヘッジ・ファンドなどのシャドー・バンキング・システムはOTC デリバティブ市場，レポ市場などにおける取引を通じて相互に密接に結びついているため，OTC デリバティブ取引における契約更改，レポ取引のヘアカットの上昇，そしてプライム・ブローカレッジ顧客の流出は，このようにして投売りなどの行動を余儀なくさせるのである。

　主要な資金調達源であるレポ市場，ABS 市場，そして ABCP 市場の機能麻痺，縮小はシャドー・バンキング・システム全体の流動性の枯渇をもたらす。これらの機関の信用力に不安を抱いたカウンターパーティは返済の確実性を高めるためにより高い担保を求め，さらには取引そのものを躊躇するようになるからである。

2．TBTF 問題と SIFIs

　2007－08年の金融システム危機の最大の特徴は，商業銀行以外の大手金融機関の破綻が顕著であったことである。これまでは TBTF 銀行の救済は決済システムの維持，預金者の保護，コミュニティへの金融サービス提供の維持などが根拠とされていたが，証券会社や保険会社など，これらの機能を直接には持たない金融機関の破綻によっても，金融システムの深甚な混乱が引き起こされることが如実に示されることになったのである。かくして，定義上，銀行ではないけれども，銀行同様，金融仲介機能を果たす金融機関，いわゆるシャドー・バンキング・システムを規制上どのように位置づけ，システミック・リスクの発現を未然に防ぐかが重要な政策課題になった。

　ドッド・フランク法（DF）法はアメリカの金融システムが当面する広範な課題に対する対応を提示したものであるが，システミック・リスクの源泉とな

る可能性の高い「システム上重要な金融機関」（systemically important financial institutions, SIFIs）を特定し，「秩序立った清算手続き」（Orderly Liquidation Authority, OLA）と呼ばれる新たな破綻処理スキームを導入した。システミック・リスクの監視は，やはり新たに創設された金融安定監督協議会（Financial Stability Oversight Council, FSOC）が行い，総資産額500億ドル以上の銀行持株会社と，FSOC がシステム上重要とみなしたノンバンク金融機関が SIFIs として認定される。これに加えて，業務収益の85％以上が金融業務の性格を持つ業務から上げているすべての企業を対象金融機関（Covered Financial Institution, CFI）とし，仮に CFI が破綻状態にある時には OLA を適用して破綻処理を行うことができる。

　この D-SIFIs（Domestic SIFIs）の認定基準から明らかなように，アメリカでは基本は資産規模に置かれており，FSB の G-SIFIs がその他の要因を判定基準に加えているのとは決定的に異なる。ただし，DC 法に基づき創設された金融調査局（Office of Financial Research, OFR）は D-SIFIs を含む30G-SIBs について，相互連関性を加味した「システム的重要性指数」を計測し公表している（図表2-4参照）。

　DF 法では納税者の負担が生じる余地を排除するために清算のみ定めており，これにより公的資金による救済への期待を封じ込め，モラル・ハザードを防ぐことを意図している。

　2008年11月にワシントンにおいて開催された G20において，国際金融機関の改革，OTC デリバティブ改革，シャドー・バンキング・システムの監督体制の強化，格付会社の監視の強化と並んで，グローバルに活動するクロスボーダー金融機関の秩序立った破綻処理を実現するために，破綻処理スキームを見直すことがアクション・プランの一つとして掲げられ，各国際基準策定組織が精力的に取り組んできた。FSB は，これらの改革課題の前提となる「G-SIFIs のフレームワークの目標は，システミック・リスクを特定し，市場において TBTF とみなされる金融機関に対してモラル・ハザード問題を特定することである」（FSB〔2013〕, *Progress and Next Steps towards Ending "Too-Big-to-*

図表2-4　30G-SIBs のシステム的重要性指数

銀行持株会社	規模	相互連関性			代替性				複雑性		域外活動		スコア(%)
	総エクスポージャ	金融機関間の資産	金融機関間の負債	証券発行残高	決済活動	預り資産	引受活動	OTCデリバティブ額	調整トレーディング資産	レベル3資産	海外資産	域外債務総額	
ウェイト	20	6.7	6.7	6.7	6.7	6.7	6.7	6.7	6.7	6.7	10	10	
JPモルガン・チェース	390.3	396.4	504.0	400.8	1259.4	1548.8	820.4	770.5	977.6	844.1	317.8	346.6	5.0
HSBC	364.1	513.3	448.7	289.1	305.1	449.0	570.2	371.7	561.9	179.9	702.1	878.9	4.8
シティグループ	316.5	395.4	474.6	398.5	1178.4	804.5	534.9	673.8	285.0	556.4	384.9	382.0	4.3
ドイツ銀行	263.6	392.7	318.8	183.2	890.9	311.4	712.0	774.7	393.1	459.9	482.6	478.4	4.2
BNPパリバ	306.4	266.0	555.5	289.6	267.8	418.1	421.7	611.0	559.4	345.8	554.8	414.5	4.1
バークレーズ	296.0	336.5	207.2	225.0	211.3	23.6	696.6	753.8	474.3	663.1	443.9	414.3	3.8
バンク・オブ・アメリカ	294.8	276.2	203.6	327.1	327.9	9.9	630.6	621.9	449.9	387.0	177.8	126.4	3.0
クレディスイス	155.4	188.3	162.9	159.8	142.7	13.1	418.1	640.2	290.3	480.0	325.5	337.6	2.6
モルガン・スタンレー	140.3	502.7	169.0	154.8	38.4	99.3	423.0	494.1	693.0	283.5	162.2	241.8	2.6
ゴールドマン・サックス	165.9	316.3	99.0	207.5	37.6	62.8	599.5	570.5	302.9	523.7	159.1	164.3	2.5
三菱	367.1	179.7	219.7	205.4	283.2	110.7	125.2	121.0	244.5	152.3	335.6	251.7	2.4
ロイヤル・バンク・オブ・スコットランド	210.2	269.5	254.2	129.9	256.4	6.2	257.3	715.6	115.0	136.2	291.7	246.0	2.4
ソシエテ・ジェネラル	195.5	142.2	254.5	203.1	127.1	354.5	172.2	285.5	370.7	97.1	277.3	247.3	2.3
クレディ・アグリコール	263.4	211.6	365.8	230.8	109.0	225.4	145.6	215.9	187.6	125.3	225.0	216.5	2.2
UBS	139.9	156.8	145.4	143.6	113.4	237.8	186.5	384.4	215.7	205.7	272.8	263.1	2.1
バンコ・サンタンデール	208.0	132.4	164.6	254.6	62.3	87.4	61.1	59.6	80.7	24.0	463.6	462.4	2.0
中国銀行	298.0	236.6	285.6	133.8	327.4	60.1	17.0	7.0	142.9	64.2	132.7	292.1	1.8
中国工商銀行	387.9	328.0	201.0	172.2	142.7	55.3	88.0	4.1	335.5	291.3	63.8	88.9	1.8
ウェルズ・ファーゴ	214.5	103.6	119.4	339.7	112.7	174.0	138.9	55.3	279.8	452.7	32.2	67.0	1.7
みずほ	200.7	77.4	111.1	154.4	225.1	100.0	109.8	114.3	199.9	172.0	153.8	112.2	1.5
バンク・オブ・NYメロン	44.8	74.5	212.8	40.9	651.5	1710.4	9.4	13.1	85.3	1.7	39.8	84.4	1.5
ステート・ストリート	37.8	28.6	193.8	287	231.6	1479.9	0.0	12.9	117.8	92.1	21.8	64.3	1.5
ユニクレディット	151.5	185.9	135.8	180.0	37.7	50.5	139.4	42.3	15.9	124.5	274.3	290.9	1.5
INGグループ	141.0	155.7	144.0	125.8	103.1	17.2	59.7	53.8	104.1	43.7	297.3	323.8	1.4
住友三井	185.8	235.9	153.6	182.1	90.1	7.2	88.9	65.1	276.8	116.6	152.7	87.5	1.4
グループ BPCE	186.2	137.4	206.0	241.7	131.8	8.1	108.1	164.4	19.1	251.2	149.9	41.1	1.4
スタンダード・チャータード	88.0	179.8	111.5	83.5	76.8	58.8	196.9	62.0	146.7	54.4	251.0	256.3	1.3
中国農業銀行	290.8	106.9	124.3	118.5	135.3	42.9	65.4	1.5	36.3	425.7	11.4	24.3	1.3
ノルディア・バンク	100.0	118.7	85.3	216.0	73.1	62.8	83.0	94.3	25.8	49.8	244.2	222.0	1.2
BBVA	102.7	47.4	60.2	185.3	32.7	57.4	58.4	28.3	98.6	14.9	164.7	195.3	0.9

(注) 網掛けはアメリカの SIFI

(出所) Office of Financial Research (OFR)（2015）. "A Comparison of U.S. and International Global Systemically Important Banks", *Brief Series 15-07*, Aug.4

Fail"（*TBTF*），Sep.2）と述べている。

　これらの分析では G-SIFIs は大きくは銀行（G-SIBs），保険（G-SIIs），非銀行／非保険（Non-Bank Non-Insurer, NBNI）G-SIFIs の 3 つのカテゴリーに分類され，さらに最後の NBNI G-SIFIs はファイナンス・カンパニー，市場仲介者（証券ブローカー・ディラー），投資ファンドに分類されている。各 G-SIFIs の分析枠組みは，銀行についての評価の枠組みを提示したバーゼル銀行監督委員会（Basel Committee on Banking Supervision, BCBS）の BCBS〔2011〕（さらにその改訂版である BCBS〔2013〕）を基本にしているため，ここではその内容を取り上げることにする。

　G-SIB についての BCBSs の評価の特徴は，指標に基づく計測アプローチ（indicator-based measurement approach）にある。これはネガティブな外部性を生み出し，銀行を金融システムの安定性にとって決定的な存在たらしめている要素の多様な側面を反映するように指標を選び取る方法である。バーゼル委員会はグローバルでシステミックな重要性は，銀行の破綻がその発生確率ではなく，グローバルな金融システムとより広い経済に及ぼす影響によって計測されるべきであると考える。したがって，選択された指標は，規模，相互連関性（interconnectedness），金融制度を支えるインフラの代替性，クロスボーダーの活動，そして複雑性の 5 つである。各指標にそれぞれ20％のウェイトを付与している。そして，これらの指標について，それぞれを構成する個別の要因を列挙し，要因数で割ったウェイトが配分される（図表2-5参照）。このスコアに基づき，バーゼルⅢの枠組みに従って，システム的な重要度が高い順に 4 段階に分類され，追加的な自己資本比率が上乗せされる（プラス1.0％〜3.5％）。

　これらのうち，規模，相互関連性，そして代替性／金融制度インフラ，の各指標は，BIS，FSB，IMF が G20に提出した報告書（BIS，FSB，IMF〔2009〕）の内容に沿ったものである。バーゼル委員会はこの評価方法によりサンプルとなった73行から29行を G-SIBs として認定した（翌年の見直しで，1 行増加して30行である。地域別には，アメリカが 8 行，ヨーロッパが 9 行，イギリスが 4 行，中国が 3 行，日本が 3 行，その他が 3 行，である）（図表2-6参照）。

図表2-5　G-SIBs の特定要素

カテゴリーとウェイト	要　素	ウェイト
クロス・ボーダーの業務（20%）	クロス・ボーダー請求権 ・他銀行への預金と残高，銀行および非銀行への融資および前貸し，証券および参加権の保有額の割合	10%
	クロス・ボーダー債務 ・債務総額に占める海外債務総額の割合	10%
規模（20%）	バーゼルⅢのレバレッジ比率に使われる総エクスポジャ	20%
相互連関性（20%）	金融システムに関連した資産 ・金融機関への融資額，他の金融機関の発行証券保有額，リバース・レポのネットの時価，金融機関への証券担保貸付額のネットの時価，金融機関とのOTCデリバティブのネットの時価，の合計額	6.67%
	金融システムに関連した負債 ・金融機関の預金，銀行発行の市場性証券の総額，他の金融機関とのネットのレポ取引の時価，金融機関からの証券担保借入のネットの時価，他の金融機関とのOTCデリバティブのネットの時価，の合計額 （＊資産，負債ともすべての金融機関との間での総額に占める割合）	6.67%
	ホールセル資金調達の比率＊ ・負債総額からリテール調達額（CDを含むリテール預金とリテール顧客の保有する負債証券）を差し引いた金額が負債総額に占める割合	6.67%
代替性／金融制度のインフラストラクチャー	カスタディ下の資産 ・銀行がカスタディアンとして保有する資産額がサンプル中の銀行のその総額に占める割合	6.67%
	ペイメント・システムを通じた決済 ・銀行がメンバーとなっているペイメント・システムを通じる決済額がサンプル銀行のその総額に占める割合	6.67%
	債券・株式市場の取引の金額 ・銀行が引き受けた負債と株式の年間総額がサンプル銀行のその総額に占める割合	6.67%

	OTC デリバティブの想定元本	6.67%
複雑性（20%）	・銀行の OTC デリバティブ取引残高の想定元本がサンプル銀行全体のそれに占める割合	
	レベル 3 の資産	6.67%
	・レベル 3 資産総額がサンプル銀行のそれに占める割合	
	取引のために保有され売却可能な資産	6.67%
	・売却可能な資産の総額がサンプル銀行のそれに占める割合	

＊2013年 7 月版では，「証券発行額」に変更されている。
〔出所〕BCBS〔2011〕

図表2-6　G-SIFIs の内訳

G-SIBs（2016年末）		G-SIIs（2016年末）	NBNI G-SIFIs
分類と追加的に求められる自己資本比率	各分類に属する G-SIBs		
5（3.5%）	なし	Aegon N.V. Allianz SE American International Group,Inc. Aviva plc Axa S.A. MetLife,Inc. Ping An Insurance（Group）Company of China,Ltd. Prudential Financial,Inc. Prudencial Plc	①ファイナンス会社、②市場仲介業者（証券ブローカー・デイーラー）、③投資ファンド（集団投資スキームおよびヘッジ・ファンド）のそれぞれについて、詳細な指標を提案している。評価プールに入ったNBNI の中から、その破綻や重大な金融ストレスがグローバルな金融システムに影響を与えると母国当局が判断した場合にNBNIG-SIFIs と特定されることになる。
4（2.5%）	Citigroup JP Morgan Chase		
3（2.0%）	Bank of America BNP Paribas Deutsche Bank HSBC		
2（1.5%）	Barclays　Credit Suisse Goldman Sachs Industrial and Commercial Bank of China Ltd. Mitsubishi UFJ FG Wells Fargo		
1（1.0%）	Agricultural Bank of China Bank of China Bank of New York Mellon China Construction Bank Groupe BPCE		

Groupe Crédit Agricole ING Bank　　Mizuho FG Morgan Stanley Nordea Royal Bank of Scotland Santander Société Générale Standard Chartered State Street Sumitomo Mitsui FG UBS Unicredit Group		

〔出所〕BCBS〔2016〕，FSB〔2016〕より作成

　興味深いのは，これら29行は銀行資産額のランキングに一致しないことである。これまでみたように，TBTF は漠然と規模（資産額）を基準にいわれることが多かったのであるが，G-SIBs は5つの指標のウェイトを総合的に判断したものであるため，リストが異なってくるのは当然ともいえる。この象徴的な例は，決済業務の最大手銀行である，バンク・オブ・ニューヨーク・メロンコープ，ステート・ストリート・コープであり，2002年第2四半期の資産額のランキングは，それぞれ第65位と第79位である（Barth and Praba〔2012〕）。決済業務は経済の血液の循環ともいうべきもので，金融システムの根幹をなすものであるから，その重要性は極めて大きい。分析がより精緻化された結果といえよう。

　その後，G-SIIs については国際保険監督者機構（IAIS）の検討を踏まえて，FSB において9社が認定された。また，NBNI G-SIFIs については，2014年1月に市中協議文書が配布され，さらに2015年3月4日に第2次市中協議文書が公表され，5月29日がコメント勧誘期間とされた。これを踏まえて，今後，認定が行われることになる（なお，G-SIFIs は毎年11月に見直しが行われることになっている）。

3．リーマン・ブラザーズの破綻：事例分析

サブプライム証券化商品のデフォルトおよび格付けの低下による価格の暴落により，多くの大手金融機関が多額の損失を抱えることになったが，事態を一層深刻化させたのはなんといっても大手投資銀行リーマン・ブラザーズの破綻であった。この点を明らかにするために，システミック・リスクの発現，特にその感染の事例として同社の破綻について分析する。

（1）リーマン・ブラザーズの破綻原因

リーマン・ブラザーズの破綻手続きは，その持株会社（Lehman Brothers Holdings Inc., LBHI）と傘下の子会社群に適用される法律が異なる。まず，持株会社 LBHI および銀行ではないデリバティブ取引を行っていた子会社（Lehman Brothers Special Financing, Inc.）に対しては連邦破産法第11条（以下，チャプター・イレブンと略），証券子会社（Lehman Brothers In., LBI と略）に対しては証券投資者保護法（Securities Investor Protection Act, SIP 法），銀行子会社（Aurora Bank FSB と Woodlands Commercial Bank）に対しては連邦預金保険法（Federal Deposit Insurance ACT, FDI 法），保険子会社に対しては州の保険法が適用された。さらに，国外に所在するリーマンの子会社に対しては80以上に及ぶ所在国の破産法が適用された。

この内，持株会社 LBHI はニューヨーク南部地区破産裁判所にチャプター・イレブンの適用申請を行い，任命された調査官アントン・バルカス（Anton R.Valukas）によって2010年 3 月11日に全 9 巻，本文だけで2,200ページを越える詳細な報告書（以下，バルカス報告と略）が取りまとめられた。また，証券子会社 LBI についても，SIP 法に基づき2010年 4 月25日に調査官ジェームズ・ギデンズ（James W.Giddens）によって報告書が取りまとめられた。

以下では，バルカス報告によりリーマンの破綻原因を分析する。報告書がいうように，リーマンの破綻を単一の要因で説明することはできないが，金融市

場や住宅市場の動向のようなマクロ経済要因を差し当たり考慮外に置けば，その破綻原因を大きく組織内部の要因と，政府や規制当局による監督体制の問題に大別できる。実際にはこの両者は密接に関連しているが，取りあえず別々にみておこう。

ここで注目したいのは同社のリスク管理体制である。リーマンのバイス・プレジデントであったローレンス・マクドナルドの著書〔2009〕では，CEO のリチャード・ファルドのワンマン体制とそのリスク管理体制の杜撰さが厳しく告発されていた。しかし，バルカス報告では，これとはやや異なる評価がなされている。

マクドナルドの批判とは対照的に，リーマンのリスク管理体制は業界でも最も優れたものと評価されていた。グローバル・リスク・マネージメント・グループ（GRMG）は約450人で構成され（2008年時点），市場リスク管理，信用リスク管理，業務リスク管理，リスク計量管理，ソブリン・リスク管理，投資管理部門リスク管理，リスク・コントロールおよび分析，の各部門から構成されていた。GRMG の役割として，すべてのリスクの理解と特定，すべての取引と製品についての適切な許容限度の設定，そして破滅的な損失からの防御，の３つがあげられていた。そして，その役割の遂行のためのツールとして，リスク・リミット（VaR とリスク許容度），ストレス・テストあるいはシナリオ・テスト，個別の取引ごとの限度，バランス・シートの限度が整備されていた。

しかし，形式的には優れていても，その運用実態は重大な問題を孕むものであった。リーマンは「リスク許容度」（risk appetite）を計測していた点で投資銀行の中ではユニークな存在であったが，2007年後半には経営陣は業務からの利益が高いと，リミットを越えているのを知りながら，それを低減するのではなくリミットを上げる措置をとった。また，個別の取引にも上限を設けていたが，重要な利益機会を見逃すことになるとしてこれを無視した。さらに，2008年にはストレス・テストを実施しているが，商業用不動産などの多くのリスクの高い資産を除外した。リスク問題やリミット違反は経営陣に報告される

システムを持っていたが，それをチェックするシステムを欠いており，手続きといえばそれらを無視することであった。

　要するに，マクドナルド〔2009〕とバルカス報告をあわせ読むと，リーマンは外向けには優れたリスク管理体制を印象づけながら，それが効果的に機能するような社内の監視体制を欠いていたことがわかる。そこで問題になるのが，同社のガバナンス体制である。この点については，マクドナルド〔2009〕が意思決定構造，組織構造の問題点，さらには人事抗争などを生々しく告発している。第一に，CEOのリチャード・ファルドに権力が集中しており，取締役会は過半が外部取締役で構成されていたものの，金融や証券についての知識や経験のない高齢者の集まりで，飾り物に過ぎなかった。第二に，経営陣はかつての経験からサブプライム問題が他の業務分野にまで波及することはないと判断し，同業他社に追いつき追い越す絶好の好機と判断し，積極的な成長戦略を推進し，通常のリスク・コントロールを無視した。第三に，2007年になって住宅市況およびそれに関連した証券化商品の市場に陰りが射し始めると，さすがに最高リスク管理担当者（CRO）や一部の役員から経営方針に対して反対や危惧する声があがり始めた。しかし，これらの役員は解任されるか，閑職に追いやられた。最後に，収益を追求するあまり，質を無視して住宅ローンを買いあさった結果，「副業で投資銀行を営む不動産投資信託（REIT）」と揶揄されるような姿に変貌してしまった。

　リーマンの財務構造をみると，短期負債による資金調達に極端に偏っていた構造が明らかになる。もっとも，これは，既に指摘したように，リーマンだけの問題ではなく，投資銀行全体に共通した問題である（以下のバランス・シートの分析は，Adrian and Shin〔2010〕，佐賀〔2017c〕による）。資産全体に占めるもっとも大きな項目は，トレーディング資産と担保付貸付（collateralized lending）で，それぞれ45％と44％である（2007年末時点）。後者はヘッジ・ファンドに対するプライム・ブローカーとしての業務を反映するもので，これらの業者に対する担保付貸付けとリバース・レポであるが，基本的に短期でしばしばオーバーナイト物であった。

元々，プライム・ブローカレッジ業務はゴールドマン・サックス，モルガン・スタンレー，ベア・スターンズの3社が業務全体の3分の2を占めており，リーマンは大手業者の一つではなかった。さらに，2008年3月のベアの破綻，あるいはそれ以前にその経営危機が知られるようになった頃から，ヘッジ・ファンドはカウンターパーティ・リスクを抑えるために，複数のプライム・ブローカー（投資銀行）と取引をするようになっていた。他方，現金は資産額6,910億ドルのうち，その約1％，わずか72.9億ドルを占めるに過ぎなかった。

貸方の最も大きな項目は担保付借入で，37％を占めていた。それに次ぐのが，買戻し条件付きのショート・ポジションで，22％を占めていた。支払勘定（payable）が12％を占めるが，これはリーマンの顧客，主としてヘッジ・ファンドからの現金預け金であり，請求次第，引き出すことができるものであった。資産勘定の受取勘定（recievable）（6％）と負債勘定の支払勘定（12％）を較べると，リーマンにとって資金調達の重要かつ不安定な源泉であることが明らかである。株式資本はわずか3％に過ぎなかった。

この極端に過少の資本バッファーでは，保有資産の時価のわずかな低下でも負債超過に陥り，またカウンターパーティ・リスクに敏感になったヘッジ・ファンドが預り金を引き出し始めると，瞬く間に追加資本の調達に迫られることになる。ましてや，サブプライム商品の暴落という金融津波に襲われれば，ひとたまりもないことは誰の目にも明らかであった。このような危険な状態まで，リスキーなビジネスにのめり込んでいった経営者と，それを阻止できなかった取締役会の責任は重い。

それでは，外部の規制機関による監視体制はどうなっていたのであろうか。LBHI は投資銀行を中核とする持株会社であるが，その傘下にはデリバティブ業務を専門にする会社，銀行，保険会社があり，アメリカでは金融業務の監督体制が一元化していないため，多くの監督機関が関係していた。それでも，これまでの金融危機への対応から，財務省，連邦準備制度理事会（FRB）と実質的にその中核を担い救済のための民間銀行を組織するニューヨーク連銀

（FRBNY），そして証券取引委員会（SEC）が責任のある規制機関であった。しかし，主たる規制機関がどこであるかがはっきりしていないのが実情であった。むしろそうではなく，はっきりはしていたが当の規制機関にその自覚がなかったことが問題であったという方が正確であろう。

　すなわち，2004年6月にCSE（Consolidated Supervised Entities）プログラムが創設されると，その適用を申請した大手投資銀行5社と商業銀行2行はSECの監督下に入ることになったのである。したがって，CSEプログラムが始まって以降は，リーマンに対する主たる規制機関はSECであることは明確であった。しかし，この監視体制たるやお粗末なもので，スタッフ数がわずかに7名だけで，しかも十分な経験と知識を欠いていた。このため，このプログラムで最も重視されていた流動性プールに対する監視についても重大な問題を引き起こした。すなわち，リーマンのクリアリング・バンクであったシティとJPモルガン・チェースが同社の経営の健全性を危惧して引き出しのできない「コンフォート預金」（comfort deposit）を求めていたにもかかわらず，それを流動性プールとして計算していた。さらに，それに気づいても何らの是正措置も求めなかったのである。SECは「レポ105」[5]については知らなかったが，数年前にエンロン社が商品取引に偽装して負債調達を行った「プリペイド取引」の先例があるだけに，それを教訓として生かせなかったことになる。バルカスは議会証言の中で，バランス・シートをチェックすればこの問題に気づくのはそれほど困難ではなく，SECが気づかなかったのは理解に苦しむとさえ述べている。

　リーマンはSECに対して定期的に報告していたので，それ以外のリスク許容度の違反やストレス・テストの形骸化については認識していたにもかかわらず，何らの行動も採らなかった。さらに，ベア・スターンズが破綻してからはSECとFRBのスタッフが同社に常駐するようになるが，それでも財務省，FRB，FRBNY，SECとの間でのコミュニケーションは十分ではなかったことが指摘されている。

　最後に，モラル・ハザードの問題とシステミック・リスクに対する過少評価

について触れておくべきであろう。2008年3月にベア・スターンズが実質的に破綻した際，FRBは融資を行い，JPモルガン・チェースが救済合併した。この事実は非常に重く，この頃からリーマンが次の破綻の可能性の高い金融機関の最有力候補とみられていたものの，市場もCEOのファルドも最後は政府が救済してくれるだろうと期待していた[6]。

　結果的に，これが裏切られたことが「リーマン・ショック」と呼ばれるほどの強烈な衝撃を及ぼすことになった。また，リーマン破綻の影響についても監督当局が過少に評価していたことが指摘できる。バルカスのインタビューに答えてバーナンキFRB議長は，「リーマン破綻の経済への影響についての見解は様々であり，0から100までのスケールで表すと，一部の人は『軽微な混乱』が起こる程度であるとみていたが，自分は90-95ぐらいの影響があると思っていた。しかし，実際には，『たぶん140』ぐらいにもなった。そして，『誰もが予想していたよりも深刻だった』」[7]と述べている。

　ところで，CEOのファルドが最後まで韓国産業銀行やイギリスのバークレーズ銀行による買収に期待を寄せ，破綻手続きの準備をまったく進めなかったことは，当初，リーマン・ブラザーズの債権者の債権額3,620億ドルに対して，想定回収率がその21％と，破綻事例の歴史的な平均と較べて低い原因の一つであった。もっとも，デリバティブのうち，中央清算機関（CCP）を介したものについては全額回収されており，結果的にはもっと高い回収率にはなった。しかし，OTCデリバティブのうち約1,000件は2013年初めになっても清算されなかった[8]。

　このリーマンの破綻処理事例が，その後の金融規制改革において大手金融機関に対するリビング・ウィルの提出の義務付けや，OTCデリバティブの中央清算機関への移行を進めるきっかけになったのである。

（2）破綻の感染効果

　信用仲介チェーンの延長は各段階での短期資金調達によって支えられていた。例えば，2008年には，CP発行残高の69％は1日から4日，75％が9日以

内の満期であった。商業銀行のFDICの預金保険でカバーされている預金は4.8兆ドル，MMFの運用資産額はそれに匹敵する3.8兆ドルであった。これに対して非預金負債残高は11兆ドルから16兆ドルであった。したがって，短期金融市場の資金のかなりの割合がセーフティネットではカバーされていなかった。

　リーマン破綻にともなう感染効果は，最初にReserve Primary Fund（RPF）のMMFの純資産（NPV）の1ドル割れから始まり，感染ルートにおける非銀行金融機関の中心性に焦点を当てることになった。感染効果は，MMFからABCP，インターバンク市場，レポ市場へと広がっていった。

　リーマンが破綻手続きを開始した日，RPFは約250億ドルの償還請求に当面したため，資産の投売りによって流動性を確保する必要に迫られた。償還請求は9月19日までに600億ドルに達した。こうした事態に耐え切れずに，RPFは償還停止に踏み切るが，このことが，その時点では1ドル割れをしていない，かつリーマンのCPに投資していない他のファンドにも償還請求の波が押し寄せる要因となった。かくして，100大MMFのうち36ファンドがNAVが1ドルを下回る状態になった。

　CPの1日当り発行額は2008年には1,500億ドルであったが，2009年には1,000億ドル以下にまで激減した。特に，資産担保（AB）CPと金融機関のCPの発行額が激減した。このあおりを受け，コカコーラ，GEなどの事業会社もCPの発行を断念し，代わりに金利の高い長期債を発行して資金調達を行った。こうして，CP市場の機能不全は実体経済にもネガティブな影響を及ぼし始めるのである。

　また，インターバンク市場では，LIBORの借入コストが急上昇し，銀行間の貸借取引は消滅した。さらに，ワコビアやワシントン・ミューチュアルでは電子媒体による大量の預金流出に見舞われ，それぞれウェルズ・ファーゴ，JPモルガン・チェースに買収された。レポ市場ではヘアカット率が急上昇した。

　リーマンの破綻をきっかけに，短期金融市場の投資家の間ではカウンターパーティ・リスクに対する意識が過敏になり，ほとんどあらゆる金融取引が行

われないような深刻な状況がもたらされたのであった。ここで重要なことは，感染は必ずしも正確な情報に基づかずに，噂や風説によって拡散するということである。その意味で無差別である。もちろん，その過程で，債権債務関係に基づく連関性や相関性といった経済合理性に基づく行動も惹起されるが，システミック・リスクの原因はこれらの要因が混在したものである。

4．金融ネットワークと市場型システミック・リスク

（1）システミック・リスクの概念

　イギリスのノーザン・ロック銀行は，2007年に1866年に生じたオーバーレンド・ガーニイ（Overnd Guerney）商会の取付以来，141年ぶりの取付によって破綻に追い込まれたとマスコミは喧伝した。しかし，Shin〔2010b〕（Chap.8）は，ノーザン・ロックの資金流出の実態を詳細に分析し，それが古典的な小口預金の流出によるものではなく，市場性資金の取入れ困難によるものであったことを明らかにしている。したがって，同行の破綻も，極めて現代的なシステミック・リスクの露見の事例ということになる。

　アメリカにおける2008年に生じた一連の大手金融機関の経営破綻および経営危機は，システミック・リスクの新たな形態というべきものであろう。確かに古典的な銀行取付騒ぎは起きなかったものの，ある意味でその変形ともいえる短期金融市場の機能不全が生じていた。つまり，ABCPの機能マヒ，レポ市場におけるヘアカット率の上昇によって，投資銀行は資金調達が困難になり，破綻に追い込まれたのであった。

　システミック・リスクの概念はこれまでも多様に使われてきた。Schwarcz〔2008〕は，様々なシステミック・リスクに共通した要因として，「経済的ショックや金融機関の破綻のような引き金となる出来事が一連の好ましくない経済的帰結を引き起こすこと―しばしばドミノ効果と呼ばれる」[9]としている。ドミノ効果は「感染効果」（contagion effect）とも呼ばれる。より包括的

に検討した，Bisias, Flood, Lo, and Valavanis〔2012〕は，システミック・リスクの計量的指標は31に上るとしている。

　最近（2007-08年の金融システム危機以降）の傾向としては，ネットワークとシステミック・リスクとの関連に注目する分析が増加している。Yellen〔2013〕は，システミック・リスクあるいは「相互連関性」(interconnectedness) に注目した査読付き論文数は1988年から2006年までで186本であったのに対して，2007年から13年の間に375本を数えたことを紹介している。

　これらの分析は金融システムについていくつかの興味深い側面を明らかにしている。第1に，各国間および各商品市場間の相互連関性の推移を分析したRaddant M. and Kenett D.Y.〔2016〕[10] によると，アメリカと欧州がほとんど一体となってネットワークを形成しているのに対して，中国，インドネシア，日本はそれぞれそれらからは分離した独自のネットワークを形成している（Figure 3 および 4）。

　しかし，第2に，2008年7月から09年6月，2011年1月から12月までの両期間には，これら各地域のネットワークの相互連関性が強まっていることが示されている（Figure 5）。いうまでもなく，この両時期はグローバルな金融システム危機とユーロ危機の時期である。つまり，市場のボラティリティが高まる時期には，各市場が相互に連動して動く傾向が強まることを示している。これは市場参加者がグローバルな金融・証券市場の情報に敏感になることを示唆しているのであろう。同様に，Haldane〔2009〕は，1985年，1995年，2005年におけるグローバルな金融ネットワークの結びつきを分析し，後になるほど，アメリカ，イギリス，ドイツ，フランス，日本がハブとしての役割を強めていることを明らかにしている。

　これらの分析から，グローバルな金融ネットワークのハブ・アンド・スポーク型の相互連関性が次第に強まり，金融危機の時には，それまでそれほど強い相互連関性を示さなかった市場もその傾向を強めることが明らかにされている。

（2） 相互連関性，感染，相関性

　このように，システミック・リスクの概念は極めて多様に使われてきたが，金融システム危機以来，金融ネットワークの観点からその再定義が試みられている。Scott〔2016〕は，システミック・リスクの3つの構成要素として，連関性（connectedness），感染（contagion），相関性（correlation）の「3つのC」をあげている[11]。連関性はある銀行の破綻がバランス・シート上の繋がりを通して，他の銀行の破綻を引き起こすことである。感染は，金融システムを通じて無差別に健全な銀行を含め取付のような行動が広がることである。相関性は，資産価格の暴落によって複数の金融機関が破綻することである[12]。

　これらの「3つのC」は重要な関連があり，特に連関性と感染には重なる側面がある。システミック・リスクという言葉が使われる時に，これまではこれらが必ずしも明確に区別されてこなかった。Scott が重視するのは「感染」という概念であるが，それは金融機関がその経営状況には関係なく噂などによって無差別に取付の対象にされるからである。確かに，古典的な銀行取付から連鎖倒産という現象は，そのメカニズムの背景に金融機関どうしのバランス・シート上の繋がりがあるにしろ，群衆行動はそれとは関係なしに次々とあらゆる金融機関をターゲットとしていた。

　アメリカにおいても，古典的取付はみられなかったものの，2008年3月のJP モルガン・チェースによるベア・スターンズの救済買収に始まり，9月7日には政府系住宅金融機関（GSE）であるファニメイとフレデイマックを一時的に政府管理下に置き公的資金を注入して救済した一方では，9月15日にはリーマン・ブラザーズが破綻，翌16日にはバンカメによるメリルリンチの救済合併，AIG への公的資金投入による救済，さらにはゴールドマン・サックスとモルガン・スタンレーが銀行持株会社に組織変更することによって，5大独立系投資銀行はすべて姿を消した。

　このようにみてくると，今回の金融危機も現象的には古典的な銀行取付を原因とする連鎖倒産と変わらないようにみえる。しかし，決定的な違いは短期金

融市場が果たしている役割である。大手商業銀行を中心とする持株会社でさえ，CPやレポなどの市場性の短期資金への依存は既に20％程度に達しており，投資銀行の場合には預金という調達手段がないためその大部分を依存している。したがって，一旦，短期金融市場での信用不安や混乱が起きれば，瞬く間に資金繰りの困難に直面することになる。リーマンをはじめ多くの大手金融機関が相次いで経営危機に追い込まれたのは，資金調達源泉である短期金融市場の機能不全が根本的な原因であった。

　このことは，危機の再発防止のためのマクロ・プルーデンス政策に重要な含意を持っている。

（3）金融ネットワーク分析からみた TBTF 問題

　金融ネットワークとの関連では，ネットワーク分析の二つの概念が重要である。一つは，中心性（centrality）である。中心性は文字通りネットワークの中での影響力を示す指標であり，一つの頂点が他の頂点とどの程度，結びついているかによって判断される。ネットワーク理論の用語では，頂点と次数と呼ばれる。つまり，他の頂点との結びつきを示す次数が多いほど中心性が強いということになる。この概念は，「システム上，重要な金融機関」（SIFIs）を特定する時に，「連関性」として取り入れられている。これは航空業界で使われる「ハブ・アンド・スポーク」を連想すれば，イメージ的に理解しやすいであろう。ハブ空港は一国あるいは一定地域の中心となっている空港で，その他の空港と結ばれている。また，中心と周辺（periphery）ともいう。

　第二に，クラスター概念である。ネットワークの中で頂点が隣接している集まりをクラスターという。シリコンバレーのようにIT 企業やベンチャー・キャピタルが集まって起業を支えている様は典型的な産業クラスターと呼ばれるが，かつてのデトロイトはアメリカの自動車産業クラスターを形成していたし，カリフォルニアのナパバレーは数百のワイナリーが密集しているだけではなく，ブドウの苗木，ワイン醸造用の樽の生産，さらにはワインに相応しい美味な料理を提供するホテルやレストランが一体としてワイン・クラスターを形

成している。

　クラスター内の結びつき（親密性）を表すのがクラスター係数である。これは可能な組合せ数に対して実際にみられる組合せの比であり，緊密度を示している。

　IMF〔2010〕は，ギリシャの資金調達に関連して四つのクラスターが形成されていたことを明らかにしている。すなわち，ルクセンブルグに集まるファンドにアクセスする諸国，ブリテッシュ・バージン島，ケイマン，マン島などのオフショア・センターに集まる資金にアクセスする諸国，アイルランドをコア（中心）としたクラスター，そしていくつかの欧州の中心的な諸国とアメリカを結ぶクラスターである。したがって，ギリシャはこれらのクラスターの中心となる頂点との結び付きによって，その資産配分とフローが他のクラスターの中心（例えば，アイルランド）に対してシステム的に重要なインパクトを及ぼす構造を図示している[13]。

　金融ネットワークの観点からは，結び付きが重要であることが理解されるであろう。もちろん，規模が重要ではないというのではない。しかし，ギリシャの例にみられるように，たとえその規模は小さくとも，クラスターの中心と様々な金融上の結び付きが存在する場合には，大きな影響を及ぼす可能性があることを金融ネットワーク分析は示しているのである。

　金融ネットワークは TBTF 問題や SIFIs の認定にどのような関連を持つのだろうか。それは端的に言って，金融システム危機の再発予防や対策として，金融機関の規模と並んで連関性や相関性が重要な要因であるということである。また，感染ということになれば，その対策はネットワーク分析で発展してきた感染ルートの特定といった成果も余り役に立たないであろう。感染の本質的な特徴は噂などによる対象を選ばない無差別的波及ということにあるからである。

終わりに　—マクロ・プルーデンス政策の方向性—

　2007–08年の金融システム危機を契機に，システミック・リスクについての分析が盛んとなり，精緻化されてきた。既にみたように，Scott〔2016〕はシステミック・リスクを構成する要素を，連関性（connectedness），感染（contagion），そして相関性（correlation）という「3つのC」であるという。

　このうち，連関性と相関性は金融取引を通じた資産や負債の保有をベースにした繋がりを示すから，それを根拠に発生するシステミック・リスクは経済合理性を持つといえる。しかし，感染は噂や風説によって拡散するため，その性格上，無差別で，たとえ健全な金融機関であってもその対象になる可能性がある。経営状態についての情報開示を徹底することによってある程度の予防はできるが，それにも限界がある。アメリカにおいても，古典的取付はみられなかったものの，2008年3月のJPモルガンによるベア・スターンズの救済買収に始まり，9月以降，大手金融機関が次々と経営危機に見舞われた。このような深刻な事態は典型的なシステミック・リスクの発露によるものといえよう。

　少し歴史的，理論的な分析を行えば，この根本的原因は金融機関が短期資金によって長期投資を行うという「満期変換」の構造にあることが明らかである。預金保険制度と危機の際の中央銀行による流動性の供給というセーフティネットの整備により，一旦は古典的取付現象は過去のものになったと思われていた。しかし，過去30年に銀行の資金調達・運用構造は劇的に変化した。調達面では預金保険で保護されていたリテール預金の割合が低下する一方，運用面では証券化などの金融技術革新によって複雑でリスクの高い商品がメニューに加わった。加えて，銀行業務の分解により，長い信用仲介チェーンが形成され，かつての銀行の業務の一部を専門的に担う金融機関が登場した。かくして，金融機関は短期金融市場への依存をますます強めることになった。

　このような金融機関の構造に対して，金融システム全体の安定性を課題とするマクロ・プルーデンス政策はどうあるべきだろうか。Scott〔2016〕は，い

くぶん皮肉を込めて，この間に国際機関や各国監督当局によって追及されてきた資本規制，流動性規制，そして破綻処理制度を「二つの翼と祈祷師」アプローチ（the two wings and prayer approach）と呼んでいる[14]。「二つの翼」である資本規制と流動性規制は感染（contagion）を防ぐための仕組みであり，それが起きた時の対策ではない。したがって，感染を完全に防ぐことができると信じることは無謀である。アメリカの場合でいえば，資本規制は銀行と3社のノンバンク SIFIs にのみ適用されるだけである。しかし，感染を問題にするのであれば，危機の時に資産の投売り（fire sale）に追い込まれ，資本が棄損される可能性のある短期債権者をも考慮すべきであろう。金融ネットワーク分析の視点からは，規模に止まらず，中心性やクラスターの存在など，金融機関のネットワークにおける位置づけの評価が必要である。したがって，同様に銀行の分割や業務制限という提案も根本的な解決策とはいえない。

　また，「祈祷師」である，DF 法の下で整備されてきた破綻処理制度は，それが発動されるための条件がその制定以前よりも厳しくなり，短期負債の債権者が健全な状態にある金融機関に対して債権回収に駆られるのを防ぐことができないであろう。連関性や相関性という経済的根拠を持つシステミック・リスクの発露には有効でも，風説や噂のような不合理な群衆行動に対しては無力だからである。したがって，FRB による「最後の貸し手」（Lender of Last Resort）機能と FDIC（連邦預金保険公社）による保証権限はどうしても強化する必要があると主張している。

　金融ネットワーク分析の深化は確かに各クラスターの「頂点」（ハブ）を形成する主要な金融機関を特定することもできる。FSB の G-SIFIs やアメリカの D-SIFIs の認定はこの作業に該当する。しかし，ネットワーク内の感染ということになれば，それを形成する次数（金融機関）にまで視野を広げることが必要であろう。その意味では，次の金融危機を迎えた時の対策は十分というにはほど遠いといわざるを得ない。

＜注＞

1）　監督機関であり中央銀行を構成するニューヨーク連銀が，2009年からスタッフ・レポートで「シャドー・バンキング・システム」を取り上げているのは興味深い（Adrian and Shin〔2009a〕，Pozsar *et al.*〔2010〕）。2008年3月のJPモルガン・チェースによるベア・スターンズの救済合併以降，FRBは非伝統的な政策によって証券化商品，ABCPなどの市場の支持，金融機関の救済に乗り出しており，その行動に対する批判に対抗する論理の構築に迫られたものと考えられる。

　　ただし，これらの論文ではタイトルに「シャドー・バンキング・システム」という言葉が使われているものの，どちらかと言えば「市場ベースの金融システム」という用語の方が多用されている（特に，Adrian and Shin〔2009a〕）。また，前者の論文ではMMFが入っていないのに対して，後者の論文では含まれている，といったように範囲については厳格ではない。

　　なお，シャドー・バンキング・システムについての最も評価の高い論稿の一つであるPozsar *et al.*〔2010〕は，「シャドー・バンクは，中央銀行の流動性または公的機関による信用保証へのアクセスを明確には認められていない，満期，信用，および流動性の転換を行う金融仲介機関である」と定義している。シャドー・バンキングの定義については，Harutyunyan *et al.*〔2015〕が包括的に整理している。

2）　「市場ベースの金融システム」においては，「銀行業と資本市場の発展が不可分であり，資金調達の条件がこれらを担う金融機関のレバレッジの変動に密接に結びついている」。そして，「シャドー・バンキング・システム」は資産の証券化とともに台頭し，銀行業を資本市場の発展と統合したものである（Adrian and Shin〔2010〕）。したがって，ここでは，両者を同じ内容を含意しているものとして使用する。

3）　アメリカでは，1934年証券取引所法規則15c3-2，および15c3-3において顧客資産の分別保管を定めているが，顧客が短期の通知によって変換を請求できる資金額（これを無条件信用残高という）としてプライム・ブローカー自身のビジネスに充当することを認めている。

　　なお，イギリスを含むEU諸国では，このような分別保管の規定はなく，プライム・ブローカーは顧客資産を自己の資産と合算して事業に利用することが認められている。ドイツ銀行やUBSなどのEU諸国の大手銀行のレバレッジが60倍以上という極めて高い水準であったのはこのような規制の差違によるところが大きい。

4）　プライム・ブローカレッジ業務はゴールドマン・サックス，モルガン・スタンレー，ベア・スターンズの3社が業務全体の約半分を占めており，リーマンは大手業者の一つではなかった。さらに，2008年3月のベアの破綻，あるいはそれ以前にその経営危機が知られるようになった頃から，ヘッジ・ファンドはカウンターパーティ・リスクを抑えるために，複数のプライム・ブローカー（投資銀行）と取引をするようになっていた。2006年頃より，少なくとも10億ドル以上の運用資産を持つヘッジ・ファンドの約75％は複数のプライム・ブローカーのサービスを利用していた（Scott〔2016〕，p.48）。

　　ベア・スターンズ，リーマン・ブラザーズともに，経営危機の噂が広がるにつれプライム・ブローカレッジに関連するヘッジ・ファンドによる資金の引出しが急増し，流動性危機につながった。

5）　「レポ105」とはリーマンの社内用語で，担保に差し入れられるレポ対象の債券の評価額が現金調達額の105％であったことからこのように呼ばれた。担保がエクィティ証券で，現金調達額の108％を差し入れる「レポ108」もあったことが指摘されている。このような取引は売買取引として会計処理するための要件を満たすためにヘアカット率を設定することが目的で，これによって格付会社から指摘された高いレバレッジ水準の低下を図ったのである。この効果は，バランス・シート上のレバレッジ比率（総資産÷自己資本（倍））とレポ105あるいはレポ108を負債に計上して是正したレバレッジ比率（総資産÷（自己資本＋レポ105およびレポ108））を比較すれば明らかになる。2007年2月28日，5月31日，8月31日，11月30日，2008年2月28日，5月31日の両者のレバレッジ比率は，それぞれ28.1対29.5，28.7対30.2，30.3対32.0，30.7対32.4，31.7対33.6，

24.3対26.3であり，レバレッジ比率が1－2倍低く計上されていたことが分かる（Valukas〔2010〕，Vol.3, p.889）。

6 ）　Valukas〔2010〕, p.609, p.618
7 ）　Valukas〔2010〕, p.1505
8 ）　Fleming *et al.*〔2014〕
9 ）　Schwarcz〔2008〕, p.198
10）　この論文は，各国および各商品市場間の投資リターンの連動性に基づいて相互連関性の形成を論じており，金融ネットワーク理論がその根拠とする金融機関間での投資（証券投資，融資など）やサービス（金融インフラを構成する決済など）の関係ではない。したがって，市場間の関係は検出できても，ハブ（中心ととなる市場や金融機関）やノード（結節点）（ネットワーク分析では，これらは頂点と次数という用語が使われる）というネットワークの実態を析出することはできない。ましてや，ネットワークの緊密度を示すクラスターを検出することもできない。
　　　DTCC〔2015〕は，金融機関の相互連関性の指標として次のものをあげている。直接的関係として，銀行間の信用エクスポジャ，決済などの金融市場インフラにおける関係，ベンダーやサードパーティとしての関係，他の金融サービス上の依存関係である。また，間接的関係として，共同資産へのエクスポジャ，時価評価による損失，委託証拠金とヘアカット，シャドー・バンキング，情報拡散（spillover），である。
　　　BCBS による G-SIBs の「相互連関性」指標は金融機関間の資金的関係だけに注目している（図表2-5参照）。
11）　Scott〔2016〕, p.1
12）　Scott〔2016〕は Appendix で文献とこれらの議論の概要について簡潔なサーベイを行っている。
13）　IMF〔2010〕, p.19,　Box 2.Greece
14）　Scott〔2016〕, p.xxvii

＜引用・参考文献＞

佐賀卓雄〔2009-10〕，「金融システム危機と金融規制改革」（上）（下），『証券経済研究』第68号，69号
_____〔2017a〕，「金融仲介構造の変貌とシステミック・リスク」，『月刊　資本市場』，2 月
_____〔2017b〕，「金融ネットワークとシステミック・リスク」，『証券レビュー』，3 月
_____〔2017c〕，「リーマン・ブラザーズと連邦準備銀行」，『証券レビュー』，9 月
Adrian, T. and Shin, H.S.〔2008〕, "Liquidity and Leverage," Federal Bank of New York（FRBNY）, *Staff Report* No.328, May
_____〔2009〕, "The Shadow Banking System", FRBNY, *Staff Report* No.382, July
_____〔2010〕, "The Changing Nature of Financial Intermediation and Financial Crisis of 2007-09", FRBNY, *Staff Report* No.439, March（Revised April）
Adrian, T., Boyarchenko, N., and Shin, H.S.〔2015〕, "On Scale of Financial Intermediaries", FRBNY, *Staff Report*, No.743, Oct.（Revised Dec.2016）
Barth J.R. and Prabha A.〔2012〕, "Too-Big-To-Fail: A Little Perspective on a Large Problem", *15th Annual International Banking Coference*, FRB of Chicago, Nov.15-16
Basel Committee on Banking Supervision（BCBS）〔2011〕, *Global Systemically Important Banks: Assessment Methodology and the Higher Loss Asorbency Requirement,* Oct.
_____〔2013〕, *Global Systemically Important Banks: Updated Assessment Methodology and the Higher Loss Asorbency Requirement,* July
Benoit, S., Colliard, J-E., Hurlin, C., and Pérignon〔2015〕, "Where the Risks Lie: A Survey on

Systemic Risk", *HAL,* Dec.21

BIS, FSB, IMF〔2009〕, *Guidance to Assess the Systemic Importance of Financial Institutions, Markets and Instruments: Initial Considerations-background Paper,* Oc

Bisias, D., Flood, M., Lo, A.W. and Valavanis, S.〔2012〕, "A Survey of Systemic Risk Analytics", Office of Financial Research（OFR）, *Working Paper #0001,* Jan.5

Cetorelli, N., Mandel. B.H., and Mollineaux, L.〔2012〕, "The Evolution of Banks and Financial Intermediation: Framing the Analysis", FRBNY, *Policy Review,* July

DTCC（Depository Trust Clearing Corporation）〔2015〕, *Understanding Interconnectedness Risks,* Oct.

Duffie, D.〔2011〕, *How Big Banks Fail and What to Do about It*：本田俊毅訳〔2011〕,『巨大銀行はなぜ破綻したのか』NTT 出版

Financial Crisis Inquiry Commission（FCIC）, *Shadow Banking and Financial Crisis,* May 4

Fleming, M.J. and Sarkar, A.〔2014〕, "The Failure Resolulution of Lehman Brothers", FRBNY, *Economic Policy Review,* Dec.

Haldane, A.G.〔2009〕, *Rethinking the Financaial Network,* Speech at the Financial Association, Amsterdam, 28 April.

Harutyunyan, A., Massara, A., Ugazio, G., Amidzic, G., and Walton, R.〔2015〕, "Shedding Light on Shadow Banking", *IMF Working Paper, WP/15/1,* Jan.

IMF〔2010〕, *Understanding Financial Interconnectedness,* Oct.4

McCulley, P.〔2007〕, "Teton Reflection", PIMCO, *Global Central Bank Focus,* Aug./Sep.

McDonald L.G. and Robinson P.〔2009〕, *A Colossal Failure of Common Sense*；峰村利哉訳『金融大狂乱』徳間書店

Pacces, A.M. and Nabilou, H.〔2017〕, "The Law and Economics of Shadow Banking", *ECGI Working Paper Series in Law,* No.339/2017, Jan.

Pozsar, Z., Adrian, T., Ashcraft, A. and Boesky H.〔2010〕, "Shadow Banking", FRBNY, *Staff Report,* No.458, July

Raddant, M. and Kenett, D.Y.〔2016〕, "Interconnectedness in the Global Financial Market", OFR, *Working Paper 16-09,* Sept.27

Schwarcz, S.L.〔2008〕, "Systemic Risk", *The Georgetown Law Journal,* Vol.97

Scott, H.S.〔2016〕, *Connectedness and Contagion*

Shin, H.S.〔2010a〕, "Financial Intermediation and the Post-Crisis Financial System", BIS, *Working Pape*r No.304, March

――――〔2010b〕, *Risk and Liquidity*；大橋和彦・服部正純訳〔2015〕,『リスクと流動性：金融安定性の新しい経済学』東洋経済新報社

Stein, J.〔2010〕, "Securitization, Shadow Banking, and Financial Fragility"

Valukas, A.R.〔2010〕, *Examiner's Report: Bankruptcy of Lehman Brothers Holdings Inc.,* Mar.11

Yellen, J.L.〔2013〕, "Interconnectedness and Systemic Risk: Lessons from the Financial Crisis and policy Implications", *American Economic Association/American Finance Association Joint Luncheon,* Jan.4

第3章　IPO とマイクロキャップ*

はじめに

　2016年12月21日，東証一部上場会社数が2000社に達した。1983年に1000社，2003年に1500社という推移からペースを速めての増加となっている。背景には，東証マザーズ（以下，マザーズ），大証ナスダック・ジャパン（当時）をはじめとする新興市場の相次ぐ創設，大証とジャスダック証券取引所の合併，東証と大証の経営統合による日本取引所グループの誕生など，上場会社の裾野を広げる試みや証券市場統合の流れがあった。

　ところで，「一部上場会社2000社」は証券市場の歴史における一つの里程標ではあるが，慶事として素朴に受け止めてよいのだろうか。新興市場創設によって，IPO 件数は2000年代前半に大きく増加した。ただ，新興市場創設の評価は単に IPO 件数のみではなく，「市場のねらい」が達成されているかどうかで測るべきではないだろうか。例えば，マザーズの東証における位置づけは「近い将来の市場第一部へのステップアップを視野に入れた成長企業向けの市場」とされている。そうであるなら，比較的緩やかな上場審査基準の下で，潜在力のある企業を証券市場にデビューさせ，その後の成長につなげることができているかどうか，という視点での考察が必要であろう。加えて，東証一部上場会社数が増加するとともに，時価総額の分布も50億円未満から10兆円以上まで非常に幅広くなっており，結果的に市場部門としての特徴が不明瞭になりつつあると考えられる（図表3-1参照）。

　これまで，多くの先行研究が IPO 後の株価・業績の長期パフォーマンスが

図表3-1　東証上場銘柄の時価総額分布

	1 部	2 部	マザーズ	ジャスダック
50億円未満	18	156	51	301
50−100億円	132	138	67	194
100−300億円	493	168	89	185
300−500億円	263	32	24	43
500−1000億円	353	14	10	13
1000−5000億円	519	7	6	9
5000億円−1兆円	138	1	0	3
1−5兆円	129	1	0	0
5−10兆円	14	0	0	0
10兆円以上	3	0	0	0
銘柄数	2062	517	247	748

（注1）　時価総額分布は2017年12月末現在。
（注2）　TOKYO PRO Market については50億円未満が22銘柄。
〔出所〕東京証券取引所。

低迷傾向にあることを明らかにしている。また，淵田〔2014〕は，時価総額が100億円に満たない銘柄，いわゆる「マイクロキャップ」が多数存在する問題を指摘している。これらの事実は，IPO を機に証券市場からの資金調達が容易となり，企業の成長を反映して時価総額が増加するという，企業・投資家双方にとって本来望ましいと考えられるストーリーにはそぐわないものである。ただし，淵田〔2014〕は特定時点における時価総額状況に基づく分析であり，新興市場の「ねらい」の達成度を評価するには，新規上場時と一定期間経過後の比較を行い，成長性の視点を加味した分析を行うことも必要である。

　そこで，本章ではIPO とマイクロキャップに関する問題を一時点において捉えるだけではなく，上場時と一定期間後の比較を通じた成長性の視点からも考察する。以下，第1節ではIPO 後のパフォーマンス低迷と「マイクロキャップ」問題に関する先行研究を整理する。第2節では，近年の新規上場の状況について概観する。第3節では，新規上場時と上場後の時価総額の比較を通じて，成長性をふまえた視点からの検討を行う。

1. IPO後の長期パフォーマンスと「マイクロキャップ」問題

　新規公開株の価格形成に関しては，「短期のアンダープライシング」と「長期のアンダーパフォーマンス」が特徴的な事象として知られている。短期のアンダープライシング，すなわち公開価格から初値への上昇率が平均的に高いという現象は，国内外を通じて広く観察されている。本章で主に取り上げる後者の現象は，IPO後の中長期にわたって，インデックス等と比較した新規公開株の株価パフォーマンスが概ね低迷する傾向である。

　また，長期パフォーマンス低迷については，IPOサイクルとも呼ばれる新規公開市場における周期性や，投資家が新規公開企業の先行きに関して過度に楽観的であるいうセンチメントを新規公開企業が利用している可能性も背景として考えられる。

　アメリカにおける長期のアンダーパフォーマンスについては，例えばAggarwal and Rivoli〔1990〕は，1974-87年の1435銘柄をサンプルとしてIPO後250営業日（約1年）のパフォーマンスを計測し，ナスダック指数に比べて平均値で13.7％，中央値で20.4％パフォーマンスが低いとの報告をしている。Ritter〔1991〕は，1975-84年の1526銘柄をサンプルとした3年間の長期パフォーマンス計測を通じて，新規公開株の長期パフォーマンスは様々なインデックスと比較して低迷していることを示している。加えて，高い初期収益率のIPOでは，長期の株価パフォーマンスが悪いことも明らかにしている。注目すべき指摘としては，投資家は若い成長性のある企業について周期的に過度に楽観的になる点，企業は投資家の楽観的な評価を利用している点があげられる。Loughran and Ritter〔1995〕は，IPO後5年間の収益率について，時価総額および時価簿価比率で分類した企業と比較して分析を行っている。その結果，時価総額でマッチングを行った企業との比較では新規公開株は3.5％パフォーマンスが悪く，時価総額と時価簿価比率の両方を用いてマッチングを

行った企業との比較では2.3%パフォーマンスが悪いことを明らかにしている。

アメリカ以外については，Levis〔1993〕がイギリスを対象にロンドン証券取引所でIPOを行った712銘柄をサンプルとした研究で，3年間の長期パフォーマンスを計測している。その結果，各種のインデックスと比較して8%から23%程度パフォーマンスが低いことを示している。

なお，株価の裏付けとなる新規公開企業の業績がIPO後に低下する傾向については，Jain and Kini〔1994〕が1976－88年にアメリカでIPOを行った682銘柄をサンプルとした分析で明らかにしている。また，彼らはIPO後も創業者が引き続いて株式を多く保有している場合には業績が良好であることを示している。

日本における長期パフォーマンス低迷に関する初期の分析としては，福田〔1994〕による1977－88年に東証での新規公開企業84社を対象とした分析があげられる。公開価格を算定する際の類似会社に投資した場合の収益率をベンチマークとした場合に，3年後の新規公開株の収益率は負となっていると報告している。また，福田〔1995〕では，新規公開企業とベンチマークとしての基準企業（業種と時価総額に基づいて選定）の月次の投資収益率の差を累積投資収益率として計測している。その結果，IPOから7ヶ月後では累積投資収益率が負，すなわち新規公開企業に投資した場合の収益率は基準企業に投資した場合の収益率を下回っている，との結果を明らかにしている。

Cai and Wei〔1997〕は，1971－92年の間に東証でIPOを行った180社をサンプルとして1年から5年の株価パフォーマンスを分析している。さらに，公開年，企業規模，資金調達規模，時価簿価比率，初期収益率，新規公開制度，株式所有構造を考慮した分析を行っているが[1]，全般的にIPO後のアンダーパフォーマンス傾向が存在することを確認している。

以降，新規公開株の長期パフォーマンス低迷については，多くの研究が指摘している。ジャスダック市場におけるIPOを対象として，忽那〔2001〕が1995－96年，松本〔2004〕が1997年，翟〔2009〕が2001－06年について確認している。また，忽那〔2008〕はジャスダック，マザーズ，ヘラクレスの新興3

市場について，平均値では一部の高騰した銘柄の影響で正の超過収益率であるものの，中央値ではベンチマークと比べて30％以上（ジャスダック），50％以上（マザーズ），70％以上（ヘラクレス），それぞれパフォーマンスが低いことを報告している。

池田〔2013〕は，1997年9月-2007年11月にジャスダック市場でIPOを行った企業をサンプルとして，公開後3年間の株価パフォーマンスをBHAR（Buy-and-Hold Abnormal Return）の計測を通じて検証している。IPO企業と規模属性の近い企業をベンチマークとした場合や産業・市場全体からなるポートフォリオをベンチマークとした場合には，中央値および外れ値を除外した平均値に関する検定結果から，大多数の企業で平均的にアンダーパフォーマンスが観察されることを示している[2]。

ところで，図表3-2に示されているように，新規公開企業数や平均初期収益率は時期によって大きく変動することが知られており，「IPOサイクル」と呼ばれている。IPOサイクルを引き起こす要因としては，新規公開企業の特性，

図表3-2　初期収益率（左軸）とIPO件数（右軸）の推移

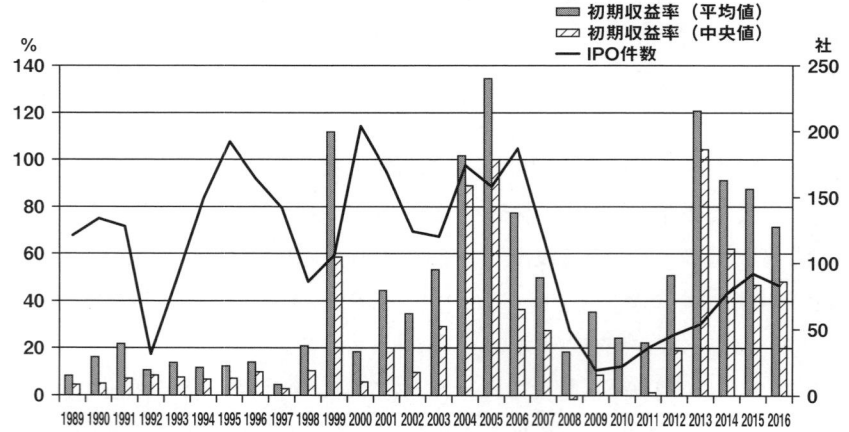

（注）TOKYO PRO Marketは除く。
〔出所〕各証券取引所HP，『株式公開白書』（プロネクサス），『旬刊商事法務（臨時増刊　増資白書）』（商事法務研究会），『NPM株式日次リターン』（金融データソリューションズ）から必要なデータを取得できたIPOをサンプルとして筆者作成。

新規公開制度，投資家のセンチメント，マクロ的な生産性ショックなどをあげることができる。

　IPOサイクルに関する海外の先行研究に目を向けると，Ibbotson and Jaffe〔1975〕，Ritter〔1984〕，Lowry and Schwert〔2002〕などは，新規公開企業数と初期収益率の平均値に相関ないしは自己相関があることを明らかにしている。Ritter〔1984〕は高リスク企業が多くIPOを行った時期には初期収益率が大きくなると考え，リスク構成の変化がIPOサイクルの要因であるとの仮説を示している。Lowry and Schwert〔2002〕は米国の1985-97年のデータを用いたIPOサイクルに関する実証分析から，第一には類似タイプの企業が同時期にIPOを目指す傾向，より重要な点として，第二にIPO申請・ブックビルディング・取引開始といった一連の流れがオーバーラップしていくなかで，他社が行うIPOの意思決定や公開価格の設定に影響を与えることを指摘している。

　Lowry〔2003〕は，1960-96年のデータを用いた研究で，景気循環による資本需要の変化，ならびに投資家センチメントがIPOサイクルの主要な要因であることを示している。一方，Helwage and Liang〔2004〕は，1975-2000年のアメリカにおける6419社のIPOをサンプルとした研究で，市場の過熱は投資家センチメントが要因である可能性を示唆している。

　Yung et al.〔2008〕は，外生的な生産性ショックがIPOサイクルを引き起こすと考えた。生産性への正のショックが資本需要を増加させ，新規公開企業数も増加する。新規公開市場が活況を呈している時期には限界的な新規公開企業の質が低下し，質のバラツキが大きくなるために逆選択問題が深刻になるため，アンダープライシングが大きくなると考えた。アメリカにおける1973-2004年の間の7056社のIPOをサンプルとした実証分析で，市場の活況期におけるIPOについては収益率の分散が大きく，また上場廃止となる比率が高くなることから，仮説が支持されるとの解釈を示している。

　日本のIPOサイクルに関する研究としては，比佐・比佐〔2015〕をあげることができる。彼らは，1998-2012年の新興市場におけるIPOを対象とした

隠れマルコフモデルを用いた分析で，初期収益率が景気循環的要因の影響を受けていることを確認している。岡村〔2015〕は，上場年別ならびに市場別・規模別に TOPIX をベンチマークとした BHAR を計測している。上場年による長期パフォーマンスについては，公開価格決定方式としてブックビルディング方式が導入された後の1997‒98年，2000‒03年，2010‒11年の IPO については TOPIX を上回る傾向があること，また上場年により長期パフォーマンスに大きな違いがあることを指摘している。また，ブックビルディング方式導入後のジャスダック，ならびにマザーズにおいて，規模の小さな IPO（公開価格を用いた時価総額50億円未満）では，一部で TOPIX を上回るパフォーマンスが観察されることを明らかにしている。一方，相対的に規模の大きな IPO については，全般的に長期パフォーマンスが TOPIX を下回ることも示している。

このように新規公開株の長期パフォーマンスについては，国内外を通じて全般的な低迷傾向が特徴としてあげられる。また，IPO サイクルの存在や，岡村〔2015〕が明らかにした規模別のパフォーマンスの差異，長期パフォーマンス低迷とともに，淵田〔2014〕が指摘している多くの企業がマイクロキャップに止まっている問題などをあわせて認識しておく必要があろう。

2．新規上場の状況

（1）IPO 件数の推移

先出の図表3-2で示したように，IPO 件数は周期的に大きく変動している。1990年前後，1990代半ば，1999‒2007年の IPO は年間100件を超える水準であった。一方，1992年，リーマンショックの発生後の2008‒2012年などは50件未満という低水準であった。IPO 件数が変動する背景としては，先述のマクロ経済・市場環境，投資家行動などの変化に加え，新規公開に関わる制度改正を挙げることができる。例えば，図表3-3に整理されているように，日本の公開価格決定方式は1989‒97年の間に数度の改正を経て，類似会社比準方式から入

図表3-3　公開価格決定方式の変遷

期間	方式	引受証券会社の裁量	概要
1989年3月まで	類似会社比準方式	大	引受証券会社が類似会社を選定し，純利益・純資産・配当の違いを考慮した上で，公開価格を決定する。
1989年4月〜1992年3月	入札方式Ⅰ	小	「入札上限価格」＝「入札下限価格」×1.3　なお，入札下限価格は類似会社比準方式に近い算出方法。公開株式数の25−50％が入札に付され，非入札部分については，落札加重平均価格が公開価格となる。
1992年4月〜同年12月	入札方式Ⅱ	小	入札方式Ⅰにおける入札上限価格撤廃。公開株式数の50％以上が入札に付される。入札下限価格は，入札方式Ⅰにおける入札下限価格×0.85。
1993年1月以降	入札方式Ⅲ	中	入札下限価格は入札方式Ⅱと同じ。落札加重平均価格を基準とし，引受証券会社の判断でディスカウントを行って，公開価格を決定することが可能となる。
1997年9月以降	ブックビルディング方式	大	想定発行価格の提示，ロードショー，仮条件の提示，ブックビルディングの実施などのプロセスを経て，引受証券会社が公開価格を決定する。新規公開株の配分も引受証券会社の裁量に委ねられる。

(注) 入札方式については，便宜上，数字を付して区別している。なお，入札方式Ⅲは1992年12月28日以降のIPOで採用されることになったが，同方式による最初の例は翌年であったため，期間欄には1993年1月以降と表記した。
〔出所〕岡村〔2013〕第4章表4-1に基づき筆者作成。

札方式，そして現行のブックビルディング方式となっている。

　さらに，1999年のマザーズ，2000年のナスダック・ジャパン（後のヘラクレス）に代表される新興市場創設は，IPOのハードルを引き下げ，上場企業の裾野を広げることとなった。図表3-4には市場別のIPO件数が示されているが，新興市場創設ラッシュとなった2000年には204社もの企業が新規公開を果たし，その後もマザーズ，ヘラクレスと既存のジャスダックの新興3市場を中心に新規公開獲得競争が繰り広げられたことが分かる。だが，2008年のリーマン

図表3-4　市場別 IPO 件数

	1997	1998	1999	2000	2001	2002	2003	2004	2005	2006	2007	2008	2009	2010	2011	2012	2013	2014	2015	2016
▫ その他の新興市場					2		1	7	16	21	9	1				2		1	3	
◪ ヘラクレス				33	43	24	7	16	22	37	25	9	1							
▨ マザーズ			2	27	7	8	31	56	36	41	23	13	4	6	11	23	29	44	61	54
▫ ジャスダック	103	62	73	97	97	68	62	71	65	56	49	19	8	10	16	14	12	11	11	14
▤ その他の既存市場	28	10	24	22	4	4	3	3	1	4	2						1	1		2
■ 東証	10	14	8	25	16	20	17	22	18	29	13	7	6	6	9	7	12	20	17	13
合計	141	86	106	204	169	124	121	175	158	188	121	49	19	22	36	46	54	77	92	83

（注）TOKYO PRO Market は除く。
〔出所〕各証券取引所 HP，『株式公開白書』各年版（プロネクサス），『株式上場白書』各年版（亜細亜証券印刷），各社有価証券届出書から筆者作成。

ショックによって株式市場は低迷し，IPO 件数も急減した。2009年には近年では最も少ない19件にまで落ち込んだ。その後，経済・市場環境の改善とともにIPO 件数も回復し，2013年以降は50社を超える水準を維持している。また，2012年にはマザーズにおける IPO 件数が，長らくトップであったジャスダックを上回るようになっている。

（2）新規公開株のパフォーマンス

　年間の平均初期収益率は公開価格決定方式に入札方式が用いられていた1989－97年は概ね10％台で推移していたが，ブックビルディング方式導入後，初期収益率の水準は上昇し，ジャスダックで50％超（平均値），マザーズでは100％（同），ヘラクレスは92.3％（同）と極めて高い水準となっている（図表3-5参照）。
　前項で取り上げたように，年別の IPO 件数は大きく変動する傾向がある。新規公開株のパフォーマンスについても周期的な変化は見られるのだろうか。図表3-6にはジャスダック，図表3-7にはマザーズにおける上場年別の初期収益

図表3-5　市場別初期収益率

既存市場[2]

	平均値	中央値	最小値	最大値	標準偏差	サンプル数
入札方式Ⅰ　（1989年4月－1992年3月）[3]	11.1	3.8	▲23.1	100.0	19.3	123
入札方式Ⅱ　（1992年4月－1992年12月）[3]	5.2	5.0	▲25.1	20.9	11.4	12
入札方式Ⅲ　（1993年1月－1997年9月）[3]	11.5	6.5	▲33.8	106.9	17.2	206
ブックビルディング方式（1997年10月－2016年12月）	18.8	5.0	▲39.6	300.0	38.6	373

ジャスダック

	平均値	中央値	最小値	最大値	標準偏差	サンプル数
入札方式Ⅰ　（1989年4月－1992年3月）[3]	18.3	4.9	▲59.2	233.3	37.4	237
入札方式Ⅱ　（1992年4月－1992年12月）[3]	15.3	9.3	▲7.8	63.5	20.9	14
入札方式Ⅲ　（1993年1月－1997年9月）[3]	11.4	7.2	▲29.9	103.4	15.5	481
ブックビルディング方式（1997年9月－2016年12月）[4]	55.3	20.0	▲72.5	809.1	94.4	844

マザーズ

	平均値	中央値	最小値	最大値	標準偏差	サンプル数
ブックビルディング方式（1999年12月－2016年12月）	105.6	88.2	▲46.2	602.5	103.5	473

ヘラクレス[5]

	平均値	中央値	最小値	最大値	標準偏差	サンプル数
ブックビルディング方式（2000年6月－2009年3月）	92.3	50.0	▲35.0	772.7	125.5	216

（注1）単位：％，期間についてはサンプルに用いたIPOが実施された年月を記載。
（注2）既存市場には，東京，名古屋，福岡，札幌に加え，新潟および（2000年に東証と統合），京都（2001年に大証と統合），大阪（2013年に東証と統合）の各証券取引所を含む。ただし，各証券取引所の新興企業向け市場部門は含まない。
（注3）入札方式は1992年4月と同年12月に改正されている。詳しくは図表3を参照。
（注4）ジャスダックのBB方式には，先行して同方式を採用した店頭特則銘柄である，エーティエルシステムズ（1996年12月9日上場），アクモス（1996年12月25日上場）を含んでいる。なお，移行期の1997年9月から10月については，入札方式とBB方式によるIPOが混在している。
（注5）2002年12月にナスダック・ジャパンからヘラクレスに改称した。また，大証とジャスダック証券取引所の合併に伴い，2010年10月にヘラクレス，NEO，（旧）ジャスダックの市場統合が実施され，（新）ジャスダックが誕生した。
〔出所〕『株式公開白書』（プロネクサス），『旬刊商事法務（臨時増刊　増資白書）』（商事法務研究会），『NPM株式日次リターン』（金融データソリューションズ）から必要なデータを取得できたIPOをサンプルとして筆者作成（TOKYO PRO Marketは除く）。

率（平均値），長期パフォーマンス（平均値）の状況が整理されている。ジャスダック，マザーズともに，上場年によって初期収益率の水準，長期パフォーマンスの推移が大きく異なっていることが分かる。ジャスダックの1997－2003年（1999年を除く），2008年，2010－11年，マザーズの2001年，2007－08年，2012年などについては，おおむねTOPIXを上回るパフォーマンスを示している。さらに，岡村〔2015〕でも指摘したように，初期収益率が相対的に高い場合に長期パフォーマンスが低迷しやすい傾向は，例えば，ジャスダックの2004

図表3-6　BHAR（平均値）【ジャスダック】

年	サンプル数	初期収益率（%）	125（営業日）	250	375	500	625	750	875	1000	1125	1250
1997年	28	3.9	25.9	41.3	158.3	514.2	248.2	167.1	229.0	215.2	220.6	153.8
1998年	62	23.8	46.6	195.7	192.8	128.0	112.5	109.7	95.3	68.5	66.5	94.9
1999年	73	134.1	0.3	▲17.9	▲20.8	▲23.2	▲22.1	▲21.4	▲17.2	▲20.4	▲12.9	▲21.6
2000年	97	21.9	9.5	30.2	41.3	33.1	37.9	50.1	91.1	101.5	128.6	210.8
2001年	97	35.5	25.8	7.0	▲0.9	13.5	55.3	65.8	75.8	102.6	90.8	49.7
2002年	68	29.8	3.4	42.5	162.4	164.2	242.8	235.7	195.6	155.6	99.5	39.9
2003年	62	36.1	104.8	102.5	144.7	164.8	169.1	151.7	107.6	4.1	▲15.2	▲12.9
2004年	71	95.0	▲2.9	▲14.8	▲30.1	▲46.5	▲72.8	▲77.6	▲75.0	▲57.0	▲49.3	▲46.5
2005年	65	107.8	▲22.4	▲47.1	▲63.7	▲73.7	▲70.0	▲64.0	▲52.0	▲43.7	▲44.5	▲42.0
2006年	56	59.8	▲26.6	▲43.0	▲40.6	▲34.9	▲32.6	▲22.9	▲22.8	▲20.8	▲18.1	▲14.8
2007年	49	51.3	▲24.2	▲28.2	▲27.0	▲20.2	▲14.8	▲11.0	▲3.8	3.2	5.9	18.5
2008年	19	2.5	▲2.6	2.4	12.4	8.9	13.6	23.4	36.8	38.7	49.0	76.6
2009年	8	26.3	21.5	▲1.2	▲16.1	▲19.5	▲16.4	▲13.6	48.7	115.5	104.1	10.3
2010年	10	8.4	▲18.6	2.9	14.7	23.9	75.7	76.4	102.5	86.7	408.1	239.1
2011年	16	▲5.9	25.7	93.7	145.6	118.5	168.2	212.1	238.8	234.7	231.2	304.2
2012年	14	14.6	▲16.2	▲5.2	▲10.1	▲19.0	1.2	5.7	24.5	18.6	73.4	–
2013年	12	162.9	▲39.4	▲51.6	▲66.6	▲66.7	▲58.0	▲67.4	▲113.2	–	–	–
2014年	11	66.8	11.2	▲9.0	▲3.8	▲4.6	▲14.9	–	–	–	–	–
2015年	11	128.3	1.7	▲2.7	7.4	–	–	–	–	–	–	–
2016年	14	82.2	▲5.2	–	–	–	–	–	–	–	–	–

（注1）BHAR は初日終値を基準とし，TOPIX をベンチマークとして算出している（単位：%）。
（注2）1997年については公開価格決定方式としてブックビルディング方式を用いた IPO のみをサンプルとしている。
（注3）表中の「-」は欠損値であることを示す。
（注4）松本〔2004〕，忽那〔2008〕等の指摘に従い，極めて大きな値をとっているヤフー（1997年）をサンプルから除外している。
〔出所〕図表3-5に同じ。

－07年，マザーズの2003－06年などで読み取ることができる。

　ところで，淵田〔2014〕が指摘しているようなマイクロキャップはパフォーマンス面で何らかの特徴があるのだろうか。図表3-8には，市場別・規模別の長期パフォーマンス（BHAR 平均値）が示されている。ジャスダックについては，公開価格に基づいた時価総額が100億円未満の IPO はいずれも TOPIX を上回るパフォーマンスとなっている。マザーズにおいても，同100億円未満については500営業日（約2年）まではおおむね TOPIX を上回っている。一方，100億円以上300億円未満（マザーズ125営業日を除く）ならびに300億円以上の IPO については，いずれも TOPIX を下回っており，新規公開時の企業規模による長期パフォーマンスの差が顕著であることが分かる。

図表3-7　BHAR（平均値）【マザーズ】

年	サンプル数	初期収益率（％）	125（営業日）	250.00	375	500	625	750	875	1000	1125	1250
2000年	29	8.7	▲31.60	▲30.67	▲31.49	▲35.26	▲33.91	▲28.29	1.96	22.43	90.71	53.19
2001年	7	84.2	95.40	12.32	5.22	43.55	69.27	104.27	84.50	112.47	34.98	21.54
2002年	8	24.2	▲1.28	▲14.48	28.68	▲26.57	▲7.29	▲22.03	▲59.90	▲94.43	▲109.04	▲90.34
2003年	31	97.4	51.93	75.42	46.87	54.75	11.34	▲35.96	▲51.36	▲68.61	▲93.34	▲67.41
2004年	55	136.9	38.17	13.72	▲14.74	▲20.20	▲57.51	▲60.47	▲63.61	▲67.28	▲58.42	▲58.34
2005年	37	162.4	3.97	▲30.80	▲63.78	▲68.14	▲62.41	▲45.38	▲38.99	▲45.02	▲39.63	▲28.66
2006年	40	106.2	▲24.43	▲45.59	▲47.37	▲44.82	▲36.61	▲30.52	▲31.28	▲32.26	▲30.78	▲28.55
2007年	22	88.6	▲2.74	4.13	21.41	14.89	11.64	13.78	16.36	27.87	16.85	9.55
2008年	12	60.2	4.06	53.87	52.65	15.15	23.68	28.88	24.93	23.92	26.97	126.91
2009年	4	62.8	▲51.17	▲24.74	▲42.24	▲40.90	▲43.72	▲34.48	▲39.53	▲14.43	▲8.25	5.43
2010年	6	73.0	▲14.85	▲12.21	▲20.66	4.18	▲10.09	▲31.73	▲23.84	▲34.15	▲24.76	12.61
2011年	11	74.1	▲9.35	40.53	79.03	58.85	▲1.99	▲21.74	▲71.69	▲71.29	▲51.39	▲58.41
2012年	23	90.8	80.71	92.76	98.75	129.56	84.49	49.09	37.31	23.27	227.46	–
2013年	29	147.2	21.43	▲14.76	▲49.73	▲52.90	▲38.54	▲11.45	▲77.44	–	–	–
2014年	44	141.7	7.50	1.51	24.99	9.77	▲25.52	–	–	–	–	–
2015年	61	100.8	27.50	46.56	20.71							
2016年	54	87.6	▲4.23									

（注1）BHARは初日終値を基準とし，TOPIXをベンチマークとして算出している（単位：％）。
（注2）2000年のサンプルには，1999年12月にIPOを実施したリキッドオーディオ・ジャパンならびにインターネット総合研究所の2社を含んでいる。
（注3）表中の「–」は欠損値であることを示す。
〔出所〕図表3-5に同じ。

図表3-8　市場別・規模別長期パフォーマンス（BHAR平均値）

市場	企業規模分類（公開価格×上場時株式数）	企業規模（億円）（平均値）	初期収益率（％）	125（営業日）	250	375	500	625	750	サンプル数	構成比
ジャスダック	50億円未満	28	49.7	6.3	18.4	50.1	49.6	69.8	74.4	321	49％
	50億円以上 100億円未満	71	57.8	11.4	2.0	6.3	2.5	18.4	15.7	171	26％
	100億円以上 300億円未満	160	46.5	14.2	▲1.3	▲5.1	▲0.3	▲0.5	▲3.7	124	19％
	300億円以上	1,012	25.3	▲4.6	▲9.5	▲16.3	▲11.8	▲14.0	▲8.2	39	6％
マザーズ	50億円未満	27	129.6	15.3	20.8	19.3	8.3	▲5.7	▲18.2	143	40％
	50億円以上 100億円未満	69	114.7	26.6	11.3	▲4.0	6.1	▲9.9	▲13.3	90	25％
	100億円以上 300億円未満	163	90.7	8.2	▲10.1	▲25.1	▲40.0	▲47.3	▲44.7	82	23％
	300億円以上	728	63.5	▲15.0	▲30.8	▲31.3	▲38.0	▲34.3	▲26.4	43	12％

（注1）ジャスダックは2000年－2014年，マザーズは1999年12月－2014年のIPOをサンプルとしている。
（注2）BHARは初日終値を基準とし，TOPIXをベンチマークとして算出している（単位：％）。
（注3）構成比は企業規模別サンプル数が各市場の全サンプルに占める割合である。
〔出所〕岡村〔2015〕図表7に基づき一部修正。

3．上場後の「成長」

前節で明らかになったように，新規公開株のパフォーマンスは上場年，公開規模による差が顕著である。本節では，新規公開企業の成長性を検討するために，BHARに代えて上場日終値を1として基準化して計測した累積リターンを用いて検討を行う[3]。加えて，新規公開時の時価総額と上場後の時価総額の比較を通じて，新規公開後の成長の状況を確認する。

（1）ジャスダックにおける状況

図表3-9には1997年から2016年のジャスダックにおけるIPOの累積リターンの計測結果が整理されている。1997年から2003年（1999年を除く），ならびに2010年から2012年のIPOについては大半が1を上回っており，上場初日終値と比較して株価が上昇していることが分かる。中には3から6といった極めて高いリターンを示している箇所もある。一方，2004年から2007年および2013年については押し並べて低迷している。累積リターンが低迷している上場年の初期収益率は相対的に高い水準にあり，新規公開市場における過熱現象がその後のパフォーマンス低迷を招くことを示唆している。もちろん，2008年のリーマンショック以降の株式市場低迷が新規公開株の長期パフォーマンス悪化をもたらした大きな要因の一つである。ただし，リーマンショック発生前の時点でも，既に上場時の株価を下回る傾向を示している点には留意する必要がある。

（2）マザーズにおける状況

図表3-10には1999年から2016年のマザーズにおけるIPOの累積リターンの計測結果が整理されている。[4] 2001年から2003年，ならびに2010年から2012年のIPOについては大半が1を上回っている。一部には2から3程度の比較的高いリターンを示している箇所もあるが，ジャスダックに比べるとやや小さな値となっている。ナスダックと同様に2004年から2007年のIPOについては，

図表3-9　累積リターン（平均値）【ジャスダック】

年	サンプル数	初期収益率（％）	125（営業日）	250	375	500	625	750	875	1000	1125	1250
1997年	28	3.9	1.21	1.27	2.66	6.42	3.76	2.77	3.35	3.00	3.08	2.24
1998年	62	23.8	1.51	3.24	3.34	2.56	2.28	2.10	1.88	1.51	1.43	1.84
1999年	73	134.1	1.11	0.87	0.74	0.57	0.54	0.45	0.44	0.49	0.67	0.60
2000年	97	21.9	0.98	1.07	1.12	0.96	0.96	1.14	1.66	1.79	2.08	3.06
2001年	97	35.5	1.18	0.90	0.76	1.00	1.54	1.68	1.81	2.30	2.37	2.02
2002年	68	29.8	0.95	1.43	2.79	2.85	3.67	3.84	3.67	3.35	2.88	2.18
2003年	62	36.1	2.24	2.28	2.72	3.14	3.39	3.41	3.01	1.93	1.54	1.21
2004年	71	95.0	1.00	1.06	1.10	1.02	0.84	0.73	0.57	0.46	0.38	0.38
2005年	65	107.8	0.97	0.84	0.72	0.63	0.50	0.36	0.28	0.30	0.34	0.36
2006年	56	59.8	0.77	0.60	0.51	0.38	0.29	0.33	0.37	0.38	0.39	0.39
2007年	49	51.3	0.65	0.43	0.33	0.33	0.42	0.47	0.51	0.56	0.55	0.71
2008年	19	2.5	0.92	0.85	1.00	0.99	1.00	1.04	1.16	1.23	1.54	2.03
2009年	8	26.3	1.29	1.07	0.87	0.77	0.78	0.87	1.75	2.68	2.60	1.74
2010年	10	8.4	0.79	0.96	1.06	1.17	1.89	2.17	2.51	2.41	5.91	4.36
2011年	16	▲5.9	1.24	1.96	2.77	2.75	3.33	3.90	4.48	4.53	4.21	4.97
2012年	14	14.6	0.99	1.44	1.49	1.48	1.96	2.19	2.18	2.07	2.64	–
2013年	12	162.9	0.70	0.67	0.69	0.77	0.71	0.66	0.35	–	–	–
2014年	11	66.8	1.26	1.21	1.15	1.11	1.09	–	–	–	–	–
2015年	11	128.3	0.93	0.84	0.98	–	–	–	–	–	–	–
2016年	14	82.2	0.98	–	–	–	–	–	–	–	–	–

（注1）累積リターン：上場日を1とした累積収益率（終値ベース）。
（注2）1997年については公開価格決定方式としてブックビルディング方式を用いたIPOのみをサンプルとしている。
（注3）表中の「–」は欠損値であることを示す。
（注4）松本〔2004〕，忽那〔2008〕等の指摘に従い，極めて大きな値をとっているヤフー（1997年）をサンプルから除外している。
〔出所〕図表3-5に同じ。

上場後のパフォーマンス低迷傾向が顕著である。

（3）時価総額別の状況

　図表3-11は，公開価格で計測した公開時の時価総額（公開価格×上場時株式数）と上場後時価総額の比較を公開時時価総額別に行ったものである。ジャスダック，マザーズのいずれの市場においても，50億円未満の小型のIPOが最も多く，50億円以上100億円未満のIPOとあわせると，いわゆる「マイクロキャップ」がジャスダックで4分の3，マザーズで3分の2程度を占めている。

　また，各パネルの上段には，公開時時価総額を上場後の時価総額が上回っている銘柄数，下段には公開時時価総額を上場後の時価総額が下回っている銘柄

図表3-10　累積リターン（平均値）【マザーズ】

年	サンプル数	初期収益率（%）	125（営業日）	250	375	500	625	750	875	1000	1125	1250
2000年	29	8.7	0.59	0.47	0.40	0.30	0.27	0.39	0.79	1.03	1.72	1.53
2001年	7	84.2	1.89	0.96	0.81	1.22	1.63	2.02	1.84	2.26	1.68	1.69
2002年	8	24.2	0.99	1.00	1.62	1.06	1.30	1.61	1.28	1.05	1.01	0.81
2003年	31	97.4	1.70	1.97	1.72	2.04	1.82	1.48	1.38	1.11	0.66	0.58
2004年	55	136.9	1.41	1.32	1.26	1.27	0.97	0.90	0.67	0.37	0.28	0.27
2005年	37	162.4	1.19	0.89	0.64	0.53	0.44	0.36	0.30	0.26	0.30	0.42
2006年	40	106.2	0.82	0.57	0.42	0.25	0.23	0.27	0.29	0.27	0.27	0.25
2007年	22	88.6	0.84	0.77	0.78	0.69	0.68	0.69	0.72	0.80	0.66	0.61
2008年	12	60.2	0.97	1.33	1.40	1.02	1.06	1.07	1.00	1.05	1.17	2.42
2009年	4	62.8	0.55	0.80	0.59	0.54	0.50	0.57	0.75	1.32	1.40	1.61
2010年	6	73.0	0.80	0.79	0.66	0.94	1.04	1.09	1.28	1.27	1.60	2.01
2011年	11	74.1	0.93	1.44	2.20	2.21	1.65	1.61	1.47	1.43	1.40	1.34
2012年	23	90.8	2.07	2.47	2.59	3.02	2.86	2.56	2.22	2.14	4.04	-
2013年	29	147.2	1.27	0.99	0.84	0.85	0.84	1.17	0.65	-	-	-
2014年	44	141.7	1.26	1.21	1.30	1.20	0.95	-	-	-	-	-
2015年	61	100.8	1.19	1.36	1.10	-	-	-	-	-	-	-
2016年	54	87.6	1.04	-	-	-	-	-	-	-	-	-

（注1）累積リターン：上場日を1とした累積収益率（終値ベース）。
（注2）2000年のサンプルには，1999年12月に IPO を実施したリキッドオーディオ・ジャパンならびにインターネット総合研究所の2社を含んでいる。
（注3）表中の「-」は欠損値であることを示す。
〔出所〕図表3-5に同じ。

数が示されている。すなわち，上段は上場後に時価総額が「成長」した銘柄数ということができる。

　例えば，「パネル（A）ジャスダック（2000-2016年）」の公開時時価総額「50億円未満」と上場後の日数（営業日ベース）「250日」の交わる欄は，上段は187銘柄，下段は145銘柄となっている。つまり，上場後250日営業日（約1年）時点において，公開時時価総額「50億円未満」の銘柄は上場時よりも時価総額が増加しているものの方が多いこと，言い換えれば上場後に「成長」している銘柄の方が多いことが分かる。

　なお，図表3-11のイタリックになっている箇所は，同じ公開時時価と期間の組み合わせにおいて，上場後に「成長」している銘柄の方が多いことを示している。ジャスダック（2000-2016年）における公開時時価総額50億円未満については，いずれの期間においても上場後に「成長」している銘柄の方が多いこ

図表3-11 「公開価格×上場時株式数」と上場後時価総額の比較

パネル（A） ジャスダック（2000－2016年：ブックビルディング方式）

「公開価格時価総額＜時価総額」

公開価格時価総額	250日	500日	750日	1000日	1250日
50億円未満	*187*	*183*	*181*	*182*	*160*
50億円以上100億円未満	*90*	71	70	64	61
100億円以上300億円未満	*64*	55	46	38	41
300億円以上	15	9	13	14	13

「公開価格時価総額＞時価総額」

公開価格時価総額	250日	500日	750日	1000日	1250日
50億円未満	145	130	120	99	121
50億円以上100億円未満	80	96	87	90	86
100億円以上300億円未満	60	69	72	76	66
300億円以上	24	30	24	19	17

パネル（B） マザーズ（1999－2016年）

「公開価格時価総額＜時価総額」

公開価格時価総額	250日	500日	750日	1000日	1250日
50億円未満	*120*	*93*	*48*	*53*	31
50億円以上100億円未満	*73*	*48*	24	18	12
100億円以上300億円未満	*58*	32	19	17	16
300億円以上	18	14	10	9	9

「公開価格時価総額＞時価総額」

公開価格時価総額	250日	500日	750日	1000日	1250日
50億円未満	52	43	43	46	50
50億円以上100億円未満	33	38	49	46	45
100億円以上300億円未満	34	47	48	48	45
300億円以上	29	28	28	26	24

（注） イタリックは当該期間（上場後の日数：営業日ベース）における「公開価格時価総額＜上場後時価総額」のサンプル数が「公開価格時価総額＞上場後時価総額」のサンプル数を上回っていることを示す。

〔出所〕図表3-5に同じ。

とが分かる。マザーズにおいても公開時時価総額50億円未満の場合，250営業日から1000営業日（約4年）については「成長」している銘柄の方が多い。一方，ジャスダック，マザーズともに，公開時の企業規模が大きくなるにつれて，上場後に時価総額が減少する傾向が強まっている。

終りに

「マザーズという良くも悪くも簡単にIPOをできてしまう環境が日本にはあ

る。IPOが多い背景には，マザーズ市場の使い良さ（＝ハードルの低さ）も挙げられよう。」[5]という指摘もある日本の新規公開市場において，大半を占めるマイクロキャップの成長の如何は市場を評価する一つの尺度ともいえるだろう。本章で行った分析から，新規公開時の企業規模が50億円未満の銘柄については，上場後に時価総額が増加する傾向が明らかとなった。いわば，「小さく産んで大きく育てる」という視点からは，市場のねらいが一定程度達成されたとの評価を行うことができる。比較的小規模な企業においては，IPOによって資本市場へのアクセスが可能となり，資金調達環境の改善を成長に活かしている可能性が示唆される。だが，公開時の企業規模が大きくなるほど，上場後の時価総額が新規公開時を下回る傾向もあわせて明らかになった。このことは，企業規模の拡大やライフサイクルのピークを乗り越えての成長が難しいことを表しているとも考えられる。

　IPO件数や新規公開株のパフォーマンスには年により大きな変動があり，ある種のブームが周期的に生じやすい。投資家の注目を集める高い初期収益率は，一方で長期パフォーマンス低迷を招きやすい。また，大型のIPOほど長期パフォーマンスは低迷しやすい。ベンチャー投資等の「出口」（Exit）がIPOに偏っている日本において，「上場ゴール」の企業が多数を占めるようになれば，投資家の市場離れや株式市場の機能低下をもたらす恐れがある。今後の課題として，新規公開後のパフォーマンスに与える企業属性等を多面的に分析することを通じて，上場後に成長をもたらす要因を明らかにする必要があると考える。

＊本研究はJSPS科研費JP16K03838の助成を受けたものです。また，本稿作成過程において，証券経営研究会をはじめとする研究会等で行った報告に対して，数々の有益なコメントを頂戴しました。ここに記して感謝します。

＜注＞

1）　業種やベンチマークの影響を指摘したHwang and Jayaraman〔1995〕をふまえ，8種類のベ

ンチマークを用いるとともに，業種別の計測も行っている。
2 ）　なお，時価簿価比率の効果をコントロールした場合には，少なくともアンダーパフォーマンス
　　は観察されないとしている。一方，1997年 9 月 – 2010年12月をサンプル期間としたカレンダータ
　　イムポートフォリオ・アプローチによる分析では，全市場の IPO を対象とすると，むしろ有意に
　　オーバーパフォームしているとの結果を報告している。
3 ）　本節で計測している累積リターンは，上場初日終値で新規公開株を取得し，当該営業日まで保
　　有した場合のリターンとなる（上場初日終値を 1 として基準化）。新規公開企業自身の成長性を検
　　討するために，以下ではベンチマークとの比較を行わず，累積リターンを用いている。
4 ）　2000年のサンプルには，1999年12月に IPO を実施したリキッドオーディオ・ジャパンならびに
　　インターネット総合研究所の 2 社を含んでいる。
5 ）　『ベンチャー白書2016』I-42ページ。

＜引用・参考文献＞

池田直史〔2013〕「IPO 後の長期株価パフォーマンス」『現代ファイナンス』No.33，23-52.
岡村秀夫〔2013〕『日本の新規公開市場』東洋経済新報社.
岡村秀夫〔2015〕「IPO 市場の環境変化と新規公開株のパフォーマンス」『証券アナリストジャーナ
　　ル』第53巻第 5 号，25-37.
忽那憲治〔2001〕「ベンチャー企業向け証券市場間競争のグローバル展開と成長企業の輩出―わが国
　　新規店頭公開企業の長期株価パフォーマンス分析―」，中尾茂夫編『金融グローバリズム』第 6
　　章，大阪市立大学経済研究所.
忽那憲治〔2008〕『IPO 市場の価格形成』，中央経済社.
翟林　瑜〔2009〕「IPO における逆 V 字型経営業績と「幻の初期収益率」」『証券アナリストジャーナ
　　ル』第47巻第 2 号，81-92.
比佐優子・比佐章一〔2015〕「新規公開市場のアンダープライシングと景気循環の関係―隠れマルコ
　　フモデルによる分析―」『商経論叢』第51巻第 1 号，49-68.
福田司文〔1984〕「新規上場株式の価格パフォーマンス」『商学論究』，第32巻第 1 号，83-105.
福田司文〔1994〕「新規公開株の価格問題」『企業会計』，1994年 1 月，104-108.
福田司文〔1995〕「公開価格収益率の決定要因と公開後のパフォーマンス」『流通科学大論集』第 7 巻
　　2 号，43-61.
淵田康之〔2014〕「日本のマイクロキャップ市場」『野村資本市場クォータリー』2014Winter，63-
　　78.
松本　守〔2004〕「新規株式公開における利益マネジメントと長期パフォーマンス」『経済論究』第
　　119号，115-131.
Aggarwal, R. and Rivoli, P., 〔1990〕, Fads in the Initial Public Offering Market?, *Financial
　　Management* 19(4), 45-57.
Cai, J. and Wei, K.C.J., 〔1997〕, "The Investment and Operation Performance of Japanese Initial
　　Offerings," *Pacific-Basin Finance Journal*, 5, 389-417.
Helwage, J. and Liang, N., 〔1996〕, Is There a Pecking Order? Evidence from a Panel of IPO Firms,
　　Journal of Financial Economics 40, 429-458.
Hwang, C. Y. and Jayaraman, N., 〔1995〕, Long-Run Performance of IPOs and Non-IPOs: Evidence
　　from the Firms Listed on the Tokyo Stock Exchange, *Advances in Pacific Basin financial
　　markets*, Vol. 1, 317-337.
Ibbotson, R. and Jaffe, J, 〔1975〕, 'Hot Issue' Markets, *Journal of Finance* 30, 1027-1042.
Jain, B.A. and O. Kini, 〔1994〕 "The Post-Issue Operating Performance of IPO Firms," *Journal of
　　Finance* 49, pp.1699-1726.
Levis, M., 〔1993〕, The Long-Run Performance of Initial Public Offerings: The UK Experience

1980-1988, *Financial Management* 22(1), 28-41.

Loughran, T. and Ritter, J., [1995], The New Issues Puzzle, *Journal of Finance* 50, 23-51.

Lowry, M., [2003], Why Does IPO Volume Fluctuate So Much?, *Journal of Financial Economics* 67, 3-40.

Lowry, M. and Schwert, G., [2002], IPO Market Cycles: Bubbles or Sequential Learning?, *Journal of Finance* 57, 1171-1200.

Ritter, J., [1984], The Hot Issue Market of 1980, *Journal of Business* 57, 215-240.

Ritter, J., [1991], The Long-Run Performance of Initial Public Offerings, *Journal of Finance* 46, 3-27.

Yung, C., Colak, G. and Wang, W., [2008], Cycles in the IPO Market, *Journal of Financial Economics* 89, 192-208.

第4章　株主コミュニティ制度とTOKYO PRO Market の新たな展開

はじめに

　本章では，株主コミュニティ制度と TOKYO PRO Market に焦点をあて，市場参加者へのインタビューを基に，最近の動向を紹介した上で，今後の課題を検討する。

　株主コミュニティ制度は，「地域に根差した企業等の資金調達を支援する」こと，また TOKYO PRO Market は，「日本やアジアにおける成長力のある企業に新たな資金調達の場と他市場にはないメリットを提供する」ことを目的として設立されており，両者は地域活性化やベンチャー育成にとって，重要な役割を果たすものと期待されている。しかしながら，両者ともに周知性は低く，銘柄数などにおいて存在感にも乏しいのが実情である。

　実際，上場会社数を見ると，東京証券取引所第一部2,066，第二部520，マザーズ244，JASDAQ スタンダード706，同グロース41，TOKYO PRO Market22（2018年２月５日現在）であり，株主コミュニティ制度22銘柄（2018年１月26日現在）と，東証一部が最も多く，二部以下は減少し，株主コミュニティや TOKYO PRO Market 銘柄は，合計しても40銘柄程度に過ぎず，東証一部の２％程度である。

　このことは，市場構造が逆ピラミッドになっていることを意味しており，日本の人口構造同様，将来の証券市場の担い手が育っていないことを示唆しているだけでなく，現時点においても，資金調達意欲のある中小・ベンチャー企業に対して，証券市場が必ずしも十分な機能を提供していないことを意味してい

ると考えられる。

　このような状況の中で，新しい展開や取組みも見られるようになってきている。

　まず，2014年の金融商品取引法改正によって，投資型クラウドファンディングの利用促進が図られ，株式投資型クラウドファンディングを専門に取り扱う証券会社として，日本クラウドキャピタル，DANベンチャーキャピタルおよびエメラダが新規参入し，株式による資金調達の事例が次々に現れている。このことは，株主コミュニティ制度の利用可能性が拡大していることを示唆している。

　次に，TOKYO PRO Marketについても，新規上場銘柄は，2011年1銘柄，2012年2銘柄，2013年4銘柄，2014年3銘柄，2015年6銘柄，2016年3銘柄であったものが，2017年7銘柄と，徐々にではあるが，上場銘柄を増やしている。

　さらに，同市場のJ-Adviserとして，東京本社の外資系証券のフィリップ証券と，沖縄県名護市に拠点を置いて活動する，OKINAWA J-Adviserが中心的な役割を果たしており，それぞれの特徴を生かした取り組みを進めており，注目に値する。

　したがって，本章では，株主コミュニティ制度およびTOKYO PRO Marketについて，最近の動向と取り組みについて紹介し，その意義や課題を検討する。

I　株主コミュニティ制度

1．制度概要と市場の現況

　日本証券業協会（日証協）は，非上場株式の取引制度として，グリーンシート銘柄制度を運営しているが，その銘柄数は年々減少しており，2004年末96銘柄から2017年末11銘柄に低下している。

　その一方で，2013年12月，金融審議会「新規・成長企業へのリスクマネーの供給のあり方等に関するワーキング・グループ報告」が公表され，新規・成長企業に対するリスクマネーの供給促進策の一つとして，非上場株式の取引・換金のための枠組みが取り上げられ，ここで「新たな非上場株式の取引制度」の創設が提言され，その制度については，「グリーンシート銘柄制度と同様，自主規制機関である日本証券業協会の自主規制規則に基づく制度として創設し，第一種金融商品取引業者が投資勧誘を行える範囲を，第一種金融商品取引業者が銘柄毎に組成・管理する「投資グループ」のメンバーに限定することで，一定の取引ニーズ・換金ニーズに応えられる程度の流通性に留めることが適当である」[1]とされた。この審議会報告を受け，2015年金商法改正において，「新たな非上場株式の取引制度」が盛り込まれ，新制度は日証協の自主規制に基づいて運営されることと定められた。

　これを受けて，2015年5月，日本証券業協会は「株主コミュニティ制度」を創設した。

　この制度の要点は，①証券会社が非上場株式の「株主コミュニティ」を組成する，②当該株式に投資しようとする投資家がその株主コミュニティに参加する，③株主コミュニティを組成・運営する証券会社は，日証協による指定を受ける，④証券会社は株主コミュニティに参加している投資家に対してのみ勧誘可能，⑤株主コミュニティへの参加の勧誘不可，というものである[2]。

　同協会では，株主コミュニティの参加者としては，「その会社の役員，従業員，その親族，株主，継続的な取引先といった会社関係者のほか，新規成長企業等への資金供給により成長を支援する意向のある投資家や，地域に根差した企業の財・サービスの提供を受けている（又は受けようとする）ことから株主優待を期待する方などの非上場株式の取引意向のある方」[3]を想定している。

　また，同協会の資料では，株主コミュニティ制度の利用場面として，①地元企業（鉄道・バス会社など）の株主優待がほしい，②相続した非上場株式を売却したい，③非上場会社において事業承継を行いたい（同制度を利用して，証券会社を通じて事業承継を行う），④非上場会社として資金調達を行いたい，

⑤株式投資型クラウドファンディングで発行された株式を取引したいという場面をあげている[4]。

したがって，同制度は，必ずしも成長企業への資金調達だけを目的としたものではなく，2018年に廃止予定のグリーンシート銘柄制度の受け皿という側面もあると考えられるが，証券市場のすそ野の拡大を企図している制度ととらえることができる。

なお，この市場の約定数量および金額の推移は，以下のとおりである（図表4-1参照）。

図表4-1　株主コミュニティ制度における証券会社別約定数量および金額の推移

	今村証券 (H27.8.28指定)		島大証券 (H27.10.26指定)		みらい證券 (H28.6.17指定)		計	
	約定数量 （株）	約定金額 （円）	約定数量 （株）	約定金額 （円）	約定数量 （株）	約定金額 （円）	約定数量 （株）	約定金額 （円）
2015年	21,730	42,420,000	13,062	28,729,185	–	–	34,792	71,149,185
2016年	157,214	298,557,900	188,086	142,456,862	6,000	585,000	351,300	441,599,762
2017年	167,050	372,673,500	236,784	171,882,004	36,022	6,458,000	439,856	551,013,504
計	345,994	713,651,400	437,932	343,068,051	42,022	7,043,000	825,948	1,063,762,451

〔出所〕日証協のデータによる。

次に，同制度の売買回転率（株数ベース）は，以下である（図表4-2参照）。

図表4-2　株主コミュニティ制度銘柄の売買回転率

年	発行済株式数	回転率（％）
2015年	311,450,739	0.01
2016年	314,998,359	0.11
2017年	318,306,959	0.26

（注）発行済株式数の計算については，一般に流通していない種類株は除いた。
〔出所〕日証協データと各社の開示書類より作成。

同制度の現状として，①約定数量・金額は増加しているものの，まだ低位にある。②売買回転率はかなり低位にある，③銘柄数も少ない，④参加者数が少ない銘柄が目立っている，という点が指摘できる。ただし，⑤株主コミュニ

ティとグリーンシートの売買代金を比較すると，ほぼ前者が後者を上回るようになっている（図表4-3参照）。

2．証券会社

現在，この制度に関する取り組みを進めているのは，今村証券，島大証券，みらい證券の3社である[5]。このうち今村証券とみらい證券にインタビューする機会を得たので，この2社の取り組みを紹介する。

（1）今村証券の取り組み

今村証券は，1921年創業，金沢市に拠点を置き，北陸3県に10店舗を展開するジャスダック上場の証券会社である。同社は，グリーンシート銘柄の取り組みにおいてパイオニアであり，長年の経験を有している。その背景には，同社がグリーンシート導入以前からいわゆる「青空銘柄」の取り組みを進めていたことがあげられる。北陸では，以前から非上場株式の取引が盛んで，北陸鉄

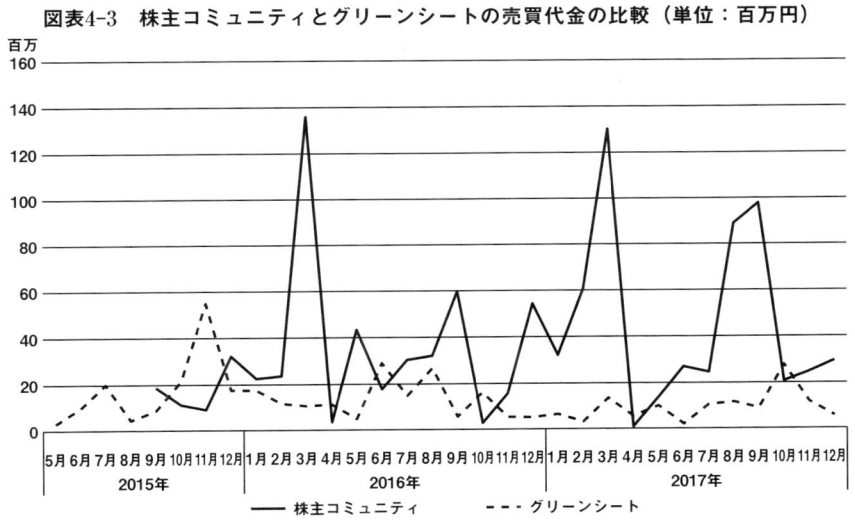

図表4-3　株主コミュニティとグリーンシートの売買代金の比較（単位：百万円）

〔出所〕日証協データによる。

道，富山地方鉄道，YKK などの株式が取引されていた。特に，バスや電鉄会社の場合，株主優待として無料乗車券が交付されており，通学用として優待券が使えることから，子弟の高校進学を機に買付，卒業時に売付というパターンが多く見られた。また，地元銀行でも戦後の株式民主化運動の際に個人株主が増えたことから，相続などによる売却ニーズが生じたようである。さらに，北陸では戦後復興期に公益企業が設立される際，銀行融資が十分に受けられなかったことから，株式発行による資金調達が活発に行われ，これも流通市場を形成する要因となった。今村証券は，これらの非上場株の気配公表を行い，これが地元新聞に掲載された。同社はこのような青空銘柄での取組を基盤として，1997年にグリーンシート導入後は，積極的にグリーンシート銘柄，とりわけリージョナル銘柄について取組を進めた[6]。

このような業務基盤を土台として，同社は株主コミュニティ制度の制度設計に関わってきた。

株主コミュニティ制度における同社の取り組みは，図表4-4の通り11銘柄である。

同社の指摘によれば，株主コミュニティ制度の課題は以下である。

図表4-4　今村証券の株主コミュニティ運営状況（2017年1月末公表分）

銘柄名	組成日	参加者数
北陸鉄道株式会社	2015年8月28日	354
株式会社金沢名鉄丸越百貨店	2015年8月28日	9
北陸放送株式会社	2015年8月28日	3
富山地方鉄道株式会社	2015年8月28日	52
株式会社廣貫堂	2015年8月28日	3
北日本放送株式会社	2015年8月28日	2
YKK 株式会社	2015年8月28日	11
立山黒部貫光株式会社	2015年8月28日	15
株式会社福邦銀行	2015年8月28日	4
株式会社ホクコン	2015年8月28日	1
福井鉄道株式会社	2015年8月28日	1

〔出所〕日本証券業協会，http://market.jsda.or.jp/shiraberu/kabucommunity/toriatsukai/index.html

　まず，銘柄によっては売買が低調であるため，流動性が低いことである。特に，売り注文はあっても買い注文が出てこないために売り手が延々と待たされることが多い。

　次に，発行会社が新株発行に消極的であり，現在の北陸地方では，ほとんど発行市場はないに等しい状況だという。同社は，地元企業にアプローチしているものの，反応は芳しくないようである。この背景には，発行会社が株価の変動を好ましく思わないという点が指摘される。実際，過去の出来値よりも低い価格での売買については，発行会社が難色を示すことが多く，了解を取らねばならない場合が多い。その際，自社株の価格変動が露骨に忌避されることもあるという。

　第三に，勧誘行為が禁止されていることも障害となっている。現在，コミュニティ参加者が著しく少数の銘柄もあるが，投資家が自発的に参加申し出するのを延々と待ち続けるしか手段がない。また，営業の現場では銘柄に関する説明と勧誘を截然と区別することは難しく，現場での対応には神経を使わざるを得ない。

　以上のように，株主コミュニティ制度が非上場株式市場として機能するためには，まだまだ課題が多く残されているが，2016年末時点での累計売買金額は5億1274万円に達している。

（2）みらい證券の取り組み

　みらい證券株式会社は，1998年，日本アジア投資株式会社の100％子会社として設立された。設立当時の名称は，未来証券株式会社であり，2008年に現在の名称に変更している。同社は，創業者である今原禎治氏（名誉会長）のジャフコおよび日本アジア投資の株式上場の実績をもとに，日本におけるプライベート・エクイティ市場を育てるべく設立された。したがって，同社はプライベート・エクイティ業務のパイオニアとして，各ステージの企業に対して，成長資金を供給するとともに，資金調達や株主構成に関するアドバイザリー業務を行っている。具体的には，アドバイザリー／アレンジメント業務（M＆Aア

ドバイザリー，公募・私募の資金調達アレンジメント，資本政策に関するコンサルティング，IPO コンサルティング，資産証券化やオフバランス化のアレンジメント），未上場株式流動化／2次買取（未上場株式・社債の流動化サポート業務，セカンダリー投資ファンドの運営業務），MBO／企業再生（資金提供・投資事業組合の組成，アレンジメント），IPO（引受およびコンサルティング），グリーンシート指定（グリーンシート銘柄の審査手続，届出，募集・売出，売買），さらに株主コミュニティの運営である。

　同社では，現在6社の株主コミュニティの取扱いを行っている。同社の取扱い銘柄は，図表4-5の通りである。なお，これら6社のうち，武井工業所はフェニックス銘柄，旅籠屋，三国商事および太陽毛絲紡績は，グリーンシート銘柄の指定を受けた経験を有しているが，他の2社はフェニックス銘柄およびグリーンシート銘柄以外の銘柄であり，この点が同社の特徴であり，実質的に初の株主コミュニティ運営会社であるという自負を持っている。

　同社が株主コミュニティ制度の運営に取り組む背景として，日本の株式市場が構造的に逆ピラミッドになっていることがあげられる。ここでいう逆ピラミッドとは，東証1部の上場銘柄数に比して，ベンチャー市場とされるマザーズやジャスダック銘柄数はその半分程度となり，TOKYO PRO Market や株主コミュニティ制度の銘柄数は，取るに足らない数字となっている。これは，アメリカや中国の市場構造がピラミッド型であり，裾野が広がっているのと対照的であることが指摘される。同社は，このような構造を少しでも変化させる

図表4-5　みらい證券の株主コミュニティ運営状況（2018年1月末公表分）

銘柄名	組成日	参加者数
株式会社武井工業所	2016年7月1日	257
株式会社旅籠屋	2016年9月23日	243
株式会社 Kips	2017年4月10日	32
日商平野株式会社	2017年6月1日	1
三国商事株式会社	2017年10月1日	61
太陽毛絲紡績株式会社	2018年1月22日	0

〔出所〕日本証券業協会，http://market.jsda.or.jp/shiraberu/kabucommunity/toriatsukai/index.html

ことを企図しており，その潜在的なニーズは十分存在すると判断している。

　同社によれば，国内のベンチャーキャピタルの投資額は，欧米に比して少ないだけでなく，その投資先の約7割は上場できず，いわば「塩漬け」状態に陥っている。さらに，創業者や経営者に対して株式買戻しを要求するような場合さえ散見されるという。このような投資先企業が株主コミュニティ制度を利用すると，同制度の市場規模は飛躍的に拡大すると予想される。具体的には，各県で2社が同制度を利用すると，全国合計100社に達し，一定の存在感を持つようになる。さらに，この中から上場企業が出るようになると，投資家の注目度も高まるようになる。

　同社では，株主コミュニティ組成によるメリットとデメリットを次のように

図表4-6　みらい證券の提示する株主コミュニティ制度のメリットとデメリット

	メリット	デメリット
発行会社	・資金調達ができる（募集，私募又は売出しも可） ・公的な制度のもと，株式の流動化を行うことができる。 ・株主以外の会社のサポーターもコミュニティメンバーに参加できる。 ・譲渡制限があっても株主コミュニティが組成できる。 ・情報開示を株主コミュニティ内に制限できる。 ・新規株主に対し，反社会的勢力の排除はもちろんのこと，コミュニティメンバーも制限できる。	・株主コミュニティ組成に向けての審査料，年間運営手数料がかかる。 ・発行株式の譲渡制限がある発行会社では，譲渡承認手続きが増える場合もある。 ・株主コミュニティ参加者への情報開示の対応が必要となる。
投資者	・非上場株式の購入・売買の機会が増える。 ・運営会社（証券会社）がエスクローサービスを行うので，受け渡し事故がない。 ・未上場株詐欺にひっかからない。	・株主コミュニティに参加するにあたり，口座開設料がかかる。 ・コミュニティに参加しても，すぐに株主になれない場合もある。 ・財産評価基本通達において，売買実例価額による方法（時価評価）に該当していない。

〔出所〕みらい證券株式会社「株主コミュニティ制度について」2017年9月，による。

まとめている（図表4-6参照）。

　同社は，株主コミュニティの開始の手続について，次のように説明している。

①　みらい證券による審査：実在性，財務状況，監査状況，法令順守状況など

②　反社会的勢力の排除：関係の有無，排除の仕組とその運営状況

③　株主コミュニティ参加者への情報提供[7]：有価証券届出書，有価証券報告
　　書，半期報告書，四半期報告書，臨時報告書，それらがない場合，会社法に
　　基づく計算書類及び事業報告，上記に加え，その他運営会員が必要と認める
　　情報

　また，同社は，株主コミュニティにかかる主な費用と期間について，次のよ
うに説明している。同社は，これらの費用と期間は，TOKYO PRO Market
に比して，いずれも安価で，短期間と説明している

① 　発行会社：初回審査料，年間運営手数料，審査期間　2か月〜

③ 　株主コミュニティ参加者：口座開設料　有料，取引手数料　無料，振込手
　　数料　参加者負担

　さらに，株主コミュニティ運営までのスケジュールについては，以下のよう
に説明している。

図表4-7　株主コミュニティ運営までのスケジュール

⑭	⑬	⑫	⑪	⑩	⑨	⑧	⑦	⑥	⑤	④	③	②	①
株主コミュニティ開始	株主コミュニティ運営受託契約締結	審査終了	審査会	公認会計士との契約確認	審査質問	コミュニティ審査開始	事業計画策定	（公認会計士の紹介）	検討資料受け入れ	法人・代表者・取引先反社チェック	審査契約書締結，審査開始	審査契約書ヒナ型／検討資料一覧の提示	株主コミュニティ提案

←――――――→
2ヶ月〜6ヶ月

〔出所〕みらい證券，前掲

　同社によると，証券会社として株主コミュニティを取り扱う際の課題として，そもそも株主コミュニティ制度の周知性が低いことがあげられる。したがって，まずこの制度の周知性を高める必要があることが指摘される。また，勧誘規制が挙げられる。現状では，コミュニティのメンバーに対して勧誘することは可能であるが，メンバー以外に参加を証券会社が勧誘することができない。さらに，証券会社が関与した発行会社主体の会社説明会の開催についても，勧誘に該当するかどうか規制上，明確でない。この点について，何らかの規制上の改善ないし工夫が必要である。他方，発行会社としては，資金調達市場としての機能が十分でないことが課題となっている。

　今後，同社としては，株主コミュニティの拡大・発展のための経営戦略として，株式投資型クラウドファンディング・プラットフォーム運営会社との連携を進めていくとしている[8]。株式投資型クラウドファンディングが発行市場の機能を担い，株主コミュニティが流通市場の機能を担えば，両者は相互補完的な関係を形成でき，発行会社にとって十分メリットがある。発行会社にとっては，既存の取引所上場よりも低コストで，上場市場に等しい機能が享受できるからである。このような取組によって，日本一の株主コミュニティ運営会社を目指すとしている。

3．制度利用会社

株式会社旅籠屋

　株式会社旅籠屋は，東京都台東区に本社を置く，1994年設立（1号店創業1995年）のホテルチェーンである。同社創業者は，現在の代表取締役の甲斐真氏である。同氏は，メディアでもしばしば取り上げられる[9]とともに，経営者としての活動や思いを著書として刊行している[10]。

　同社のビジネスは，アメリカのモーテルをモデルとし，幹線道路や高速道路のロードサイドにミニホテルを多店舗展開しており，このように多店舗展開し

ているのは，同社が日本で唯一であるという。現在，東北から九州にかけて60店舗以上を運営している。顧客は，子供連れのファミリー，単独ないしグループのツーリング，ビジネス客などであり，シンプルな素泊まりの自由な空間をリーズナブルな料金（平日，親子4人で1室1万円）で提供している。

　同社の事業目的は，①旅行者が気軽に安心して泊まれる自由で経済的な宿泊施設の提供」，②「地域に調和する資産活用事業の創出と堅実で自立した生活基盤の確保」であり，そのコンセプトは，「素泊まり」，「街道沿い」，「小規模運営」，「チェーン展開」である。したがって，同社の運営するホテルには，①客室はプライバシー重視のゆとりあるスペースとし，必要十分な設備を提供する，②飲食サービスなど付加的なサービスは提供しない，③住み込みの夫婦による運営とし，施設規模もその範囲とする，④客室の常備品や使い捨て品は必要最小限とし，不合理な無駄を省く，⑤ルート別価格，値引きなどを行わず，明朗な料金システムを設定する，といった特徴がある。

　また，同社の出店は，土地のオーナー（個人または法人）が建物の建築費（1億〜1.2億円前後）を負担し，同社の設計・監理の下で建物（木造2階建て，12〜14室）を新築した上で，同社とオーナーの間で，当該物件の賃貸借契約（20年契約）を締結し，同社が年間800〜1,000万円の家賃（固定）をオーナーに支払うというものである。その際，ホテルのメンテナンス費用や運営費も同社が負担するため，オーナー側の表面利回りは，年8〜9％となる。

　同社での甲斐社長へのインタビュー内容は，以下の通りである。

①　創業以来，店舗展開を継続し，約20年間増収を維持しているものの，創業当初は，信用不足のために金融機関からの融資が受けられず，資金調達に苦戦した。さらに，同社のビジネスモデルはオーナーの資金によって建設費を賄う点に特徴があり，初期投資が節約できるものの，信用力がなく応じる地主はなかなか見つからなかった。多店舗展開した場合，10店舗程度を出店しなければ黒字転換できない見通しであったため，自力で店舗を増やす必要があったが，自己資金が底をついており，目途が立たない状態が続いた。その際，偶然グリーンシート市場の情報を得て，ここでの公募増資を試みた。そ

の際，当時のディー・ブレイン証券（現，日本クラウド証券）がグリーン
シート指定を担当し，約1億円を調達できた。もしグリーンシート市場がな
ければ，今日の同社のビジネスは存在しなかったといえる。

② 　グリーンシートに指定されたことによって，株主は約200名となった。な
お，この間の株価の推移は，図表4-8のとおりである。グリーンシートに指
定されたことによって，会社が公的な存在となり，情報開示や説明責任を問
われるようになることを痛感した。会計の整備などは，確かに面倒な面はあ
るものの，会社の状況把握のために不可欠であり，公開会社であるかどうか
に関係なく，経営の基本であることを自覚した。情報開示は，会社の在り方
を透明化し，会社の在り方を改善すると考えている。グリーンシートが低迷
した要因として，情報開示が強化されたことが指摘されることもあるが，も
しそうだとすれば，それは経営者の在り方として間違っていると言わざるを
得ない。

③ 　グリーンシートの廃止には，反対してきた。むしろ，グリーンシートの社

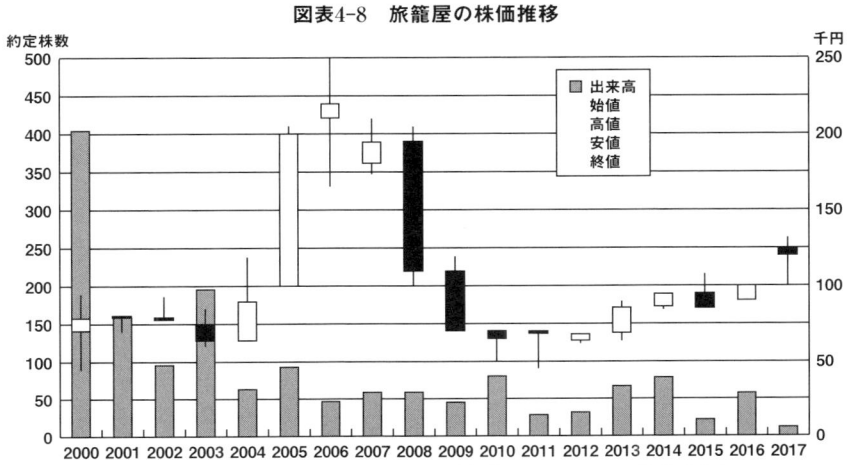

図表4-8　旅籠屋の株価推移

（注）2016年9月6日までは，グリーンシートでの約定価格であるが，それ以降は株主コミュニティ
　　　での約定価格である。

〔出所〕同社 HP，http://www.hatagoya.co.jp/000_Honbu/IR.htm

会的地位を向上させるべきであった。実際，グリーンシートの株主には，長期的に会社を支援しようという安定株主が多く，それが利点であったが，その点が十分に理解されていなかった。

④　グリーンシートの拡大を阻害した要因として，次の点が指摘できる。まず，大手証券会社は，IPOに熱心な反面，グリーンシートを積極的に取り扱おうとしなかった。そこには，採算が取れないことや玉石混交でリスキーだという理由が挙げられるが，前者の理由は，大手証券としての社会的責任の放棄であり，後者の理由はベンチャー育成という観点から間違っている。ベンチャー育成にとって，重要なことは，「玉」があるかどうかであって，「石」が混じっているかどうかではない。その意味では，ベンチャーキャピタルもリスクをとっているかどうか疑問である。むしろリスクマネーを提供する主体は，個人投資家ではないか。また，行政も投資家保護を重視するせいか，そのベンチャー育成は「石」の排除に偏ったものとなっているとともに，規制も画一的で，柔軟性に乏しいものとなっている。

⑤　株主コミュニティ制度については，そもそもグリーンシートを拡大すべきであるという意見を持っている。したがって，今でもグリーンシートのほうが望ましいと考えているが，グリーンシートが廃止となり，その代替措置として株主コミュニティ制度が導入されたので，これに移行した。その際，IPOなども検討したが，デメリットのほうが大きいと判断し，IPOは選択しなかった。

Ⅱ　TOKYO PRO Market

1．制度概要と市場の現状

　TOKYO PRO Marketは，2008年の金融商品取引法により，プロ向け市場として導入されたTOKYO AIMを母体としており，東京証券取引所とロンドン証券取引所の共同出資によって設立されたTOKYO AIM取引所による運営

マーケットとして開設された。その後，ロンドン証券取引所が出資を引き上げたことから，同市場は，2012年から現在の TOKYO PRO Market として東京証券取引所が運営している。

　TOKYO PRO Market の要点は，①上場基準として数値基準なし，上場申請から承認までの期間は10営業日，③上場前に監査期間は最近１年間，内部統制報告書および四半期開示は任意，④主な投資家は特定投資家（いわゆるプロ投資家），⑤J-Adviser 制度の採用（東証が認証した J-Adviser が，上場審査を実施するとともに，上場後は担当する上場企業の情報開示やファイナンスの手続きなどをサポートする），などである[11]。

　市場創設以来，TOKYO PRO Market には，27社が上場しており，その内訳は図表4-9の通りである。なお，2018年２月５日時点の上場銘柄数は23であり，４銘柄が上場廃止となっているが，そのうち１銘柄（歯愛メディカル）はジャスダックに上場した。

　また，J-Adviser としては，SMBC 日興証券株式会社，株式会社 OKINA-WA J-Adviser，GCA FAS 株式会社，大和証券株式会社，野村證券株式会社，フィリップ証券株式会社，みずほ証券株式会社，三菱 UFJ モルガン・スタンレー証券株式会社，リーディング証券株式会社，株式会社アイ・アールジャパン，宝印刷株式会社の11社が資格を取得している。ただし，このうち上場銘柄を担当しているのは，株式会社 OKINAWA J-Adviser，フィリップ証券株式会社，リーディング証券株式会社の３社のみである。なかでも，フィリップ証券株式会社の担当銘柄数15社，株式会社 OKINAWA J-Adviser6社となっており，この２社で大半の銘柄を担当している状況である。この２社については，インタビュー調査の機会を得たので，それをもとに，その取組を紹介する。

図表4-9　TOKYO PRO Market 上場会社一覧（時系列）

銘柄コード	会社名（銘柄コード）所在地	上場日	担当 J-Adviser（上場時）	時価総額	備考
1	メビオファーム（4580）東京	2011.7.15	フィリップ証券		・TOKYO AIM 第1号 ・H25.6上場廃止
2	五洋食品産業（2230）福岡	2012.5.28	フィリップ証券	17	・TOKYO AIM 第2号 ・3年続けて社債発行を行い，一般投資家から合計1.6億円を集める。 ・有価証券報告書提出会社 ・香港の企業と業務提携 ・3.5億円第三者割当実施，筆頭株主はファンドに異動（38.4%），社長は18.3%に。
3	新東京グループ（6066）千葉	2012.9.25	フィリップ証券	20	・TOKYO PRO Market 第1号 ・再生エネルギー事業子会社設立 ・M&A 実施（リサイクル会社を買収し子会社化）
4	碧《へき》（3039）沖縄	2013.6.4	OKINAWA J-Adviser	6	・元グリーンシート銘柄
5	MISAWA HABITA（1427）群馬	2013.7.31	フィリップ証券		・M&A 実施（建設会社を買収し子会社化） ・セカンダリーファイナンス（第三者割当増資）15百万円実施 ・H28.4上場廃止
6	アドメテック（7778）愛媛	2013.9.4	フィリップ証券	7	・セカンダリーファイナンス（第三者割当増資）を複数回実施し3億円程度を調達 ・有価証券報告書提出会社 ・上場会社テラと業務資本提携
7	エコグリーン(注2)（3188）東京	2013.10.31	フィリップ証券		・メガソーラー事業参入 ・木質エネルギー関係の会社と業務提携 ・リサイクル会社と業務提携 ・TOB により27.10上場廃止　※
8	中央インターナショナル（7170）佐賀	2014.7.14	OKINAWA J-Adviser	14	
9	はかた匠工芸（3610）福岡	2014.7.15	フィリップ証券	3	・日本和装（東証2部）の子会社
10	イー・カムトゥルー（3693）北海道	2014.10.20	フィリップ証券	3	・セカンダリーファイナンス（第三者割当増資）を2回実施合計30百万円 ・シンガポール系の会社と業務提携
11	シンプレクス・ファイナンシャル・ホールディングス（7176）東京	2015.1.27	OKINAWA J-Adviser	5	
12	TSON（3456）愛知	2015.3.23	フィリップ証券	2	
13	動力（旧スズキ太陽技術）（1432）愛知	2015.8.18	フィリップ証券	4	・高島（東1部）の子会社を買収し合併 ・合併に伴い社名変更
14	デンタス（6174）徳島	2015.9.11	OKINAWA J-Adviser	7	直前期債務超過
15	WBF リゾート沖縄（6179）沖縄	2015.10.15	OKINAWA J-Adviser	7	
16	トライアンフコーポレーション（3651）東京	2015.11.25	フィリップ証券	21	・元グリーンシート銘柄
17	歯愛メディカル（3540）石川	2016.6.17	フィリップ証券	TPM 240	2017.12.18JASDAQ(ST) 上場 株価推移：2400円(TPM)⇒3300円(IPO)⇒4030円(JQ 上場初値)
18	コンピュータマインド（2452）神奈川	2016.6.23	フィリップ証券	2	・元グリーンシート銘柄
19	ピースリビング（1437）徳島	2016.7.7	フィリップ証券	6	
20	やまぜんホームズ（1440）三重	2017.3.3	フィリップ証券	8	
21	トリプルワン（6695）東京	2017.6.30	フィリップ証券	3	
22	富士テクノソリューションズ（2336）神奈川	2017.9.19	フィリップ証券	3	・元グリーンシート銘柄
23	global bridge HOLDINGS（6557）東京	2017.10.17	OKINAWA J-Adviser	11	
24	クボデラ（9261）東京	2017.10.17	OKINAWA J-Adviser	1	直前期に合併・決算期変更実施
25	翔栄（3483）愛知	2017.10.24	フィリップ証券	7	
26	ババネッツ（9388）埼玉	2017.10.30	フィリップ証券	4	
27	ニッソウ（1444）東京	2018.2.26	フィリップ証券		

（注1）各社の業績欄の最上段は上場直前決算期の数値，2段目が上場した決算期（上場申請期），3段目が上場の翌決算期となっている。
（注2）エコグリーン：公開買付者は，ジャパン・リニューアブル・エナジー（JRE）株式会社の100%子会社である EG インベストメント。JRE は，米ゴールドマンサックスが出資し設立した日本における再生可能エネルギービジネスの事業主体で資本は192億円。公開買付価格で換算したエコグリーンの評価は約10億円。同時実施の EG に割当てる第三者割当増資は約16億円。TOB 及び第三者割当増資の結果，社長の比率は29.5%，EG は70.5%となる。
（注3）TOKYO PRO Market 時価総額：401億円
（注4）上場時の J-Adviser は，その後変更されている場合がある。例えば，
〔出所〕フィリップ証券の資料による。

2．J-Adviser

（1）フィリップ証券

　フィリップ証券は，シンガポールのフィリップキャピタルグループが2002年に成瀬証券を買収し，2011年に社名をフィリップ証券に変更し現在に至る。成瀬証券は，1887（明治20）年創業の上甲信弘商店が1944年（昭和19）年に社名変更した，老舗証券会社である。同社を傘下に収める，フィリップキャピタルグループは，1975年設立，シンガポールを拠点として，アメリカ，イギリス，フランス，日本，オーストラリア，香港，中国，タイ，マレーシア，インドネシアなど，世界16か国にグループ企業を展開する，総合金融会社である。

　同社が TOKYO PRO Market に取り組むことになった経緯は，以下のように整理することができる。まず，2011年，TOKYO PRO Market の前身である，TOKYO AIM 市場が東京証券取引所とロンドン証券取引所の共同出資で設立されたが，リーマンショックの影響などもあり，発足当初から振るわなかった。さらに不振の理由は，ロンドン証券取引所のブランド力に依存したこと，国際化を図ったこと，大手証券会社の取組に過度に期待したことなどが挙げられる。市場設立後2年近くたっても上場会社が出ないことに危機感を抱いた TOKYO AIM 取引所は従来の方針を転換し，この市場に積極的に取り組む証券会社を模索した。その際，フィリップ証券が J-Adviser（TOKYO AIM 市場においては J-Nomad と称していた）として，この業務に取り組む姿勢を示すとともに，シンガポールのベンチャー企業で上場実務に携わっていた脇本源一氏（現，執行役員兼コーポレートファイナンス部長）をスカウトした。同氏は，大和証券，楽天証券で公開引受実務の実績があるだけでなく，シンガポール証券取引所のカタリスト市場（同市場もロンドン AIM 市場のモデルを採用している）に精通しており，TOKYO PRO Market での活躍が期待された人事であった。なお，同氏によれば，東京証券取引所が TOKYO PRO

Market の J-Adviser を外資系証券会社に担当させたことは，結果的に適切な選択であったという。もし最初の J-Adviser が国内の中小証券であると，TOKYO PRO Market のイメージはかなり違ったものになっていたのではないかと想像されるからである。

　その後，TOKYO AIM 市場として2社が上場し市場がスタートしたことを受け，東京証券取引所はロンドン証券取引所との合弁を解消し，当該市場を東京証券取引所の株式市場として取り込むとともに名称を TOKYO PRO Market に変更し現在に至っている。

　同社の J-Adviser としての特徴は，次の2点である。

a）同社は TOKYO PRO Market（TOKYO AIM）発足当初から市場の立ち上げにかかわってきたため，様々な運営実務にも関与し，東京証券取引所からの信頼を得ているものと自負している。

b）同社は TOKYO PRO Market の拡大を一種の布教活動ととらえ，自ら「伝道師」を自任している点である。各種のセミナーで TOKYO PRO Market の魅力をアピールするほか，公認会計士，コンサルタント，各種「士」業のネットワークを通じて，市場の周知性を高める努力をしている。そのため同社の手掛ける案件の8割は，これらのネットワークを通じた紹介案件であり，残り2割は会社からの直接の問い合わせによるものだという。なお，TOKYO PRO Market の上場案件は，特に個人事務所で開業する「士」業の実務家にとってもビジネスチャンスになるため，これらのネットワークは双方にとってメリットがある。

　同社の課題は，同時に市場全体の課題とも重なるが，次の点があげられる。

a）市場の知名度の向上という点があげられる。この市場は，個人投資家を対象としていないので，マスコミに取り上げられることが少なく，業界関係者やメディア関係者の理解も低い。そのため，誤解が拡散しやすく，業界関係者や中小企業を支援する公認会計士やコンサルタント等のなかにも偏見があり，市場の成長が阻害されている。

b）流動性が低いという点があげられる。その一因は，特定投資家限定という

規制にあり，規制緩和の必要がある。例えば，この規制のために，発行会社の社長が自社株を市場で買付できないといった規則上の歪みが生じている。また，株式投資型クラウドファンディングでは，個人投資家が非上場企業の株式に投資できるのに対して，TOKYO PRO Market では，個人投資家を実質的にほぼ排除しており，規制上のバランスを欠いている。シンガポールのカタリストのように，より個人投資家に門戸を広げるべきである。

c）上場銘柄数が少ないという点も指摘できる。今後，上場銘柄を増やすためには，2つのチャンネルが考えられる。一つは，非上場企業に対して，直接マザーズや JASDAQ といった一般市場への上場目指すだけでなく，一旦 TOKYO PRO Market を経由して，十分に社内体制整備などを整えたうえで，上位市場に移行する，いわば「予備校」パターンである。このパターンが成功すれば，大手証券会社の姿勢にも変化が出てくる可能性も開ける。もう一つは，上位市場からの移行の受け皿としての活用である。例えば，最近の MBO 実施企業のなかには，短期志向の個人投資家を排除したいという意図で，市場から退出した会社もあると考えられる。あるいは，上場というブランド価値だけのために上場している会社もあるように見受けられる。これらの会社は，むしろ TOKYO PRO Market のほうが適しているといえる。

　同社によれば，TOKYO PRO Market の潜在的な可能性は大きく，東京証券取引所も TOKYO PRO Market の育成に注力するようになっており，また徐々にマスコミも変化しているという。特に，同社が J-Adviser を担当していた歯愛メディカルがジャスダックに上場してからは，注目度も高まり，会社関係者やコンサルタントなどからの問い合わせが増加したという。今後は，このような事例を増やすとともに，株式投資型クラウドファンディングでの資金調達企業を TOKYO PRO Market 上場に誘導する，あるいは上場を目指す会社に対してクラウドファンディングでの資金調達のアレンジメントを行うなど，様々な工夫や取組が考えられるとしている。

（2）OKINAWA J-Adviser

　同社は，2012年7月，沖縄県の金融特区活性化事業において，TOKYO PRO Market の審査機関を作ることを目的に，金融特区に指定されていた名護市に沖縄県産業振興公社の全額出資（資本金1000万円）によって設立された。その後，県内金融機関等からの出資を得て，現在の資本金は2億円となっている（内，同公社と沖縄振興開発金融公社の出資割合は50%，その他として琉球銀行，沖縄銀行，沖縄海邦銀行，沖縄セルラーなど）。また，名護のほかに那覇，福岡，東京，大阪にも拠点を置いている。さらに，同社の業務は，J-Adviser としての株式上場審査・支援事業のほかに，コンサルティング事業（内部統制構築支援，経営改善支援など），調査・評価事業（企業価値評価，技術評価など），To 事業（ビジネスマッチングやイベントなどによるビジネスパートナーやビジネスチャンスとの出会いの場の提供）を手掛けている。なお，同社は，コアを株式上場審査・支援業務としながら，これら4事業を相互に関連させることで顧客企業の成長を促進させることができるとしている。

　同社の特徴は，地方活性化のひな型としての「OKINAWA 型上場モデル」を提案していることであろう。その具体例は，前述の株式会社碧の上場の際，同社が審査業務を担当し，財務面や内部統制について上場の適格性を調査・確認するだけでなく，地元のおきぎん証券が口座を開設し，取引先を中心に，地元企業が特定投資家として同社株式を購入し，同社の株主となった。さらに，上場による信用力向上は，前述のように金融機関から融資を受ける上でも役立ち，シンジケート・メンバーの拡大，金利の引き下げ，連帯保証の解消などにつながったという。このモデルは，沖縄だけでなく，徳島の株式会社デンタスの上場においても活用され，地域完結型の上場モデルとして，各地で適用可能であるとされている。

　また，特定投資家には，上場会社や資本金5億円以上と見込まれる会社などが含まれることから，TOKYO PRO Market 上場会社は，一方で地域の特定投資家から支援されると同時に，他方では自ら特定投資家として支援する側に

回ることも可能であり，地元会社同士が相互に支援し合う関係も形成可能である。これは，沖縄の伝統的な個人相互掛金制度である「模合」[12]の企業版と捉えることもできるだろう。

　さらに，特定投資家には，適格機関投資家が含まれることから，匿名組合や有限責任事業組合などのファンドを設立し，これがクラウドファンディングによって個人投資家から資金調達することも可能であり，現在クラウドファンディング・プラットフォームの設立も視野に入れているという。

　また，TOKYO PRO Marketの場合，非居住者であれば個人・法人を問わず，市場での株式の売買が可能となっていることから，海外投資家を呼び込むことも検討しているという。現在，沖縄だけでなく，国内主要都市や観光地には，中国・台湾・韓国などから多数の観光客が押し寄せてきている現状を考えると，観光客がリピーターとなり，やがては株主となる可能性もあるという。

　同社は，沖縄がアジアの主要都市を結ぶハブに立地していることから，将来的には香港，上海，台湾，シンガポールとの連携関係の強化も視野に入れているという。具体的には，TOKYO PRO Market上場企業による海外取引所での重複上場を促進し，資金調達市場としての機能向上を図るというアイデアである。ただし，クロスボーダーの重複上場の場合，異なる言語での情報開示，会計基準の相違，決済や証券事務など，様々な面で解決しなければならない課題もあり，ハードルは高いが，沖縄の潜在的な可能性を考えれば，このような構想は魅力的な要素を持っている。

3．上場会社

　これら23社のうち，5社についてインタビュー調査を行なうことができたので，以下その内容を紹介する。

（1）株式会社 TSON

　株式会社 TSON は，2008年創業，名古屋市中村区に本社を置く住宅会社で，

資本金2,647万円，従業員数12名（2017年6月現在）である。2017年6月期の売上高は，1,669百万円，経常利益は134百万円となっている。発行済株式数は，普通株式468,500株であり，オーナー株主が約94％を保有し，総株主数は13名である。TOKYO PRO Market での株価は，510円（2015年6月）となっている。

　同社の事業は，①住宅事業：住宅の企画・設計，②広告企画事業：賃貸・分譲住宅物件の広告代理事業，③コンサルティング事業：事業用の賃貸物件の商品開発・企画立案などであり，いずれの事業分野においても，その優位性はデータを活かしたマーケティングにある。同社は，この手法を「TSON マーケティングシステム」と称し，その特徴は，他社に見られない住宅販売データ収集・分析システムを有し，適正な供給数を推定するとともに，ウェブ調査解析によって，きめ細かな需要動向を分析している点である。

　同社は，2015年3月，TOKYO PRO Market に上場した。J-Adviser は，フィリップ証券が担当している。

　同社は，不動産に特化した広告代理店として創業し，そこで培われたノウハウやデータなどをベースに不動産分譲事業へと業務を拡大した。その際，不動産という高額商品を販売するビジネスを展開するには，顧客や取引先などへの信用が重要なポイントとなる。したがって，信用度向上を図るため，取引所上場という経営判断を下した。

　同社は，取引所上場に際しては，名証のセントレックスや東証マザーズも検討したが，監査法人からは，上場までに3〜4年を要するとの見方が示されるとともに，TOKYO PRO Market という選択肢が示され，フィリップ証券を紹介された。これが契機となって，TOKYO PRO Market に上場することになった。

　上場の効果としては，以下の3点があげられる。

a）信用度の向上が見られた。例えば，金融機関の信用度が向上し，金融機関側から融資提案が示されるケースも出てきた。

b）人材採用面でも質的な変化が見られた。特に，優秀な若手の人材調達がし

やすくなった。

c）本業面でのマーケティングデータに関する問い合わせ案件数が増加した。特に，公的機関，大学などの教育機関，メーカーなどからの問い合わせが増加した。また，日経Bizデータで取り上げられるなど，メディアで取り上げられるようになった。これらは，同社の周知性が高まったことを意味していると考えられる。

　同社としては，上場後の上場維持コストは，マザーズなどに比べると安価といえるが，今後の課題としては，増資による資金調達が重点課題として挙げられる。そのためには，上位市場にステップアップすることが課題となる。

　同社は，今後，TOKYO PRO Marketが拡大・発展するためには，以下の点が重要であると指摘する。

a）上場会社数を増やすことが重要である。上場会社が200社程度になると，周知性も高まり，市場として存在感が出てくる。

b）上位市場へのステップアップの事例が出てくると，注目度も高まる。また，それに伴い大手証券会社や銀行の取り組み方も変化すると思われる。

c）上位市場へのステップアップの手順や行程を明確化する必要がある。現状では，TOKYO PRO Market上場会社は，どうすれば上位市場にステップアップできるのか，明確な努力目標や見通しが立ちにくい状況にある。この点について，どのようなフォローアップを行うのか，J-Adviserの課題でもある。

（2）株式会社碧

　株式会社碧は，那覇市に本社を置く，1999年創業のレストランチェーンであり，資本金5500万円，現在沖縄を中心に8店舗（沖縄6店舗，東京・大阪に各1店舗）を運営し，従業員数78名である。また，2016年9月期の売上高1,073百万円，経常利益61百万円となっている。さらに，発行株式数は，普通株式590,000株であり，現社長と前社長の持ち株数はいずれも270,000株（45.76%），計540,000株で，発行済み株式の91.52%を占めている。TOKYO PRO Market

での直近の株価は，1,000円（2017年4月）となっている[13]。

　同社の運営するレストランの特徴は，店舗運営を女性のみとし，「気くばり」を重視した接客で差別化を図っている点である。同社は，このような接客姿勢と「中より上」の価格帯（約1万円程度）によって，沖縄を拠点に，東京・大阪，さらには海外展開を目指している。そのためには，知名度を向上させる必要があり，PR手段のひとつとして，TOKYO PRO Market に上場したという。

　上場の効果については，それを定量的に計測することは必ずしも容易ではなく，知名度向上だけを考えれば，いわゆる「口コミ」の方が有効という見方もできる。実際，接客の現場での情報収集では，「口コミ」による来店率が高く，上場していることは，ほとんど知られていないからである。しかし，人材採用活動においては，上場の効果は明らかであるという。特に，海外での採用活動では，外国人採用において入国管理上の手続きが必要であるが，その際上場会社であるために，手続きが簡素化されるというメリットを享受できる。現在，沖縄には，中国，台湾を中心に多数の観光客が到来し，これらの観光客に対応するためには，外国人雇用が不可欠となっているが，入管手続きがその際のハードルになっているという。これが簡素化されることは，店舗運営と展開上，有効であるという。また，人材募集においても，上場会社であることは，応募者側の判断材料となっている面があり，海外のみならず，県内の採用でもプラス材料であるという。

　他方，資金調達面では，上場することで金融機関からの信頼度が向上し，借入による資金調達が容易だったという。同社は上場後，三菱東京UFJ銀行を幹事金融機関とし，沖縄銀行，琉球銀行も参加したシンジケートローンで9億円を調達している。このような大規模な資金調達が可能になったことも上場のメリットであるといえる。

　なお，TOKYO PRO Market 上場の課題としては，まず上場コストがあげられる。コストの内訳としては，内部管理体制に係るものと監査法人の監査費用とに大別されるが，合計2500〜3000万円程度と考えられる。ただし，同社で

は，将来のための必要な投資という捉え方をしている。内部管理体制の整備は，同社が今後成長する上で不可欠な基盤作りである一方，監査費用を払うことで社内体制整備に関する助言を受けることもでき，メリットがあるという。また，このような社内体制整備は，取引先企業や金融機関に対する信頼性向上の点でも有益であることも認識されている。また，同市場の投資家が特定投資家に限定され，個人投資家のハードルが高く，個人にとって利用しにくい市場となっていることも課題であるとされる。レストランチェーンは，典型的な個人客相手のビジネスであり，顧客と株主を一体化して，顧客基盤を固め，リピーター拡大を狙うことも考えられるが，現在の制度では難しい。その意味では，特定投資家の規制を緩和するなどの制度改革が必要であるだろう。

（3）WBF リゾート沖縄株式会社

　WBF リゾート沖縄株式会社は，豊見城市に本社を置く，1990年設立の旅館・ホテルおよびレンタカー業運営会社であり，資本金2000万円，現在那覇市，豊見城市，石垣島などにおいて，ホテル6店舗とレンタカー5店舗などを運営し，従業員92名である。2017年3月期の売上高は，2,514百万円（内，ホテル事業1,690百万円，レンタカー事業632百万円，その他192百万円），経常利益80百万円となっている。さらに，発行株式数は，普通株式40,000株であり，大株主（個人）の持ち株数が単独で39,900株となっており，発行済み株式の99.75％を占めている。残り100株はグループ内の別会社による保有である。TOKYO PRO Market での直近の株価は，17,000円（2016年3月）となっている[14]。

　同社の母体は，大阪市に拠点を置き，沖縄の恩納村のリゾートマンション販売会社であるが，同マンション販売終了に伴い，一旦活動を休止したが，2003年4月にホテル事業及びレンタカー事業を展開すべく活動を再開し，現在に至っている。同社はかねてより上場を視野に入れており，国内だけでなく，香港や台湾での上場も検討していたという。その背景には，同社が2012年に豊見城市瀬長島においてホテルを建設した際，その総工費25億円のうち，約18億円

余りを銀行借り入れによって調達したものの，不足額の資金調達に苦労し，代替的な資金調達チャネルの必要性を痛感した経験があるためだという。この時は，他行からの借入等によって完工にこぎつけたものの，これが上場という選択肢を検討する契機となり，結果的に TOKYO PRO Market 上場を検討するに至った経緯である。上場を選んだ理由は，沖縄の観光業では他に上場会社がなく，第1号の上場となるだけでなく，地域密着型の上場企業というイメージを PR できると考えたという。さらに，TOKYO PRO Market を選択した理由は，①監査対象期間が短い等の理由で比較的上場がしやすい，②売り出しの基準が低いことから，支配権を維持したまま，上場基準の体制を整えて次のステージを検討できる，という2点が主な理由であるという。

　上場の効果は，一定程度の PR 効果はあり，メディアの取材も増えるとともに，採用面でも新卒の応募者数が増加したという。特に，前述のとおり，外国人採用においてビザの取得が容易になり，手続き書類も簡素化されるとともに，取得に要する日数も通常の半分程度に短縮化したとされる。

　ただし，同社も TOKYO PRO Market における IPO は企図しておらず，もし IPO を検討するならば，東証の本則市場やマザーズなど，より上位の市場を目指すことになるという。その理由は，TOKYO PRO Market は，特定投資家に限定されているため，実質的には流動性がなく，資金調達市場としての機能に期待できないことがあげられると考えられる。

　また，TOKYO PRO Market の課題としては，上場コストが相対的に高く，年間2500〜3000万円程度を負担しているという。このうち監査費用は800〜900万円程度であるが，コンプライアンス関係，経理関係，IR 関係にそれぞれ人員を配置する必要があり，総額としては上記の金額を負担することになるという。これらの負担は，前述のように将来のための投資という側面もあり，例えば経理のスキルアップが見られるなどの効果もあるものの，企業規模や上場の効果から考えると，かなり大きな負担となっていることは否定できない。もっとも監査に関しては，内地の監査法人に依頼している関係で，往復の所要時間などがかかることもあり，どうしても割高になる面があるとのことである。

（4）株式会社デンタス

　株式会社デンタスは，1996年6月設立，本社は徳島市問屋町にあり，創業者は，現在の代表取締役・島文男氏である。同社の事業は，義歯や入れ歯洗浄商品など，歯科医療材料等の研究開発，製造販売などである。現在の資本金は，2億2,196万円，従業員数68名（2016年3月末現在）となっている。

　同社は，もともと島氏が1975年に小松島市で創業した，歯科技工物メーカーのシケンを母体としており，新たに入れ歯関連の大衆向け製品を開発する目的で，島氏が地元企業の有志の出資も得て，同社を設立した。ただし，同社の歩みは，必ずしも順調なものでなく，内部の紛争から10年間ほど，事実上の休眠状態に追い込まれたが，同社の独自技術である，義歯製作の作業を大幅に短縮・省力化する歯科技工用器具の開発によって，2006年に財団法人新技術開発財団の「第76回新技術開発助成金」に採択され，高い評価を受けた。これを契機に，この分野のベンチャー企業として事業を拡大し，最近は歯科技工物製造用の3次元スキャナーを発売するなど，歯科技工のデジタル化に取り組むとともに，自社製品のブランド化や入れ歯専門店のチェーン展開，海外進出など，市場拡大を視野に入れた取組を進めている。

　同社の経営目標は，「義歯の生産プロセス革新と市場改革を推進し，歯科技工市場の未来を切り拓く」ことである。歯科技工の現場は，劣悪な作業環境と長時間労働で成り立っており，人材の高齢化や若手の育成難など，さまざまな課題を抱えており，同社はこれらの課題を解決すべく，①歯科技工物の生産プロセスを革新し，業界を牽引する，②義歯の生産プロセスの完全自動化を目指した開発を推進する，③市場を抜本的に改革し「消費者が義歯を選ぶ時代」をつくる，さらに将来的には，④日本の歯科医療と歯科技工技術を世界に向けて発信する，といった取組を進めている。

　同社は，2015年9月11日，TOKYO PRO Marketに上場した。上場初日の初値は，3,200円，出来高100株であった。上場の際には，公募・売出は実施しなかったが，同月28日，特定投資家向けに私募増資を実施し，普通株式39,200

株を発行（発行価格2,850円，資本組入額1,425円，主な割当先：法人56社，個人1名），111,720,000円の増資となった。

　同社におけるインタビューの要点は，以下である。

①　同社がTOKYO PRO Market に上場するきっかけは，OKINAWA J-Adviser の代表取締役である，髙山征嗣氏との出会いによるところが大きく，同氏からのアプローチによって上場に向けて熱心に助言・勧誘したことが契機となっている。同氏と出会うまでは，TOKYO PRO Market については全く情報を得ておらず，むしる台湾や香港など海外の取引所を含めて上場を検討していた。高山氏との湖心的な人間関係ができたことが，TOKYO PRO Market の最大の要因である。

②　同社としては，TOKYO PRO Market に上場したことのメリットとして，ⓐ証券市場に関する知見と経験を蓄積できたこと（IR や監査実務から証券市場の実情や課題など），ⓑ社内体制の整備が進展したこと（社内の役割分担，事業計画の策定，予算管理，議事録の管理など），ⓒ社員の採用面でプラス効果があったこと，ⓓ会社に対する信頼性が向上したこと（監査を受けていることから得られる信頼感など）を挙げている。ただし，銀行融資条件に関しては，それほどプラス効果は認められない。その理由は，そもそも銀行はベンチャー企業に対して警戒感を持っているのみならず，上場よりも決算の黒字化が銀行の融資判断上重視されるためと考えられる。

③　上場したことのデメリットはないが，上場関連の費用負担は同社の経営規模からするとかなり大きいと言わざるを得ない。上場関連の費用としては，監査料800万円，アドバイザー費用600万円，社内の3名分の人件費2,000万円，年間合計3,400万円に達している。なお，上場の際には，東証への上場料324万円，アドバイザー料1,179万円，監査料1,245万円のほか，公認会計士，司法書士，証券代行，保管振替機構，HP リニューアル，上場パーティ，人件費など，総額7,913万円を要した。社内体制整備のための人件費等は，必要な投資と考えることもできるが，全体として同社の経営規模からすると高額な負担であることは否定できない。

④　今後，同社としては，いずれ TOKYO PRO Market からマザーズなど上位市場への指定替えを考えている。ただし，今のところは経営規模などの面でその水準に達していないと判断しており，その意味で TOKYO PRO Market は，「予備校」と認識している。ただし，その際にはブックビルディングでの株価やその後の株価展開など，株式市場にはマネーゲーム的な側面があることから懸念材料も感じている。

⑤　OKINAWA J-Adviser の高山氏のベンチャー育成にかける志と取組を高く評価し，今後も支援したいと考えている。ただし，J-Adviser が上場後どのようなフォローアップするのかについては，明確でない側面がある。費用対効果の面からフォローアップの在り方を確立させるべきと考えている。例えば，取引所関連の業務に関しては，社内のスタッフは不案内であるため，作業効率も悪い。そこで，そのような業務をパッケージ化して提供してくれるならば，より高い手数料を払うインセンティブも出てくる。また，証券会社の公開引受部のように，上位市場への指定替えに関連した業務をパッケージ化して提供することも考えられる。それによって，J-Adviser 側のビジネスモデルも確立し，収益構造も安定するのではないかと考えている。

⑥　今後日本で TOKYO PRO Market が発展するためには，各地域での上場銘柄数を少しずつでも増やす必要がある。地域企業の経営者は，他社の動きを注視しており，1 社が上場すると，それに刺激されて追随する会社も出てきて，上場に対する意識が変化し，ハードルも下がるものと思われる。また，TOKYO PRO Market だけに限ったことではないが，ベンチャー育成のためのインフラや市場環境が欠如しており，これが改善される必要がある。そのためには，行政や取引所だけでなく，銀行や証券会社の在り方も見直されるべきである。

（5）株式会社シンプレクス・フィナンシャル・ホールディングス

　株式会社シンプレクス・フィナンシャル・ホールディングスは，2006年10月に設立された，金融持ち株会社であり，その傘下にシンプレクス・アセット・

マネジメント，シンプレクス・グローバル・インベストメンツ・リミテッドなどを収めている。特に，設立母体となっている，アセット・マネジメント（1999年設立）が中核企業であり，ヘッジファンドの運用が中心的な業務である。なお，同社は，ソロモン・ブラザーズの債券チームのメンバーがスピンオフして立ち上げたものであり，銀行や証券会社などの大手金融機関の系列に属さない独立系の運用会社である。

　本社は，東京都千代田区丸の内にあり，資本金370百万円，従業員数40名，営業収益6,318百万円，経常利益2,508百万円であり，発行済株式数720,000株，そのうちオーナー株主1名の保有比率は50.0％，同社株式保有組合の保有比率は49.4％である（2017年3月末）。なお，TOKYO PRO Marketでの株価は，2,419円（同）である。

　同社は，2015年1月，TOKYO PRO Marketに上場した。

　まず，同社のTOKYO PRO Market上場理由は，上場会社としてのステータスを得ることが主たる目的とされる。同社がファンド運用を行う上で，上場会社としてのステータスは，ファンドの出資者の信頼を得る上で，重要であると判断された。特に，同社が上場した時期にはAIJによる投資詐欺事件があり，外国法人を含め，出資者の信頼を得る上で，上場は信頼確保の手段であると判断された。

　また，上場の際，TOKYO PRO Marketを選択するに際しては，株主構成を変化させたくないという点がポイントとなった。マザーズ上場の場合，新株式の募集やオーナー株式の売出しによって，新株主が出現することになるが，その場合，同社に出資した新株主とファンド出資者との関係に不透明性が生じることが懸念された。

　なお，OKINAWA J-Adviserを選択した理由は，同アドバイザーが開催したセミナーに，同社の経営者が参加した際，両者の間で接点ができたことが契機となっている。これが契機となって，上場に至った。

　次に，上場の効果としては，大きな効果は不明であるが，少しプラスという印象は持っている。

　また，上場の費用に関して，従来から監査を受けているので，監査費用はや
や高くなった程度で，それほどの追加負担ではない。また，上場に関連した社
内体制の整備についても，従来通りの体制で対応できるため，特段の体制整備
は要しなかった。したがって，上場の費用としては，おおむね監査料の増分と
J-Adviser 報酬のみである。

　なお，J-Adviser は，開示資料のチェックなどを担当しているが，資料作成
は社内で十分対応しており，特段のアドバイスは受けていない。その意味で
は，J-Adviser への支払いは，上場費用と考えている。

　第三に，TOKYO PRO Market の課題としては，以下の2点があげられる。

a）TOKYO PRO Market 銘柄の買い手が著しく少ない点である。その理由
　　としては，規制上，買い手が特定投資家等に限定されていることも挙げられ
　　るが，流動性などを考慮すると，上場の際の株価が高すぎるという面も否定
　　できない。

b）上場銘柄数が少なすぎるという点である。市場の知名度が低いため上場会
　　社が現れず，それが原因となって知名度が向上しないという悪循環になって
　　いるように思われる。

　最後に，今後，TOKYO PRO Market の拡大・発展のためには，以下のよ
うな工夫が考えられる。

a）上場銘柄には，市場での株価が形成されるというメリットをアピールする
　　ことも重要と思われる。市場の株価が存在するということは，例えば，M＆
　　A などの場合，重要なポイントとなる。

b）地銀とのタイアップが考えられる。例えば，地銀の運営する地域ファンド
　　が特定投資家として，TOKYO PRO Market 上場の地域企業に出資するよ
　　うな仕組みである。これは，地銀にとっても地域活性化につながるというメ
　　リットがあると思われる。

c）東証の1部や2部の上場銘柄でも，極めて流動性が低く，資金調達のニー
　　ズもなく，上場会社としてのステータスのために上場を維持しているように
　　思われる銘柄が散見される。このような銘柄は，TOKYO PRO Market に

上場した方がむしろ適当であるため，TOKYO PRO Market への変更を促すのも選択肢ではないか。これによって，TOKYO PRO Market の上場銘柄数が増加するだけでなく，上場会社にとってもコスト削減となるものと思われる。

上記のように，同社の場合は，上場はステータスを目的としており，資金調達が目的ではないことに特徴があり，また上場維持コストも他社に比して，追加的な負担が大きくない点に特徴がある。

まとめ

以上，インタビュー調査に基づき，株主コミュニティ制度およびTOKYO PRO Market の現状を概観し，その課題などについても関係者の意見を紹介した。

そこから得られた知見を整理すると，これらの市場の課題は，制度面に関するものと，市場参加者に関するものとに大別される。

前者については，株主コミュニティ制度では，勧誘規制に関してやや厳しすぎるきらいがあるように思われる。また，TOKYO PRO Market では，特定投資家の規制が厳しすぎるように思われる。現在，株式投資型クラウドファンディングにおいては，一定の投資金額規制の下で，個人投資家が参加することが認められていることを考えると，規制の整合性に疑問が持たれると思われる。両者ともに，規制の見直しが検討されるべきであろう。他方，後者については，証券会社の取り組み姿勢が課題として挙げられる。現在の市場規模では，証券会社にとって収益面で間尺に合わないことは明らかであるが，このような市場を育成することは，証券会社にとっての社会的責任という見方ができるだけでなく，将来的な収益源になりうる可能性もあり，長期的な視点も必要であろう。

なお，制度面の課題に関しては，現行の制度のままでもさまざまな工夫によって，市場活性化が図られる可能性もある。

　第一に，複数の市場を組み合わせることでシナジー効果を発揮できる可能性がある。例えば，株式投資型クラウドファンディングと株主コミュニティを組み合わせることで，発行市場と流通市場の連携が図れ，市場機能の向上が期待できる。また，TOKYO PRO Market の特定投資家に匿名出資組合を加え，当該組合によって株式投資型クラウドファンディングで募集すれば，個人投資家を呼び込むことが可能となる。

　第二に，それぞれの特徴を明確化し，市場参加者を呼び込むことも重要である。

　株主コミュニティ制度の場合，「地域に根差した企業等の資金調達を支援する」ことが制度の趣旨として謳われているが，必ずしもこれに拘泥せず，多様な企業のニーズに応えるべく，プラットフォームとしての魅力を向上させるべきであろう。その中には，地域密着の伝統的な企業だけでなく，IPO を志向する成長型ベンチャー企業，あるいは急成長を志向しないライフスタイルビジネス，場合によっては，ベンチャーキャピタルの出資を受けつつも IPO に至らない企業なども対象となるものと思われる。

　TOKYO PRO Market の場合，現状では，2つの方向性が示されていると考えられる。

　一つは，TOKYO PRO Market を東証一部・二部あるいはマザーズ・ジャスダック上場への「予備校」として，企業の成長段階のひとつとして位置付ける方向性である。非上場企業がマザーズやジャスダックなどに上場するのは，必ずしも容易ではなく，何年も準備を重ねつつも上場に至らない可能性もある。そこで，これらの市場への橋渡し役として，TOKYO PRO Market を活用するという方向性であり，これはフィリップ証券が提案する方向性である。

　もう一つは，TOKYO PRO Market を他市場と異なる独自性を有した市場と捉え，TOKYO PRO Market そのものの機能向上を目指す方向性である。例えば，OKINAWA J-Adviser の提案する「地方の産業振興モデル」は，取引関係のある企業が地域の上場企業の株式を取得し，上場企業の信用力向上を促し，地域金融機関からの資金供給を易化させるというものである。さらに，

企業同士が相互に支援しあうことによって，この関係を互恵的なものに発展させることも考えられる。沖縄では，地域の個人ないし企業がグループを結成して，相互に掛け金を出し合う相互扶助の仕組みとして「模合」という制度が普及しているが，それを TOKYO PRO Market に応用する試みといえる。これは，沖縄のみならず，他地域での導入も考えられる。

　このようなモデルを実現するためには，J-Adviser の役割が重要である。現在，活動している J-Adviser は，数は少ないものの，相異なるバックグラウンドを有していることから，それぞれ独自性を有している。それを活かした取組が期待される。

　また，前者の方向性を追求する場合，証券会社の公開業務との連携などが課題となるものと考えられる[15]。さらに，後者の場合，地域の企業だけでなく，地域金融機関やファンドなどの支援・連携も重要となる。

　第三に，近年上場企業の中で，MBO などによって自ら上場廃止を選択する企業が目立っている。また，低流動性銘柄のなかには，上場がステータス・シンボルとしての意味しかない銘柄も含まれているように見受けられる。このような企業のなかには，株主コミュニティ制度や TOKYO PRO Market のほうがよりふさわしい銘柄もあるのではないだろうか。その場合，このような銘柄が株主コミュニティ制度や TOKYO PRO Market に移行するよう促すことも銘柄数を増やすための工夫の一つと考えられる。

　いずれにしても，株主コミュニティ制度や TOKYO PRO Market の活性化は，今後の日本のベンチャーファイナンスや地域再生・活性化にとって不可欠な要因であり，本稿で紹介したような取り組みが重ねられることが期待される。

　（謝辞）本稿を作成するに際して，今村九治氏（今村証券株式会社），木谷伸久氏（同），上島健史氏（みらい證券株式会社），大峯伸一氏（同），甲斐真氏（株式会社旅籠屋），脇本源一氏（フィリップ証券株式会社），高山征嗣氏（OKINAWA J-Adviser），栃井信二氏（株式会社 TSON），又吉日登志氏（株式会社碧），近藤雅之氏（WBF リゾート沖縄株式会社），島文男氏（株式会社

デンタス），田中明美氏（同），田中智也氏（同），福井巧氏（同），棟田響氏（シンプレクス・アセット・マネジメント株式会社），山本龍一氏（日本証券業協会），野口直也氏（株式会社東京証券取引所），横尾直樹氏（同）から貴重なご教示およびデータ提供を賜わりました。また，日本証券業協会主催「株主コミュニティ制度フォーラム」（2017年11月8日開催）の司会を担当した際，同フォーラムの講師およびパネリストをご担当いただいた，今村氏，甲斐氏，池田宜睦氏（金融庁），山内公明氏（日本証券業協会），大崎貞和氏（野村総合研究所），呉雅俊氏（日本ベンチャーキャピタル協会）から有益なご教示をいただきました。感謝申し上げます。また，本稿は，桃山学院大学共同研究プロジェクト（17連259：Locavestingの考え方に基づく関西，中・四国地域経済圏の地域再生のための金融方策の研究）としての研究成果です。

＜注＞

1）　金融審議会「金融審議会新規・成長企業へのリスクマネーの供給のあり方等に関するワーキング・グループ報告」（2013年12月25日），6頁，参照。
http://www.fsa.go.jp/singi/singi_kinyu/tosin/20131225-1/01.pdf

2）　株主コミュニティ制度の詳細については，日証協HP「株主コミュニティ」参照。
http://market.jsda.or.jp/shiraberu/kabucommunity/index.html

3）　日本証券業協会HP，参照。
http://market.jsda.or.jp/shiraberu/kabucommunity/seido/seidogaiyou/index.html

4）　日本証券業協会HP，参照。
http://market.jsda.or.jp/shiraberu/kabucommunity/leaflet.pdf

5）　2018年1月18日，鳥取市に本社を置く，大山日ノ丸証券株式会社が運営会員の指定を受けた。ただし，現時点での取扱銘柄はない。

6）　同社による青空銘柄およびグリーンシート銘柄の取組については，同社社長へのインタビュー，「北陸証券界の歴史を語る―今村九治氏証券史談（中）」『証券レビュー』第55巻5号，2015年5月，に詳しい。

7）　詳しくは，日証協「株主コミュニティに関する規則」第13条，参照。
http://www.jsda.or.jp/shiryo/web-handbook/105_kabushiki/files/160216_community.pdf?_ga=2.168388193.1981462617.1517960611-132529215.1415842793

8）　2017年8月1日，みらい證券は，株式投資型クラウドファンディング「FUNDINNO」を運営する，日本クラウドキャピタルと業務提携を結んだことを発表している。
http://www.miraisec.co.jp/html/pdf/news_20170801.pdf

9）　例えば，テレビ東京「ガイアの夜明け」2008年8月4日放送など。

10）　甲斐真『旅籠屋孤軍奮闘中』創英社，2007年。

11）　TOKYO PRO Marketの制度概要については，日本取引所グループHP「TOKYO PRO Market」参照。http://www.jpx.co.jp/equities/products/tpm/outline/index.html

12）　模合については，与那堅亀『沖縄の模合』沖縄文教出版，1975年，参照。

13)　同社「発行者情報」参照。http://www.heki.co.jp/company/ir/index.html
14)　同社「発行者情報」参照。http://wbfresort-okinawa.com/ir-news
15)　フィリップ証券によれば，J-Adviser と上場主幹事証券は，提携関係を確立し，J-Adviser は，
　　　情報開示などのアドバイザリー，主幹事証券は上場に向けた体制整備のアドバイザリーと，それ
　　　ぞれの立場に基づいて役割を果たしていくとのことである。

第Ⅱ編　欧米の金融規制改革の動向

第5章　アメリカ共和党の金融規制政策

はじめに

　金融危機の端緒から10年が過ぎた[1]。危機の再発防止と金融システムの安定化を目的に2010年7月に成立したドッド・フランク法（ウォール街改革および消費者保護法，以下DF法）が諸連邦監督機関に命じた新規則の作成は約390におよぶ[2]。その成立過程の詳細は若園〔2015a〕を参照願いたいが，DF法の中核はバラク・オバマ前政権が連邦議会に提出した草稿が素案となり，また，同法を通過させた第111回連邦議会は両院で民主党が多数党であったことを合わせて考えると，総じて民主党の主導により成立した改革法と言える[3]。

　DF法は金融規制改革を担う法律の群体であり，14の新たな連邦法と既存の51の連邦法の修正から構成される。新たな規制には，例えば店頭（OTC）デリバティブ市場規制のように，金融危機の発生以前より議論が積み重ねられてきた規制がある一方で，マクロ・プルーデンス政策に関する仕組みやボルカー・ルール，消費者金融保護庁（CFPB）の新設など，必ずしも十分に議論を経ずに成立した規制も含まれている。後者のマクロ・プルーデンス政策などは，DF法が権限を強化した連邦監督機関の監視により市場を統制する性格が強く，民主党の考えが強く反映されていると言えよう。

　金融危機の再発が危惧されていた時期であったが故に，比較的短期間の議論をもって議会合意に至った。このため，危機が収束し金融システムが安定するとともに，DF法を含めた危機後の規制改革の是非を問う議論が起きることは必然であろう。特に連邦議会では，共和党からの批判と規制見直しの声が強

まった。

　最初に，金融規制政策に関して民主・共和両党のイデオロギーを簡潔な分類で示すと，民主党が専門家集団による統治型（Technocracy）であるのに対して，共和党は市場指向型（Market Orientation）となる[4]。このイデオロギーの違いを確認・把握することは，DF法後のアメリカ金融規制の行く末を予測・理解するために重要となろう。

　本章では，共和党の金融規制政策のイデオロギーを整理・検討することを課題とする。各節では，金融危機の発生直前に当時のブッシュ政権が提示していた規制改革案や危機後に実施された公的な調査分析を参照し，また，保守系シンクタンクの提言などを用いて共和党の基本的なアイデンティティーを把握する。その上で，DF法施行後に共和党が連邦議会に提出した同法の修正案を分析するとともに，第45代ドナルド・トランプ大統領が発した大統領令の役割などを検討する[5]。第115回連邦議会で進められているDF法の修正議論は，単なる技術的な法改正に留まらない。その中核には，アメリカ金融規制政策のイデオロギー的転換があることを指摘したい。

1．金融危機と金融規制改革

　本節では，DF法が成立する以前に焦点を当て，金融規制政策に関する共和党と民主党の基本的なイデオロギーを比較することを目的とする。DF法制定の契機となった金融危機が深刻化する直前にジョージ・W・ブッシュ政権が公表した包括的な金融規制改革案と，金融危機の原因を探究すべく連邦議会内に設置された調査委員会の報告書を援用し，特に共和党の基本政策を中心に論じる。

（1）共和党の基本的な政策

　金融危機の深刻化と2008年11月の大統領選挙で民主党候補であったバラク・オバマが大統領に当選したことにより立消えとなったが，ジョージ・W・ブッ

シュ政権で第74代財務長官へ就任したヘンリー・ポールソンは，就任直後（2006年7月）から国内金融規制体系の抜本的な改革を企画していた。詳細な背景は若園〔2015a〕を参照願いたいが，当時のアメリカでは，自国の資本市場の国際競争力が低下傾向にあったことが強く懸念されており，民間からも競争力強化の提言を中核とする市場改革案が複数公開されていた。

　ポールソン財務長官の主導の下で2008年3月に財務省が公開した「金融規制構造の現代化のための青写真（Blue Print for a Modernized Financial Regulatory Structure）」（以下，ブループリント）はブッシュ政権が公式に示した規制改革の方針であり，金融規制に関する共和党のイデオロギーを明確に示している[6]。図表5-1でブループリントの要点をあげる。この「中期的提言」と「長期的提言」を見ると，金融規制の効率性の改善を目的として，既存の連邦監督機関の整理統合が中心となっている[7]。

　当時の銀行セクターに対する国内の監督体制を見ると，例えば預金取扱金融機関に対する監督であれば，連邦レベルでは連邦準備銀行（FRB）や通貨監督庁（OCC）の他に，貯蓄金融機関監督庁（OTS，DF法により廃止）や預金保険公社（FDIC）が監督機関となる他，条件によっては州当局も監督を担

図表5-1　財務省ブループリントの要点（2008年3月）

中期的提言規制の効率性向上	長期的提言（最終目標） 目的ベース・アプローチによる規制構造改革
1．貯蓄金融機関制度の連邦免許を廃止，国法銀行への一本化（OCCとOTSを統合） 2．州立銀行に対する連邦の監督規制を合理化 3．FRBによる決済システムの監督 4．保険業に対して連邦レベルで規制（連邦レベルでの保険免許の導入） 5．SECの改革とCFTCとの統合	1．金融市場の安定化を担当する監督当局（FRBの機能強化） 2．政府保証が付与された金融機関のプルーデンスに責任を有する監督当局（Prudential Financial Regulatory Agencyの創設） 3．金融業者のビジネス行為に対する監督当局（Conduct of Business Regulatory Agencyの創設） 4．連邦保険保証公社の創設（FDICの組織および機能の再構築） 5．証券市場に関連する問題に対処する監督当局（SECの機能・役割を継承）

う。複数の監督機関が絡む規制体系は非常に複雑であり[8]，規制の効率性の観点から問題視されていた。また証券市場は米証券取引委員会（SEC），商品（先物）市場は米商品先物取引委員会（CFTC）が各々の連邦監督機関であるが，例えば高頻度取引（High Frequency Trading）やアルゴリズム取引の監督など，現在でも両機関での管轄の棲み分けが明確ではない分野があり（GAO〔2000〕），複数の市場で活動する金融会社によっては両機関の監督を受けるなど，監督体系の重複が見られる[9]。

　ブループリントが中期的提言と長期的提言で目指したのは，発達する資本市場への対応と連邦監督体制の再構築による規制の効率化である。これは，資本市場の機能を重視しながら，健全なる市場の発展を促す規制の最適化が目的であり，共和党の基本的なイデオロギーであると言えよう。次に，共和党と民主党の金融危機への対応を整理することで，両党の規制イデオロギーを比較してみよう。

（2）　金融危機調査委員会の調査報告

　金融危機の原因調査を行なうべく連邦議会が設置し，公的な調査を依頼した金融危機調査委員会（Financial Crisis Inquiry Commission，以下 FCIC）の調査報告（FCIC〔2011〕）は，共和党と民主党のイデオロギーの違いを明確に表している[10]。

　FCIC による調査は，ベア・スターンズやリーマン・ブラザーズの経営破綻のみならず，サブプライム・ローン問題や，大きすぎて潰せない（Too Big To Fail）金融会社の問題なども扱い，金融危機時のアメリカ金融システム全体を網羅する膨大なヒアリングを重ねて危機の原因調査を行なっている。しかしながら，危機の原因の最終的な特定にあたり，民主党系委員と共和党系委員との間で意見が大きく異なった。共和党系の4人の委員は，一連の調査のとりまとめとして提示された「金融危機調査の報告書（Financial Crisis Inquiry Report）」に署名を拒否。民主党系委員とは別の分析結果を提示する報告書を独自に作成し，これを上記最終報告書への反論書として公開するに至った。

FCIC〔2011〕には，民主党系委員が署名した最終報告書に加えて，共和党系委員から提出された2つの反論書も併記されている[11]。図表5-2でこれらの中から民主党系報告書および，共和党系4委員の内の3委員が署名し公開した反論書の要点をまとめている。

　FCIC〔2011〕に含まれた計3つの報告書を読むと，金融危機を引き起こした原因をめぐり，その主因を市場（参加者）の失敗に求める民主党系委員の意見と，政府の失敗に求める共和党系委員の意見の違いが浮き彫りになっている。

　民主党系委員の報告書は，金融危機を引き起こした根源に過去の金融規制の緩和があり，その規制緩和の結果，大手金融機関のリスク管理の不備や不適切な報酬体系などが生じ，これらが過度なリスクテイクを引き起こしたと指摘している。このため，連邦監督機関の権限強化を必要条件として，金融危機の再発防止のために，より厳格な金融規制の導入を処方箋とする。対して共和党系委員の反論書では，大手金融機関のリスク管理が不十分であったことを認めつつも，過去の規制緩和を危機の原因とは考えず，民主党系委員が望む金融規制

図表5-2　金融危機調査委員会各報告書の要点

民主党系報告書	共和党系3委員の反論書
規制・監督の失敗	GSEs の危機拡大への寄与度は大きい
・行き過ぎた規制の緩和	厳格な規制の対象であった金融会社も破綻
・不透明性取引の拡大	・影の銀行制度は多様，一律に問題がある
金融機関の問題	とは言えず
・コーポレート・ガバナンスの欠如	金融機関の問題
・倫理観の欠如	・リスク管理手法の不備
・リスク管理手法の不備	・レバレッジと流動性リスク
・過剰な短期借入，リスク投資，透明性の	クレジットバブルの背景
欠如	・海外からの資金流入
・短期的利益に連動した報酬体系	・投資者のリスク見通しの失敗
店頭デリバティブは危機の重要な要因格付	デリバティブ
の失敗	・CDS 以外のデリバティブは危機の要因
・格付リソースの不足	ではない
・格付会社に対する監督の不備	格付の失敗

（注）GSEs：政府支援企業（Government Sponsored Enterprises）

の強化には否定的である。むしろ，政府の管理下にあったファニーメイやフレ
ディーマックの活動に注目し，これら GSEs（政府支援企業）を通じて政府の
住宅市場政策の失敗が伝播したことを例に挙げ，政府の関与が市場機能を歪め
た結果であると非難した[12]。

　このように，金融危機の原因調査においても共和党と民主党のイデオロギー
には明確な違いが見られる。この違いを踏まえながら，続く第2節では DF 法
への共和党の批判と提示された修正要求を見ていこう。

2．DF 法 vs 共和党

　本節では DF 法成立後を対象に，連邦議会の共和党議員が提出した法案を整
理するとともに，この時期に保守系のシンクタンクが公表した報告書等を参照
しながら，共和党が考える金融規制政策の具体項目を把握する。

（1）共和党の法案にみるイデオロギー

　DF 法以降に，連邦議会の共和党議員が提出した同法の修正や一部の廃止を
求める主要な法案を図表5-3でまとめた[13]。

　このような共和党議員の活動は，DF 法の成立直後から見られたものの，特
に2014年の中間選挙によって共和党が両院で過半を占めた第114回連邦議会
（2015年1月から2017年1月）では多くの法案が提出されている[14]。このよう
な修正法案の提出は特に下院で集中的に提出され，その多くはボルカー・ルー
ル（DF 法の Sec.619）の改正のように DF 法の一部を対象に改廃を目的とす
る法案である。

　これらの法案の中でも，第3節で分析する下院案のフィナンシャル・チョイ
ス法とともに，上院の銀行・住宅・都市問題委員会のリチャード・シェルビー
委員長がスポンサーとなった金融規制改善法（Financial Regulatory Improvement
Act, S.1484）は，DF を包括的に見直す法案に位置づけられる。この金融規制
改善法（以下，上院案）は，①ボルカー・ルールを修正し，連結総資産が100

図表5-3　共和党が中心となり連邦議会に提出された主な修正法案

提出日	Bill No.	法案名
第113回連邦議会		
2014年4月	H.R.4413	Customer Protection and End User Relief Act 下院農業委員会：CFTC のデリバティブ権限を弱める
2014年4月	H.R.4387	FSOC Transparency and Accountability Act FSOC の透明性および説明責任
2014年9月	H.R.5461	To clarify the application of certain leverage and risk-based requirements～ ボルカー・ルールから CLO を除外，FED の保険監督権限の拡大
第114回連邦議会		
2015年1月	H.R.37	Promoting Job Creation and Reducing Small Business Burdens Act ボルカー・ルールの延期等
2015年6月	S.1484	Financial Regulatory Improvement Act 上院銀行委員会シェルビー委員長（当時）による DF 法修正法案
2015年7月	H.R.3189	Fed Oversight Reform and Modernization Act
2015年7月	H.R.3340	Financial Stability Oversight Council Reform Act 連邦議会による FSOC，OFR の直接監視
2015年11月	H.R.3921	Hedge Fund Sunshine Act
2015年11月	S.2232	Federal Reserve Transparency Act
2015年11月	H.R.4096	Investor Clarity and Bank Parity Act DF 法のボルカー・ルール改正
2015年12月	H.R.4166	Expanding Proven Financing for American Employers Act DF 法が定める CLO 関連のレバレッジ，クレジット・リテンションを緩和
2016年2月	H.R.2187	Fair Investment Opportunity for Professional Experts Act 適格投資家の定義を緩和
2016年2月	H.R.4620	Preserving Access to CRE Capital Act DF 法が定めるリスクリテンションから商業用不動産ローンを除外
2016年9月	H.R.5983	Financial CHOICE Act 下院金融サービス委員会ヘンサーリング委員長による DF 法修正法案
2016年11月	H.R.6392	Systemic Risk Designation Improvement Act SIFIs の指定要件の変更（2015年の H.R.1309と同じ内容）
第115回連邦議会		
2017年1月	H.R.78	SEC Regulatory Accountability Act　（114回議会では H.R.5429） SEC に対してコスト・ベネフィット分析を義務化
2017年1月	H.R.238	Commodity End-User Relief Act　（114回議会では H.R.2289） CFTC に対してコスト・ベネフィット分析を義務化
2017年4月	H.R.10	Financial CHOICE Act 第114回議会の H.R.5983をアップ・デート
2017年11月	S.2155	Economic Growth, Regulatory Relief , and Consumer Protection Act 上院銀行・住宅・都市問題委員会委員会クラボ委員長が超党派で提出した DF 法修正法案

億ドル以下の銀行を対象外とする，②連邦準備制度（FRS）の改革，③銀行を金融システム上重要な金融機関（SIFIs）に指定する際に適用される総資産額の要件を5000億ドルへ引上げる[15]，④金融安定監督協議会（FSOC）がノンバンク金融会社をSIFIsに指定する際の透明性を向上させる，などを柱とする。

　例えば，ボルカー・ルールに関しては，若園〔2015a〕の第5章が指摘するように，FRBやSEC等が共同で発令した最終規則は極めて複雑な内容である一方で，その基本言語の定義が不明確であるという問題があり，このために規則の実効性には困難がともなっている。またBao et.al〔2016〕のように，ボルカー・ルールが市場の流動性を低下させる可能性も指摘されてきた。規則の施行後に，金融規制を担当する連邦機関からも改善すべき規則としてあげられている[16]。上院案が要求するボルカー・ルールの修正はこのような規則に内在する欠陥への対処と言えるが，これは過剰な金融規制が市場機能にもたらす悪影響の軽減とも解釈できよう。

　連邦準備制度の改革は上院案の柱でもあるが，その改革要求は①金融政策を決定する連邦公開市場委員会（FOMC）に四半期毎に連邦議会で政策の説明を強制，②政府説明責任局（GAO）による連邦準備制度理事会（the Board of Governors of the Federal Reserve System）の監督行為の効率性調査，③地区連銀の改革や潜在的なコスト・ベネフィット分析を担当する独立した連邦準備制度改革委員会の設置，④ニューヨーク連銀総裁の選出方法の変更（5年間の任期と，大統領の指名および上院の助言と同意を条件）であり，これらはFRS全体に対して連邦議会の関与を強めることに他ならない[17]。

　同様な視点はFSOCにも当てはまる。FSOCはDF法が新設した会議体であり，その透明性向上は共和党議員から強く求められてきた（図表5-3の第113回議会H.R.4387や第114回議会のH.R.3340）。これは言い換えれば，FSOCに対する連邦議会の明示的な監視要求となる。

　上掲した関連法案や，当該法案を巡る議員の声明等を読むと，共和党がFRBやFSOCに対する連邦議会の監視強化を求める背景には，DF法が連邦監督機関の権限を強化したことがある。つまりは，連邦監督機関の権限強化に

よるアメリカ金融システムの安定化をはかることが民主党のイデオロギーであるならば，このような連邦監督機関への議会監視を強め，過剰な権限行使による市場機能の毀損を避けることが共和党のイデオロギーであると言えよう。

　この上院案は複数の DF 法修正が含まれているとはいえ，その対象範囲は限定的である。次節で扱う下院案のフィナンシャル・チョイス法は，まさしく共和党が示した包括的な DF 法の修正法案と位置づけられる。

（2）保守系シンクタンクの政策提言

　上記の法案をより深く理解するために，保守系シンクタンクが公開した規制改革の提言から，その保守のイデオロギーを見てみよう。アメリカでは下記のヘリテージ財団の他にも，American Enterprise Institute や Cato Institute など，伝統的に共和党の政策に強い影響を与えてきた複数の保守系シンクタンクが政策提言を公開している。特にヘリテージ財団は，DF 法を包括的に見直すべく Heritage〔2016〕と Heritage〔2017〕を公開している。

　金融危機に関して Heritage〔2017〕は，グラム・リーチ・ブライリー法が施行された1999年以降もアメリカの金融規制の数は顕著に増加していることをあげ，金融規制の緩和が危機の原因であるとの説（FCIC〔2011〕の民主党系報告書）を否定し，むしろ DF 法がもたらした規制フレームワークは，雇用の創出や新たなビジネスを困難にしていると指摘する。また，Heritage〔2016〕では，DF 法が導入した新たな規制は危機後のアメリカ経済の回復を鈍らせ，特にコミュニティーバンクから地方の小規模企業への信用供与の足枷になっていると危惧している。更に Heritage〔2017〕は，単に DF 法を廃止するだけではなく，それまでに存在していた規則を見直すことも必要であると主張する[18]。

　DF 法が担う個別の規制に関して，上記の上院案や後述するフィナンシャル・チョイス法とも照らして紹介すれば，ヘリテージ財団の主要な提言は，①FSOC の権限見直し，②秩序だった清算権限（OLA），③CFPB 改革となろう。これらをより具体的に述べると，FSOC に関しては，①ノンバンク金融会

社を SIFIs に指定する権限を廃止し，②SIFIs に要求するストレステストや清算計画（Living Will）は，一部の大規模金融会社に限定することを求めている。自己資本の積み増しを要求することを対価とし，より単純な規制による代替と言えよう。また，大規模金融会社の破綻を定める OLA は，DF 法の定めの下では納税者負担を回避出来るとは言えず，最小限で設定される総損失吸収能力（TLAC）の要求や，連邦倒産法などの既存法を修正して対処することを求めている。CFPB に関しては DF 法が付与した権限を見直し，その権限を限定する。

　経営破綻がアメリカ金融システムを不安定とする大規模金融会社に対しては厳格な規制を維持しつつも，市場機能の発揮と経済成長を優先として，全体的な規制の見直しを求める考えは，次節のフィナンシャル・チョイス法で基本的なイデオロギーとなり，法文に具現化されている。また第 4 節ではドナルド・トランプ大統領が発令した大統領令を扱うが，FSOC や OLA に関して発令した大統領令とも整合的となっている。

3．フィナンシャル・チョイス法の全容

　図表5-3で示した DF 法の修正法案の中でも，下院金融サービス委員会のジェブ・ヘンサーリング委員長がスポンサーとなり議会に提出したフィナンシャル・チョイス法（Financial CHOICE Act）は，DF 法を根本から見直す法案として注目された[19]（本稿脱稿時の2017年11月初旬時点では，下院本会議を通過しているが，上院の委員会での審議は保留）。

　前節の上院案と比較しても同法案の対象は遙かに広くまた細部に至る。下院の共和党議員に限定されるが，金融規制政策に関するイデオロギーをより明確に読み取ることができよう。このフィナンシャル・チョイス法の大項目を図表5-4に記す。

　同法案に付随して公開されたエグゼクティブ・サマリーでは，同法案の 7 つのキー（Key）・プリンシプル（図表5-5）を掲げている。これらの考えは，既

図表5-4　フィナンシャル・チョイス法（下院案）の大項目

Title I	TBTF および銀行救済の終結
Title II	ウォール街の説明責任を要求する
Title III	金融当局の説明責任を要求し，ワシントンから権限を剥奪する
Title IV	資本形成を促進することにより，スモール・ビジネスやイノベーション，雇用の創出の機会を引き出す
Title V	メイン・ストリートおよび地域金融機関に対する規制の緩和
Title VI	堅固な資本を持ち，経営が健全な銀行組織に対する規制の緩和
Title VII	アメリカ人を金融的に自立させる
Title VIII	資本市場の改善
Title IX	ボルカー・ルールおよび他の規定の無効化
Title X	（議会による）FRB の監視の改善および現代化
Title XI	独立した擁護人（advocate）を通じて保険の協調を改善する
Title XII	技術的な修正

図表5-5　フィナンシャル・チョイス法のキー・プリンシプル

1．納税者による金融機関の救済は終えなければならない。また，いかなる会社も大きすぎて潰せない（TBTF）を維持することは出来ない。
2．ウォール街とワシントンは説明する義務がある。
3．簡便さが複雑さに取って代わらなければならない。複雑であることで有力なコネクション（well-connected）が機能不全（gamed）にすることが可能となり，また，ワシントンの権力側が悪用することが出来る。
4．競争や透明性，革新的な資本市場を通じて経済成長を活性させなければならない。
5．置かれた環境に関係なく，すべてのアメリカ人は金融的な自立に至る機会を持たなければならない。
6．消費者は経済的な自由の喪失と同様に，詐欺や搾取から強く保護されなければならない。
7．システミック・リスクは利益と損失を伴う市場において管理されなければならない。

に見た共和党のイデオロギーそのものであり，金融危機を経ても変化はない。

　次節でトランプ大統領が発した大統領令等を見るが，政権が掲げる規制見直しのコア・プリンシプルとも比較されたい。以下で，フィナンシャル・チョイス法の主要な内容について見てみよう。

（1）DF 法の単純なる廃止要求

　フィナンシャル・チョイス法は，DF 法が導入した複数の規制や規則の廃止（Repeal）を明記している。例えば，前述の上院案にも含まれているが，銀行事業体（Banking Entity）の自己勘定取引やヘッジファンド等の株式やパートナーシップの保有に関する禁止事項を定めた①ボルカー・ルール（DF 法のSec.619）は無条件での廃止とされた。

　この他，クレジット・カードの手数料に上限を定めた②ダービン修正条項（DF 法の Sec.1075）や，SIFIs や TARP 資金を受入れた金融会社が銀行持株会社の形態を放棄しても FRB の監督対象であり続ける③ホテル・カリフォルニア条項（DF 法の Sec.117(b)），SEC に命じた経営者の報酬規制の一部である④ Pay Ratio（DF 法の Sec.953(b)）など，これまでに共和党議員が強く批判してきた DF 法の項目も廃止となる[20]。また，DF 法の定めではないが，労働省が2017年6月9日より適用を始めた，エリサ法の規定をブローカー・ディーラーまで拡張する規則（受託者責任）も同様に廃止対象となっている。

　フィナンシャル・チョイス法が廃止を規定する項目で注意が必要なのは，DF 法の Title II が定めた整然清算の権限（OLA）であろう。この OLA は，ノンバンクも含めた「対象金融会社（DF 法が定義）」の経営破綻が，国内の金融安定に重大な影響を及ぼすことが懸念される場合に発動される[21]。2008年にグローバルに展開する巨大な金融機関が経営破綻した際に，既存の連邦倒産法の適用が金融システムの不安定化を招いたことへの反省があった。DF 法が定めた OLA は，対象金融会社の経営破綻に際して，FDIC などに特別な清算権限を与え，連邦倒産法とは別の秩序だった破綻処理の手続きを定めている。しかしながら，DF 法の成立以降も，FDIC の実務処理能力など，OLA の実効性は疑問視されていた。フィナンシャル・チョイス法は，この DF 法が導入した OLA を無効とし，新たに連邦倒産法の第11章に追加した項目による対処を定めている。

　ここであげた主たる廃止は，その実効性や効率性が疑問視されていた規制が

多い。従って，金融規制政策に関するイデオロギーの違いが直接的な廃止理由ではない。しなしながら，後述する「規制の影響分析」の要求と合わせて考えると，市場機能をより重視する共和党のイデオロギーとも親和的であるといえよう。

（2）FRB に対する連邦議会の監視強化

金融危機時を顧みると，その鎮静化においてニューヨーク連銀を含めた連邦準備制度が果たした役割は大きい。DF 法は，マクロ・プルーデンス政策を議論する会議体として FSOC を設置したが，実際には同政策の主要は新たな権限が付与された FRB が担っている[22]。

フィナンシャル・チョイス法は，連邦議会が FRB を監視する複数のシステムを導入する。具体的には，①現在は半期毎である FRB 議長の議会証言を四半期毎とする，② GAO の会計監査院長が FRB および各連邦準備銀行に対する年次監査を行い，その結果を連邦議会へ報告させる，③監視委員会（Centennial Monetary Commission）の新設などである[23]。

それに加えて，同法案は FRB の透明性を向上させる新たな試みも規定している。例えば，FOMC に対して，①金融政策決定に用いる公式な政策ルール（Directive Policy Rule）の作成を要求している。この政策ルールとは，テイラー・ルールのようなものを意図していると思われる。また，両院の担当委員会が要求した場合に限り，② FOMC の金融政策を GAO の会計監査院長の監査対象に含める他，③ FOMC のすべての会合の議事録の公開も求めている。

フィナンシャル・チョイス法は FRB に対して，DF 法によって強化された権限に応じた透明性や説明責任の遂行を求めている。

（3）規制影響分析の要求

このような FRB への直接的な議会監視手法の導入とならんで，フィナンシャル・チョイス法には FRB を含めた連邦監督機関の規制や規則に関する経済的な影響分析の要求が含まれている。所属政党を問わずに，これまでも連邦

議会は，新たな規制等が過剰な影響を及ぼさないよう連邦監督機関に影響分析を求める試みはあった（詳細な内容は若園〔2016〕を参照願いたい）。また，以下でトランプ大統領が発令した大統領令等を確認するが，レーガン政権からオバマ政権にかけて発令された諸大統領令では，同分析の要求を必要視する傾向も強まっている。しかしながら，これまでの連邦法や大統領令は，財務省などとは異なり，独立規制行政庁（Independent Regulatory Agency, IRA）に該当する連邦監督機関（FRB, FDIC, SEC, CFTC, CFPB, OCC 等）を規制影響分析の要求対象から除外してきた。

　フィナンシャル・チョイス法は，IRA に対して規制の影響分析を求め，新たな規則の提案時と最終規則時の2つの段階で，コスト・ベネフィット分析（CBA）等の規制影響分析の実施を要求し，さらに，新規則が連邦官報に掲載されてから5年以内に，当該規制の経済的影響を分析した報告書を提示することを要求している。

　この背景には，上述した FRB への監督と同様に，DF 法によってこれら連邦監督機関の権限が強化されていることがある。例えば，フィナンシャル・チョイス法は，DF 法が新設した CFPB の長官人事や予算に対する連邦議会の監視を導入するとともに，その権限を見直して，連邦通商委員会（FTC）のようなシビル・ローのエンフォースメント機関への組織変更を検討している。強すぎる連邦行政機関への危惧は，特に共和党の金融規制のイデオロギーとして観察される。

（4）システム上重要な金融機関の取扱い

　指定された SIFIs に対する規制の強化は，DF 法が導入したマクロ・プルーデンス政策の要であると言えよう。この SIFIs の扱いに関して，フィナンシャル・チョイス法は大きく変更を求めている。

　銀行 SIFIs に関して，フィナンシャル・チョイス法はその指定条件（DF 法の Sec.165）は維持している。その一方で，最小自己資本比率（10％）等の条件を満たす場合，その銀行を適格銀行組織（Qualifying Banking Organization,

QBO）と定め，DF法等が導入した多くの規制の対象外とする。具体的に
QBOは，①資本や流動性の要求の他，DF法のSec.165が銀行SIFIsに要求す
る②FRBのプルーデンシャル基準，③破綻処理計画，④ストレステスト，⑤
レバレッジ制限などの適用が免除される。

さらに，ノンバンクSIFIsに関しては，DF法がFSOCに与えたノンバンク
金融会社をSIFIsに指定する権限（DF法のSec.113）を剥奪することで，現
在のノンバンクSIFIsのカテゴリー自体を廃止する。

4．ドナルド・トランプ政権が示す金融規制改革の方針

このような連邦議会共和党の金融規制政策のイデオロギーは，現在の行政府
に共有されているのであろうか。ドナルド・トランプは，第45代大統領に就任
直後から規制に関連する複数の行政命令を発している。ただし，トランプの経
歴を見ると，2016年大統領選挙は共和党からの出馬であったが，2000年大統領
選挙では少数政党である改革党（American Reform Party）に所属して党の予
備選挙に立候補しており，また民主党に在籍していた時期もあるなど，その政
治信条は伝統的な保守やリベラルの分類で語ることは出来ないようである。

行政府の長として，連邦議会両院の多数党である共和党と主たる連携を取っ
ているように見えるが，金融規制政策のイデオロギーは，これら行政命令をみ
ることで明らかになろう。

（1） 3つの大統領令と2つの大統領覚書

大統領令（Executive Order）とは，合衆国憲法が大統領に与えている執行権
（第2条）を根拠とし，連邦行政機関を対象に発令される行政命令である[24]。
従って，DF法や証券諸法等の連邦法や連邦法が規定する規則の修正を命じる
ことは出来ない。

トランプ大統領は，後述する2つの大統領覚書も合わせて，本章執筆時点で
金融規制に関連する5つの行政命令を公表している（図表5-6）。

図表5-6　ドナルド・トランプ大統領の大統領令・大統領覚書

1．大統領令（Executive Order）

番号	発布	タイトル
13771	2017年1月30日	Reducing Regulation and Controlling Regulatory Costs
13772	2017年2月3日	Core Principles for Regulating the United States Financial System
13777	2017年2月24日	Enforcing the Regulatory Agenda

2．大統領覚書（Presidential Memorandum）

	発布	タイトル
	2017年4月21日	Presidential Memorandum for the Secretary of the Treasury (Subject: Financial Stability Oversight Council)
	2017年4月21日	Presidential Memorandum for the Secretary of the Treasury (Subject: Orderly Liquidation Authority)

　第一に，大統領令13771は，連邦行政機関の長に対して，規制のコスト管理および総コストの低減を命じる行政命令である。合わせて大統領令13777は，大統領令13771を受けて各連邦行政機関に担当部署の設置を命じている。大統領令13771は，特にその第1節（Sec.1）で，重要な規制に限定されるものの，1つの新たな規制を公布する際には既存の2つ以上の規制を除外することを求めたことでも話題となった。注意すべきは，この命令の対象となる連邦行政機関に独立規制行政庁（IRA）は含まれておらず，直接的に金融規制に影響を与える大統領令ではない点である[25]。しかしながら，規制コストの管理要求は下院を通過したフィナンシャル・チョイス法でも見られる。同法案はIRAに対して規制の経済分析を義務化する条項を含んでおり，この条項が連邦法として成立した場合には，大統領令13771はIRAにも拡大されるであろう。

　第二に，大統領令13772は，FSOCの議長でもある財務長官に対して，他のFSOCメンバーと協議した上で[26]，13772が揚げる「コア・プリンシプル（図表5-7）」に照らして既存の法律や規制，ガイダンスや記録，保持要求等を見直し，120日以内にその結果を大統領へ報告することを命じている。このコア・プリンシプルには，税金を用いた大規模金融会社の救済禁止や，国際競争力の促進，金融規制の効率化などが含まれており，これらは上記でみた共和党のイ

図表5-7　大統領令13772が示すコア・プリンシプル

1．米国人が市場において自立した決断や情報に基づく選択を行ない，退職に向けて貯蓄し，個々の富を築くことを可能にする。
2．納税者の資金による救済を防ぐ。
3．モラルハザードや情報の非対称性などのシステミック・リスクや市場の失敗に対処するより厳格な規制影響分析を通じて，経済成長や活力のある金融市場をもたらす。
4．国内外の市場において，外国企業に対する米国企業の競争力を促進する。
5．国際的な金融規制の交渉や会議において，米国の利益を増進（Advance）する。
6．規制を効率的，効果的かつ適切に調整されたものにする。
7．連邦金融監督機関の公的な説明責任を取り戻し，連邦金融規制のフレームワークを合理的なものにする。

デオロギーと共通する。大統領令13772は単なる調査と報告を命じるのみであるが，IRA が主な対象である点に注意すべきである[27]。大統領令13772が要求する報告の第一弾は2017年6月に財務省より公開されている。下記を参照願いたい。

　第三に，大統領令13777は，13771や13772を実行すべく，各省庁内に担当部署およびタスクフォースの設置を命じている。

　注意すべきは，これら3つの大統領令は連邦監督機関が担う金融規制を強制的に修正させるものではない。従って，金融規制のエンフォースメントへの具体的な影響は不明である。しかしながら，例えば，CFTC はこれら大統領令を受けて，自らの規則に KISS（Keep It Simple, Stupid）原則を適用する考えを公表している[28]。

　3つの大統領令に加えて，2017年4月21日にトランプ大統領が公表した2つの大統領覚書（Presidential Memorandum）は，FSOC の透明性向上と OLA の見直しを財務長官に命じている[29]。これらはフィナンシャル・チョイス法の柱となる項目であり，これら大統領覚書の内容は，フィナンシャル・チョイス法を補佐する機能を持つと言えよう。

（2）財務省が提示した金融規制改革案

　大統領令13772が求める規制等の見直しに応じて，財務省は2017年 6 月に第
一弾の報告書（Department of the Treasury〔2017〕，以下財務省報告書）を
公開した。この第一弾の財務省報告書は，銀行セクターの規制を対象に，複数
のリコメンドを提示する[30]。これらはトランプ政権が抱く金融規制改革案と呼
べよう。

　財務省報告書を読むと，経済成長を促進や国際競争力の向上などをもたらす
ために，①規制の効率化や効果の改善，②規制の複雑さの減少，③連邦監督機
関間の協調や協働などを求めている。これらは，本章で述べてきた共和党のイ
デオロギーを継承しており，金融危機の発生前に公表された「ブループリント
（2008年 3 月）」を彷彿とさせる。また報告書の要点には，商業銀行に要求さ
れているストレステストや清算計画[31]，流動性の要求等に関する要件の緩和な
ど，前述の保守系シンクタンクの提言や，共和党系議員が提出した法案とも共
通する提案が含まれている他，IRA にコスト・ベネフィット分析を求めるリ
コメンドもフィナンシャル・チョイス法と類似している。

　その一方で，DF 法についての財務省報告書のリコメンドはあくまでも同法
の修正である。報告書は主に DF 法の Sec.165と Sec.619を検討している。
Sec.165に関して財務省報告書がリコメンドするのは，①銀行 SIFIs の指定基
準の緩和，②ストレステストや包括的資本分析レビュー（CCAR）の適用基準
の緩和および手法の見直し，③流動性カバレッジ（LCR）の適用基準の見直
し，④清算計画の実施変更などである。また，ボルカー・ルールとして有名な
Sec.619についても，適用条件の緩和やより単純な修正程度に留めている。下
院のフィナンシャル・チョイス法が明確なカウンター－DF 法案であるのに対し
て，財務省報告書は DF 法により設けられた規制・規則の運用の見直し提案で
あると言えよう（むしろ，財務省報告書は FRB 等が作成した規則に対して，
比較的大きな見直しを求めている）。

　さらに，当該報告書は，フィナンシャル・チョイス法の柱とも呼べる OLA

やFRBへの監督などは含んでいない（ただし，OLAの見直しは大統領覚書で求められているため，第二弾以降の報告書で含まれるだろう）。また，CFPBに関しては一部の権限を銀行当局への移項させることが適当であるとするものの，FSOCに関しては，連邦監督機関間の協調促進や規制・監視政策に関する権限の強化をリコメンドしている。特に連邦議会下院の共和党議員が批判する，DF法によって強化された連邦監督機関の権限は維持することが前提となっている。このような連邦議会（立法府）の要求と連邦行政機関（行政府）からの提言との違いには注意すべきであろう。

　財務省は，10月に資本市場規制を対象とする第二弾報告書および資産運用業と保険業の規制を対象とする第三弾報告書を公開するとともに，11月には大統領覚書が求めたFSOCを対象とする意見書を公開している。

終りに

　DF法の議論は金融危機の直後から始まり，国民の非常に強い関心（怒り）の下で，連邦議会両院の最優先課題として取り組まれた。僅か1年あまりの議論でDF法を成立させた議会には驚くばかりだが，それ故に，同法の一部は経済的な合理性を欠いており，またはポピュリズム的な項目も含まれ，当時より同法の功罪は学術的な検証の対象ともなってきた（若園〔2015a〕）。危機から10年が過ぎてアメリカ経済は回復の軌道に乗り，FRBの金融政策は引き締めへと転回している。戦時の法律を見直す時は来た。

　本章は，主要な上院案と下院案を比較し，また，現政権が提示する規制の見直しなども合わせて，共和党の金融規制政策とイデオロギーの整理と解釈を行った。基本的なイデオロギーは両院および現政権で共有されていることが確認される。しかしながらDF法の改正案を見ると，根本的な改廃を望む下院に対して上院の改正対象は限定的となる。

　本章稿執筆時点でのオバマケア改廃法案の頓挫などを見ると，下院案のようなドラスティックな金融規制の見直しは困難であろう。当面は，財務省報告書

が示す，連邦監督機関の権限の範囲内での規制や規則の見直しが優先となり，特に共和党と民主党のイデオロギーが対立する分野での連邦法の改正は先送りとなる可能性が高い。2017年8月25日にカンザスシティ地区連銀のカンファレンスでジャネット・イエレンFRB議長（当時）が述べたように，小規模銀行に対する規制など，早急な見直しが必要である規制や規則は多い。

　最後に，グラス・スティーガル法の復活について。2016年の両党の綱領でグラス・スティーガル法の復活が明記されている。実際に，第115回連邦議会でも21世紀版のグラス・スティーガル法案が連邦議会へ提出されている[32]。しかしながら，党の綱領に明記されているにもかかわらず，グラス・スティーガル法による強制的な制約は，明らかに共和党のイデオロギーに反している。また，法による組織制限の先には，大幅な監督機能の見直しが求められることを考えれば，民主党のイデオロギーと親和性が高いとは言いがたい。トランプ政権からも発足直後には同法を求める声も出たが，2017年5月18日の上院銀行・住宅・都市問題委員会での証言で，ムニューチン財務長官は否定している。現在の非常に発達し複雑化したアメリカ金融・資本市場に照らして，グラス・スティーガル法のような古典が出る幕はなかろう。

　本章の最初で，「DF法の修正議論は，単なる技術的な法改正に留まらない。その中核には，アメリカ金融規制政策のイデオロギー的転換がある」と述べたが，その実践には相当の政治的困難が伴うのも事実である。政治経済学（Political Economy）は健在なり。

　（本稿脱稿後，上院銀行・住宅・都市問題委員会のクラポ委員長がスポンサーとなり，超党派で提出されたEconomic Growth, Regulatory Relief, and Consumer Protection Act（S.2155）が，12月6日に委員会を通過し，上院本会議での審議を経て上院で承認される見通しとなっている。この新たな上院法は本稿で扱った上院案の発展型と言える。今後，下院本会議で承認されたフィナンシャル・チョイス法と1本化され，DF法後の包括的な金融規制の見直し法となる可能性も少なからずあろう。しかしながら本稿で指摘したように，共和党と民主党の超党派で提案する上院案と共和党のみが提案する下院案とでは

相当の差があるため，両院協議会での法案の 1 本化の作業は相当の困難性を伴うであろう）。

＜注＞

1)　世界大恐慌にもなぞらえられた金融危機の出来事を年表にするならば，その最初は，2007年 6 月にベア・スターンズが傘下のヘッジファンドへの資金支援を表明したことから始まり，その次は，同年 8 月のパリバ・ショック（BNP パリバ傘下でサブプライム・ローンを扱っていたミューチュアルファンドが募集と解約を凍結）となろう。

2)　Davis Polk & Wardwell LLP 調べ。

3)　2008年11月の連邦議会選挙の結果，第111回連邦議会（2009年 1 月から2011年 1 月）は，上院が民主党57名，共和党41名，独立系 2 名，下院が民主党257名，共和党178名。DF 法は，下院を賛成237対反対192で通過，上院を賛成60対反対39で通過した後，大統領署名で成立している。

4)　例えば，Conti-Brown〔2017〕など。

5)　両院で共和党が多数政党となったのは，第109回連邦議会（2005年 1 月から2007年 1 月）で，上院が共和党55名（民主党44名），下院が共和党232名（民主党202名）を占めて以来である。当時の大統領は第43代のジョージ・W・ブッシュ。

6)　https://www.treasury.gov/press-center/press-releases/Documents/Blueprint.pdf

7)　なお，ブループリントには，当時に露呈したサブプライム・ローン問題への対応を中心とする「短期的提言」が含まれているが本章では割愛している。

8)　詳しくは若園〔2015a〕の図表1-3を参照願いたい。

9)　過去にも1981年に，先物取引やオプション取引に関して SEC と CFTC の両委員長が管轄を取り決めたシャド・ジョンソン合意（Shad-Johnson Jurisdictional Accord）があった（翌82年には議会により連邦法が修正）。その後も，両機関の管轄争いが問題視されている。

10)　FCIC は，2009年の Fraud Enforcement and Recovery Act により連邦議会内に設置された委員会である。10名の民間有識者から構成され，うち 6 名が民主党系委員，4 名が共和党系委員であった。委員長（民主党系）は，カリフォルニア州の財務官（Treasurer）であるフィル・アンジェライズ（Phil Angelides）が務めた。

11)　共和党系委員であるピーター・ワリスンは，独自の反論書を2010年12月に提出した。

12)　若園〔2015a〕の第 8 章では，GSEs に関連する共和党と民主党の政治的な対立を整理している。

13)　本章で「主要な法案」として扱っているは，欧米の主要報道機関（Wall Street Journal, Reuter, Bloomberg, New York Times, Financial Times）がニュースとして取り上げた法案である。

14)　第114回連邦議会までに共和党議員が中心となり提出した修正法案はいずれも廃案となっている。DF 法が成立した第111回連邦議会から第114回連邦議会までの期間は，バラク・オバマが大統領であり，技術的な修正を除く DF 法の修正や一部廃止を意図した法案に対しては拒否権（Veto）の行使を明言していた。大統領が拒否権を行使した場合でも，連邦議会の両院で三分の二以上の賛成をもって法案を法律とする（Override Veto）ことが可能であるが，第111回連邦議会は両院ともに民主党が多数党であり，第112回連邦議会と第113回連邦議会では，下院で共和党が多数党であったものの，上院は民主党が多数党を維持していた。2014年の中間選挙の結果，第114回連邦議会では両院で共和党が多数党となったものの，上院で52議席，下院で243議席であり，三分の二以上の賛成によって法案を再可決することは困難であった。

15)　銀行 SIFIs の指定要件に関しては，第114回連邦議会の下院で超党派の議員が提出した Systemic Risk Designation Improvement Act（H.R.6392）でも修正が求められている。この法案では，DF 法が定める一律の指定要件を見直し，この要件に金融安定理事会（FSB）が用いる

G-SIFIs の国際基準を採用することを提案している。

16)　例えば，現財務長官のスティーブン・ムニューチンは，2017年1月19日に上院で開催された財務長官の指名公聴会において，ボルカー・ルールをよりシンプルな規則に変える必要性を述べている。このような指摘は，FRB 理事であったダニエル・タルーロ（同年4月4日，プリンストン大学）や，同理事のジェローム・パウエル（同年4月20日，グローバルファイナンス・フォーラム）からも発言されている。

17)　FRB 議長は半年毎に連邦議会両院において経済情勢や金融政策について証言することが求められるものの，FRB は独立規制行政庁（IRA，若園〔2016〕参照）でもあり，これまでは（慣習的に）大統領府や連邦議会からの過度な干渉は避けられてきた。

18)　このような考えの根本にあるのは，Heritage〔2017〕が述べるように，政府機関が信用や資本の分配の決定に関与することへの反発であり，複雑な規則は優先すべき市場機能を毀損するとの考えである。また Heritage〔2017〕は，競争的な金融市場が経済成長の要となる，政府関与の限定などの10のコア・プリンシプルを示しているが，トランプ大統領が発令した大統領令13772のコア・プリンシプルとも共通する内容が多い。

19)　このフィナンシャル・チョイス法は，第114回連邦議会（H.R.5983）と第115回連邦議会（H.R.10，トランプ政権発足後）で法案として提出されている。ともに下院金融サービス委員会委員長のジェブ・ヘンサーリングがスポンサーである。第115回連邦議会では，2017年5月4日に下院金融サービス委員会を34対26の賛成多数で通過，同6月8日に下院本会議を233対186の賛成多数で通過している。

20)　これらに関しては，若園〔2015a〕や若園〔2015b〕を参照願いたい。

21)　OLA に関連して対象金融会社に文書で勧告される要求は，当該会社の最大の子会社がブローカー・ディーラーの場合は，FDIC へのコンサルテーションを経て，FRB の理事の三分の二以上および SEC の委員の三分の二以上の賛同をもって行なわれる。

22)　同時に，DF 法は連邦準備法の Sec.10を修正し，FRB の監督や規制を監視する役割を持った新たな副議長職を設置した。しかしながら，DF 法の成立以降，この新たなポストは2017年10月にランダル・クオールズが就任するまで空席のままとされた。

23)　第114回連邦議会の下院では，Centennial Monetary Commission Act of 2015（H.R.2912）が提出されている。

24)　ただし，連邦議会が決定した連邦予算からの支出増がともなう命令は出せない。

25)　IRA（Independent Regulatory Agency）は，FRB や SEC，CFTC，FDIC，FTC が該当する。これら IRA は，慣例的に歴代の大統領が発した規制に関連する行政命令の対象外とされることが多い。IRA と大統領令との関係は，若園〔2016〕を参照願いたい。

26)　金融安定監督協議会（FSOC）は DF 法によって設置されたマクロ・プルーデンス政策を担う公的機関である。財務長官を議長とし，議決権を有するメンバー（主に連邦監督機関）と議決権を有しないメンバー（主に州監督機関）から構成される。この議決権を有するメンバーには，FRB 議長や SEC 委員長など，金融規制を担う連邦監督機関の長が含まれている。FSOC の機能や権限については，若園〔2015〕が詳しい。

27)　ムニューチン財務長官は，このコア・プリンシプルを金融規制に対するトランプ政権のロード・マップとして位置づけている（2017年5月18日の上院銀行・住宅・都市問題委員会での証言）。

28)　2017年3月3日に公表した "CFTC Requests Public Input on Simplifying Rules"（Release: pr7555-17）では，CFTC 規則をより単純化させ，規則の運営コストを低減させる目的で Project KISS の設置を述べている。ただし，既存の規則の廃止や書き換えを意図したものではない。

29)　この大統領覚書は大統領令と同様な行政命令であるが，大統領令と異なり連邦官報（Federal Register）に記載されず，公式な連続番号が付与されない。また，大統領令にはその内容の根拠法が明記されるが，大統領覚書には根拠法を明記する必要がない。トランプ大統領は TPP 交渉からの離脱を大統領覚書で公表しており，その内容の重要性による使い分けがされているわけではない。

30）　Department of the Treasury〔2017〕によれば，当該報告書が扱った①預金システム（銀行，信用組合等）の他に，②資本市場（株式市場，商品市場，デリバティブ市場等），③資産運用業・保険業，④ノンバンク金融機関，金融工学，金融革新の合計4分野で報告書が提出される予定である。

31）　FRBは2017年1月にストレステストの要件を緩和し，総資産2500億ドル未満の銀行持株会社および総資産750億ドル未満のノンバンクをリスク管理の質的審査の対象から除外している。

32）　21st Century Glass-Steagall Act（S.881とH.R.2585）。同じ内容の法案は，第113回連邦議会（S.1282とH.R.3711），第114回連邦議会（S.1709とH.R.3054）

＜引用・参考文献＞

若園智明〔2015a〕，『米国の金融規制変革』，日本経済評論社

若園智明〔2015b〕，「米国の新たな役員報酬関連規制を巡る一考察」『証券経済研究』日本証券経済研究所，第92号，12月，93-103頁

若園智明〔2016〕，「米国証券規制の経済的評価：現状と検証」『証券経済研究』日本証券経済研究所，第96号，12月，1-20頁

Bao, Jack et.al〔2016〕, "The Volcker Tule and Market-Making in Times of Stress," *Finance and Economic Discussion Series*, FRB, 2016-102.

Conti-Brown, Peter.〔2017〕, "The Presidency, Congressional Republicans, and the Future of Financial Reform," *Penn Wharton Public Policy Initiative*, 42.

Department of the Treasury〔2017〕, *A Financial System That Creates Economic Opportunities*, June.

FCIC〔2011〕, *The Financial Crisis Inquiry Report*, Public Affairs New York.

GAO〔2000〕, *CFTC and SEC, Issues Related to the Shad-Johnson Jurisdictional Accord*, Report to Congressional Requesters, GGD-00-89.

Heritage Foundation〔2016〕, *The Case Against Dodd-Frank: How the "Consumer Protection" Law Endangers Americans*, The Heritage Foundation.

Heritage Foundation〔2017〕, *Prosperity Unleashed: Smarter Financial Regulation*, The Heritage Foundation.

Scot, Hal〔2016〕, *Connectedness and Contagion*, The MIT Press.

第6章　金融規制改革とイギリスの　コーポレートガバナンス論議

はじめに

　近年の金融危機以降，金融安定理事会（Financial Stability Board：FSB）やバーゼル銀行監督委員会（Basel Committee on Banking Supervision：BCBS）といったグローバル金融当局，アメリカやイギリスなど先進諸国の政府・金融当局を中心に，国際金融規制改革が進められてきた。国際金融規制改革の中心テーマは，①銀行自己資本規制の強化・精緻化（バーゼルⅢからさらにバーゼル3.5又はバーゼルⅣ），②大規模金融機関の破綻処理制度の整備，③銀行構造改革（いわゆる，アメリカのボルカー・ルール（Volker Rule），イギリスのリングフェンス規定等），④シャドーバンキング規制であり，現在に至るまで国際金融市場や金融機関に対する規制強化に向けた議論が精力的に行われている。

　しかし，一連の規制強化は，グローバルレベル，各国レベルで進められてきたために，業務・商品規制，市場規制と様々な観点から検討されてきており，結果的に規制体系は全体として，金融危機前に較べて大幅に複雑化・重層化した。規制分野によって検討・導入の進行度合いはまちまちであり，なお最終規則に至っていない規制項目も多く存在している。グローバル金融当局が策定した新規制が各国の法規則に適用される段階で，当該国の思惑によって骨抜きにされる，特定国の利害によって規制負担が必要以上に増加するといった状況は，金融市場や金融機関経営にも少なからずマイナスの副作用をもたらし得る。

規制強化の副作用も指摘されている。第1に，金融取引の縮小と市場の不安定化，第2に規制アービトラージ[1] の拡大が指摘されている。例えば，金融機関の過度なリスクテイクを直接的に制限する銀行構造改革は，金融取引の縮小に直結し得る。銀行の証券・投資銀行部門が行う自己勘定取引を禁止，ファンドへの出資を制限するボルカー・ルールはもとより，イギリスのリングフェンス規定や欧州連合（EU）のトレーディングなど，高リスク業務分離規定も，債券やデリバティブの売買減少，市場流動性の低下，さらには市場のボラティリティ拡大を招く可能性がある。また，金融危機後の規制改革は銀行関連規制に重点がおかれる一方，例えばシャドーバンキング規制の議論はやや遅れ気味となった。分野ごとに規制検討の進展度合いが違えば，そこに市場参加者による規制の抜け穴探しや規制アービトラージの余地が生じ得る。これでは，国際レベルで検討されてきた金融規制改革の意義は薄れてしまわざるを得ない。

　こうした点について Riles〔2014〕は，国際金融規制改革は規制上のナショナリズムを退化させるとしている。それによれば，国際的に調和する新たな法規制が各国に導入され既存の法規制が変更される過程で，国内の政治的・経済的な利害衝突が生じ，当該国特有の価値観で長く培われてきた法規制の意義が薄れてしまう。代替策として「法律の抵触アプローチ」の採用が提案されているが，これはつまり，すべての金融機関に適用される規制を共通のものとするのではなく，当該金融機関の行動に問題が生じた場合にどの国家の法律が適用されるべきかを特定することである。その際，一国の規制が，その地に所在する国際企業に，あるいはその地域に本社を構える企業の国際活動にどの程度適用されるか（及ぶのか）を慎重に定義することが求められる。

　Davis〔2015〕も，国際金融規制改革の過程で金融制度が複雑化し実効性を失いつつある状況への批判を展開している。その一方で，英国における規制論議を参考に，市場のプレイヤーである金融機関個々のガバナンス強化を図るよう提言している。具体的には，経営陣や幹部社員に対し報酬体系を含む行動規範を設置し，その監視を行うとともに，違反行為などには高水準な制裁措置を

用意するといった内容である。同書を著したハワード・デイビス氏は，イングランド銀行副総裁，金融サービス機構（Financial Services Authority：UK-FSA）[2] 初代会長を歴任しており，金融実務家の立場から見ても，国際金融規制改革の目指すところや内容は大いに違和感のあるものだったようである。

　デイビス氏によれば，金融規制論議，特にコーポレートガバナンス論に関しては，イギリスに一日の長があり，その取組みを参考に金融機関の行動を規制・監視することこそが，むしろ金融規制改革の要であるということである[3]。金融規制の国際的調和という壮大ではあるが実現が困難な課題に取り組むよりも前に，近年の金融危機の根本原因が個々の金融機関，その役職員による過度なリスクテイク行動[4] にあったことを改めて認識し，金融機関の適切なガバナンス体制の構築を重視するという考え方は，金融危機後の金融制度のあり方に対しても有益な示唆と考えられる。

　本章では，デイビス氏が「金融規制改革の要」であると評するコーポレートガバナンスのあり方について取り上げたい。コーポレートガバナンス論議に「一日の長がある」イギリスにおける論議の経緯と内容について検討し，その特徴の一端を明らかにしたい。

1. イギリスにおけるコーポレートガバナンス論議の展開

（1）1990年代初頭から論議が本格化

　イギリスにおいてコーポレートガバナンス論議が本格化したのは，1990年代初頭のことである（図表6-1）。1980年代後半から1990年代初頭にかけ，イギリスでは，企業不祥事が相次いだ。1986年のギネス事件に始まり，ブルーアロー事件（1987年），ポリーペック事件（1990年），BCCI 事件（1991年），マックスウェル事件（1991年）は，いずれも株式公開企業において起こった不祥事であり，企業が公表する財務の正確性に対する国民・市場の信認は大きく揺らいだ。それらが上場していたロンドン証券取引所（London Stock Exchange：

図表6-1　英政府のコーポレートガバナンス関連報告書の概要（1992-2012年）

公表年	報告書	主要テーマ	主な論点
1992年	キャドベリー報告書 (Cadbury Report)	・企業財務内容の信頼性向上	・財務透明性の確保（監査委員会の設置，会計監査） ・最善の行為規範の順守（取締役会の役割，社外取締役の選任，機関株主）
1995年	グリーンベリー報告書 (Greenbury Report)	・取締役の報酬決定方法 ・情報開示の見直し	・取締役報酬の決定方法（報酬委員会の設置，報酬方針，雇用契約） ・報酬に関する情報開示と承認手続き ・民営化公益事業会社と報酬制度
1998年	ハンペル報告書 (Hampel Report)	・財務報告，報酬を含む幅広いコーポレートガバナンス論議	・財務報告，報酬規制等，コーポレートガバナンス全般に関する幅広い議論 ・取締役会議長と最高経営責任者（CEO）の役割と関係 ・取締役報酬，株主の役割，説明責任，監査 ・キャドベリー，グリーンベリー報告書の原則の，ロンドン証券取引所（LSE）の統合規範（combined code）への統合
1999年	ターンブル報告書 (Turnbull Report)	・内部統制	・内部統制に係る取締役行動の指針（独立した内部統制部門の設置，内部統制の範囲の拡大，内部統制に係る情報開示の充実） ・財務諸表の質を保証する良質な監査 ・問題発覚前の不正行為の把握
2001年	マイナーズ報告書 (Myners Report)	・機関投資家の投資のあり方	・機関投資家（ファンドマネジャー，年金基金）による非上場株式保有に対する注意点
2003年	ヒッグス報告書 (Higgs Report)	・取締役会，社外取締役の役割の明確化	・社外取締役の役割 ・社外取締役の指名・研修，在職期間，報酬 ・取締役会の構成，議長の独立性，上級独立取締役
2003年	スミス報告書 (Smith Report)	・会計監査人の独立性	・監査法人の独立性
2009年	ウォーカー報告書 (Walker Report)	・機関投資家の役割，金融機関のリスク管理のあり方 ・スチュワードシップ・コードの策定を勧告	・銀行取締役会に求められる能力，経験，独立性 ・取締役会レベルでのリスク管理の実効性 ・取締役会実務の実効性，監査・リスク・報酬・指名委員会のパフォーマンス ・機関株主（institutional shareholders）の役割 ・金融機関のリスク・ガバナンス
2012年	ケイ報告書 (Kay Report)	・株式市場の短期利益追求主義の是正，英企業の株式保有構造 ・機関投資家によるエンゲージメントの強化	・経営者，株主との意思疎通による短期と長期の意思決定 ・英企業の株主構成 ・資産運用者の役割のあり方

〔出所〕各報告書より筆者作成

LSE）も，不祥事が証券市場自体の信認低下につながることに大きな懸念を抱いていた。

1991年5月，相次ぐ企業不祥事に対応するため，証券取引所，企業，投資家の代表者からなる「コーポレートガバナンスの財務的側面に関する委員会（通称『キャドベリー委員会』）[5]」が設置され，報告書[6]が取りまとめられた。キャドベリー報告書は，企業のコーポレートガバナンスの遵守状況を明らかにするとともに，「遵守せよ，さもなくば説明せよ（comply or explain）」という考え方を導入し，以降それが同国コーポレートガバナンスの基本的な考え方となった。これは，コーポレートガバナンス原則が求めるガバナンスが遵守されない場合は，株主に対しその理由を説明・開示することを企業に義務付けるものである（詳細は後述）。LSEは，キャドベリー報告書の掲載内容の一部を新たに上場規則とし，1993年7月以降，LSE上場企業は年次報告書（annual report）及び計算書類（財務諸表等）にコーポレートガバナンスの実施状況を開示することになった。

1995年1月には，水道・エネルギーなど民営化企業経営陣の高額報酬問題が顕在化したことから，経営者団体の英国産業連盟（Confederation of British Industry：CBI）の委託を受ける形で，「経営者報酬に係るスタディグループ（通称『グリーンベリー委員会』）[7]」が設置され，1995年7月に報告書[8]が公表された。報告書は，取締役報酬の決定方法の見直し，報酬に係る情報開示の改善を提言している。

さらに，同年11月に設置された「コーポレートガバナンスに関する委員会（通称『ハンペル委員会』）[9]」では，財務報告や役職員の報酬問題に関する見直しを含むコーポレートガバナンスに係る幅広い議論が行われ，1998年6月に最終報告書[10]が公表された。キャドベリー，グリーンベリー報告書において勧告された事項でハンペル報告書が盛り込まなかった論点のうち，独立した内部監査組織の設置の矯正や内部統制に関する開示の充実については，1999年，イングランド及びウェールズ勅許会計士協会（The Institute of Chartered Accountants in England & Wales）が中心となって作成した「内部統制：統

合規範における取締役に対するガイダンス（ターンブル報告書)[11]」の勧告と
して統合規範（the Combined Code on Corporate Governance)[12] に盛り込ま
れることになった。

　また，2002年4月に貿易産業省（Department of Trade and Industry：DTI)[13]
が設置したヒッグス委員会（The Higgs Committee）は，2002年6月に諮問
文書を公表し市中協議を経て，2003年1月に報告書[14] を公表している。報告
書は，2001年11月のエンロン事件を教訓とし，イギリスのコーポレートガバナ
ンスの現状を踏まえ，社外取締役の役割を中心に統合規範などの修正を勧告し
ている。

（2）　市場規律の強化

　金融危機後，アメリカなどが銀行自己資本規制，金融機関の迅速な破綻処理
制度の整備といった金融システム安定化策の策定に注力するなか，イギリスは
それと並行して，「市場規律（market discipline)」の強化をあるべき金融規制
改革のもう一つの核と位置付けた。

　例えば，2009年7月，財務省（HM Treasury）は，金融市場改革案「金融
市場改革[15]」を公表，金融危機後の金融システム安定化に向けた重要施策とし
て，自己資本規制や破綻処理制度をはじめとする銀行の健全性規制（prudential
regulations）の拡充・強化と併せ，金融機関の取締役会や経営幹部，株主等市
場参加者による「市場規律」の強化を謳った。同改革案は，近年の金融危機及
びそれに伴う金融機関破綻の多くは，規模の大小によらずそれ自身が，コーポ
レートガバナンス，報酬，リスク管理に関する義務と責任を十分果たしていな
かったことに起因していると指摘している。特に「事業規模が大きく，複雑
で，重要な影響を及ぼす大規模金融機関（large,complex, "high impact"
firms)」は，その事業規模と組織の複雑さゆえに，経営の巧拙がそれ自体や金
融市場の命運を大きく左右すること，またそれが破綻した際の影響は甚大であ
り，当該金融機関が適切に運営・管理されることを内外に示すことは，公序
（public policy）として重要である，としている。

　財務省が提示した金融機関の市場規律強化案は，主に，①金融機関のコーポレートガバナンス改革を目的とした報告書「ウォーカーレビュー(The Walker Review)」の作成及び公表，②当時のイギリスの包括的金融当局である UK-FSA による「報酬に関する実務基準（Code of Practice on remuneration)」の作成の2点であった。2009年2月，政府は，イングランド銀行理事やモルガンスタンレー・インターナショナル会長などを歴任したディビッド・ウォーカー卿を，金融機関[16]のコーポレートガバナンスに関する査察責任者に任命し，同報告書の作成を委託した[17]。2009年7月，財務省はこれに関連する協議文書[18]を公表，市中協議を経て，同年11月に最終提言書「ウォーカー報告書（The Walker Report)[19]」を公表した。

　もうひとつの市場規律強化策としての報酬実務基準について，イギリスは基準案を作成・公表している。2009年3月，UK-FSA は，報酬規則に関する協議文書 CP09/10[20]を公表，市中協議を経て，同年8月に最終規則[21]を公表している。CP09/10は，金融機関におけるリスク調整型報酬制度の設計・運営に係る原則を提示し，それを FSA ハンドブック（イギリスにおける市場の信認，消費者保護等を確保するため規定する金融規則集）に盛り込むこと，各金融機関が原則に沿った報酬方針を作成し実施すること，リスク管理と整合性のとれた報酬方針の運用を行うことなどを求めた。最終報告書は，CP09/10の適用範囲と提言に若干の修正が加えられた上で，FSA ハンドブックに盛り込まれる最終的な報酬実務基準が提示された（図表6-2）。

　英政府は，市場規律に係る上記2つの改革を基に，金融機関のコーポレートガバナンスや報酬ガイダンスを作成し，それを市場参加者の行動に係る一般的な枠組みとした。近年の金融危機後，アメリカをはじめ先進国の政府・当局は，当該危機の発生原因を様々な観点から分析し，金融機関の自己資本規制や流動性規制の拡充・強化（健全性規制），金融市場のインフラ整備などの金融規制改革を打ち出している。

図表6-2　イギリスの金融機関向け報酬実務基準の概要

報酬原則	概　　要
原則1 報酬委員会と構成メンバー	・報酬方針（remuneration policy）を策定する報酬委員会（remuneration committee）は，①独立した判断の下報酬方針を実施すること，②金融機関の財務状況，将来業績を適正に評価した上で決定事項を明らかにすること，③報酬政策の適正性について独立して判断を行う専門性と経験を有すること（リスク管理に専門性と経験を有する社外取締役を1名以上メンバーに加えること），④報酬方針の適切性，実効性を定期的にレビューし報告すること
原則2 リスク及びコンプライアンスに関する手続き	・報酬慣行に係る手続きを明文化すること（利益相反を管理する適切な方法を含む） ・フロント部門など報酬決定に際しては，リスク管理，コンプライアンス部門が取扱う情報（リスク調整後財務指標や規制の順守状況等）が考慮されること
原則3 リスク管理部門及びコンプライアンス部門の業績評価	・リスク管理部門，コンプライアンス部門の職員の報酬は，他の業務部オンからは独立して決定されること ・当該職員の業績は，リスク管理，コンプライアンス業務の目的達成を考慮した基準により評価されること
原則4 収益とリスクに基づく賞与基金	・賞与基金（bonus pool）の額を算定するのに使用する財務指標は，他の業務部門から独立して決定されること
原則5 長期の業績評価	・職員の業績は，当期のみならずより長期的パフォーマンスに基づき評価されること（時系列の移動平均を取り入れた業績評価等の導入）
原則6 非財務指標による評価基準	・職員の業績は，効果的なリスク管理や内外規制の順守状況等非財務指標（業績評価に財務指標だけでなく，バランス・スコア・カードを採用）を取り入れて評価すること
原則7 長期インセンティブプランの業績評価	・株式パフォーマンスに基づく長期インセンティブプランの評価は，リスク調整後収益率（リスク調整後1株当り利益率，株主資本収益率等）
原則8 十分に柔軟な賞与方針	・金融機関が損失を計上した年には賞与を支払わないといった十分に柔軟な賞与方針を担保するために，固定給の報酬全体に占める割合を高めること
原則9 賞与の過半部分の繰延払い	・賞与部分が報酬の多くを占める場合，賞与の過半部分を一定の期間内え繰り延べて支払うこと（より長期の企業収益に連動した賞与支払いのための措置で，金融サービス機構は賞与の最低3分の2を繰延払いの対象とすることを想定） ・繰延年数は，職員が重視する業務の性格やリスクにより決定すること
原則10 企業の将来業績を考慮した繰延条件	・繰延条件は，職員が所属する部署，部門とともに金融機関の業績見通しと関連して決定されること

〔出所〕UK-FSA 資料より作成

（3）　金融危機以降のコーポレートガバナンス論議

（a）　ウォーカー報告書

　市場規律の強化・改善に向け，イギリスでは，金融危機以降も企業・金融機関のコーポレートガバナンス論議は続行した。まず，市場規律強化策の一環として，2009年11月に公表されたウォーカー報告書は，大きく，①取締役会のサイズ・構成・適格性，②取締役会の機能とパフォーマンス評価，③機関株主の役割，④リスク・ガバナンス，⑤報酬，の5項目から構成され，計39の勧告を行っている。

　それまでに公表されたコーポレートガバナンス関連報告書の勧告に加え，同報告書が果たした貢献は，主に次の点であろう。まず第一に，取締役会の自己評価（board performance evaluation）について，取締役会自身の裁量による自己評価でなく，取締役会の外部評価を「2年又は3年に1度」とすることを勧告（勧告12）したことである。当該内容は，2010年に同国のコーポレートガバナンス・コードに盛り込まれ，FTSE350企業は，少なくとも3年に一度は取締役会の外部評価が義務付けられることになった。

　第二に，従来の取締役会の機能，報酬制度の改善を中心とした勧告に加え，コーポレートガバナンスにおける機関投資家の役割に焦点を当て，機関投資家の責任原則を「スチュワードシップ・コード（Stewardship Code）"」として明確に勧告したことである。投資家と企業との間で行われるコミュニケーションである「エンゲージメント（engagement）」を通じた機関投資家の役割をより高めるため，その指針としてスチュワードシップ・コードの策定を求めるとともに，その実効性を確保するための実質的な監督機関として，英財務報告評議会（Financial Reporting Council：FRC）の役割を重視している。統合規範中の機関投資家に対する規範部分（第2部　機関株主〔Section2 Institutional Shareholders〕）[22]を分離し，その内容を見直した上で，「スチュワードシップ・コード」として新たに機関投資家に対する規範を定めることを勧告した（勧告16）。これに伴い，上場企業の規範としての統合規範が「コーポレート

ガバナンス・コード（The UK Corporate Governance Code）」に改称された。

　そして第三に，金融機関特有のリスクに鑑み，リスク委員会（board risk committee），最高リスク管理責任者（Chief Risk Officer：CRO）の位置づけや役割等，本格的なリスク・ガバナンスに関し勧告したことである。金融機関は，商品・サービスを提供するにあたり，「金融リスクのアービトラージ」に否応なく関与する一方，金融危機前にはレバレッジを高めることで高収益を生んだという他の産業セクターにない特異性があるとし[23]，そのリスク・ガバナンスの強化を謳った。

（b）ケイ報告書

　ケイ報告書（The Kay Review）は，2012年7月に公表された。エコノミストのジョン・ケイ氏が，政府から委託を受けて作成したもので，英株式市場が英企業の長期的成長を支援し，年金受給者や貯蓄者が適切な利益を得ているか否かを検証した上で，株式市場における短期利益偏重主義（Short-termism），市場が資金調達の場としての役割を果たさなくなっている事実，英国企業の株式保有構造とガバナンス上の問題点など，イギリスの株式市場が抱える広範な問題に考察を加えている。機関投資家による長期的な視点からの投資先企業への働きかけ「エンゲージメント」を促進することを目的に，17項目を提言している（図表6-3）。

　同報告書の果たした貢献は，特に，①短期利益追求を回避する観点から，「短期的収益の予測・発表（開示)」をやめること（勧告6），四半期報告の廃止（勧告11），②「株主」，「資産運用者」の定義を見直し，③「株式保有」の正確な定義，ヘッジファンドのようなトレーダーと「投資家」の区分けの明確化を勧告していることである。英政府は，2012年11月に同報告書に対する政府見解[24]を公表し，その勧告を概ね支持している。政府よりも業界の関与が促されることを求めており，企業と投資家の長期的信認の構築の重要性を主張している。

（c）スチュワードシップ・コード

　スチュワードシップ・コード（The Stewardship Code）は，初版が2010年

図表6-3　ケイ報告書の提言

提言	内　　　　　　　　　　　　　　容
1	◆スチュワードシップ・コード（The Stewardship Code）は，コーポレート・ガバナンスの問題と同様，戦略的課題にフォーカスしつつ，スチュワードシップのより広範な形態を組み込むよう構築されるべきである。
2	◆企業の役員，資産運用者及び資産保有者は，スチュワードシップ及び長期的な意思決定を促進する最善慣行ステイトメント（Good Practice Statements）を採択すべきである。 ◆規制当局及び業界団体は，既存の基準，指針及び実施規則が本文書の最善行為ステイトメントと整合するよう必要な手続きを取るべきである。
3	◆英国企業に投資する投資家による集団的エンゲージメント（働きかけ）を促進するため，投資家フォーラム（investors' forum）を設立すべきである。
4	◆英国企業のかつそれによる買収活動の規模と有効性は，英ビジネス・改革・技能省（Department for Business,Innovation and Skills：BIS）及び当該企業自体により，慎重に監視されるべきである。
5	◆企業は，主要な取締役の指名について，その主要な長期投資家に対し試問すべきである。
6	◆企業は，短期的収益の予測・発表を管理するプロセスとは距離をおくよう努めるべきである。
7	◆欧州連合（EU）及び各国の規制当局は，他者の投資に関する裁量や投資判断に対する助言を含む投資活動の関係者間に，受託者としての基準を適用するべきである。
8	◆資産運用会社は，全てのコストを完全に開示するべきである（運用するファンドに課される取引コストの実績又は推計値，パフォーマンス連動報酬も含む）
9	◆法律委員会（独立行政委員会）は，トラスティ及びそのアドバイザーのサイドで不確実性や理解不足を解消するべく，投資に適用される受託者責任の法概念について諮問されるべきである。
10	◆貸株に由来するすべての収入は，投資家に還元されるべきである。
11	◆義務的な四半期報告は廃止されるべきである。
12	◆高い品質を伴い簡潔な非財務情報に関する報告は，強く推進されるべきである。
13	◆政府及び関連規制当局は，投資活動の関係者に採用される指標やモデルの利用法，限界を明らかにすべく，独立した審議を委託するべき。
14	◆規制当局は，バリュエーションやリスク測定における特定モデルの明示的・暗黙的な規定は避けるべきである。十分な情報を踏まえた意思決定を促進すべきである。
15	◆企業は，インセンティブが持続可能かつ長期的なビジネスのパフォーマンスの実現に向けたインセンティブは，少なくとも取締役が当該ビジネスを引退した後まで保有される自社株の形でのみ提供されるべきである。
16	◆資産運用会社も同様に，運用担当者の利益を顧客の利益・時間軸と一致させるよう運用担当者の報酬を構築するべきである。 ◆従って，報酬は投資ファンドや資産運用会社の短期的なパフォーマンスに連動させてはならず，長期的なパフォーマンスの実現に向けたインセンティブは，少なくとも運用担当者がファンドの担当から外れた後まで保有される当該ファンドの持分の形で提供されるべきである。
17	◆政府は，個人投資家が電子登録システムにおいて直接持分を保有するための最もコスト効率のよい手法を検討するべきである。

〔出所〕ケイ報告書より筆者作成

に策定された。「スチュワード（steward）」は一般に「執事，管財人」の意であり，「スチュワードシップ（stewardship）」は，「財産管理人（議決権を有する企業株主としての機関投資家等）としての責任」を指す[25]。スチュワードシップの観点から議論されるコーポレートガバナンス強化の方策のひとつとして「エンゲージメント」の促進があり，それは機関投資家の投資先企業のコーポレートガバナンス強化・向上に資すると考えられている。

　スチュワードシップ・コードは，機関投資家に対するイギリス初の公的規範である。もともとコーポレートガバナンス・コード（The UK Corporate Governance Code）とともに，統合規範の一部をなしていたが，コーポレートガバナンス主体である企業の活動を一層高めるため，金融危機後，機関投資家による企業へのエンゲージメントを強化すべく，両者を分離した。現時点において，コーポレートガバナンス・コードは，企業の取締役会のあり方を規定するのに対し，スチュワードシップ・コードは，企業に投資する機関投資家の投資先企業に対するエンゲージメントのあり方を規定している。

　スチュワードシップ・コードは，ケイ・レビューの内容を反映させつつ，2012年9月に改訂されている。その際，利益相反の説明の明確化，機関投資家が集合的に行動すること，財産管理人としての行動の第三者による確認といった点が加えられた。その結果，スチュワードシップ・コードは，最終受益者に帰属する価値の保護・増強に向け，機関投資家が遵守するべき原則として，7項目をあげている[26]。

　なお，スチュワードシップ・コードの策定者はFRCであり，ウォーカー報告書は，FRCが当該コードに対し監督[27]を行うことやその権限の強化を勧告している（勧告17）。自主規制機関であるFRCを監督者とすることで，機関投資家各々の事情に応じた自主的な対応が可能となる。また，スチュワードシップ・コードは，「遵守せよ，さもなくば説明せよ」の原則を採用しており，キャドベリー報告書以来の同国コーポレートガバナンスの考え方を踏襲している。この2つの事実によって，コードの実効性向上が図られている。

2．イギリスのコーポレートガバナンスの特徴

（1）基本的なガバナンス体系

　上記に見るように，相次ぐ企業不祥事を機とし，1992年のキャドベリー報告書の公表以降，イギリスのコーポレートガバナンス論議は着実に進展してきた。近年の金融危機以降も論議は続行し，機関投資家のエンゲージメントや短期利益主義の是正，リスク・ガバナンスと論議の対象も拡がった。

　イギリスのコーポレートガバナンスは，柔軟な解釈とその改善プロセスに大きな特徴がある。まず，企業ごとにおかれた環境に応じ，それに適用するコーポレートガバナンスの形態が異なるのは当然であるとの認識の下，法規則（ハード・ロー）で一律に規制するのでなく，ひとつの指標として「最善慣行規範（Code of Best Practice)」を定め，企業が当該規範を自社に適用しない場合は，その理由を年次報告書等に開示することとし，その妥当性の判断を市場規律に委ねている。また，先進的なコーポレートガバナンスを適用する企業の慣行を最善慣行規範とし，それを経済・社会環境の変化や社会問題化するような企業不祥事を契機として，その都度見直し，改善する。最善慣行規範を目標に他の企業が適切なコーポレートガバナンスを実施することを通じ，企業全体のコーポレートガバナンスを継続的に底上げすることを狙いとしている。

　林〔2015〕によれば，イギリスのコーポレートガバナンスには次の4つの特徴が認められる。まず第1に，「ひとりの人間が制約のない決定権を持つことがないことを確保することが重要」との認識の下，チェック・アンド・バランスによる統治を徹底させていることである。第2に，「すべての企業に対し，同一の規律を適用・強制する（one size fits all)」ことは不適切との認識の下，「遵守せよ，さもなくば説明せよ」のアプローチを採用していることである。第3に，コーポレートガバナンスの対象範囲は，実践的な観点からとらえ広範にわたっていることである。単に企業やその取締役に規律を求めるだけでな

く，ステークホルダーの一部をなす機関投資家に対しても一定の役割を期待する。これが，機関投資家へのエンゲージメントを強化するという趣旨の下，2010年のスチュワードコードシップにつながった。そして第4に，規制・規律の枠組みとして，ハードローとソフトローを組み合わせていることである。例えば，会社法でコーポレートガバナンスの枠組みを規定する一方，財務報告評議会（FRC）の最善慣行規範により，個別企業や機関投資家に詳細な規律を求めている。

　イギリスのコーポレートガバナンスは，1992年キャドベリー報告書以降の本格的な論議のなかで，上記のような特徴を有するに至り，ひとつの体系をなしてきた。そこでは，企業は株主のために経営されるべきであることが当然の前提とされる。その際コーポレートガバナンスの第一義的な責任は，株主から委託を受けて経営者を監視する取締役会が負うこととされる。効果的な取締役会の実務指針として，「遵守せよ，さもなくば説明せよ」のアプローチを採用するコーポレートガバナンス・コードが制定され，コードの原則に従わない場合には，株主に対して「説明する（explain）」ことが求められる。

　このアプローチは株主の立場からのチェックが前提とされており，この点からまず，株主の判断に必要な情報を提供するために，年次報告書に記載する内容が法定されている（年次報告書は株主に対する情報開示のツールであると位置づけられる）。次に，機関投資家に対して（株主を代表して）当該企業のガバナンスをチェックし規律する役割が求められる。その役割を明示したものが2010年のスチュワードシップ・コードであり，機関投資家に企業と対話・エンゲージメントを行うことなどが求められる（機関投資家の豊富な経験・能力を前提としている）。このように，イギリスのコーポレートガバナンスにおいては，コード，投資情報開示及びスチュワードシップ・コードが一体となって機能している（図表6-4）。

図表6-4 イギリスのコーポレートガバナンスの基本体系（概念図）

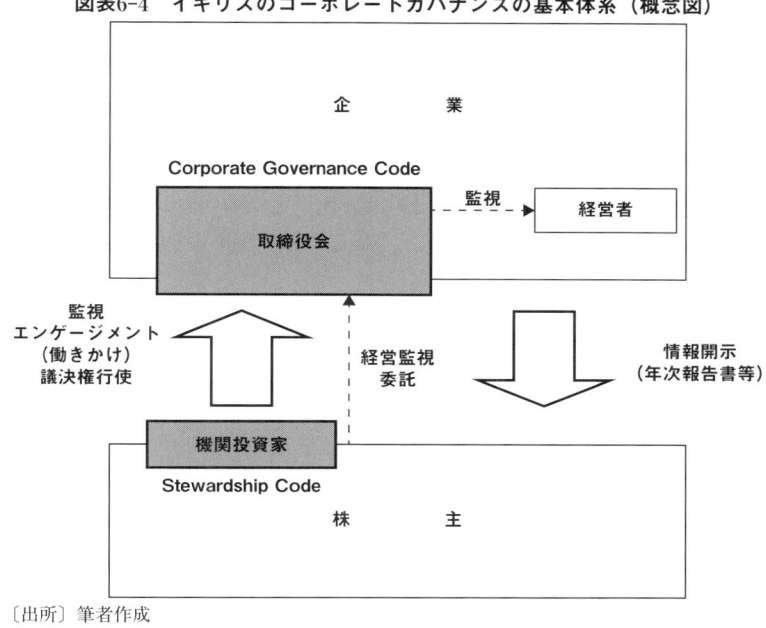

〔出所〕筆者作成

（2）"comply or explain" の解釈

「遵守せよ，さもなくば説明せよ（comply or explain)」のアプローチは，1992年のキャドベリー報告書で導入され，以降英国コーポレートガバナンスの基盤となっている。コーポレートガバナンス・コード，2010年に策定されたスチュワードシップ・コードは，すべての企業にとって最善慣行規範であり，企業の実施するコーポレートガバナンスがコードを逸脱すれば，当該企業は株主（投資家）に対し詳細に逸脱した理由を説明しなければならなくなる[28]。その意味で，最良慣行規範であるコードは，企業に対し一定の強制力を有しているとの解釈が可能である。

しかし実際は，コードを忠実に遵守することが最良のコーポレートガバナンスを実現するとは限らない。イギリスでは伝統的に各企業が採用するコーポ

図表6-5 FTSE 対象企業における "comply or explain" の遵守状況 (2005-2014年)

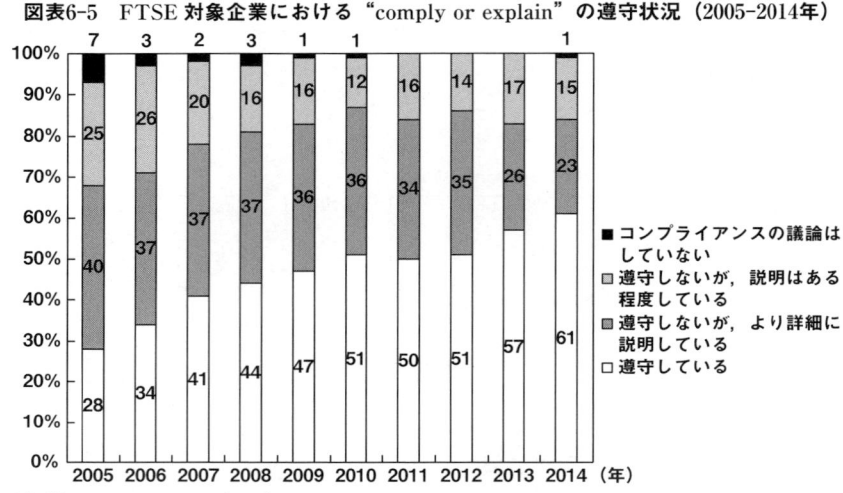

〔出所〕Thornton, Grant 〔2014〕, p.14.

レートガバナンスの多様性を認める考え方が根強くあるが，その本意は，「企業はコードが提示する原則に従っても従わなくてもよいが，従わない場合はその理由を明確に説明しなければならない」ということにある。「すべての企業に一律の規律を求めることによっては（いわゆる "one size fits all" の考えによっては），適切なコーポレートガバナンスは実現できない」との認識に基づき，「遵守せよ，さもなくば説明せよ」原則により，コーポレートガバナンス・コードを遵守しない場合でも良質なガバナンスが実現し得る可能性を許容しているのである。

近年の英国企業を見ると，コードは「原則」であるが故に，それへの遵守の傾向は強まっている。例えば，ロンドンの大手会計事務所グラント・ソーントン（Grant Thornton International Ltd.）が近年公表した調査報告によれば，2014年，FTSE 対象企業のうちコーポレートガバナンス・コードを完全に遵守している企業は，全体の61.2%にのぼっている（図表6-5）。

しかし一方で，多くの企業がコーポレートガバナンス・コードへの遵守傾向を強めていることに対し，批判的な見解も多く見られる。例えば，グラント・

ソーントン・ガバナンス・インスティテュート会長のサイモン・ロウ氏は，2014年末の論説において，企業がコーポレートガバナンス・コードへの遵守傾向を強め，それに機械的・形式的に対応していること自体，コードが基づく重要な原則を根底から崩してしまう可能性を指摘している[29]。同氏によれば，事業環境は業種や企業によって様々であり，そもそも「遵守せよ，さもなくば説明せよ」原則の目的は，当該企業の株主利益の観点から，企業の環境に応じたコーポレートガバナンスを実現させるべく，それに必要な柔軟性を与えることにある。コーポレートガバナンス・コードを忠実に遵守することが，当該企業にとって最善であるとは限らない。企業によっては，敢えてコードから逸脱することでコーポレートガバナンスがより効率的になることがあるのであり，それによって企業運営の健全性や株主利益が確保されるのであれば，コーポレートガバナンス・コードからの逸脱も許容されるのである。

　先のグラント・ソーントンの調査報告では，2013・2014年度においてコード

図表6-6　FTSE 対象企業における CG コードの遵守状況（2013年 6 月期及び2014年 6 月期）

◆英コーポレートガバナンス・コードの全項目を遵守する FTSE 対象企業は，2013年は全体の57％，2014年は全体の61.2％。

◆FTSE 対象企業取締役会の説明責任の履行状況及び透明性は改善傾向：コーポレートガバナンス・コードに従い，報酬委員会議長の自己紹介文が各委員会の報告書に掲載された割合は，2013年70％→2014年93％に改善，監査委員会議長については，2013年44％→2014年55％に改善。
◆しかし，指名委員会の場合，説明責任を履行する議長は全体の35％に過ぎない。

◆新たに規定された戦略報告書（Strategic Report）は，より明確で分かりやすい情報の提供を求めているにもかかわらず，2014年の企業年次報告書は平均11頁増えて154頁に増加（過去 4 年間では20％の増加）。

◆英企業法の条項を遵守する企業は全体の14％に過ぎない。

◆取締役会評価の結果明らかとなった改善点にいかに取り組むかについて，有益な情報を提供している企業は全体の25％に過ぎない。

◆基本給はほとんど変わらないが，平均的な幹部社員が受け取る報酬額は，2013年は基本給の184％，2014年には319％に大幅に増加した。増加部分の大半は能力給が占めている。

〔出所〕Thornton, Grant〔2014〕より筆者作成

の遵守企業は増えたものの，形式的な対応のために年次報告書の分量が増え，企業情報が理解しづらくなるケースがあることなどが指摘されている。また，形式に対応はしていても，例えば，取締役評価の結果明らかになった改善点へのアクションについて情報提供を行っている企業が一部に留まっている。本来，コード遵守に対する評価は，形式よりも実効性を重視して行われるものであろう（図表6-6）。

　FRC は，企業の取締役，機関投資家，学者，法律家，報道関係者といった識者に「遵守せよ，さもなくば説明せよ」原則に対する評価を求め，それを取りまとめ公表した[30]。そこでは，このアプローチ方法に対する柔軟性，迅速性，実質性，コスト負担の軽減，及び事実上の強制力に対する高い評価が示されている。

3．コーポレートガバナンスの改善に向けた取組み

　1992年以降のイギリスのコーポレートガバナンスに係る議論を踏まえ，ここではそれがこの四半世紀の間にどのように改善されたか，いくつかの観点から概観したい。Davis〔2015〕によれば，イギリスのコーポレートガバナンス論議は，回を重ねるごとに，単に企業不祥事の防止にとどまらず，企業とそのステークホルダーの関係全般に及んでいる[31]。また，特に2000年代後半の金融危機以降の論議，特にウォーカー報告書，ケイ報告書，スチュワードシップ・コードの公表に伴い，イギリスのコーポレートガバナンス論議は一段と進展を見せている。

（1）取締役会評価の強化

　イギリスでは，企業経営における権限の集中を排除する観点から，伝統的にチェック・アンド・バランス（checks and balances）を重視した取締役会評価は多くの企業で行われていた。しかし，1980年代後半に大規模な企業不祥事が頻発して以降，伝統的慣行に委ねられた取締役会評価が疑問視され，適正評

価を行う原則がコーポレートガバナンス・コードに明記されることとなった。それまで，コーポレートガバナンス・コードには取締役会及び取締役個人に関する評価についてガイダンス等は設けられていなかった[32]。

　取締役会評価の改善をまず求めたのは，2003年に公表されたヒッグス報告書（The Higgs Report）[33] である。同報告書は，2001年11月のエンロン事件を機に，取締役会及び社外取締役の役割を明確にし，企業の実効性のあるコーポレートガバナンスを推進するための勧告を提示している。ヒッグス報告書は，取締役会評価について，「取締役会，委員会及び取締役の業績は，少なくとも年１回評価されるべきである」としている。また，年次報告書に取締役の業績評価（performance evaluation）の実施の有無，実施方法について記載することを勧告している。

　ヒッグス報告書の上記勧告は，2003年の改訂統合規範（2010年よりコーポレートガバナンス・コード）に盛り込まれ，それを受ける形でロンドン証券取引所上場企業は原則として毎年取締役会評価を実施することになった。ただし，ここで求められたのは，取締役会自身の裁量による自己評価のレベルであった。

　取締役会評価の精度を一段と引き上げたのが，2009年11月に英政府が公表したウォーカー報告書であった。同報告書は，取締役会議長を年１回選出すること（勧告10）や取締役会に対する厳格な外部評価（a formal and rigorous evaluation of board's performance with external facilitation of the process）を２年又は３年に１回実施すること（勧告12）が勧告された。その内容は，2010年に統合規範から移行する形で制定されたコーポレートガバナンス・コードに盛り込まれた。その結果，FTSE350対象企業は原則，少なくとも３年に１回は取締役会の外部評価を行うこととなった。

　イギリスの銀行業界では，取締役会評価の開示を強化する傾向にある。例えば，大手英銀の一角であるバークレイズ銀行グループは，コーポレートガバナンス論議の進展を受ける形で，2004年から取締役会に対する厳格なプロセスによる外部評価に注力している。同社年次報告書（2016年）では，「取締役会の

図表6-7　バークレイズ・グループの取締役会評価に関する開示（2016年）

項　　　目	内　　　　　　　　　　　　　　　　　　容
重点事項	・2016年初頭に，取締役会が抱える一連の経営課題における優先事項について合意 ・戦略オプションの議論にかける時間を増やすため，アジェンダを改訂 ・取締役会に先立って行うフリーディスカッションの場として，「ボード・ディナー（board dinner）」を活用
取締役の経験の活用	・非常勤取締役（non-executive directors）の戦略的意思決定への参加を促進 ・2016年年間では非常勤取締役と取締役会メンバーが連携する機会は限定的だったが，非常勤取締役の経験は，米国拠点（Barclays US Inc）などで必要に応じ活用していく
取締役会活動に対する認識の向上	・全ての取締役が取締役会の参加・不参加の如何に関わらず，資料及び議事録を参照できるようにしている ・取締役会議長は，取締役会で議論された特定事項について，取締役会に対し報告を行っている。
取締役の指名手続きの改善	・取締役会後継プラン（Board succession plan）の改訂版とスキルマトリクスの更新版が取締役会指名委員会（Board Nominations Committee）に提示された ・後継プランは，在任期間を踏まえ，社外取締役に対し特に短期的に求められる資質等を記載している ・また，後継プランは，取締役に求められる主要な役割（key roles）について取り扱うほか，取締役会の最適なサイズや構造改革後の取締役会の構成についての検討も行っている
取締役の任命	・2016年の取締役会トレーニングプログラムは，金融サービスのバックグラウンドのない社外取締役を主な対象としたものだった（同プログラムについては，2016年年次報告書を参照）
グローバル金融規制に対するより戦略的な対応	・2016年の取締役会の課題は，構造改革が（バークレイズ・グループの）資本及び流動性に及ぼす影響などにより戦略的な問題にフォーカスしたものだった（具体的な活動については2016年年次報告書を参照）

（注）「スキルマトリクス（skill matrix）」は，特定の役職に求められる業務内容やスキル，現時点で備えているコンピテンシーやスキルのレベルを見やすく表示するツール
〔出所〕バークレイズ・グループ年次報告書より筆者作成

実績（Board performance）」として2頁にわたり，取締役会の評価について開示している。特に，①取締役会の優先事項（Board Priorities），②取締役会の経験の活用（Leveraging Board experience in support of executives），③取締役会の各委員会に対する認識の高まり（Greater awareness of Board Committee work），④取締役指名手続きの改善（Improvements to the Board appointment process），⑤取締役の就任（Director induction），⑥グローバル規制へのより戦略的な取組み（Dealing more strategically with global regulation）の6項目についてその状況を説明している（図表6-7）。

（2）非財務情報開示の充実

企業が長期的に成長するには，短期利益主義に走る投資家の意見に惑わされることなく，長期的視野で企業株に投資する機関投資家を惹きつけ，その持株比率を高めることが重要となってくる。そのことの重要性は，2012年7月に公表されたケイ・レビュー（最終報告書）でも指摘されたところであり，議決権行使や投資先企業のモニタリングなど機関投資家によるエンゲージメントのあり方は，2010年に公表されたスチュワードシップ・コードにも規定された通りである。長期的視野を持つ機関投資家を惹きつけるには，企業経営者が機関投資家からのエンゲージメントに前向きに対応し，短期的・形式的な財務情報の開示よりも，魅力ある成長ストーリー（企業価値の向上や持続的成長を可能とするビジネスモデルを実現するための長期的な企業戦略）を経営者自らの言葉でわかりやすく開示することが重要と考えられる。

イギリスでは，非財務情報に対する投資家の関心の高まりを背景に，2010年から政府が叙述的報告に関する見直し作業を開始し，法律改正及びガイダンス（実務指針）の制定を実施した。2013年8月，2006年会社法（Companies Act 2006）が改正され，改正会社法が制定された（同年10月に施行）。当該改正に伴い，英企業は年次報告書の一部として，戦略報告書（Strategic Report）を作成・開示することが定められた[34]。株主は，戦略報告書を通じ，ビジネスモデル，経営戦略，事業展開，業績，業界内の地位，将来性の見通しといった当

該企業の全体像に係る有用な情報を得ることができる。

　イギリスでは，その後もビジネスモデルの開示の充実に向けた取組みが続いている。2014年6月，FRCは，「戦略報告書ガイダンス（Guidance on the Strategic Report）」を公表した[35]。ビジネスモデルに関する記述についてのガイダンスを明示しつつ，企業が戦略報告書を作成する上で求められる記述の方法や考え方を提示している[36]。さらに2015年には，FRCの調査機関「財務報告ラボ（The Financial Reporting Lab）[37]」が，ビジネスモデルの開示に関し調査・研究活動を実施している。ビジネスモデル開示に係る法規則やガイダンスが整備された後も，投資家やアナリストらのその改善に向けた意識は高く，FRCがそれに応えた調査・研究であった。企業が行う報告のどのような分野に改善が必要かという点が主要なテーマだったが，調査の結果，ビジネスモデル，主要なリスク（principal risk），実行可能性（viability）の3分野の開示のあり方について関心が高いことが判明した。以降，財務報告ラボは，この3分野を重点テーマとしてあるべき開示について調査・研究を行っていく方針を示した。基本的なアプローチ方法は，先行的にビジネスモデルの開示に係る調査・研究を行い，その結果を基盤に，主要リスクや実行可能性に関する調査・研究をさらに行うことであった。

（3）業績予想に関する開示

　2012年に公表されたケイ・レビューは，短期利益志向を排し長期的な視野に基づく企業及び投資家の行動を推奨する観点から，「企業は，短期的収益の予測・発表を管理するプロセスとは距離をおくよう努めるべきである（勧告6）」と勧告している。2012年11月に英政府（BIS）が公表した同レビューに対する政府見解は，「（勧告6を）取締役の最良行為ステイトメント（the Good Practice Statement for Company Directors）に盛り込むべき」とし，「投資家と企業との間の長期的信認の構築」の重要性を指摘している。さらに2014年10月，BISはケイ・レビューの進捗報告書において，収益の推定値（point estimates）を提示するのではなく，ファン・チャート（過去のデータから将来の

予測値をレンジで示すチャート）を用い，それが示す収益の予測レンジを基に将来収益の動きについて意思疎通を図るべきである，としている[38]。そうすることで，市場予測値と実際の収益のギャップに対する不当な　批判を抑え，企業と投資家が年次株主総会において経営戦略に絞って対話することができるとしている。

（4）リスク・ガバナンス

　リスク・ガバナンスは，ウォーカー報告書において初めてその重要性が指摘された。同報告書は，金融機関の実施すべきコーポレートガバナンスのあり方について勧告している。

　金融機関が抱えるリスクが拡大，複雑化するに伴い，リスクを全社的に監視し（商品，ビジネスモデル，活動地域ごとに），常に適正な株主利益が提供されているかをモニターすること，ビジネス期間中の当該金融機関のリスク選好やリスク許容度に関する決定を行うための議論を積極的に行うことが，取締役会の役割としている。

　また，金融機関経営における「最高リスク管理責任者（Chief Risk Officer：CRO)」やリスク委員会（board risk committee）の位置づけや役割の明確化を図っている（勧告23・24）。CRO はビジネス部門とは完全に独立する立場におかれ[39]，全社的なリスクの管理を担当すること，最高水準のリスク監視プロセスを確保することを求めている。リスク委員会の基本的役割は，ビジネス案件を手掛けることで負担するリスクが取締役会が決議したリスクの範囲内に収まるのか[40]，当該金融機関や株主の長期的利益に叶うのかについて，外部のアドバイザー等の助言を得ながら検討することである。それにそぐわない場合は，当該案件は執行されるべきでないとしている（勧告26）。

　Davis〔2015〕は，金融機関の行動が要因となって金融危機を引き起こさないための最大の防御策は「怖れ（fear)」の醸成であり，慎重さと注意深さこそが（リスクに対する）楽観と役職員の金銭欲（及びそれを動機とし，金融機関や金融市場を崩壊に導きうる過度なリスクテイク）に対する闘いにおいて最

優先事項である，とした[41]。慎重さと注意深さをもって金融機関経営が直面する諸リスクに対処するのがCROやリスク委員会である。リスク管理という経営の最優先事項を司るCROは今や最高経営責任者（CEO）に最も近く，その執務室はCEOのそれより大きいとし，リスク・ガバナンスの重要性を謳ったウォーカー報告書の勧告を支持している。

（5）　報酬規制

ハンペル報告書（1998年）では，役職員報酬額の上限の設定等比較的単純な報酬規制が提示されている。しかし，金融危機後の論議では，事業環境の変化に伴い複雑化した報酬体系を考慮した報酬規制が提案されている。ウォーカー報告書の計39に及ぶ勧告のうち，報酬制度関連は計12にのぼっている。報酬制度が金融機関に過度なリスクを取らせた反省から，特に報酬のうち可変部分（賞与等）に対する取締役会レベルの監視強化を求めている。また，報酬委員会（remuneration committee）は，取締役会メンバーのみならず，受取報酬額が高額な上級社員（high end executive）の報酬方針や報酬の監視を行うことを勧告している。さらに，取締役会が受け取るインセンティブ報酬の繰延払いについて，年間賞与額の少なくとも半分以上が対象となることを求めている。

終りに

わが国では，2014年2月，金融庁が日本版スチュワードシップ・コードを公表し，さらに2015年3月，金融庁・東京証券取引所が日本版コーポレートガバナンス・コードを公表するに至っている。これにより，上場企業のコーポレートガバナンスに係る諸原則が明確化されることになった。また，2015年5月には，改正会社法が施行され，社外取締役をおかない上場企業は，その理由を定例の株主総会で報告しなければならないとされた。このように，わが国においても，コーポレートガバナンスの枠組みは着実に整備されつつある。

　こうした枠組みの整備は，イギリスにおける一連のコーポレートガバナンス論議が参考とされている。イギリスの論議を概観する時，それがわが国のコーポレートガバナンスに示唆されるところは何であろうか。そもそもイギリスは，金融市場における機関投資家のプレゼンスが高く，そうした特有の土壌が生んだ考え方がわが国にそのまま適用できるとも考えにくい。

　例えば，イギリスでは，1992年以降「遵守せよ，さもなくば説明せよ（comply or explain）」を基盤とし，制度としての柔軟性を確保してきたわけだが，企業ごとに最適なコーポレートガバナンスは異なるものという立場に立った場合，その考え方はわが国に根付くのだろうか。その場合懸念されるのは，日本企業の横並び意識，政府等「お上」の方針に素直に服従する文化である。日本版スチュワードシップ・コードの策定に金融庁が関与している限りは，企業は単に形式的にコードを遵守する可能性がある。日本企業がイギリスの"comply or explain"本来の意味を理解し，その趣旨に沿って適切に運用するには相当な努力が必要となろう。

　次に，企業が長期的視野で経営を行うためには，長期視点を持った機関投資家を惹きつけるために何を開示すればよいか，企業の長期的成長ストーリーを訴えるために有効な情報開示手段は何かという点である。わが国でも統合報告書を作成する企業は増加しているが，単に財務情報を掲載した年次報告書と持続可能性報告書を合体させるだけでは十分ではなかろう。統合報告書には例えば，企業価値や経済社会に重要な影響を与え得る事項等，長期投資家に訴える有効な情報の掲載が求められる。ただ，多くの日本企業は「有効な情報」の選別には経験・知識は必ずしも十分とはいえず，投資家との対話を通じて，今後それを模索していく必要も出てこよう。

　わが国政府や企業が，上記のような課題を乗り越え，イギリス等の方法論を参考にさらにコーポレートガバナンスの質を向上させたならば，今後の金融制度論議は多少なりとも変容していくのではなかろうか。金融危機の再発防止に向け，グローバルレベルでの金融規制統一化を目指した国際金融規制改革は，一方で多くの負の影響を金融機関や金融市場にもたらし得る。本来，各国法の

レベル（ハード・ロー）に踏み込んで規制の調和を図るのは困難であり，グローバルレベルでは，従来通り自己資本規制などをソフト・ロー・ベースで課しそれを改善していくことに注力するのが妥当であろう。金融危機の根本原因が「金融機関の過度なリスクテイク行動」であったことを見据えた場合，金融規制の強化よりも，コーポレートガバナンスを強化することこそが，本来求められる危機防止策であろう。

＜注＞

1 ）　例えば，オフショア投資家が，オフショア市場でブッキング又は規制対象外の法人を使い規制回避を図ろうとするなどは，国家間の制度の違いを利用した規制アービトラージの典型例である。Riles〔2014〕, p.66.

2 ）　英国では，1997年から金融サービス機構（UK-FSA）による金融機関の包括的な監督が行われてきたが，UK-FSA は2013年 4 月 1 日をもって，健全性規制機構（Prudential Regulatory Authority：PRA）と金融行為監督機構（Financial Conduct Authority：FCA）に分割され，「ツインピークス体制」と呼ばれる新金融監督体制に移行した。

3 ）　Davis〔2015〕, p.96.

4 ）　金融機関による「過度なリスクテイク行動」の具体的内容は，漆畑〔2017〕, pp.74-81. に詳しい。

5 ）　*The Committee on the Financial Aspects of Corporate Governance*, also known as "*Cadbery Committee*"

6 ）　The Committee on the Financial Aspects of Corporate Governance〔1992〕, *Report of the Committee on the Financial Aspects of Corporate Governance*, Dec.

7 ）　Study Group on Directors' Remuneration, also known as "*Greenbery Committee*"

8 ）　Study Group on Directors' Remuneration〔1995〕, *Directors' remuneration-report of a study group chaired by Sir Richard Greenbury*, Jul.

9 ）　The Committee on Corporate Governance, also known as "*Hampel Committee*"

10）　The Hampel Committee〔1998〕, *Final Report-Committee on Corporate Governance*, Jan.

11）　The Institute of Chartered Accountants in England and Wales〔1999〕, Internal Control: Guidance for Directors on the Combined Code, Sep, also known as "*Turnbull Report*"

12）　英国企業，特に上場企業の管理運営機構の仕組みとその具体的な運営ルールは，基本的に議会制定法である会社法（the Companies Act）に規定されているが，同国のコーポレートガバナンス論議のなかで，ロンドン証券取引所の上場規則にある統合規範がそのモデルとされるべき仕組みを，より実務に即した形で具現化するに至っている。統合規範は，議会制定法ではなく，それを遵守する強制力も遵守しない企業に対する制裁もないため，厳密な意味での法令（hard law）ではない。しかし，当該規範を含む取引所上場規則の制定権限は旧金融サービス機構（UK-FSA）にあったこともあり，当該規範が英国上場企業の運営管理機構の仕組みに関する極めて重要なルール，ある種法的権威のあるルールとして機能している。統合規範は，1998年 6 月にハンペル委員会によって公表されたが，2003年 7 月に改正され，同年11月 1 日以降に始まる会計年度から適用されている。改正統合規範は，主要原則及び補助原則，規範条項からなる。Financial Reporting Council〔2003〕, The Combined Code on Corporate Governance, July

13）　現在は「英ビジネス・イノベーション及び技能省（Department for Business Innovation & Skills：BIS)」。

14)　The Higgs Committee 〔2003〕, *Review of the Role and Effectiveness of Non-Executive Directors*, Jan.

15)　HM Treasury 〔2009〕, *Reforming financial markets-Presented to Parliament by The Chancellor of the Exchequer by Command of Her Majesty*, July

16)　ウォーカーレビューの勧告対象は，当初「銀行（banks）」だったが，2009年4月に「他の金融機関（other financial institutions）」が加えられ，「銀行及びその他の金融機関（banks and other financial institutions：BOFI）」となった。これは基本的に，「UK-FSA が認可する全ての金融機関（all FSA-regulated institutions）」を意味しており，銀行をはじめ生命保険会社，損害保険会社，金融サービス会社（ヘッジファンド，金融ブローカー等），証券取引所などが対象となっている。

17)　その作成にあたり，英政府が同氏に付託した事項（terms of reference）は，英金融機関のコーポレートガバナンスの実施状況について検証し，①報酬におけるインセンティブのあり方を含む取締役会レベルでのリスク管理の実効性，②英銀行の取締役会に求められる能力・経験・独立性のバランス，③取締役会実務の実効性及び監査・リスク・報酬・指名各委員会のパフォーマンス，④金融機関やその取締役会のモニタリング手段としての機関株主（institutional investors）の役割，⑤コーポレートガバナンス改革に関するアプローチと国際的な実務との整合性，各国及び国際的なベストプラクティスの伝播，について提言を行うことである。

18)　The Walker review secretariat 〔2009〕, *A review of corporate governance in UK banks and other financial industry entities*, Jul 一般的に，「ウォーカーレビュー」は本協議文書のことを指す。

19)　HM Treasury 〔2009〕, *A review of corporate governance in UK banks and other financial industry entities: Final recommendations*, Nov., also known as "*The Walker Report*"

20)　Financial Services Authority（UK-FSA）〔2009〕, *CP09/10: Reforming remuneration practices in financial services*, Mar.

21)　Financial Services Authority 〔2009〕, *Reforming remuneration practices in financial services -Feedback on CP09/10 and final rules*, Aug.

22)　FRC 〔2003〕, pp.19-20.

23)　The Walker review secretariat 〔2009b〕, p.91.

24)　Department for Business Innovation & Skills（BIS）〔2012〕, *The Government Response to the Kay Review*, Nov.

25)　財産管理人の受託者責任（fiduciary duty）は，信託の受益者，受託者間で生じる関係である。スチュワードシップや受託者責任は，いずれも財産管理人がその職務を全うする上で，顧客又は最終受益者の最善の利益を実現するために行動すべきという概念である点で共通している。

26)　機関投資家の遵守すべき7原則は，①財産管理人（steward）としての方針の公開，②財産管理人としての利益相反管理に係る方針の公開，③投資先企業の監視，④財産管理人としての活動・機能を強化するための方針の明確化，⑤他の機関投資家と集合的に行動すること，⑥議決権行使及びその開示に係る方針の明確化，⑦財産管理人としての行動及び議決権行使に関する定期的な報告である。

27)　FRC によるスチュワードシップ・コードの監督には，将来にわたる形式的・定期的なモニタリングのプロセスが含まれている。その一環として，当該コードへのコミットメントを表明する機関投資家は，スチュワードシップ・コードの遵守状況に関する調査への参加を求められ，その結果を毎年公表することとなっている（ウォーカー報告書の勧告18及び勧告18B に対応した規定）。

28)　例えば，大手米銀 JP モルガン・チェースのデイビッド・メイヒュー（David Mayhew）副会長のエッセイではこうした考え方が述べられている。FRC 〔2012〕, pp.29-32.

29)　Lowe, Simon 〔2014〕, *Threat to corporate governance as compliance improves*, Dec.18. http://www.grantthornton.co.uk/insights/uk-corporate-governance-under-threat-as-compliance-improves/

30)　FRC 〔2012〕, Comply or Explain, 20th Anniversary of UK Corporate Governance Code, Nov

31)　Davis〔2015〕, pp.96-97.

32)　The Higgs Committee〔2003〕, p.49.

33)　The Higgs Committee〔2003〕, *Review of the Role and Effectiveness of Non-Executive Directors*, Jan.
http://webarchive.nationalarchives.gov.uk/20090609051856/http://www.berr.gov.uk/files/file23012.pdf

34)　2006年会社法改正に伴い，戦略報告書には，①経営戦略，②ビジネスモデル，③当該事業年度末時点の取締役，上級幹部，従業員の男女別人数，を開示することが義務化された。（英2006年会社法第414C条第（8）項）

35)　FRC〔2014〕, *Guidance on the Strategic Report*, Jun.　英ビジネス・イノベーション・技能省（BIS）が，FRC に対し，英会社法で義務化された戦略報告書を作成する際の企業向けガイダンスの作成を依頼したもの。

36)　ビジネスモデルの記述について，①長期にわたり，企業価値をいかに創出・維持するか，②企業の活動内容とその背景，③競合や類似企業との差別化に係る要素，④当該企業の組織構造，⑤当該企業の活動する市場の内容，当該市場でのポジショニング，⑥企業価値の創出・維持を行う上で最も重要なビジネスプロセス，⑦企業が成功するために必要なリレーション，リソースその他，⑧ビジネスモデルの記載は，戦略報告書や年次報告書の内容や質の向上に寄与しているか，といったガイダンスが示されている。

37)　FRC に設置された企業財務報告の効果を改善するための調査を実施する機関で，FRC，企業（65社），機関投資家（60社），個人投資家（300名），アナリスト等がメンバー（2017年7月末時点）。投資家やアナリスト等が関与する形で，あるべき開示のあり方を調査研究・発信することが主な役割。その活動資金は FRC が拠出している。https://www.frc.org.uk/Financial-Reporting-Lab.aspx

38)　Department for Business, Innovation and Skills〔2014〕, *Building a Culture of Long-Term Equity Investment-Implementation of the Kay Review: Progress Report*, Oct., p.23.

39)　この場合，勧告によれば，組織内の位置づけが特異な CRO の在任期間や報酬水準は，取締役会が決定する。

40)　例えば，M&A 案件で当該金融機関がアドバイザーに就任する場合，当事者企業のデューデリジェンスでそのアプレイザル・バリュー（appraisal value）を算定した結果，当該案件の執行に伴い金融機関が抱えるリスクは許容範囲内に収まるのかといった点。

41)　Davis〔2015〕, pp.106-107.

＜引用・参考文献＞

漆畑春彦〔2016〕「最近の国際金融規制改革の展開と大手銀行の戦略変更」『平成法政研究』第21巻第1号　2016年10月

漆畑春彦〔2017〕「大手銀行による OTD モデル偏重と金融危機」『平成法政研究』第21巻第2号　2017年3月

林　順一〔2015〕「英国コーポレートガバナンスの特徴とわが国への示唆」『証券経済学会年報』第50号別冊　2015年7月

The Committee on the Financial Aspects of Corporate Governance〔1992〕, *Report of the Committee on the Financial Aspects of Corporate Governance*, Dec.

Davies, Howard〔2015〕*Can Financial Markets be Controlled?*, Polity, Feb

Department for Business, Innovation & Skills（BIS）〔2012〕, *Ensuring Equity Markets Support Long-Term Growth, The Government Response to the Kay Review*, Nov

Department for Business, Innovation & Skills〔2014〕, *Building a Culture of Long-Term Equity Investment-Implementation of the Kay Review: Progress Report*, Oct.

Financial Reporting Council (FRC) [2003], *The Combined Code on Corporate Governance*, July

Financial Reporting Council [2012], *Comply or Explain 20th Anniversary of the UK Corporate Governance Code*, Nov

Financial Reporting Council [2014], *Guidance on the Strategic Report*, Jun.

Financial Reporting Council [2015], *Developments in Corporate Governance and Stewardship 2014*.

Financial Services Authority (UK-FSA) [2009], *Reforming remuneration practices in financial services*, Mar.

Financial Services Authority [2009], *Reforming remuneration practices in financial services -Feedback on CP09/10 and final rules*, Aug.

The Hampel Committee [1998], *Final Report-Committee on Corporate Governance*, Jan.

The Higgs Committee [2003], *Review of the Role and Effectiveness of Non-Executive Directors*, Jan.

HM Treasury [2009a], *Reforming financial markets-Presented to Parliament by The Chancellor of the Exchequer by Command of Her Majesty*, July

HM Treasury [2009b], *A review of corporate governance in UK banks and other financial industry entities: Final recommendations*, Nov.

Kay, John [2012], *The Kay Review of UK equity markets and ong-term decision making-Final Report*, July
http://www.ecgi.org/conferences/eu_actionplan2013/documents/kay_review_final_report.pdf#search=%27Kay+Report%27

Simon Lowe, *Threat to corporate governance as compliance improves*, Dec.14, 2014
http://www.grantthornton.co.uk/en/insights/uk-corporate-governance-under-threat-as-compliance-improves/

Nedelchev, Miroslav [2013], Good Practices in Corporate Governance: One-Size-Fits-All vs. Comply-or-Explain, International Journal of Business Administration, Vol.4, No.6.

NSE [2014], *Comply or Explain-An alternate approach to corporate governance*, Quarterly Briefing No. 4, Jan.

Riles, Annelise [2014], *Managing Regulatory Arbitrage: A Conflict of Laws Approach*, Cornell Legal Studies Research Paper, Sep.

Study Group on Directors' Remuneration [1995], *Directors' remuneration-report of a study group chaired by Sir Richard Greenbury*, Jul.

Thornton, Grant [2014], *Corporate Governance Review 2014-Plotting a new course to improved governance*.
http://www.grantthornton.co.uk/insights/corporate-governance-review-2014-highlights-infographic/

The Walker review secretariat [2009a], *A review of corporate governance in UK banks and other financial industry entities*, Jul

The Walker review secretariat [2009b], *The final report A review of corporate governance in UK banks and other financial industry entities*, Nov.26.

第Ⅲ編　金融技術革新と証券業

第7章 デジタルイノベーションがもたらすリテール金融・証券ビジネスの変革

はじめに

　本章の目的は，近時において金融分野での取り組みが活発になっている，デジタルイノベーションがもたらすリテール金融・証券ビジネスの変革についてみていくことにある。まず第1節において，フィンテックとデジタルイノベーションの概念や対象分野について確認し，第2節では海外におけるデジタルイノベーションの取り組みをみていく。そして，第3節で日本における取り組みに焦点を当て，最後の第4節ではデジタルイノベーションがもたらすリテール金融・証券ビジネスの変革を展望したい。

1．フィンテックとデジタルイノベーション

（1）フィンテックとは

　ここ数年，フィンテックという言葉が新たな金融を語る上でのキーワードとしてすっかり定着してきた。このフィンテック（FinTech）という言葉は，金融（Finance）と技術（Technology）を組み合わせた造語であり，概念的には金融と新たなテクノロジーとが結びついたイノベーションを表している。広義では「テクノロジーを活用した金融サービス全般」を指す一方，「IT ベンチャー企業（フィンテック企業）等により提供される新たな金融サービス」に限定して使用されることも多い。フィンテック企業は，ベンチャー企業として

の機動性を活かすことによってテクノロジーを活用した新たな金融サービスを考案，提供する動きを進めている。その一方で，既存の金融機関は，テクノロジー活用において「自前主義」には必ずしもこだわらず，分野毎にフィンテック企業等との連携を機動的に行なうことで，スピード感を持って先進的なサービスを提供していくという，「オープン・イノベーション」の取り組みを進めている。こうした動きが進む中，「金融サービスのアンバンドリング化」ともいうべき構造変化がまず欧米で先行し，日本でも少しずつみられるようになってきている。

（2）フィンテックとデジタルイノベーション

　フィンテックという言葉は，新たな金融の姿を考える上で引き続き重要なキーワードの一つだが，最近ではさらに一歩進んだ包括的な概念として，デジタルイノベーションという言葉が金融分野において多く用いられるようになってきている。

　デジタルイノベーションは，デジタルテクノロジーを活用して新たなサービスを提供するとともに，業務プロセス改革を推進し，ひいてはビジネスモデルそのものの転換を進めていくという，包括的で革新的な取り組みを指すとされている。デジタルイノベーション自体は，金融に限らず様々な産業で対応が進められているものであるが，特に金融の分野では，大きな構造変革をもたらす取り組みとして注目度が高まっている。単にファイナンスとテクノロジーの組み合わせによる新たな金融サービスの提供ということに留まらず，デジタルを用いて，「金融のあり方そのもの」のイノベーション，つまり革新を進めていくというものである。

　フィンテックという言葉は「テック」，すなわち進展する技術を金融にどう活かしていくかというアプローチにフォーカスを当てているとも言えるが，もはや「技術活用」の範疇に収まる潮流ではなく，金融サービスのフレームワークを抜本的に革新していくという局面へと進化してきており，そうした概念を表すものがデジタルイノベーションと言える。

（3）フィンテック・デジタルイノベーションの分野

　金融におけるデジタルイノベーションの対象は，幅広い分野に亘っている。銀行監督に関する国際的な組織であるバーゼル銀行監督委員会が2017年8月に公表した，"Sound Practices: Implications of fintech developments for banks and bank supervisors"では，①分野別イノベーションと②マーケットサポートサービスに整理したうえで，フィンテック・デジタルイノベーションの対象分野を示している（図表7-1）。

　フィンテック・デジタルイノベーションの対象分野は，金融全般でみれば，決済など銀行業務に関連した分野のウェイトが高くなっているものの，証券分野の関わりのある領域も多く存在する。例えば，分野別では，クラウドファンディング，HFT（機関投資家による高頻度取引），ロボ・アドバイザーなどが挙げられる。またマーケットサポートサービスでは，ビッグデータ分析等を活用したデータアプリケーション，ブロックチェーン技術などを用いた証券決済，AI／人工知能を活用した自動ファイナンスやアルゴリズム取引，などが

図表7-1　フィンテック・デジタルイノベーションの対象分野

分野別イノベーション			
預金・貸出・資本市場	ペイメント・クリアリング・決済サービス		投資マネジメント
クラウドファンディング	リテール	ホールセール	HFT（高頻度取引）
マーケットプレイス貸出	モバイルウォレット	価値移転ネットワーク	ミラートレード
モバイル銀行	P2P資金移動	FX（ホールセール）	電子取引
スコアリング貸出	デジタル通貨	デジタルプラットフォーム	ロボ・アドバイザー

マーケットサポートサービス	ポータル・データアグリゲーション
	エコシステム（インフラストラクチャー，オープンソース，API）
	データアプリケーション（ビッグデータ分析，マシンラーニング，予測モデル）
	DLT／分散型台帳（ブロックチェーン，スマートコントラクト）
	セキュリティ（本人確認・認証手続）
	クラウドコンピューティング
	IoT（Internet of things），モバイルテクノロジー
	AI／人工知能（自動ファイナンス，アルゴリズム）

（資料）バーゼル銀行監督委員会資料より，みずほ総合研究所作成

挙げられる。また金融機関の業務運営面においては，金融規制・コンプライアンス対応，業務効率化，コスト削減なども関係してくる。

　フィンテック・デジタルイノベーションは，元々は「フィンテック企業による，各分野での新たなイノベーションの探求」という形で，個別の分野で発展を遂げてきたものが多かった。しかしながら，最近では，金融機関による統合的な業務革新の取り組み，つまりデジタルイノベーションを推進する動きが拡大している。

2．海外での取り組み

（1）欧米大手金融機関の取り組み（概観）

　欧米大手金融機関は，近年デジタル化を加速させている。この背景としては，当然ながらIT技術の進展が大きい。フィンテック企業等はIT技術の進展を金融に活かすべく，高利便性・低手数料の新たな金融サービスを開発，提供する動きを拡大させてきた。こうした中，既存の金融機関においては，フィンテック企業等が提供する新たなサービスと競合し，収益性が低下するリスクに晒される面も生じた。こうした状況を踏まえ，既存の金融機関は，「オープン・イノベーション」を重視し，フィンテック企業等と協働することで自らの金融サービス提供力を高めること，つまりデジタリゼーションの有用性を認識し，取り組みを強化する方向へと舵を切ってきている。このように，欧米大手金融機関では，自前でのIT開発体制拡充と「オープン・イノベーション」によるフィンテック企業等との協業を両輪として推進する動きを加速させている。

　大手金融機関とフィンテック企業それぞれの特性を考えると，大手金融機関では，厚い顧客基盤，業歴に培われた信用力，大規模で堅牢な金融取引システムの保有・運営，といった強みを持っている。一方で，フィンテック企業は，従来の枠組みに捉われない革新的な発想，先進的なIT技術へのアクセス，小

図表7-2　大手金融機関におけるオープン・イノベーションの取り組み

テクノロジーへの 戦略的投資	オープン イノベーションの推進	優秀なテクノロジー 人材の確保

買収	✓ 直接または傘下ベンチャーキャピタルを通じてフィンテック企業を買収。サービス・技術・人材の取り込みを図る
提携／ パートナー シップ	✓ フィンテック企業と提携し，フィンテック企業が持つ顧客基盤を活用することにより，自らのビジネスを拡大
	✓ アクセラレータ・プログラム[※]やインキュベーション施設等を通じてフィンテック企業と提携し，自らの顧客に新たなサービスを提供
社内組織 の強化	✓ イノベーションの発掘・活用を目的に，部門横断的な組織を設立 ✓ 外部から専担人材を登用

（※）開発資金（出資）や開発場所，一定期間の指導（メンター）を提供するプログラム。通常は応募コンテスト，プログラム（数ヶ月），デモ・デーの構成となる
（資料）みずほ総合研究所作成

　規模な組織という特性を活かした開発面での機動性・意思決定の速さ，といった特徴を有している。フィンテックという言葉が拡大していった当初は，大手金融機関とフィンテック企業との関係について，「新たな金融サービスへの参入を進めるフィンテック企業は，大手金融機関にとって脅威」との捉え方が主流であった。しかしながら，近時においては，大手金融機関とフィンテック企業それぞれの強みを活かす形での協業を重視して取り組む動きが強まっている。デジタルイノベーションを加速させていく上で，既存の金融機関とフィンテック企業はお互いを不可欠な存在と位置付け，大手金融機関の側では，「オープン・イノベーション」の体制整備を強化する動きが活発化している（図表7-2）。

（2）米国証券分野におけるフィンテック・デジタルイノベーション進展の背景

　次に，アメリカの証券分野におけるフィンテック・デジタルイノベーション進展の背景をみていきたい（図表7-3）。この背景を考える上では，顧客のトレ

図表7-3　米国証券分野におけるフィンテック・デジタルイノベーション進展の背景

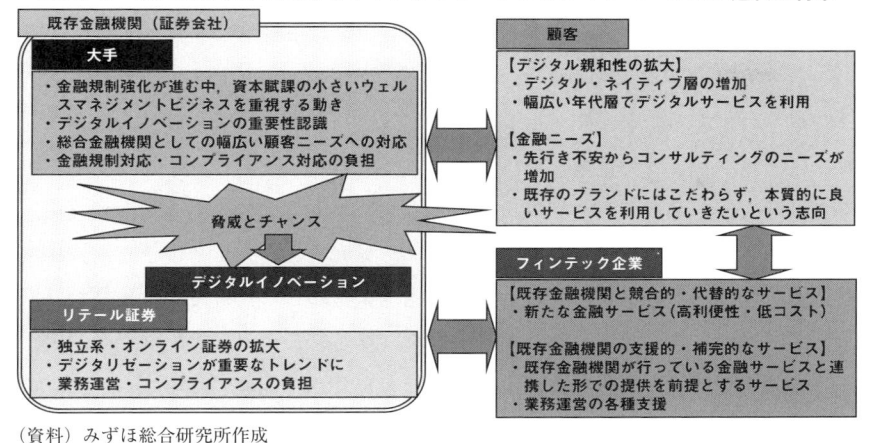

（資料）みずほ総合研究所作成

ンド，既存金融機関の経営環境と経営戦略の方向性，そしてフィンテック企業の動向が絡み合って関係してきている。

　まず顧客のトレンドだが，1990年代後半からの家庭用PCの普及を経て，2007～08年頃からスマートフォンやタブレット端末が急速に普及し，若年期から自然とデジタル活用に慣れ親しんでいるデジタル・ネイティブ層が増加していった。デジタル・ネイティブ層の年齢幅も拡がりをみせるようになり，デジタルを活用した金融サービスに対するニーズの高い顧客層が拡大してきた。また，利用したい金融サービスについては，先行きに関する様々な不安から資産形成に関してのコンサルティングニーズが増加するとともに，金融機関を選択する際には，元々の知名度といった，単なる「ブランド志向」に対する依拠が低下する一方，ブランドには必ずしもこだわらず，本質的に良いサービスを選んで利用していきたい，という志向が顧客の間に強まってきている。

　次に，既存金融機関についてみると，2008年の金融危機を受けて金融規制強化が進む中，特に大手金融機関ではビジネスモデルの修正が進んだ。金融機関に対する資本賦課が従前より高まることとなったトレーディング等のホールセール業務を削減する一方で，資本賦課の小さいウェルスマネジメントビジネ

スなどを重視する動きが強まっていった。

　大手金融機関としては，総合金融機関として幅広い顧客ニーズへの対応が求められると共に，金融規制やコンプライアンスへの対応負担も増す中，顧客ニーズへの対応と金融規制・コンプライアンスへの対応という両面から，デジタルイノベーションの重要性認識が高まる動きとなっている。またリテール証券では，大手金融機関が富裕層取引に重点をシフトさせていく中で，独立系・オンライン証券を中心に，取り扱いシェアが拡大する一方で，大手と同様に業務運営・コンプライアンス対応の負担も増加することとなった。こうした状況下，顧客ニーズへの対応と業務運営・コンプライアンス対応の両面から，デジタルイノベーションを重要と認識して取り組む動きを強めている。

　フィンテック企業は，IT技術が急速に進展する中，機動性を活かして新たな金融サービスの開発・提供を進めるようになった。既存金融機関にとって，フィンテック企業が開発・提供する競合的・代替的なサービスは脅威となった面もあるものの，先述の通り，近時では「オープン・イノベーション」を重視し，フィンテック企業との協業をビジネス革新のチャンスと捉えて積極的に取り組む動きが拡大している。

　このように，米国証券分野においては，既存金融機関における金融危機以降の経営環境と経営戦略，顧客のデジタルを活用した金融ニーズへの高まり，それにIT技術が急速に発達する下でのフィンテック企業の台頭が相俟った中で，金融機関が「オープン・イノベーション」の下でデジタルイノベーションを進展させていく，という構図になっている。

（3）米国大手金融機関の取り組み

　次に，米国大手金融機関における取り組みをみていきたい。ここでは事例として，ゴールドマン・サックスとモルガン・スタンレーを採り上げる。全般的な特徴としては，「オープン・イノベーション」の下でのフィンテック企業との協業の推進，ビッグデータ解析やAIの活用，デジタルプラットフォームの拡充，そして業務運営におけるデジタル活用の強化による効率化・コスト削減

の推進などが挙げられる。そして，各分野におけるデジタル化の推進といった点に留まらず，「サービス提供体制・業務運営体制の全体を貫く形でのデジタルイノベーションを実現していく」という明確な方向性を持った取り組みがみられる。

（a）ゴールドマン・サックス

アメリカの大手金融機関であるゴールドマン・サックスは，テクノロジーを中心に据えて自らのビジネスモデル，ビジネスプロセスの再構築を推進している（図表7-4）。「オープン・イノベーション」の下でフィンテック企業等への戦略投資を行う一方，自社でのIT開発も積極的に行い，サービス品質の向上・業務効率化を図るとともに新たなビジネスの創出にも力を入れている。

既存サービスの高度化・効率化の面では，様々なフィンテック企業との連携を行っている。例えば市場動向の分析ツール，市場参加者同士のチャットや情報共有プラットフォームの提供，銀行が値決めや取引手数料の算出を行う際に利用する一連のリファレンス・データの管理，ビッグデータ解析による顧客行動分析とマーケティング活動，などが挙げられる。また，新規ビジネスへの参入では，オンラインでの消費者ローンやネット銀行に取り組むなど，投資銀行

図表7-4　ゴールドマン・サックスの取り組み

既存サービスの高度化，効率化

分野	連携企業名	事業概要
市場分析	KENSHO	気象，選挙，戦争，自然災害など，過去にイベントが生じたときに株式市場がどのように反応したかビッグデータを解析し，株式売買の判断をサポート
コミュニケーション	SYMPHONY	市場参加者同士のインスタント・メッセージ（チャット）や情報共有プラットフォーム
リファレンスデータ管理	SmartStream (SPRed)	銀行が値決めや取引手数料の算出を行う際に利用する一連のリファレンス・データを管理
顧客行動分析マーケティング	Context Relevant	ビッグデータ解析により，人と機械の行動を理解し，インサイダー取引やハッキング等の不正検出やマーケティングの手段としての利用が可能

新規ビジネスへの参入

分野	内容
オンライン消費者ローン	別ブランド名のMarcusで運営 オンラインを通じた消費者ローンで，固定金利・無手数料が特徴
プライベートバンク向けオンライン貸出	プライベートバンキング（PB）を担う証券会社等に対して，オンラインを用いたPB顧客向けの貸出サービスを行うデジタルプラットフォームを提供

（資料）当社公表資料より，みずほ総合研究所作成

業務を中核とする当社の業務範疇を超えて，デジタルイノベーションによる新たな金融ビジネスの創出に力を入れている。

（b）モルガン・スタンレー

　ホールセールとウェルスマネジメントの両面に強みを持つモルガン・スタンレーもデジタルイノベーションを加速させている。このうち，ウェルスマネジメントにおけるデジタルイノベーションを通じた革新では，①顧客とのエンゲージメント（絆）の加速，②新たな顧客資産の獲得，③支店運営体制とフィナンシャルアドバイザー(FA)マネジメント体制のデジタル活用を通じた効率化，などを掲げている（図表7-5）。

　①顧客とのエンゲージメントの加速では，顧客の属性やライフイベントを踏まえ，顧客に関連性のあるアドバイスをタイムリーに提供していくための予測分析・機械学習の強化に力を入れている。また，FAによる対面での顧客接点だけでなく，SNSやビデオカンファレンスなども活用したマルチチャネル体制の拡充も進めている。

　②新たな顧客資産の獲得では，既存顧客とのリレーションシップを新たな形で構築し，それをさらに深化させていくためのデジタルプロダクツの拡充に力を入れている。具体的には，世代間資産移転のサポート機能，「誰がデジタル

図表7-5　モルガン・スタンレーの取り組み

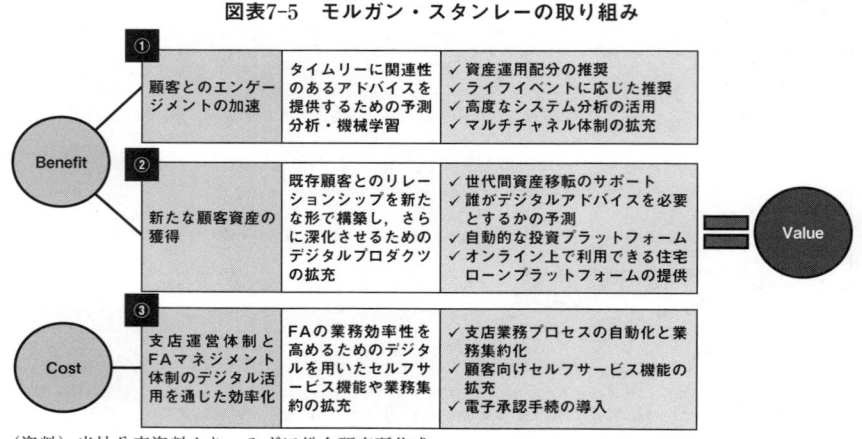

（資料）当社公表資料より，みずほ総合研究所作成

アドバイスを必要とするか」を予測し，ニーズが見込まれる顧客に対してデジタルでのアドバイスを的確に提供していく機能，自動的な投資プラットフォーム，更にはオンライン上で利用できる住宅ローンプラットフォームの提供，などに取り組んでいる。

そして，③支店運営体制とFAマネジメント体制のデジタル活用を通じた効率化では，FAの業務効率性を高めるための，デジタルを用いたセルフサービス機能の拡充，支店業務プロセスの自動化と支店以外の業務拠点への業務集約化，電子承認手続の導入，などを進めている。

（4）米国リテール証券会社・資産運用会社等での取り組み

アメリカでは，大手金融機関以外でも，リテール向けを中心とする証券会社や資産運用会社において，デジタルイノベーションに力を入れる動きが進んでいる。

IT技術の活用という点では，1990年代からインターネット技術が発達する中で発展を遂げてきたオンライン証券会社は，かねてよりデジタル活用に力を入れてきたと言える。しかしながら，こうしたオンライン証券会社においても，昨今の局面はデジタルイノベーションを推進していくべき重要な時期であると認識し，新たなパラダイムへのシフトを進めていこうという動きが見られる。

リテール資産運用では，ロボ・アドバイザーと称される金融サービスが一定の拡大を遂げている。ロボ・アドバイザーとは，主にオンラインを通じてセルフ・プロファイリングを実施し，それに基づく運用方針に沿った，ETF・投信等による投資一任等による資産運用・リバランス機能などを提供するサービスが基本形である。発展における当初のステージでは，フィンテック企業が主なプレイヤーとなっていたが，近時ではオンライン証券会社のチャールズ・シュワブ，大手資産運用会社のバンガードが力を入れ，主要プレイヤーの上位を占めるようになってきている。またロボ・アドバイザーを提供するフィンテック企業も既存金融機関等の傘下に入る動きが進んでいる。

　また，従来からオンラインでの取引が中心となっていた株式等の証券取引だけでなく，これまではアドバイザーによる対面対応にもっぱら依拠してきたウェルスマネジメントビジネスでもデジタリゼーションの波が押し寄せている。例えば，富裕層向けのウェルスマネジメントビジネスにおいて，アドバイザーによる対面サービスをサポートする機能としてロボ・アドバイザーを用いるというハイブリッドモデル（ロボ・アドバイザーの機能を活用した，アドバイザーによるサービス）が拡大している。こうした活用方法は「サイボーグモデル」とも呼ばれ，大手金融機関での取り組みが進んでいるだけでなく，独立系の投資アドバイザーに対して取引プラットフォームを提供する独立系のリテール証券会社においても，競合他社との差別化を打ち出していく上での重要なサービスとして，こうした取り組みに力を入れる動きが加速している（図表7-6）。

　ここでは，事例として独立系証券会社である LPL Financial の取り組みをみていきたい（図表7-7）。当社は自社運営の拠点ネットワークを持たず，独立系の投資アドバイザー等に対して取引プラットフォームを提供する機能や，銀行における投信販売の支援機能の提供等を主なビジネスとしている。

　当社では経営環境認識の一つとして，「ウェルスマネジメントにおけるデジ

図表7-6　ロボ・アドバイザー　今後の方向性

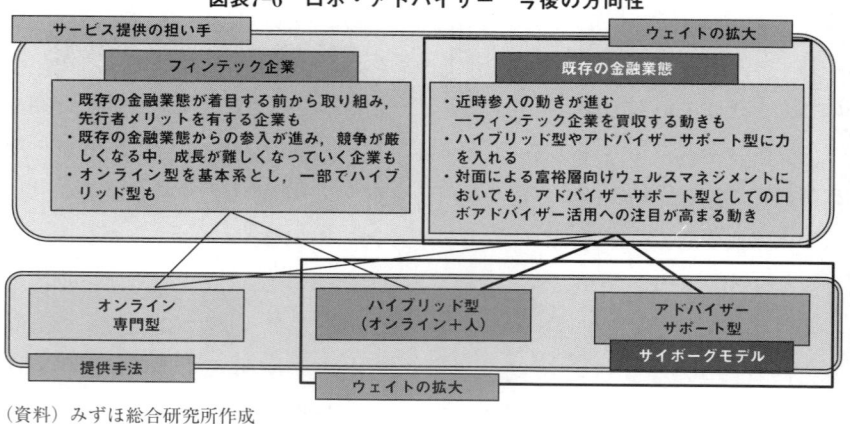

（資料）みずほ総合研究所作成

図表7-7　LPL Financial の取り組み

独立系証券ビジネスのトレンド

規制の影響 米国労働省(DOL)のFiduciaryルールは，業界規模を変えてしまう	アドバイザリーへのシフト アドバイザリーに基づくフィーベース資産が急速に増加
ウェルスマネジメントにおけるデジタリゼーション テクノロジーを活用したソリューションの拡がりは，アドバイザーの成長と生産性向上をもたらす	バリューチェーンを通じたコスト感度の高まり 投資家におけるコスト感度の高まりは，投資手法の選択方法に影響を与える

各分野での取り組み

Research Solutions	Product & Platform	Advisor Experience	Point of Sale Services
✓ 低コストの投資マネジメントサービスの提供 ✓ SMA(投資一任勘定)のプラットフォーム改善	✓ アドバイザリープラットフォームの改善 ✓ 独立投資アドバイザー向けのカストディ業務の業務処理能力の拡張 ✓ Robo Solution	✓ オペレーショナルプロセスの80〜85%を自動化 ✓ "the advisor service center"の再構築 ✓ ClientWorks	✓ 投資家への"Digital experience"の提供 ✓ セールスプロセスを「端から端まで」サポート ✓ "Business Intelligence"を活用したセールス機会の創出

(資料) 当社資料より，みずほ総合研究所作成

タリゼーション」を挙げている。独立系の投資アドバイザーに対してテクノロジーの活用度合を高めた取引プラットフォーム・ソリューションを提供することで，投資アドバイザーのビジネス拡大と生産性の向上をもたらす，としている。そしてかかる認識の下，「ウェルスマネジメント分野におけるデジタル活用強化」を推進している。具体的には，投資アドバイザーに提供する取引プラットフォームの利便性向上，業務処理能力の拡張，オペレーショナルプロセスの自動化率向上，顧客に対する投資アドバイザーのセールスプロセスの支援強化などに取り組んでいる。そして各分野での個別の取り組みに留まらず，「統合的な形でのウェルスマネジメント分野におけるデジタルイノベーション」を実現すべく，様々な取り組みを行っている。

(5) 関係当局の課題認識と取り組み

　これまで，金融機関におけるデジタルイノベーションに関する認識や取り組みをみてきたが，関係当局においても金融におけるデジタルイノベーションの重要性について認識を強めている。ここでは，国際的な関係当局におけるデジタルイノベーションの課題認識と取り組みについてみていきたい。

（ａ）FSB（金融安定理事会）

FSB（世界の主要25か国・地域の中央銀行，金融監督当局，財務省等の代表
で構成され，金融システムの脆弱性への対応や金融システムの安定を担う当局
間の協調の促進に向けた活動などを行う会議体）は，2017年6月に "Financial
Stability Implications from FinTech Supervisory and Regulatory Issues that
Merit Authorities' Attention" を公表している（図表7-8）。この中で，フィン
テック・イノベーションのドライバーとして，①消費者の期待の変化，②技術
の進化，③金融規制や市場構造の変化を挙げるとともに，いくつかの要因は，
これまでに生じてきた金融サービスの発展とは異なる形でのイノベーションを
もたらしうる，としている。この要因として，具体的には，①複数の異なるテ
クノロジーを強固に統合していくこと，②新たなプレイヤーに俊敏性・機動性
があること，③イノベーションの対象範囲が広いこと，④消費者側のサービス
認知と普及が急速に行われうること，などを挙げている。金融サービスにおい
ては，これまでも様々な革新が進んできたが，今般のイノベーションには従前
とは異なる要素があることから，これまでとは異なる変革をもたらしうるとし

図表7-8 FSB／フィンテック・イノベーション

①	異なるテクノロジーの強固な統合	決済や貸出などでも，テクノロジーをうまく組み合わせて新たな手法で提供するというプロセスイノベーションを通じて，新たなビジネスモデルを導き出しうる
②	新たなプレイヤーの俊敏性・機動性	過去のインキュベーターによるテレフォンバンキングやインターネットバンキングとは異なり，新たなプレイヤーはレガシーのシステムや業務プロセスに縛られず，機敏な形でビジネスの成長軌道を描き出すことができる
③	イノベーションの対象範囲の違い	イノベーションの対象が広範囲にわたり，金融サービス全体を横断した形でのイノベーティブな新たなソリューションを作り出しうる
④	消費者側のサービス認知と普及スピードの違い	消費者がモバイル端末を通じてオンデマンドで簡単に様々な情報を得られる。金融事業者にとっては，新たな金融サービスを素早く周知させることができ，これまでよりも速やかに新たなサービスの普及を行える

（資料）FSB資料より，みずほ総合研究所作成

て，イノベーションの取り組みを重要視している。

（ｂ）IOSCO（証券監督者国際機構）

IOSCO（世界各国・地域の証券監督当局や証券取引所等から構成されている国際的な機関）は，2017年2月に"IOSCO Research Report on Financial Technologies（Fintech）"を公表している。本報告書において，IOSCOは証券業務を中心に各分野におけるフィンテック活用の動向を追うとともに，規制当局における課題認識と取り組みを示している（図表7-9）。

特にリテール資産運用分野（Retail Trading and Investment Platforms）に着目すると，①ロボ・アドバイザー等のデジタルアドバイスでは，デジタルアドバイスの領域がどのような形で成長していくことを期待するかについてのガイダンスを提示，②ソーシャルトレーディングでは，近時，ソーシャルメディア上の投稿内容やセンチメント分析等に基づいたソーシャルトレーディングが拡大する中，ソーシャルトレーディングの運営プラットフォームにかかる許認可運営を明確化するとともに，特定タイプのソーシャルトレーディングにおけるリスク等の所在を提示，さらに③リテール分野における自動投資拡大では，限られたプロ投資家だけでなく，リテール顧客も簡単に利用できるようになっ

図表7-9　IOSCO／リテール資産運用分野における規制当局の対応

①	ロボ・アドバイザー等のデジタルアドバイス	・デジタルアドバイスの領域がどのような形で成長していくことを期待するかについてのガイダンスを提示
②	ソーシャルトレーディング	・近時，ソーシャルメディア上の投稿内容やセンチメント分析等に基づいたソーシャルトレーディングが拡大する中，ソーシャルトレーディングの運営プラットフォームにかかる許認可運営を明確化するとともに，特定タイプのソーシャルトレーディングにおけるリスク等の所在を提示
③	リテール分野における自動投資拡大	・限られたプロ投資家だけでなく，リテール顧客も容易に自動取引を利用できるようになってきている中，規制当局は監督が追い付いていないとの認識を持ち，動向を分析できる専門職員の採用や，プロ投資家向けと異なる監査アプローチ導入等を実施

（資料）IOSCO資料より，みずほ総合研究所作成

てきている中，規制当局は監督が追い付いていない面があるとの認識を持たれている。動向を分析できる専門職員の採用や，プロ投資家向けと異なる監査アプローチの実施，といった点への取り組みを挙げている。

3．日本での取り組み

（1）概観

　フィンテック・デジタルイノベーションの取り組みは，海外で先行して進んできた面はあるものの，近時では日本の金融機関等でも活発化している。

　リテール金融・証券ビジネスの分野においては，日本では銀行預金を中心とした基本的な金融サービスに対して，国民が既に十分アクセスできる状況となっている。その一方で，金融機関の経営環境としては，日本銀行のマイナス金利政策等を受けた超低金利環境が続き，銀行等のリテール金融部門は低収益性に苦しめられている。また証券投資等の資産運用に関するサービスの利用や，「貯蓄から資産形成へ」のシフトについては，まだまだ拡大の余地がある状況にある。

　こうした中，日本の金融機関は劇的に進化するテクノロジーを活用して，付加価値の高い新たな金融サービスの提供，ローコストオペレーションの実現に向けた取り組みを両輪で推進している。リテール金融部門における収益性の低さがフィンテック・デジタルイノベーションの取り組みを積極化させる大きな原動力の一つとなっている一方で，単なるローコスト化だけでなく，新たなビジネスチャンスも展望される状況にある，ということが特徴として挙げられる。各金融機関においては，経営の持続性と成長可能性の両方の帰趨を大きく左右するものとして，デジタルイノベーションへの取り組みを一層高める状況にあるといえる。

（2）大手金融グループ・証券会社の取り組み

　日本の大手金融グループ・証券会社・取引所等でも，デジタルイノベーションの推進が積極的に行われている。

　3メガバンクグループでは，いずれもデジタルイノベーションに関する専担部署を設け，様々な取り組みを行っている。一例としてみずほフィナンシャルグループの取り組みを挙げると，デジタルイノベーション専担役員の設置，IoTインキュベーターカンパニーの設立，フィンテック・ファンド等の活用，ビッグデータとAIを活用した新たな金融ビジネスの創出，その他にも運用助言・トレーディング，トレードファイナンス，キャッシュレス決済（J-Coin構想）などを推進している（図表7-10）。

　大手証券会社グループにおいても，新ビジネス開発とオープン・イノベーションの促進に特化した子会社の設立，フィンテック企業との戦略的な協業関係の構築等を通じた新たな証券プラットフォームの確立に向けた取り組み等の動きが見られる。またオンライン証券会社においても，フィンテック・デジタルイノベーションに関する様々な取り組みが進められている。

図表7-10　みずほフィナンシャルグループの取り組み

インキュベーション	・IoTインキュベーターカンパニー（㈱BLUE Lab）の設立（みずほFGの出資比率は14.9％）
投資	・FinTechファンド等の活用
レンディング	・ビッグデータとAIを活用した新たな金融ビジネスを創出（J.Score）
運用助言・トレーディング	・ロボティクス，ビッグデータ，AIを活用した新たな金融ビジネスを創出（ロボアドバイザー，アルゴリズムトレーディング）
トレードファイナンス	・ブロックチェーンを活用したトレードファイナンスの実取引実行
キャッシュレス決済（J-Coin）構想	・J-Coinにより"キャッシュレス社会"を実現することで，現金決済が約7割を占める本邦BtoC決済の変革を展望

（資料）みずほフィナンシャルグループ公表資料より，みずほ総合研究所作成

業務運営面では，RPA（ロボティック・プロセス・オートメーション）への関心が高まっている。RPAとは，AI，機械学習などを用いて，事務作業などのプロセスを習得し，自動化することによって，当該業務を代行・代替する取り組みを指す。導入に際して個別のプログラミング作成は不要で，活用における機動性・柔軟性も有しているという特徴がある。近時，日本の金融機関では，RPAを通じた業務プロセスの自動化・効率化を推進すべく特に力を入れており，これもデジタルイノベーションにおける主要項目の一つとなっている。

（3）関係当局の課題認識と取り組み

日本においても，主務官庁の金融庁において，フィンテックの進展への対応を進めている（図表7-11）。2017年2月に金融庁が公表した「フィンテックに関する現状と金融庁における取組み」によれば，フィンテックの進展に関し，①世界的な動きが進展して金融の姿を大きく変える可能性，②アンバンドリング化など金融業の構造・エコシステム自体に変化をもたらしつつある，③利用者保護や不正防止，システムの安定確保等も必要となっている，とした上で，利用者保護等を確保しつつ，イノベーションを利用者利便や生産性の向上など

図表7-11 金融庁のフィンテックへの主な取り組み

「FinTechサポートデスク」の設置	フィンテックをはじめとする様々なイノベーションを伴う事業を実施・検討している事業者に対し，金融関連の規制に関する相談受付やアドバイスを提供
改正銀行法 （2017年4月施行）	銀行業の高度化・利用者利便の向上に資すると見込まれる場合，金融庁の個別認可の下でIT関連企業への出資が可能に
改正銀行法 （2017年5月成立）	金融機関とフィンテック企業とのオープン・イノベーションを進めるためのオープンAPI等に関する制度の枠組みを整備
金融法制見直しの検討 （2017年11月～）	金融法制について，①同一の機能・リスクには同一のルールを適用，②金融に関する基本的概念・ルールを横断化，③環境の変化に対応した規制の横断的な見直し，を行う方向で金融審議会（金融制度スタディ・グループ）で検討

（資料）金融庁資料より，みずほ総合研究所作成

につなげていく必要がある，としている。こうした認識の下で，2015年12月には，フィンテックに関する一元的な相談・情報交換窓口として「FinTech サポートデスク」を設置し，フィンテックをはじめとする様々なイノベーションを伴う事業を実施・検討している事業者に対し，金融関連の規制に関する相談受付やアドバイスを行っている。

　2017年4月施行の改正銀行法では，銀行業の高度化・利用者利便の向上に資すると見込まれる場合，金融庁の個別認可の下でIT 関連企業への出資が可能となった。加えて，仮想通貨への対応として，仮想通貨と法定通貨の交換業者に対する登録制を導入した。また，2017年5月成立の改正銀行法では，金融機関とフィンテック企業とのオープン・イノベーションを進めるためのオープンAPI（銀行等のシステム接続口を公開する取り組み）等に関する制度の枠組みが整備されている。さらに，2017年11月には，金融審議会において，金融システムを取り巻く環境が変化する中，金融法制について，①同一の機能・リスクには同一のルールを適用，②金融に関する基本的概念・ルールを横断化，③環境の変化に対応した規制の横断的な見直し，を行うべく，金融担当大臣からの諮問に基づいて金融法制の見直しに向けた検討が開始されている。

　また，日本銀行においてもフィンテックの進展を後押ししている。2016年4月には，フィンテックの動きが金融サービスの向上や持続的成長に資するものとなるよう，日本銀行としての取り組みを一段と強化していくことを目的に「FinTech センター」を設立，金融関係者やフィンテック企業の活動をサポートしている。また海外中央銀行と連携して分散型台帳技術の共同研究なども進めている。

4．デジタルイノベーションがもたらすリテール金融・証券ビジネスの変革

　リテール金融・証券ビジネスにおいては，これまでもその時々の新しい情報技術を導入して業務プロセスや提供サービスの革新を進めてきた。しかしなが

ら，現在進行しているデジタルイノベーションの潮流は，これまでの革新と比べても，とりわけ大きな転換点となっていく可能性がある。

　具体的にどのような変化が生じうるかということだが，デジタルイノベーションを通じて，従来のIT活用とは異なる形で，多様な人々が協働することによって，自らが新たな金融サービスの設計者もしくは担い手になって革新が進むという局面が考えられる。また，従来であれば，金融サービスの提供者（金融機関）が画一的なサービスを個人に提供するという「B to C」を手掛けていたものが，個人が直接ニーズを発信することによって，金融サービスの提供側でも個人のニーズ把握やビッグデータ解析が容易となり，個別のニーズに合わせたサービスをより安価な形で提供することが可能となってきている。つまり，こうした変化により，個人のニーズ発信に対応して金融サービスの提供者が新しいサービスを導き出すという，「C to B」に向けた構造変化も生じうる時代になってくる，ということが想定される。こうした環境変化は，多くの分野でこれまでにない，革新的なアイディアの実現を後押ししていく可能性があると考えられる。

　金融サービスの担い手間の競争としては，これまで以上に脅威とチャンスが並存する世界となってくるものと思われる。もっとも，デジタルイノベーションの推進を効果的に行う担い手にとっては，新たなビジネスモデル・競争優位性を構築できるようなチャンスの獲得にもつなげていくことができるだろう。

　2017年1月に公表された，日本証券経済研究所「証券業界とフィンテックに関する研究会サーベイグループ」の報告書では，今後の課題として，既存プレイヤー（証券業者）への示唆を記している（図表7-12）。日本におけるリテール金融・証券ビジネスにおいて，デジタルイノベーションがもたらす変革，その中で証券業者が対応すべき方向性は，本報告書の示唆が的確に示していると言えよう。

　デジタルイノベーションは，「オープン・イノベーション」に基づいたフィンテック企業等との協業が非常に重要であり，逆に言えば協業を避けて自らの殻に閉じこもっていては，もはや未来は展望できないだろう。社会の構造が大

図表7-12　フィンテックと証券業者（既存プレイヤーへの示唆）

Ⅳ．今後の課題

１）　フィンテックと証券業者（既存プレイヤーへの示唆）

（中略）

　証券業者にとっての攻めのフィンテックは，自己変革による新たな投資サービスモデルの創造，もしくは他業態への参入を含む新たな顧客の獲得を意味することになると考えられる。前者の「自己変革」については，証券業界に限らず，既存金融機関が自らの商品やサービスを存在意義から揺るがすようなディスラプティブ（破壊的な）イノベーションに取り組むことは難しいとされている。したがって，おそらくは，「新たな顧客の獲得」という観点が，より重要となろう。実現にはさまざまな戦略・アプローチがありえるが，特に，後述するような，スタートアップ企業や他業界のプレイヤーとの協働や連携が重要になるのではないか。

　また，最近のイノベーションでは，技術主導による市場創出というよりも，オープンな取引関係の中でプラットフォームと結びつくことによって市場創出が加速されることから，フィンテックにおいてもオープンな形でテクノロジーとサービスあるいはデータが結びつくことが重要と考えられる。そうした理解の上に立てば，既存プレイヤーがフィンテックに対する取り組みを考えるうえでは，フィンテックベンチャーや，イノベーションを牽引する他業態・他セクター企業との「付き合い方」が重要となる。また，その「付き合い方」には複数の方法があり，例えば（１）契約・連携・提携，（２）出資・インキュベーション，（３）買収・グループ化，（４）エコシステム形成などに大別することができよう。（以下略）

（資料）日本証券経済研究所公表資料より転載

きく変化していく中，リテール金融・証券ビジネスを担う証券業がデジタルイノベーションを通じて大きな変革を遂げ，これまで以上に大きな役割を果たしていく将来像に期待したい。

＜引用・参考文献＞

日本証券経済研究所〔2017〕，『「証券業界とフィンテックに関する研究会サーベイグループ」報告書』
高田創・柴崎健・大木剛〔2017〕，『2020年消える金融　しのびよる金融緩和の副作用』，日本経済新聞出版社
服部直樹〔2017〕，「広がるFinTechビジネスの地平　主要分野の事例から見るFinTechの最新動向」，『みずほインサイト』，6月
みずほ総合研究所〔2017〕，『国際金融規制と銀行経営　ビジネスモデルの大転換』，中央経済社
Basel Committee on Banking Supervision〔2017〕，*Sound Practices: Implications of fintech developments for banks and bank supervisors*, August
Financial Stability Board〔2017〕，*Financial Stability Implications from FinTech Supervisory and*

Regulatory Issues that Merit Authorities' Attention, June

International Organization of Securities Commissions (IOSCO) 〔2017〕, *Research Report on Financial technologies (Fintech)*, February

第8章　中国型フィンテックの発展モデルについて

はじめに

　中国では近年インターネット企業による金融サービスの提供が活発化しており，様々な金融イノベーション，いわゆるファイナンスとテクノロジーの融合であるフィンテック（FinTech）[1]が生まれている。具体的には，インターネットの決済プラットフォームを活用した第三者決済や，投資ファンド・保険などの金融商品販売である。第三者決済は電子商取引の安全を図るために生まれたサービスであり，その実名登録ユーザー数は4.5億人を超える。さらに，インターネットで融資の貸し手と借り手をマッチングさせるP2Pレンディングなどのオンライン・オルタナティブ・ファイナンスも，中小企業をはじめとする強い資金調達ニーズに加えて，より有利な運用先を求める投資家ニーズを背景として急速に市場が拡大し，中国だけでアジア太平洋地域全体の同市場の約99％を占める。

　このような中国のフィンテックの展開は，欧米での動きと異なる部分が多い。すなわち，中国では伝統的な金融機関とは独立した決済プラットフォームをもとに，既存の金融サービスを補完・代替するようなサービスとして位置づけられる。また，金融包摂の手段としても注目されている。中国のフィンテックが先進国と異なる独自の発展を遂げている背景には，①インターネット人口の爆発的増加と電子商取引の普及，②イノベーション促進を視野に入れた当局の規制に対する態度，③規制の裁定機会の存在，④既存の金融システムの効率性の低さ，などを指摘できる。

　中国は今後，後発者の利益（Leap Frog Effect）を活かしてリテール金融サービスの水準を飛躍的に高める可能性がある。たとえば，最近人工知能が多くの産業においてイノベーションの重要な鍵として大きな期待を集めているが，それはビッグデータの活用と表裏一体の関係にある。中国はこの点においても有利な環境にある。すでに，中国ではビッグデータを活用したオンライン・コンシューマー・ファイナンスやネット小口融資，ネット専業保険も急成長している。

　本章では，中国におけるフィンテックの発展について欧米と対比しながら概観するとともに，その類型と先進事例を紹介し金融システムの発展段階との関連性について考察したい。さらに，中国におけるフィンテックの発展の意義と今後の課題を明らかにしたい。

1．フィンテックの発展段階論

　近年の情報通信技術（ICT）の発達により，世界的にフィンテックと呼ばれる金融とITを融合させる動きが広がっている。しかし，金融サービスとICTの結合（フィンテック）という観点で見れば，それは今に始まった新しい概念ではなく，19世紀末から150年以上の歴史を持っている（Arner *et al.*〔2015 & 2016〕）。フィンテックの発展は主に以下の4つの段階[2]に分けることができる（図表8-1）。

　第1段階は，1866年～1960年代でFinTech1.0と呼ばれる。この時期において，電報の導入（1838年に初商業化），アナログ電話の活用や，大西洋横断海底ケーブルの敷設（大西洋電信会社により1866年に初めて実施）といった金融における国際的な電信回線網の発達などにより，金融のグローバル化に必要な技術とインフラが構築されていた。

　第2段階は，1960年代～2008年でFinTech 2.0と呼ばれる。この間，金融機関がコンピューターを導入し，業務処理のデジタル化が急速に図られていた。具体的には，1967年にイギリスのバークレイズ銀行による世界初のATM（現

図表8-1　金融におけるテクノロジー（フィンテック）の活用

発展段階	時期	業務での活用	位置付け
FinTech1.0	1866年～1960年代	アナログ電話の活用。金融における国際的な電信回線網の活用	地理的な活動範囲が拡大するも，サービスの基本は変わらず。金融グローバル化のインフラを構築
FinTech2.0	1960年代～2008年	金融機関におけるコンピューター利用。ATM，SWIFT，オンラインバンキング等の導入	既存の金融サービスを前提に，各金融機関内部で電子化による効率化。テクノロジーベンダーが技術の担い手
FinTech3.0	リーマンショック（2008年）以降（先進国）	スマホなどパーソナルなチャネルを活用した新たなサービスの提供	主に非金融系スタートアップやIT企業が担い手。顧客ニーズからのアプローチ
FinTech3.5	2007年以降（途上国・新興国）	携帯電話やスマートフォンの利用者向けの非接触型決済，送金，マイクロファイナンスなどの金融サービスを提供（M-PESA・モバイルマネー）	金融浸透度を高めるために，新興国（とりわけアジアとアフリカ）における新たな金融決済サービスの促進（金融包摂の促進）

〔出所〕Arner *et al.*〔2015 & 2016〕，pp.6-28より筆者作成

金自動預け払い機）の導入，1973年に国際的な金融取引のためにSWIFT（国際銀行間通信協会）の設立，1995年にアメリカで世界最初のインターネット専業銀行の誕生によりオンラインバンキングの普及，などがあげられる。この段階では，金融グローバル化を加速し，既存の金融サービスを前提とした各金融機関内部でデジタル化による効率化を図った。また，テクノロジーベンダーが技術の担い手となった。

　第3段階は，リーマンショック（2008年）以降でFinTech 3.0と呼ばれる。この段階には，欧米など先進国に加えて新興国・発展途上国（とりわけ中国）におけるフィンテック企業が急速に台頭している。欧米など先進国のフィンテック台頭の背景としては，2008年のリーマンショック・世界金融危機以降，①金融規制強化で金融機関の貸出慎重化，②金融機関のIT投資縮小やコスト

削減の積極化，③大手金融機関への不信感の高まり，④規制当局と金融サービスの提供に挑戦するスタートアップ企業の出現，⑤インターネットやスマートフォンなどパーソナルなデバイスの普及，⑥クラウドサービスによる初期コストの大幅低下などから，これまで金融業界にない発想を持ち込むスタートアップ企業によって金融サービスの提供が牽引されるようになったことである。ここでの担い手は伝統的な金融機関ではなく，主に非金融系のスタートアップ企業であることが第2段階との大きな差異である。

　一方，中国でのフィンテック発展の特徴は，世界最大の顧客基盤を背景としたインターネット企業による金融サービスへの参入が活発化し，まず巨大な決済プラットフォームを形成したことである。中国は世界最大の電子商取引市場を擁しており，世界最大規模の電子商取引業者アリババグループの市場規模は世界電子商取引市場（1.7兆ドル）の26％を占めている[3]。中国の電子商取引は第三者決済という独自の決済インフラが利用されており，そこでは多様な金融商品が取引されている。例えば，アント・ファイナンシャル・サービス・グループ（AFSG）や中国オンラインP2Pレンディング最大手の陸金所（Lufax）などの代表フィンテック企業は，電子商取引やオルタナティブ・ファイナンスなどのビジネスを展開するグループ関連企業の支援を受け，欧米など先進国のスタートアップ企業よりも大規模で幅広い事業を展開している。

　第4段階は，2007年以降の新興国（とりわけアジアとアフリカ）での発展でFinTech 3.5と呼ばれる。新興国では，銀行口座を持たない人が少なからず存在し，既存の金融システムの効率性は必ずしも高くない。世界銀行のデータによれば，2014年にアフリカで銀行口座を持っている人は15歳以上の成人人口全体の34.2％で，そのうち取引がまったくない人が約7割存在している。近年の携帯電話やスマートフォンの普及に伴い，新興国の利用者の割合は増加している。新興国における金融浸透度を高めるための成功例としてM-PESAが挙げられる。同社は，2007年にケニヤの通信会社Safaricomと，南アフリカ共和国のボーダコムによる，携帯電話を利用した非接触型決済，送金，マイクロファイナンスなどのサービスを提供している。M-PESAは現在11カ国で2,300万人

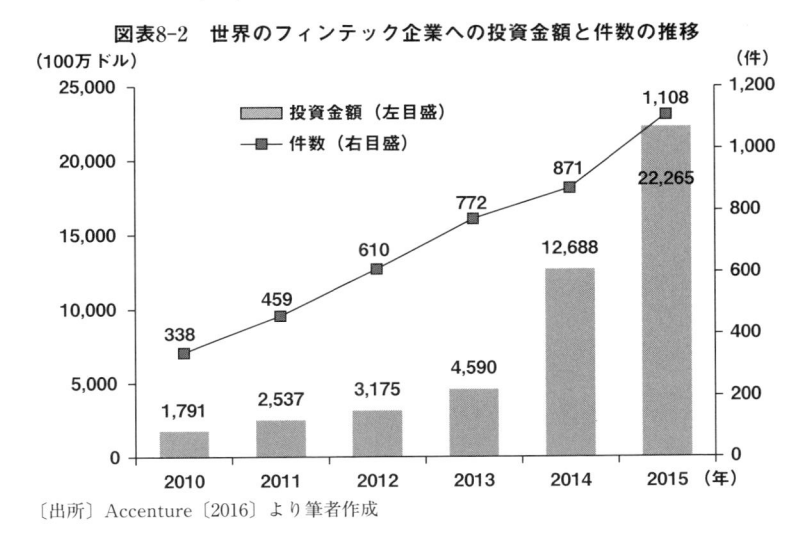

図表8-2　世界のフィンテック企業への投資金額と件数の推移

〔出所〕Accenture〔2016〕より筆者作成

　のアクティブ顧客を獲得して，10年の間にモバイルマネーの代表的なフィンテック企業として大きく成長した[4]。同様に，インド，インドネシア，フィリピンなど約4億人の非銀行人口を持つ巨大なアジア諸国では，モバイルマネーの活用は金融包摂の促進が期待される。

　ここでフィンテックの市場規模を確認してみよう。フィンテック企業の多くは，スタートアップ企業であることから，ベンチャーキャピタルなどの投資額がその市場の成長を測る一つの尺度として利用されている。世界の主要ベンチャーキャピタルによるフィンテック向け投資のうち，2010年から2014年までは大部分がシリコンバレーやニューヨークを中心とするアメリカにおけるものであったが，2014年以降，欧州とアジア太平洋地域のフィンテック関連投資も増加した。その結果，2015年の世界フィンテック向け投資の総額は223億ドル（前年比75％）と，2010年の同18億ドルに対して12倍まで拡大しており，投資件数も増加している（図表8-2）。

２．中国におけるフィンテックの発展とその拡大の背景

（１）中国のフィンテックの歩み

　中国の金融システム改革の一環として，インターネット企業の金融サービス業への新規参入が奨励されることになった。それらは，フィンテック分野における中国独自の発展形態として注目されている（李〔2017a〕）。

　中国のフィンテックの発展については，次の３つの側面に整理できる（図表8-3）（李〔2015b〕）。第１の側面は，金融と技術の融合である。すなわち，既存の金融機関が従来のビジネスモデルにデリバリーチャネルとしてインターネットを活用したことである。具体的には，金融機関がインターネットの技術を取り入れ，「金融業務のインターネット化」が進展した。典型的な例は，インターネットバンクに代表される伝統的な金融サービスのインターネット経由での提供である。この段階では従来サービスのデリバリーチャネルの変化に留まった。

　第２の側面は，インターネットの決済プラットフォームを活用した従来の金

図表8-3　中国のフィンテックの歩み

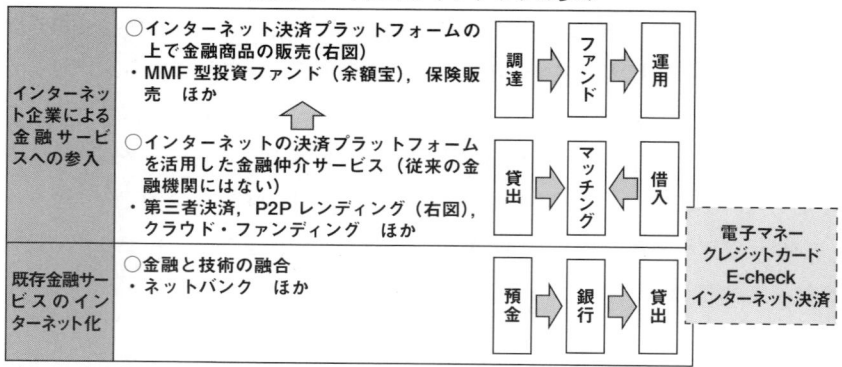

〔出所〕筆者作成

融機関にはない金融仲介サービスの登場である。この段階では，インターネットと金融の関係は，技術と金融サービスの融合へと深化した。たとえば，インターネット・プラットフォームにおける第三者決済サービスやレンディングサービスの登場である。さらに，第三者決済サービスは，2011年に中国人民銀行が許認可制を導入し，適切に規制監督を受けるようになった。

　第3の側面は，インターネット企業による総合金融サービスの提供である。2013年以降，インターネット決済プラットフォームを活用して，MMF型投資ファンドや保険などの金融商品が販売されるようになった。金融分野に強みを持つIT企業が，従来銀行が独占していた金融サービスの提供を「安く，早く，便利に」提供することで，金融サービスのビジネスモデルに大きな変化をもたらした。

　中国型フィンテックの展開は，特に上記の第3の側面に注目すると，欧米での動きと異なる部分もある。欧米では厳格な金融規制の枠組みのなかで，既存金融サービスとの併用を前提に利用者の利便性向上を狙った付加価値型のサービスが多いのに対して，中国では，伝統的な金融機関から独立した決済プラットフォームの上で，既存の金融サービスを補完・代替するような新たなサービスが提供されている。実際，中国のフィンテックの発展は，従来利用できなかった人々にも金融サービスを普及させる一定の役割を果たしており，金融包摂の手段としても注目されている。

（2）中国におけるフィンテック拡大の背景

　近年，中国のフィンテック市場が急成長した背景としては，以下の4点が指摘できる（李〔2015a〕，李〔2015b〕，李〔2017a〕，李〔2017b〕）。

　第1は，中国が世界第2位の経済規模，および世界最大のインターネット人口と電子商取引市場を擁していることである。中国のインターネット人口は，2000年代半ばから急増し，2016年末の利用者数は7億3,125万人（普及率53.2％）で世界最大であり（図表8-4），アメリカ総人口の約2.3倍超，日本総人口の約5.8倍に達する。また近年，スマートフォンの普及によってモバイルイ

図表8-4　中国のインターネット利用者数及び普及率の推移

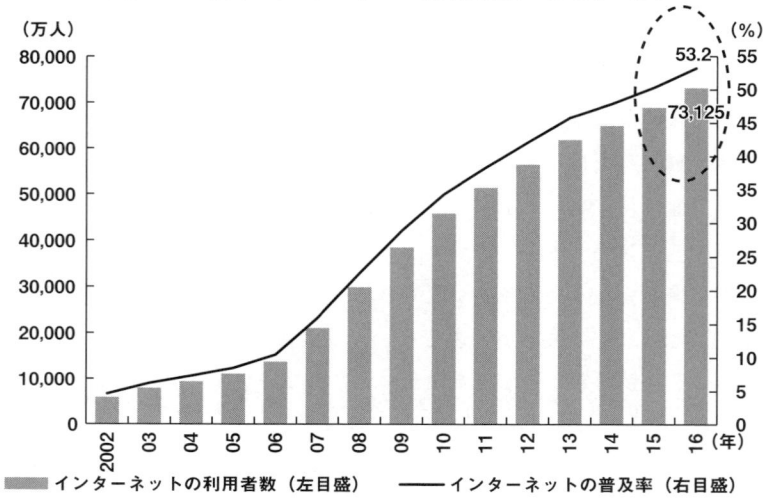

インターネットの利用者数（左目盛）　━━インターネットの普及率（右目盛）

（注）年末値。

〔出所〕中国インターネット情報センター（CNNIC）より筆者作成

図表8-5　中国におけるモバイルインターネットの利用者数及びインターネット
　　　　　利用者全体に占める割合の推移

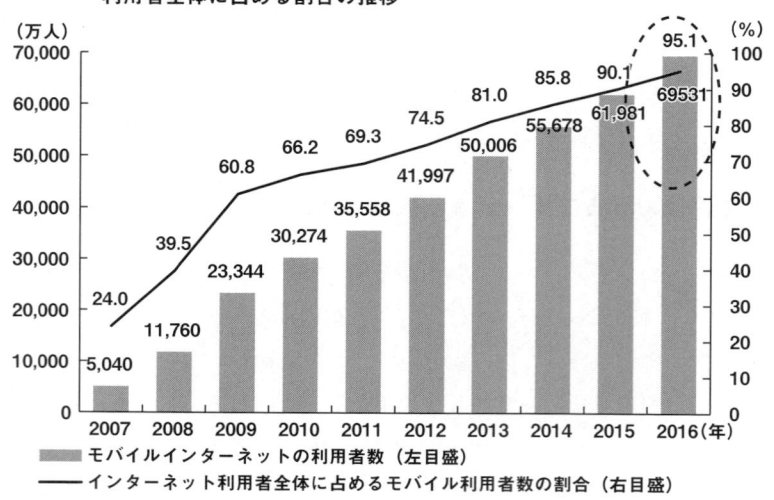

モバイルインターネットの利用者数（左目盛）
━━インターネット利用者全体に占めるモバイル利用者数の割合（右目盛）

（注）年末値。

〔出所〕中国インターネット情報センター（CNNIC）より筆者作成

ンターネット利用者が急増している。2016年末のモバイルインターネットの利用者は6億9,531万人，インターネット利用者全体の95.1％を占めている（図表8-5）。

　さらに，インターネット人口の爆発的な成長に伴い，eコマース（電子商取引）も急激に普及拡大している。2010年のアメリカの電子商取引の市場規模は1,690億ドルに対して中国は760億ドルであったが，2013年に中国の市場規模は3,040億ドルとアメリカの2,600億ドルを追い抜き，世界最大の電子商取引市場となった。その成長背景としては，2003年に導入された第三者決済サービスが2011年に法的位置付けを明確化したことである。2016年には中国の電子商取引がアメリカの2倍超まで拡大しており，年平均成長率はアメリカの14.9％に対して中国は48.1％と大きな差がある（図表8-6）。中国の電子商取引は第三者決済という独自の決済インフラが利用されており，そこでは多様な金融商品が取引されている。こうした第三者決済プラットフォームを活用したフィンテック企業が様々な金融サービスを提供し，巨大なフィンテック市場の基盤を形成されると考えられる。

　第2は，イノベーション促進を視野に入れた当局の規制に対する態度である。例えば，2013年4月に，国務院（日本の内閣府に相当）が「インターネット・ファイナンスの発展と監督」を含む金融分野における19の重点研究課題を公表した。同年，中国人民銀行も貨幣政策報告会で，インターネット・ファイナンスは高度な透明性，異業種からの参入，低コストで迅速な大量データ処理などの特性を持つものとして，肯定的に評価した。

　また，中国は安定成長期に入り，経済システムに市場メカニズムを多用し，一段と効率化を図ることが必要になった。なかでも，金融システム改革は効率的な資本配分を行う上で極めて重要な課題である。こうしたなか，中国当局が異業種からの金融業参入を容認しはじめ，とりわけイノベーションを促進するインターネットを活用した金融サービスの拡大を歓迎している。この結果，金融サービス業務の態様が多様化する狙いである。

　第3は，規制の裁定機会の存在がある。中国のフィンテック企業は，預金取

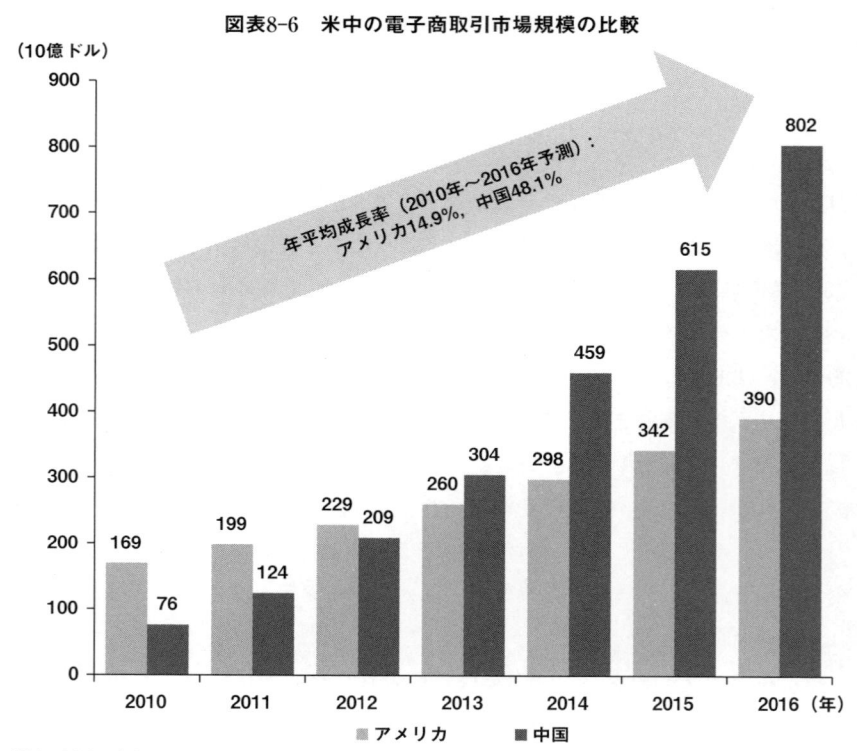

図表8-6　米中の電子商取引市場規模の比較

（注）中国の金額は元ドルレート中間値（日次，年平均）で算出
〔出所〕中国電子商務研究中心（CECRC），U.S. Department of Commerce（季節調整値）より筆者
　　　作成

扱金融機関に対する厳格な規制・監督を受けていない。一方で，既存の銀行
は，貸出金利の自由化も進んだとは言え，貸出基準金利が政策金利と連動して
おり，実質上，金融当局の想定した金利の範囲でしか貸出を行うことができな
い。中国のフィンテック企業はこうした規制がないため，借り手の信用力が低
くても，それに見合うリスク・プレミアムを織り込んだ高金利でのビジネスが
成り立っている。中国政府・金融当局は国内市場を十分に開放せず，金利を人
為的に低い水準に抑えていることが，フィンテック企業の事業機会を創出して
いると言える。

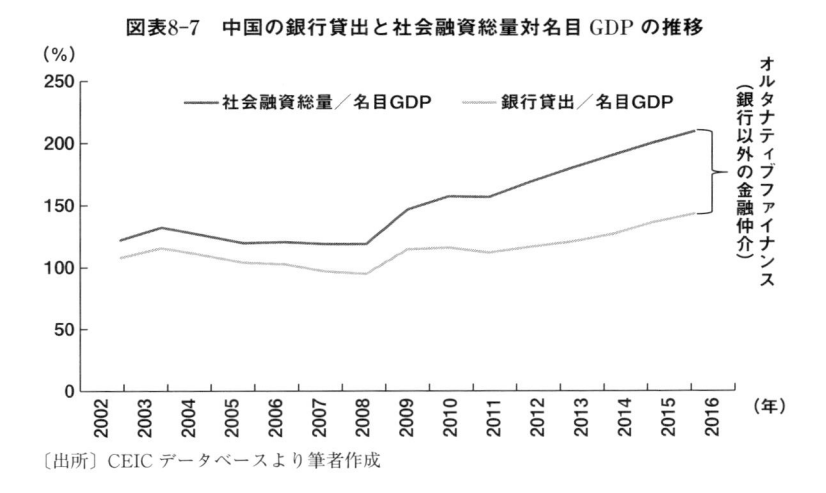

図表8-7　中国の銀行貸出と社会融資総量対名目 GDP の推移

〔出所〕CEIC データベースより筆者作成

　第4は，既存の金融システムの効率性の低さである。すなわち，多様な資金調達ニーズに銀行の貸出能力が対応しきれていないことである。中国の商業銀行は一般的に大手・国有企業向けを中心として融資を実行している。一方，多くの中小企業は財務状況が不透明で，経営リスクが高いことから，銀行は審査に慎重であり，中小企業のニーズに対応するには限界であった。近年，実体経済に供給される流動性の量を示す社会融資総量の対名目 GDP の比率と銀行貸出残高の対名目 GDP 比率が大きく乖離している（図表8-7）。さらに，近年の銀行の貸出基準厳格化が進むなかで，従来の銀行システムを通じた資金の流れが縮小し，フィンテック企業の金融サービスに対するニーズが高まると考えられる。

（3）中国におけるフィンテック企業の急成長

　図表8-8は，近年，中国ではインターネット上のプラットフォームを活用して展開されている金融イノベーション（フィンテック）の例である（李〔2017a〕）。

　まず，中国におけるフィンテックをリードしているのは，電子商取引におけ

図表8-8　中国における主要なフィンテック分野とその代表企業が提供する商品・サービス

分野	代表企業	提供商品・サービス名	商品・サービスの特徴
オンライン第三者決済	アント・フィナンシャル・サービス・グループ（蟻蟻金融服務集団：Ant Financial Service Group）	支付宝（Alipay）	・2004年よりサービス提供開始。世界最大の決済プラットフォーム。 ・中国第三者決済の最大手。中国国内市場シェア42.7％（2016年末時点） ・2016年12月末の実名登録者数は4.5億人超。中国では、2015年6月末にアリペイウォレットの決済に対応したタクシーは50万台超、コンビニや大手スーパー・デパートなど店舗は20万店超。海外では2016年末に70ヵ国家・地域、100,000社以上の加盟店で、14の主要通貨での決済が利用可能
	テンセント（騰訊：Tencent）	財付通（Tenpay）	・2005年よりサービス提供開始。中国第三者決済の二番手、市場シェア約19.2％（2016年末時点） ・オンラインゲーム最大手のテンセントがサービスを運営 ・利用者数は2億人超。40万以上の法人顧客に決済サービスを提供
オンライン理財（ウェルスマネジメント）	アント・フィナンシャル・サービス・グループ	余額宝（Yuebao）	・2013年6月よりサービス提供開始。アリペイの利用者向けに開発した中国最大（世界第3位）のMMF投資理財商品。 ・少額（1元）から投資可能で、1年物定期預金（2017年5月9日時点1.75％）より高い年利（同3.995％）を得られるうえ、即日換金可能であることが人気を集めた。利用者数は3億人超（2017年3月末時点）
オンラインP2Pレンディング	陸金所（Lufax）	穏盈（Wenying）	・2011年9月設立。保険大手平安グループの傘下企業。P2Pレンディング最大手 ・登録利用者数2,800万人超（2016年末時点）、貸出の83.4％は10万元（160万円相当）以下（2017年3月31日時点） ・2016年1月、12.16億ドル調達（事業価値推定約185億ドル）
	上海拍拍貸金融信息服務有限公司	拍拍貸（Ppdai）	・2007年6月設立。中国で最初にオンラインP2Pレンディングサービスを提供 ・登録利用者数3,000万人（2016年末時点）、貸出の100％は10万元（160万円相当）以下（2017年3月31日時点） ・主な収益源はサービス使用料。オンライン審査による無担保貸出。2017年中NYSEに上場予定
	アント・フィナンシャル・サービス・グループ	招財宝（Zhaocaibao）	・2014年4月よりサービス提供開始。上海招財宝金融信息服務有限公司（アント・フィナンシャル・サービス・グループ傘下の子会社）が運営するマーケットプレース・レンディング・プラットフォーム ・主に企業と個人が直接公開する借入商品と、金融機関と担保会社等を介して公開する元本利息保証型の借入商品の、2種類。招財宝は借り手からサービス利料として借入総額の約0.2％を取得
オンライン・コンシューマー・ファイナンス	アント・フィナンシャル・サービス・グループ	蟻蟻花唄（Ant Check Later）	・2014年12月開設、2015年4月より正式に後払い・分割払い（800元）のサービス提供開始。 ・1件当たりの貸出限度額は500～50,000元（1括払いと当初41日間は無利息） ・サービス当初、中国EC最大手アリババの淘宝サイト（C2C事業）上での利用に限定していたが、2016年以降他社ECサイトも利用可能。アリペイウォレットの決済機能で返済可能 ・消費者の購入・返済履歴のデータを分析し、利用額などの信用履歴を分類
	京東金融（JD Finance）	京東白条（JD Baitiao）	・2013年7月よりサービス提供開始。月割利息0.5～1％（当初30日間は無利息） ・1件当たりの貸出上限は100,000元、中国EC二番手の京東（JD.com）サイト上でのみ利用可能 ・2015年より、京東金融は、京東白条の売掛金を証券化し、深圳証券取引所で関連の資産担保証券（ABS）を販売開始した
ネット専業銀行（ネット小口融資）	浙江網商銀行（My Bank）	網商貸	・網商貸の前身は、2010年、アリババによって設立された阿里小貸。2015年6月、民営ネット専業銀行である網商銀行（アント・フィナンシャル・サービス・グループ30％出資）の設立に伴い、同サービスは網商銀行に引き継がれた ・主にアリババのECサイト上で運営する中小店舗や個人を対象に無担保小口ローンを提供 ・2016年6月末時点、網商銀行は累計約170万の中小企業に対して融資を実施し、貸出残高は約230億元（3,700億円相当）
ネット専業保険	衆安保険（Zhong An）	返品送料を補償する保険（退運保険）、保証保険、傷害保険、自動車保険ほか	・2013年11月、アント・ファイナンシャル・サービス・グループ（出資19.90％）やテンセント（同15.0％）、中国平安（同15.0％）などにより設立。中国最初かつ最大のネット専業保険会社。2017年9月28日に同社は香港取引所に上場 ・ビッグデータを活用して、退運保険、保証保険、傷害保険、銀行カード盗難保険、医療保険、自動車保険など様々な革新的な保険サービスを提供 ・2017年3月末に、利用者数累計5.82億人、保険証券発行数累計82.91億枚超
クラウドファンディング	京東金融（JD Finance）	京東衆籌（JD Cloudfunding）	・2014年7月よりサービス提供開始。中国の報酬型クラウドファンディング市場における最大手、市場シェア約34.4％（2015年末時点） ・2017年3月末時点。京東衆籌の報酬型クラウドファンディングサービスは累計40億人民元超（640億円相当）の資金を調達
	アント・フィナンシャル・サービス・グループ	蟻蟻達客（Antsdaq）	・2015年11月よりサービス提供開始。株式型クラウドファンディング ・2017年4月時点。同プラットフォームを通じて8つの融資案件から計1.84億人民元の資金を調達

※ 左端に縦書きで「ビッグデータの活用」

（注）網掛部分はアント・ファイナンシャル・サービス・グループ（AFSG）関連
〔出所〕各社資料を基に筆者作成

る取引の安全を図るために生まれたオンライン第三者決済サービスである。業界最大手であるアント・フィナンシャル・サービス・グループが運営するアリペイ（支付宝）は，世界最大の4.5億人以上のユーザー（実名登録ベース）を擁する。また，2013年6月以降，アリペイの第三者決済のプラットフォームでは，即日資金化可能なMMF商品である「余額宝」の販売も行われており，銀行預金より有利で利便性も高いことから利用が急増している（李〔2015a〕，李〔2015b〕）。2017年3月末に，余額宝の利用者は3億人を超えており[5]，その市場規模が中国最大（世界第3位）のMMF投資理財商品である[6]。

　さらに，インターネットで資金の貸し手と借り手をマッチングさせるP2Pレンディング（陸金所，拍拍貸，AFSGの招財宝）などのオンライン・オルタナティブ・ファイナンス（李〔2017b〕）も，個人や中小企業などの資金調達ニーズとより有利な運用先を求める投資家ニーズを背景として急速に市場が拡大し，中国だけでアジア太平洋地域[7]全体の同市場の約99%を占めている[8]。

　このような急成長の背景には，ビッグデータなどの先進技術を利用して，迅速，安価に信用リスク評価を行うことが可能になったことがある。上記の成長市場で，独特な金融グループを形成するに至ったのがアント・フィナンシャル・サービス・グループ（AFSG）である。AFSGは，上記のアリペイ（支付宝），余額宝の他，P2Pレンディング（招財宝），オンライン・コンシューマー・ファイナンス（螞蟻花唄），中小企業向けネット小口融資（網商貸），ネット専業保険（衆安保険），クラウドファンディング（螞蟻達客）などを展開し，中国のフィンテック業界をリードする存在である。その他，オンライン・コンシューマー・ファイナンス（中国EC二番手の京東の京東白条），クラウドファンディング（京東衆筹）など多くの分野において中国のフィンテックは急成長し金融サービスを拡充させた。

　次に，中国のフィンテック関連企業への投資についてみると，投資金額と件数は，2011年の6,900万元と22件から，2015年には970.83億元と399件と大幅に増加した（図表8-9）。2015年投資金額は前年の17.2倍に拡大しており，今後も増加する見通しである[9]。

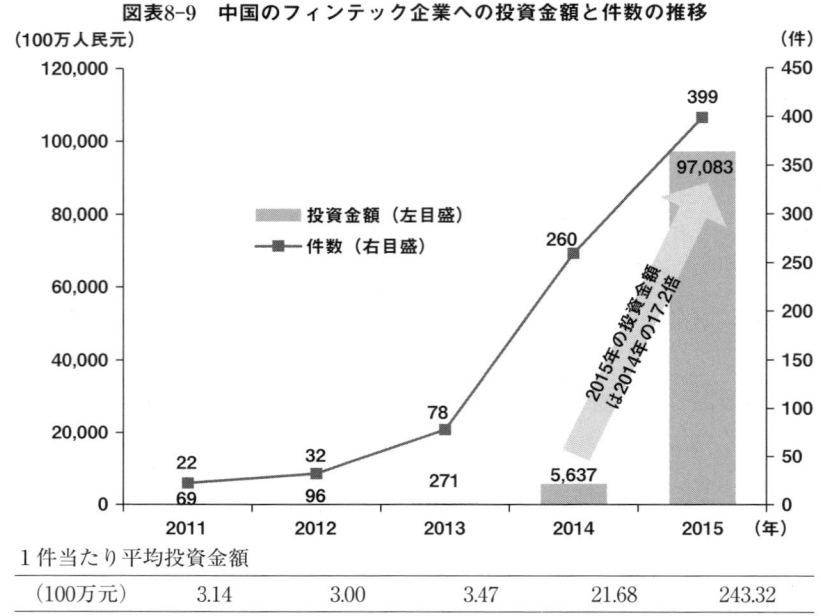

図表8-9　中国のフィンテック企業への投資金額と件数の推移

1件当たり平均投資金額

（100万元）	3.14	3.00	3.47	21.68	243.32

〔出所〕ARBOR VENTURES〔2016〕，p.5より筆者作成

（4）世界最大のフィンテック企業としての AFSG

　近年，中国のフィンテック業界をリードするアント・フィナンシャル・サービス・グループ（以下，AFSG）の急成長が注目されている。2017年11月に，KPMG とオーストラリアのベンチャーキャピタルの H2 Ventures が発表した「2017 FinTech100 Leading Global FinTech Innovators」[10] によれば，中国の AFSG は世界29ヵ国における最も優れたフィンテック50社において首位となった（図表8-10）。

　その他，中国のオンライン保険最大手の衆安保険（Zhong An），中国のオンライン P2P レンディングの趣店（Qudian），中国の投資理財・レンディングの最大手オンラインマーケットプレースの陸金所（Lufax）及び中国の報酬型クラウドファンディング最大手の京東金融（JD Finance）もトップ10に入っ

図表8-10　世界フィンテック企業のトップ50社の上位10社（2017年）

順位	企業	業務分野	国
1	Ant Financial Services Group（AFSG 螞蟻金服）	Payments	中国
2	ZhongAn（衆安保険）	Insurance	中国
3	Qudian（趣店）	Lending	中国
4	Oscar	Insurance	米国
5	Avant	Lending	米国
6	Lufax（陸金所）	Capital Markets	中国
7	Kreditech	Lending	ドイツ
8	Atom Bank	Lending	英国
9	JD Finance（京東金融）	Lending	中国
10	Kabbage	Lending	米国

〔出所〕KPMG〔2017〕より筆者作成

た。

　ここで AFSG の設立背景について紹介しておこう。AFSG は，世界最大規模・中国電子商取引（EC）最大手のアリババグループ（以下，アリババ）[11]から金融関連事業を取得し，2014年10月に設立された中国のフィンテック企業である（図表8-11）。AFSG は元々，2000年10月に設立された「浙江阿里巴巴電子商務有限公司」（以下，アリババ電子商務）であり，中国人民銀行からの第三者決済ライセンスを円滑に取得するために，2011年初，「小額・小微金融服務有限公司」（Small and Micro Financial Services Company，以下 SMFSC）に社名変更した。

　その後，馬雲氏はそれまでアリババグループ傘下にあった第三者決済事業アリペイ（支付宝）の全所有権を SMFSC に譲渡し，同社は2011年5月に第三者決済ライセンスを取得した。しかし，アリペイの所有権譲渡に際して，アリババグループの主要株主であるソフトバンクと米ヤフーが異議を唱えたことから，2011年7月と2014年8月の2回に渡り，アリババ，ソフトバンク，米ヤフーの三者間で譲渡条件について修正交渉し，新たな契約を締結した。具体的には，アリババグループは，アリペイに対して一定の知財ライセンスを付与す

図表8-11 アント・ファイナンシャル・サービス・グループ（AFSG）の沿革

年 月	内 容
2000年10月	・AFSGの前身である「浙江阿里巴巴電子商務有限公司」（以下，アリババ電子商務）が中国杭州市で設立 ・アリババグループ会長・馬雲氏が80％，アリババグループ創業者の一人である謝世煌氏が20％それぞれ同社株式を保有
2004年12月	・アリババグループ，第三者決済サービスのアリペイ（支付宝）を提供開始
2007年6月	・アリババグループ，建設銀行と工商銀行と協業して，中小企業向け小口貸出サービスを提供開始
2009年11月	・アリペイ，モバイルペイメントサービスを提供開始
2010年6月	・アリババグループ，中小企業向け小口貸出サービス会社「浙江阿里巴巴小額貸款有限公司」を設立
2010年8月	・馬雲氏，アリペイの所有権をアリババ電子商務に譲渡
2011年初	・アリババ電子商務は小額・小微金融服務有限公司（Small and Micro Financial Services Company，以下SMFSC）へ社名を変更
2011年5月	・アリペイ，中国人民銀行より第三者決済ライセンスを取得
2011年6月	・アリババグループ，中小企業向け小口貸出サービス会社「重慶市阿里巴巴小額貸款有限公司」を設立
2013年5月	・アリババ電子商務，MMF商品「余額宝」の運営主体「天弘基金」（アリペイを通じて販売）に51％出資，翌月より「余額宝」を販売開始
2014年6月	・SMFSCは，馬雲氏やアリババグループの経営陣らが設立した投資会社「杭州君瀚株式投資パートナーズ」と「杭州君澳株式投資パートナーズ」からそれぞれ約58％と約42％の出資を受け入れ，資本金を12.29億元まで増強
2014年8月	・SMFSCは，アリババグループから「浙江阿里巴巴小額貸款有限公司」と「重慶市阿里巴巴小額貸款有限公司」の株式を取得
2014年10月	・SMFSCはAFSGへ社名変更し，個人や零細・中小企業などを対象とした総合金融サービスグループ会社として，正式に事業開始
2015年1月	・AFSG，与信格付サービス「芝麻信用」を提供開始
2015年6月	・ネット小口貸出サービスに特化した民営銀行「浙江網商銀行」が設立（AFSGは筆頭株主として30％出資）
2015年7月	・AFSG，シリーズAの資金調達を実施（調達金額120億元），全国社会保障基金（出資比率5％）など11社が出資
2016年4月	・シリーズBの資金調達を実施（調達金額45億ドル），シリーズA株主のほか，中投海外や建信信託などが出資

〔出所〕アリババグループのSEC決算資料（2016年5月24日付），およびAnt Financial Service Group の事業内容，各種報道資料より筆者作成

るとともに，各種技術やソフトウェアサービスをアリペイに提供し，アリペイは，その対価として利益の一定割合[12] をアリババに支払う。このような事情から，アリババグループと AFSG の関係には，通常のサービス取引契約に加え利益配分契約が締結されている（図表8-12）。

2014年8月に，SMFSC はアリババグループから「浙江阿里巴巴小額貸款有限公司」と「重慶市阿里巴巴小額貸款有限公司」の株式を取得した。2014年10月に SMFSC から AFSG へ社名変更し，個人や零細・中小企業などを対象とした総合金融サービスの提供会社として事業を開始した。

図表8-12　アリババグループとアント・ファイナンシャル・サービス・グループの構造図

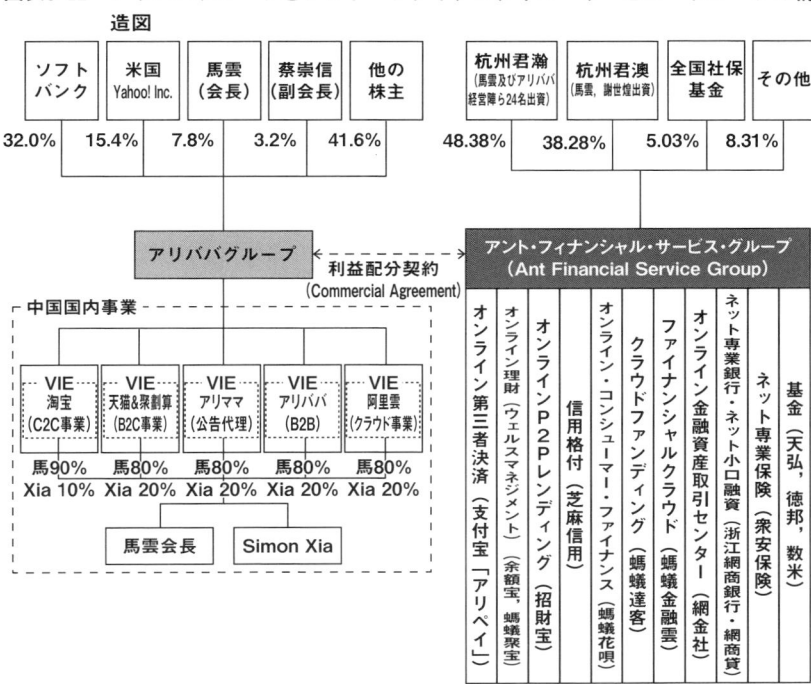

（注）出資構成は2016年3月31日時点。（ALIBABA GROUP HOLDING LTD, FORM 20-F, p.103., http://otp.investis.com/generic/sec/sec-show.aspx?ipage=11407357&Cik=0001577552&Type=PDF より）。

〔出所〕アリババグループの SEC 決算資料（2016年5月24日付），および Ant Financial Service Group の事業内容，各種報道資料より筆者作成

AFSGは，世界最大の顧客基盤を背景に，総合的な金融サービスを提供しており，フィンテック・コングロマリット企業とも言える。AFSGは，「支付宝」（アリペイ）を中核プラットフォームとし，参加の企業を通じて多様な金融ビジネスを展開している（図表8-13）。具体的には，世界最大のオンライン

図表8-13 アント・フィナンシャル・サービス・グループの主要事業

分野	代表企業と提供金融サービス名	出資比率	概要
オンライン第三者決済	支付宝（アリペイ）	100%	・2004年12月よりサービス提供開始，2016年12月末時点で実名登録者数4.5億人超 ・提携金融機関数は200社超，約1,000万中小・零細企業向けの決済サービス提供。全国コンビニや，大手スーパー・デパート，タクシーなどでモバイルペイメント（アリペイウォレットの決済）可 ・2016年12末に海外70ヵ国以上，100,000社以上の加盟店で同サービスの利用可，14の主要通貨での決済に対応
理財（ウェルスマネジメント）	余額宝	100%	・2013年６月よりサービス提供開始。2017年３月末時点で利用者数３億人超 ・アリペイの利用者向けに開発した中国最大・世界第３位（資産規模で）のMMF投資理財商品 ・少額（１元）から投資可能で，１年物定期預金より高い年利を得られるうえ，即日換金可能
	螞蟻聚宝	100%	・2015年８月よりサービス提供開始，モバイル向け理財商品販売プラットフォーム
オンラインP2Pレンディング	招財宝	100%	・2014年４月よりサービス提供開始，ビッグデータを活用したP2Pマーケットプレース・レンディング・プラットフォーム
オンライン・コンシューマー・ファイナンス	螞蟻花唄	100%	・2014年12月よりトライアル，2015年４月より正式に後払い・分割払い（800元以上）のサービス提供開始。 ・１件当たりの貸出限度額は500～５万元（約80万円）まで。返済方法は1括払い（当初41日間無利息）と，800万元以上利用の分割払い（３，６，９，12ヵ月でそれぞれの利息は2.5%，4.5%，6.5%，8.8%），の２種類。 ・中国EC最大手アリババの淘宝（C2C事業）と天猫（B2C），および他社ECサイトで利用可能。 ・アリペイウォレットの決済機能で返済可能。消費者の購買・返済履歴のデータを基に利用の限度額を決める
ネット専業銀行	浙江網商銀行	30%	・2015年６月に設立，オンラインサービスに特化した民営銀行 ・主に中小企業や創業者向けの小口融資サービスを提供。「網商貸」のほか，農民向けの「旺農貸」も提供
ネット小口融資	網商貸	100%	・網商貸の前身は，2010年，アリババによって設立された阿里小貸。2015年６月，民営ネットバンクである網商銀行（アント・ファイナンシャル・サービス・グループ30%出資）の設立に伴い，同サービスは網商銀行に引き継がれた ・主にアリババのECサイト上で運営する中小店舗や個人を対象に無担保小口ローンを提供 ・2016年６月末時点，網商銀行は累計約170万の中小企業に対して融資を実施し，貸出残高は約230億元（3,700億円相当）
信用格付け	芝麻信用	100%	・2015年１月，中国人民銀行より事業ライセンスを取得し，サービスを提供開始 ・アリババのECデータなどを活用して，独自の信用スコア（350～950点，５段階）を制定 ・600点以上は信用記録が良好とされ，ビザ申請やホテルチェックインなどで信用証明として利用可能
クラウドファンディング	螞蟻達客	100%	・2015年11月よりサービス提供開始。株式投資型クラウドファンディングサービスを提供 ・2017年９月末に，同プラットフォームを通じて７つの融資案件から計1.64億人民元の資金を調達
フィナンシャルクラウド	螞蟻金融雲	100%	・2015年10月よりサービス提供開始。金融機関向けのクラウドサービス
オンライン金融資産取引センター	網金社	25%	・浙江互聯網金融資産取引中心股份有限公司（アント・ファイナンシャル・サービス・グループ25%出資）が運営するオンライン金融資産取引プラットフォーム ・2015年６月よりサービス提供開始。2017年４月末時点，累計取扱高は191.38億元 ・利用者は，網金社のアカウントを新設することなく，既存のアリペイのアカウントで取引可能
ネット専業保険	衆安保険	19.90%	・2013年11月，インスタントメッセンジャー最大手のテンセント（出資15.0%），保険大手の中国平安（同15.0%）などにより共同設立。中国最初かつ最大のネット専業保険会社。2017年９月28日に同社が香港取引所に上場 ・ビッグデータを活用して，退運保険，保証保険，傷害保険，銀行カード盗難保険，医療保険，自動車保険など様々な革新的な保険サービスを提供 ・2017年月３月末に，利用者数累計5.82億人，保険証券発行数累計82.91億枚超
資産運用（基金）	天弘基金	51%	・2013年５月に出資，「余額宝」の資産を運用 ・2016年９月末時点の基金資産管理規模は8,320億元で，業界トップ
	徳邦基金	30%	・2015年２月に出資，理財商品の開発を強化
	数米基金	61%	・2015年４月に出資，理財商品の開発を強化

〔出所〕アント・フィナンシャル・サービス・グループの各社公開資料より筆者作成

第三者決済サービス（支付宝「アリペイ」），アリペイ向けの中国最大の投資ファンド（余額宝）やモバイル利用者向けのオンライン理財プラットフォームの（螞蟻聚宝）といった理財（ウェルスマネジメント），オンライン P2P レンディング（招財宝），ビッグデータを活用するオンライン・コンシューマー・ファイナンス（螞蟻花唄），ビッグデータを活用する民営ネット専業銀行（浙江網商銀行），ビッグデータを活用する信用格付（芝麻信用），クラウドファンディング（螞蟻達客），ファイナンシャルクラウド（螞蟻金融雲），オンライン金融資産取引センター(網金社)，中国初で最大のネット専業保険（衆安保険），資産運用（基金）の11つの事業を営んでいる。同社は，プラットフォームを通じて取得した様々な分野のデータを容易に組み合わせることが可能である。このため，後述のビッグデータの活用において先進的な取り組みが行われている。

　国内外での金融ビジネスの業容拡大に向けて，AFSG は資金調達を積極的に実施している。2014年10月の AFSG 設立当初の株主は，アリババの経営陣らが設立した「杭州君瀚株式投資パートナーズ」（出資比率53.25％），アリババ会長の馬雲氏とアリババ創業者の一人である謝世煌氏が設立した「杭州君澳株式投資パートナーズ」（同42.14％）及びファンド運営会社の上海祺展投資中心（同4.61％）であった（図表8-14）。

　その後，AFSG は2017年3月末までに2回の資金調達を実施した。2015年7月にシリーズAで約18.5億ドル（約2,072億円）の資金を調達しており，企業価値推定450億ドルである[13]。全国社会保障基金理事会（出資比率5％），北京中郵投資中心（中国郵政傘下のファンド，同約1％）及び大手保険会社の中国太平洋人寿保険，新華人寿保険，人保資本投資管理有限公司（それぞれ同0.51％）の資本参加は，純粋にリターン獲得を狙ったものと言われている。さらに，2016年4月には，シリーズBで45億ドル（約5,040億円）の資金を調達したが，当時のフィンテック企業による私募調達金額としては，世界最大である[14]。この資金調達は，シリーズAの一部戦略投資家が再び投資したほか，新たな戦略投資家として中投海外（ソブリンファンドの中投公司の100％子会社），建信信

図表8-14　アント・フィナンシャル・サービス・グループの株主構成と資金調達（2016年末時点）

株主	出資比率			備考
	設立時 （2014年10月）	シリーズA （2015年7月）	シリーズB （2016年4月）	
杭州君瀚株式投資 パートナーズ	53.25%	48.38%	n/a	・2012年12月設立 ・Limited Partners はアリババグループ経営陣計24名 ・General Partner は馬雲100%出資の「杭州雲鉑投資諮詢」
杭州君澳株式投資 パートナーズ	42.14%	38.28%	n/a	・2014年1月設立 ・Limited Partners は馬雲と謝世煌 ・General Partner は馬雲100%出資の「杭州雲鉑投資諮詢」
上海祺展投資中心	4.61%	1.73%	n/a	・投資ファンド ・主要株主は王育蓮（虞鋒母親）と上海衆付股権投資管理中心
全国社会保障基金理事会	－	5.03%	n/a	・政府系社会保障基金
上海衆付股権投資管理中心		1.58%	n/a	・虞鋒の傘下資産運用ファンド
北京中郵投資中心		1.00%	n/a	・中国郵政の傘下企業
中国太平洋人寿保険 股份有限公司		0.51%	n/a	・大手保険会社
上海金融発展投資基金二期		0.51%	n/a	・政府傘下の金融業を投資対象とした産業ファンド
新華人壽保険股份有限公司		0.51%	n/a	・大手保険会社
人保資本投資管理有限公司		0.51%	n/a	・大手保険会社
春華景信（天津）投資中心		0.51%	n/a	・経済学者・胡祖六の運営 PE ファンド
上海経頤投資中心		0.45%	n/a	・虞鋒の傘下資産運用ファンド
蘇州工業園区 国開鑫元投資中心		0.28%	n/a	・蘇州市政府傘下の投資ファンド
国開金融有限責任公司		0.23%	n/a	・政府系ファンド
中投海外直接投資 有限責任公司	－		約3%	・政府系ファンド
建信信託			n/a	・建設銀行傘下の投資ファンド

（注）2014年設立時の登録資本金は12.288億元，2015年7月シリーズAの資金調達後の登録資本金は13.526億元。2016年4月シリーズBの出資比率と登録資本金は未公開。

〔出所〕中国証券網「アント・フィナンシャル・サービス・グループが私募シリーズBの資金調達後の時価総額は600億ドル超に」（2016年4月27日）や AFSG の公開情報等より筆者作成

託（建設銀行の傘下信託会社）も加わった。

　2016年9月時点の AFSG の企業価値は推定750億ドル[15]とされる。その内訳をみると，第三者決済のアリペイ（支付宝）の事業は約500億ドル，小口融資（網商貸）の事業は約80億ドル，ウェルスマネジメント事業（余額宝，蟻聚

図表8-15　AFSG の企業価値と中国 IT 企業トップ３社，日米中のトップ金融機関の時価総額との比較

順位	中国の金融機関（トップ10社）	時価総額	
1	中国工商銀行	18,034億元	（302,663億円）
2	中国建設銀行	15,501億元	（260,144億円）
3	中国農業銀行	11,628億元	（195,144億円）
4	中国銀行	10,951億元	（183,792億円）
5	中国平安保険（集団）	9,365億元	（157,170億円）
6	中国人寿保険	8,022億元	（134,623億円）
7	招商銀行	6,073億元	（101,921億円）
AFSG の企業価値750億ドル（2016年９月時点）		5,098億元	（85,558億円）
8	交通銀行	4,448億元	（74,655億円）
9	興業銀行	3,617億元	（60,700億円）
10	上海浦東発展銀行	3,597億元	（60,372億円）
参考			
中国 IT 企業トップ３社（BAT）	アリババグループ（阿里巴巴集団）	3,683億ドル	（419,700億円）
	テンセント（騰訊）	3,378億ドル	（383,826億円）
	バイドゥ（百度）	635億ドル	（72,305億円）
米銀トップ４社	JP モルガン・チェース	3,311億ドル	（377,272億円）
	ウェルズ・ファーゴ	2,778億ドル	（316,554億円）
	BANK OF AMERICA	2,477億ドル	（282,257億円）
	シティグループ	1,863億ドル	（212,241億円）
日本・メガバンク３社	三菱 UFJ フィナンシャルグループ	934億ドル	（106,465億円）
	三井住友フィナンシャルグループ	543億ドル	（61,907億円）
	みずほフィナンシャルグループ	457億ドル	（52,049億円）
米国・証券最大手	ゴールドマン・サックス	924億ドル	（105,331億円）
日本・証券最大手	野村ホールディングス	225億ドル	（25,604億円）

（注１）2017年７月11日値。
（注２）中国企業の時価総額は１元＝16.7827円で換算。
（注３）AFSG の企業価値は750億ドル（香港拠点の証券ブローカー・投資会社の CLSA による推計，１ドル＝6.7983元で換算）。
〔出所〕中国金融機関の時価総額は WIND 資詢より，その他企業は Bloomberg より取得。AFSG の公開資料より筆者作成

宝）は約70億ドル，投資や手持ち現金は約100億ドルである。これには ASFG の保険事業（衆安保険）や信用格付（芝麻信用），ファイナンシャルクラウド（螞蟻金融雲）等の事業が含まれていないが，これらの事業を含めると，２年後には ASFG の企業価値が1,000億ドル超と，アメリカ大手金融機関のゴール

ドマン・サックスの時価総額を上回るとされる[16]。

　仮にAFSGの企業価値が750億ドル（5,098億元，85,558億円）とした場合，2017年7月11日時点の中国上場金融機関（トップ10社）の時価総額と比較すると，AFSGは，中国の4大商業銀行（中国工商銀行，中国建設銀行，中国農業銀行，中国銀行），2大保険会社（中国平安保険，中国人寿保険）及び中国の株式制商業銀行大手の招商銀行に次いで，第8位にランクインする（図表8-15）。同社の企業価値は，アメリカの上位金融機関の時価総額には及ばないものの，中国の株式制商業銀行（交通銀行，興業銀行，上海浦東発展銀行）や，日本のメガバンク2社（三井住友ファイナンシャルグループ，みずほファイナンシャルグループ）の時価総額を大きく上回る。

　AFSGは，将来的に戦略的な投資家の出資比率を60％前後まで高める方針である[17]。同社は現在，中国国内の上場に向けて準備を進めているとされる。実際，2018年2月1日に，アリババグループは，中国の子会社を通じてASFGの新規発行株式の33％を取得すると発表した。これまで同社とAFSGは前述の利益配分契約を結んでいたが，アリババグループによるAFSGへの出資により，AFSGが連結税引き前利益の37.5％をアリババグループに支払う義務が自動的に解消される。両社の資本関係の明確化に伴い，今後AFSGの上場が加速する見通しである。

3．中国におけるフィンテックの主な類型とその提供サービス

（1）支付宝（アリペイ）が牽引する革新的な第三者決済サービス

　第三者決済とは，事業者がインターネット上での買い手と売り手の双方に取引の信用を担保し（エスクローサービス），決済の仲介サービスを提供するものである。すなわち，第三者決済を利用することにより，オンライン取引の買い手は商品代金の決済完了前に商品を受け取ることができる一方で，売り手は代金未回収リスクを回避することが可能になる（図表8-16）。

図表8-16　中国の第三者決済サービスのビジネスモデル

〔出所〕筆者作成

　中国のインターネット取引における決済手段は，銀行送金やクレジットカードよりも第三者決済が圧倒的に多い。これは，①既存の金融機関サービスの使い勝手が悪いこと，②クレジットカードの普及率が低いこと，③信用履歴などデータベースが整備されていないこと，などが理由である。

　アリペイにおいては，利用者の決済資金が銀行から前払いで入金され，これがアリペイの口座間で振り替えられるため，アリペイ自身の資金負担は基本的に発生しない。買い手から見ると，①取引の安全確保ができるようになったこと，②資金決済がインターネット上で完結し手数料も低廉であることなど，メリットが大きい。また，売り手にとっては，①代金回収が確実に行える，②クレジットカードに較べて決済手数料が低く，代金回収までの期間が早い，といったメリットがある。

　AFSG傘下のアリペイは，世界最大のオンライン第三者決済プラットフォームである[18]。ユーザーは，まずアリペイに決済用の口座を開設し，銀行経由で資金を入金する。決済時にユーザーは決済事業者に指示を出す（李〔2015a〕）。2016年末時点で，アリペイの実名登録者数は4.5憶人超に達し，加えて200超の金融機関と事業提携し，約1,000万中小・零細企業向けの決済サービスを提供している[19]。アリペイが第三者決済における中国国内シェア（2016年末）は42.7%である[20]。

　アリペイの決済用口座開設が急増した理由は，第一に中国における電子商取

引の拡大である。第二の理由は，ネットワーク効果であり，アリペイの利用者数が4億人を突破した頃から，少額決済を現金や銀行送金からアリペイにスイッチする動きが急速に進んだ。アリペイを利用しているユーザー同士で，個人間送金が容易に行えるためである。

このように，アリババがBtoCの電子商取引決済の大部分を押さえていることを背景に，アリペイは中国全体の第三者決済市場の成長を牽引してきた。中国の情報通信産業の専門調査会社iResearchによれば，2015年の第三者決済の取扱高は11兆8,675億元（約202兆円），2019年には約26兆9,411億元（約458兆円）に達し，2014年から2019年までの年平均成長率は27.2％と高成長を維持する見通しである（図表8-17）。

現在，アリペイのユーザーは，AFSGのグループ各社のサービスによって，インターネット取引の決済にとどまらず，公共料金の支払い，クレジットカードの返済，金融商品の購入なども利用可能となっている。さらにアリペイの場合，アリペイウォレットというスマートフォン用のアプリを通じて，モバイル

図表8-17　中国の第三者決済の市場規模（取扱高）

（億元）

（注）統計対象は非銀行企業のみ。
〔出所〕iResearchのデータより筆者作成

決済サービスだけでなく，eチケット（長距離バスや列車，映画のチケットなど），価格比較サービス，クレジットカード管理，リアルタイム株価情報などの機能が提供されている。本来の決済サービスでも，QRコードあるいは音声・指紋による認証を活用して，オフラインで利用できる場面が拡大しており，現在ではタクシー料金支払いやコンビニでの買い物にもアリペイが利用できる。実際，中国国内では，アリペイウォレットの決済に対応したタクシーは50万台超，全国コンビニや大手スーパー・デパートなど店舗は20万店超存在する。海外では，70ヵ国10万社以上の加盟店で同サービスの利用が可能となっており，14の主要通貨での決済に対応している[21]。日本でも中国人観光客の利用を見込んで対応する店舗が増えている。

　すなわち，アリペイは単なるオンライン決済口座ではなく，AFSGが構築するプラットフォームへのアクセスポイント（ポータル）となっていると言えよう。

（2）インターネットを通じた MMF 販売によるディスインターミディエーション

（a）顧客の人気を集めた「余額宝」の仕組み

　「余額宝」は，アリババが2013年6月，アリペイのユーザー向けに販売を開始した投資理財商品，具体的にはマネー・マーケット・ファンド（MMF）である（図表8-18）。また，少額（1元）から投資でき，即日換金すればアリペイの各種決済機能もそのまま利用できるため，顧客は瞬時に決済性資金（アリペイ）と貯蓄性資金（余額宝）を振り替えることができる。

　アリペイの利用者は，アリペイを通じて「余額宝」を購入することが可能で，ファンドの収益を得られるだけでなく，「余額宝」を資金化してインターネットショッピングや振込などの決済に利用することも可能である（李〔2015b〕）。このように，「余額宝」はMMFに決済機能を付けた金融商品と言える。

　「余額宝」の誕生背景としては，金融抑圧で高いリターンを求める中国国内

図表8-18 余額宝の仕組み

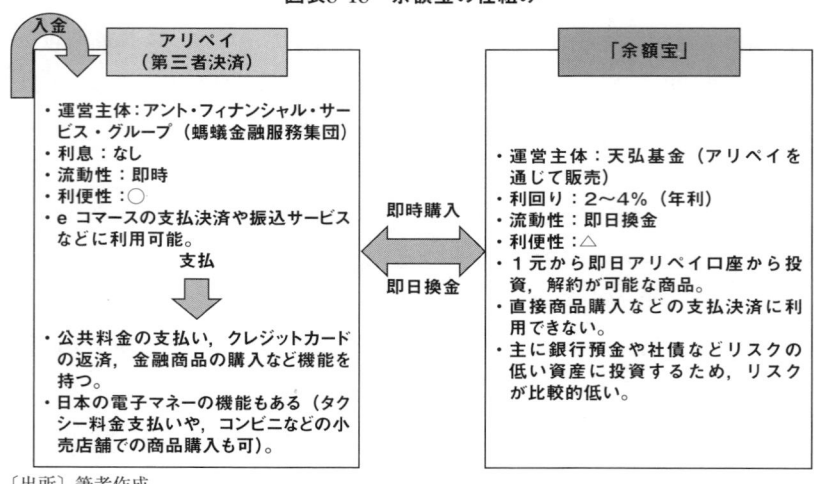

〔出所〕筆者作成

　の個人投資家層と，なるべく安い金利で資金を調達したい事業者の間には，巨大な裁定機会が存在したからである。アリペイの利用者は，口座残金を「余額宝」の口座に振り替えるだけで，年利4.0％前後（2017年5月9日時点）の利回り（銀行の普通預金0.3％と定期預金1.75％）を得られる。利用者の平均年利は29歳で（34歳以下の比率は79％），一人当たりの投資額は5,030元（約9万円）である。アリペイのプラットフォームを利用して購入できるMMF「余額宝」は，普通預金と同様の流動性を得ながら，規制金利を上回る利回りを確保することを可能とした。

　2017年3末に，「余額宝」の利用者数は3億人を超えている。「余額宝」はAFSGが51％出資している資産運用会社・天弘基金によって運営，管理されている。天弘基金のデータによれば，「余額宝」は2013年6月13日に販売開始してから，僅か1年で開設口座数が1億件を突破し，預かり資産残高は5,742億元（約10兆円）に達した。2016年12月末に，「余額宝」は，口座開設数が3億2,462万件[22]，預かり資産残高は2017年6月末時点で1兆4,318億元（約24.3兆円）[23]と，中国最大の資産運用ファンド（世界第3位）[24]である。

中国のMMF市場は，「余額宝」の販売開始を契機に急拡大した。2012年末時点のMMF運用資産規模は5,717億元であったが，2017年6月末は5.1兆元と約9倍に急増した。余額宝の成功により，競合他社も相次ぎファンド運営会社と提携して類似のMMF（テンセントの「理財通」，百度の「百賺利滾利」，量販店大手・蘇寧の「零銭宝」等）を販売開始した。これに伴い，2013年後半以降，銀行預金からインターネット事業者提供のMMFへの資金流出が加速し，伝統的金融機関には大きな脅威となりつつある。アメリカで1970〜1980年代に起きたディスインターミディエーション（金融仲介中断）と同様の動きが，「余額宝」によって引き起こされたと言える。

（b）資産運用商品「余額宝」急増の背景とそのリスク

余額宝が急増した要因としては，以下の3点が考えられる。第1は，アリペイの膨大な顧客基盤とプラットフォームを活用したことである。「余額宝」の出現前に，アリペイの登録者数は既に8億人[25]を突破し（但し実名登録者数は4.5億人超），一日の決済取扱高は45億元（720億円）を超えていた。取引決済にかかる資金回転周期が5日間と仮定すると，アリペイの口座に少なくとも200億元以上の資金が残留したことになる。こうした資金を短期で運用したいニーズが存在した。

第2は，従来のMMFにはない，決済資金との即日振替という流動性を提供したことである。従来のMMFは，当日の売買も可能だが，換金は市場取引がすべて終了し，決済処理が完了してからでないとできなかった。これに対し，余額宝は，アリペイの信用仲介機能を利用して利用者に余額宝の資金による商品購入や振替サービス提供を実現した。

第3は，少額でも比較的高い運用収益を実現したことである。銀行の普通預金は流動性が高い一方，利息は0.3％に過ぎず，収益性の面では余額宝の投資収益率6％（2013年6月時点）の方が大きい。また，他の理財商品は，余額宝より高い収益率を提供するものの，投資金額は5万元（95万円）からとなるのが普通となっており，1元から投資できる余額宝と比較して投資ハードルが高い。こうした差異化が急成長に寄与した。

（3）ビッグデータを活用する AFSG のネット小口融資

ネット小口融資とは，インターネット事業者が傘下の少額貸付会社を通じ，自社の電子商取引サービスを利用する顧客に提供する小口融資サービスのことを指す。代表的な事業者（サービス）には，AFSG 傘下にある浙江網商銀行の「網商貸」（元の阿里小貸）がある。「網商貸」の前身は，2010年に，アリババによって設立された「阿里小貸」[26] である。2015年6月，民営ネット専業銀行である浙江網商銀行（AFSG 30%出資）の設立に伴い，同サービスは浙江網商銀行に引き継がれた。主にアリババの EC サイト上で運営する中小店舗や個人を対象に無担保，簡単で利便性の高い小口融資（EC サイトの会員向け）を提供している（前掲図表8-13）。

「網商貸」のサービスには，阿里小貸が行っていたアリババ（B2B）法人会員もしくは国内サプライヤー向け貸出サービスの「阿里信用貸出」（ネット小口融資「網商貸」の2割，貸出上限は300万元まで），および淘宝（C2C）／天猫（B2C）の店舗運営者（売手）向け貸出サービスの「淘宝／天猫信用貸出」と「淘宝／天猫注文担保貸出」（同8割，貸出上限は100万元まで）に加え，アリペイ会員（個人経営者）向け貸出サービスの「網商貸」やアリババグローバルサイト（速売通）の法人会員向け貸出サービスがある。なお，個人顧客向けには，無担保，貸出上限5万元の後払いサービス AFSG 傘下の「螞蟻花唄」[27]，分割払いの「天猫帳単分期」などネット小口融資のサービスもある（図表8-19）。

「網商貸」（元の阿里小貸）は，貸出前，貸出中，貸出後という三段階に分けて，リスク管理を行っている。貸出前は，主に顧客情報の確認と信用調査を実施している。この段階では，顧客に関する過去の取引，販売実績，銀行の預金残高など膨大な情報を審査する。貸出中では，一般的にキャッシュフローの動向について監視を行っている。貸出後は，延滞のある顧客に対して資金回収の催促や，ブラックリスト公開制度の利用による資金回収の安全性を強化している。「網商貸」（元の阿里小貸）の貸出サービスの内容[28] については，図表

図表8-19　AFSG 傘下の浙江網商銀行・網商貸が提供するサービス

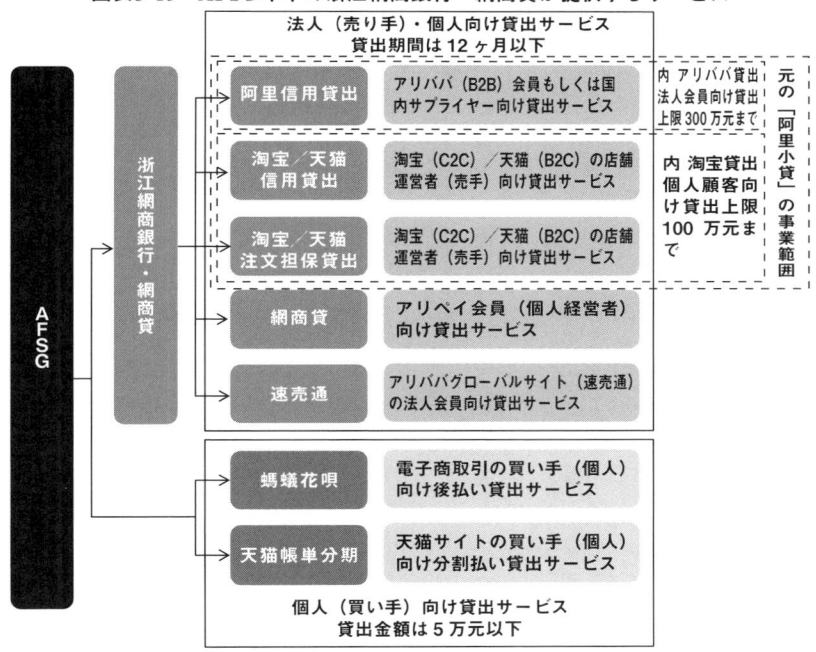

法人（売り手）・個人向け貸出サービス
貸出期間は 12 ヶ月以下

阿里信用貸出	アリババ（B2B）会員もしくは国内サプライヤー向け貸出サービス	内 アリババ貸出　法人会員向け貸出　上限300万元まで
淘宝／天猫信用貸出	淘宝（C2C）／天猫（B2C）の店舗運営者（売手）向け貸出サービス	内 淘宝貸出　個人顧客向け貸出上限100 万元まで
淘宝／天猫注文担保貸出	淘宝（C2C）／天猫（B2C）の店舗運営者（売手）向け貸出サービス	

元の「阿里小貸」の事業範囲

網商貸	アリペイ会員（個人経営者）向け貸出サービス
速売通	アリババグローバルサイト（速売通）の法人会員向け貸出サービス

蟻蟻花唄	電子商取引の買い手（個人）向け後払い貸出サービス
天猫帳単分期	天猫サイトの買い手（個人）向け分割払い貸出サービス

個人（買い手）向け貸出サービス
貸出金額は 5 万元以下

〔出所〕浙江網商銀行・網商貸の公開情報より筆者作成
（https://mobilehelp.mybank.cn/bkebank/index.htm#/knowledge/1689/1690?_k=ca6trn）

8-20の通りである。

　ネット小口融資事業者は，電子商取引やネット決済で蓄積した取引記録やキャッシュフローのデータを活用し，借入者の信用に対し評価を行った上で，オンライン審査により便利で即時性の高い短期小口融資を提供する。これは，インターネット事業者が自社の豊富な資金力と蓄積されたデータを活用し，低コストで顧客の信用履歴や融資審査判断の分析を行うことで可能となったサービスである。

　彼らは，大型金融機関の貸出の対象外とされる信用履歴が低い個人事業主や中小・零細企業などを相手に融資を行う。図表8-21は浙江網商銀行・網商貸（元の阿里小貸の事業）のネット小口融資業務の仕組みである（B2B の「阿

図表8-20　網商貸（元の阿里小貸）の貸出サービスの概要

カテゴリ	阿里信用貸出	速売通	網商貸	淘宝／天猫貸出	
				注文担保貸出	信用貸出
対象者	アリババ（B2B）の会員	アリババグローバルサイト（速売通）の会員	アリペイの法人会員	淘宝サイト or 天猫サイトの店舗運営者（売手）	
貸出上限	最高300万元	－	－	最高100万元	最高100万元
貸出期間	12ヶ月	12ヶ月	12ヶ月	30日	6ヶ月 or 12ヶ月
利息計算方法	月割均等返済	月割均等返済	月割均等返済	日割で計算	日割で計算
利息	最低1.5％／月	－	－	0.05％／日	0.05％／日
申請条件	・アリババの中国サイトの会員あるいは中国のサプライヤー ・申請人は企業の法定代表者もしくは個人企業の責任者（18〜65歳） ・企業登記地は中国国内 ・企業登記は1年以上，かつ直近1年の売上高は100万元以上	・速売通の会員 ・速売通の開設店舗の有効運営期間は6ヵ月以上 ・店舗登記者の年齢は20〜60歳	・会社登記は1年以上 ・アリペイの個人経営者 ・法人代表年齢は18〜65歳 ・法人代表の信用記録は良好	・淘宝 or 天猫サイト上の売手（18歳以上） ・淘宝or天猫サイト上の店舗運営期間は2ヵ月以上 ・店舗の信用は良好	・淘宝 or 天猫サイト上の売手（18歳以上） ・淘宝or天猫サイト上の店舗運営期間は6ヵ月以上 ・店舗の信用は良好

〔出所〕浙江網商銀行・網商貸の公開情報より筆者作成
（https://mobilehelp.mybank.cn/bkebank/index.htm#/knowledge/1689/1690?_k=ca6trn）

図表8-21　浙江網商銀行・網商貸（元の阿里小貸）のネット小口融資業務の仕組み

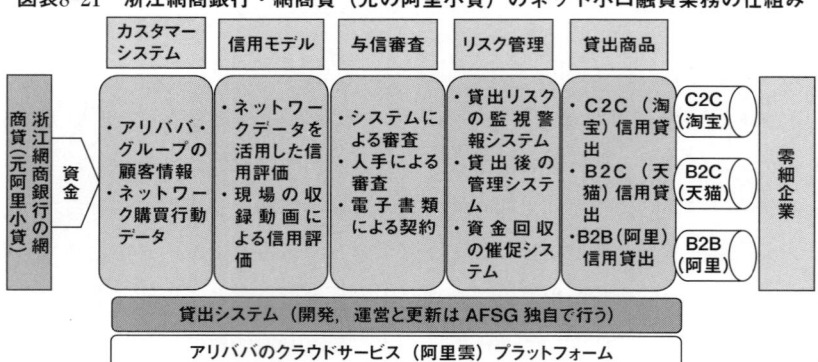

〔出所〕アリババグループ，浙江網商銀行・網商貸の公開情報より筆者作成
（https://mobilehelp.mybank.cn/bkebank/index.htm#/knowledge/1689/1690?_k=ca6trn）

里信用貸出」, C2C の「淘宝信用貸出」, B2C の「天猫信用貸出」)。彼らはインターネット企業の独自のデータを蓄積している。このデータを活用することで, 内部プロセスの効率化, すなわち, 信用モデル, 与信審査, リスク管理などを効率的に行うことが出来る。

　例えば, AFSG 傘下の浙江網商銀行・網商貸の小額貸付会社は, 自社サイトのタオバオ (淘宝) 店舗開設者に対し, その短期運転資金を支援するための小口融資を提供している。貸出限度額は100万元以内, 期限 1 年以内, 年利息18〜21%である。具体的には, 融資を行う前の段階において, 網商貸 (元の阿里小貸) は, アリババの電子商取引サイト (B2B の阿里信用貸出, C2C の淘宝信用貸出, B2C の天猫信用貸出) や第三者決済のアリペイなどのプラットフォームを通じて, 利用者に関する情報を収集し, 与信審査を行っている。これらの情報には, 利用者自身が提示した銀行預金残高, 公共サービス料金支払証明のほか, アリババ電子商取引サイト上で登録した利用者の認証情報, 取引記録, 他の顧客とのやり取り, 税関や税務当局への提出データなどが含まれる。情報の信憑性を確認するため, 与信審査では, 更に利用者に対して, オンラインのビデオチャットによる心理テストや面談なども実施されている。

　融資を決定し, 貸出を実施している期間中において, 網商貸 (元の阿里小貸) は, 利用者による資金の使用状況を厳しく監視している。貸出資金は実際に利用者の事業運営に投下されれば, その事業関連のオンライン広告の投入や関連サイトへのアクセス数が増えることが予測されるため, 網商貸は, 企業の財務データだけでなく, こうした情報についてもタイムリーに監視している。

（4）拡大する P2P レンディングとその社会問題化

　近年, フィンテックを活用したオンライン・オルタナティブ・ファイナンスが中国で成長している (李〔2017b〕)。2015年の同市場規模 (残高) は, 2013年の18倍までに拡大し, アジア太平洋地域の同市場における中国のシェアは98.9%に達した(The Cambridge Centre for Alternative Finance *et al.*〔2016〕)。オンライン・オルタナティブ・ファイナンスは, 従来の資金調達と金融仲介の

範疇外にあるとされ，革新的な金融ツールとチャネルを有していると特徴づけられている（B20 China〔2016〕）。中国のオンライン・オルタナティブ・ファイナンスにおいて，最大の割合を占めるインターネット上のP2Pレンディングの急拡大が最も注目されている。実際，中国のP2Pレンディングの規模は世界最大である。

（a）P2Pレンディングの仕組み

P2P（Peer to Peer）レンディングは，貸し手と借り手がインターネット・プラットフォームを通じて直接貸借することを指す。P2Pレンディングの事業者は，プラットフォームを通じて，貸し手と借り手をマッチングさせるのが主な役割だが，信用評価，投資アドバイス，法的手続きなどのサービスも提供している。また，一部の事業者は，資金の移転，決済，債権回収，督促などのサービスも提供している（李〔2015a〕，李〔2015b〕）。

一般的な例で説明すると，借り手と貸し手の双方が，まずP2P貸借サービスを提供するプラットフォーム上で口座を開設する。それから，借り手はプラットフォームの運営事業者（以下：P2P事業者）に身分証明や資金用途，希望する借入金額，許容できる利率のレンジ，返済方法及び返済期間などの詳細情報を提示し，審査を受ける。審査が通れば，それに関わる情報は，プラットフォーム上で即時に掲載する。一方，投資家（貸し手）は，プラットフォーム上で公開された借り手の関連情報に基づき，自ら借り手を選別し，希望する貸出金利や貸出金額を決定する。借り手と貸し手の双方のニーズが合致すれば，貸借契約を締結して融資が成立する（図表8-22）。

このように，借り手と貸し手にとっては，金融機関が介在しないことで，お互い合意した金利で貸し借りができるメリットがある一方，P2P事業者は一般的に貸倒れなどの損失を負う義務がないため，デフォルトが発生した場合，貸し手が元本・利息を回収できないリスクがある。

P2Pレンディングのマッチングにおいては，通常「オークション」方式が採用される。すなわち，一人の借り手が必要とする資金は，複数の貸し手によって提供され，募集資金が目標に達した時，当該貸借情報はプラットフォームか

図表8-22　中国の P2P レンディングの業務フロー

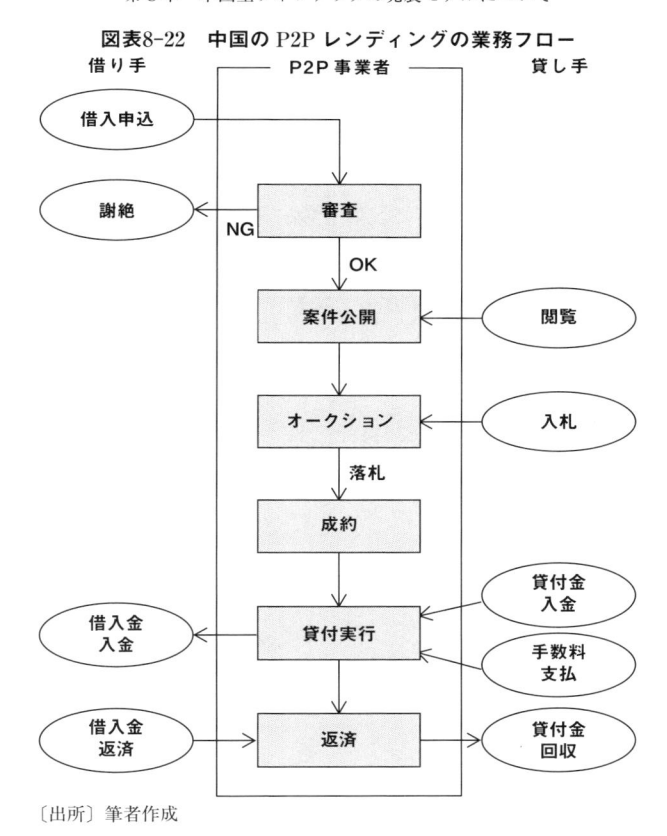

〔出所〕筆者作成

　ら取り下げられる。一つの取引にかかる時間は，平均して5日間前後である。

　また，貸出金利は主に下記の三つの方式により決定される。一つ目は，P2P
プラットフォームの運営事業者が貸出金利のレンジを設定し，貸し手がそのレ
ンジ内で自由に貸出金利を決める方式である。二つ目は，プラットフォームの
運営事業者が，借り手の信用格付けに応じて貸出金利を設定する方式である。
格付けの高い借り手は，比較的低い貸出金利を享受できる一方，格付けの低い
借り手は比較的高い金利を支払わねばならない。三つ目は，借り手が金利のレ
ンジを提示し，複数の貸し手に対して競争入札を実施する方式である。一番低
い貸出金利で応札した貸し手が契約の権利を獲得し，借り手と貸借契約を締結

する。

（b）P2P レンディングの急拡大

　近年，中国の P2P レンディング市場は急拡大した。その背景としては，後述の2015年夏の株式市場の急落により一部資金が P2P レンディング市場へ流入したことが考えられる。中国の民間企業により設立された P2P レンディングの専門ポータルサイト「網貸之家」[29] の統計データによると，中国のインターネット上の P2P 事業者の取扱高（フローベース）は，2011年には31億元に過ぎなかったが，中小企業や個人の強い資金ニーズを背景に，2013年の1,058億元から2014年の2,528億元（前年比139％増），2015年の9,823億元（同289％増）に急増し，2016年には 2 兆639億元と日本円で33兆円超の急増加を記録した（図表8-23）。同事業者数は，2013年末時点で800社，2014末には2,276社，

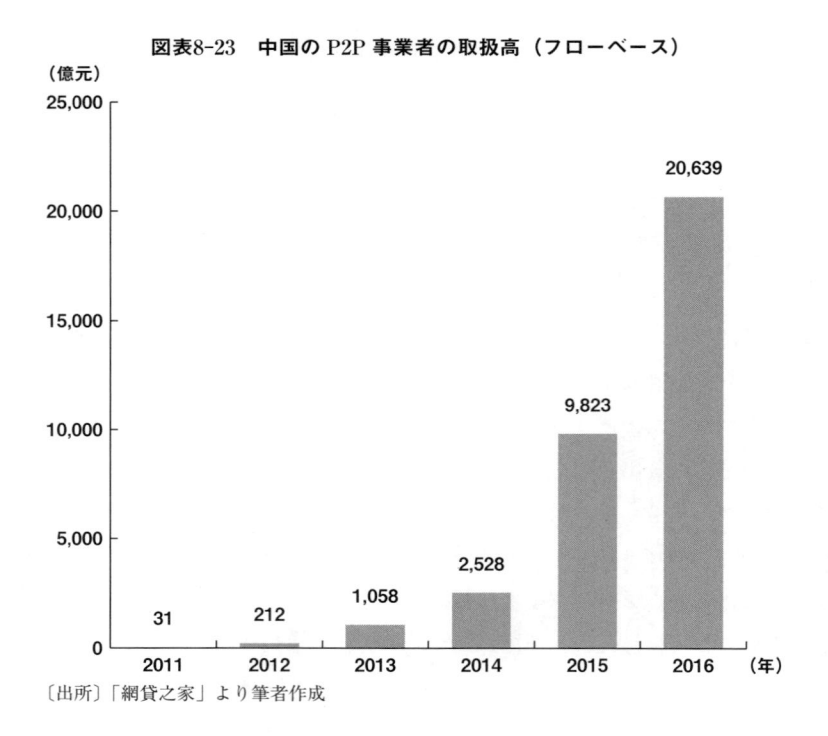

図表8-23　中国の P2P 事業者の取扱高（フローベース）

（億元）

〔出所〕「網貸之家」より筆者作成

2015年末には更に3,433社までに増加し，2016年末には2,488社となっている（図表8-24）。地域別のP2Pレンディング事業者の分布をみると，沿海部と大都市を中心にビジネスを展開している。2017年6月末時点では，広東省と北京市が最も多くそれぞれ20％，19％を占め，その他，上海市（13％），浙江省（11％），山東省（4％），江蘇省（4％），湖北省（4％）に集中している。内陸部におけるP2Pレンディングのビジネスはまだ初期段階である。

（c）P2Pレンディング市場の変調とその社会問題

　ところが，最近，P2Pレンディングの急拡大の弊害が生じており，一部で社会問題化している。まず，2015年7月の株式市場の下落により，行き場を失った個人投資家の資金がP2Pレンディング市場に流れ，過熱な状況を生み出したとの見方がある。実際，2015年7月のP2Pレンディングの取扱高（フロー

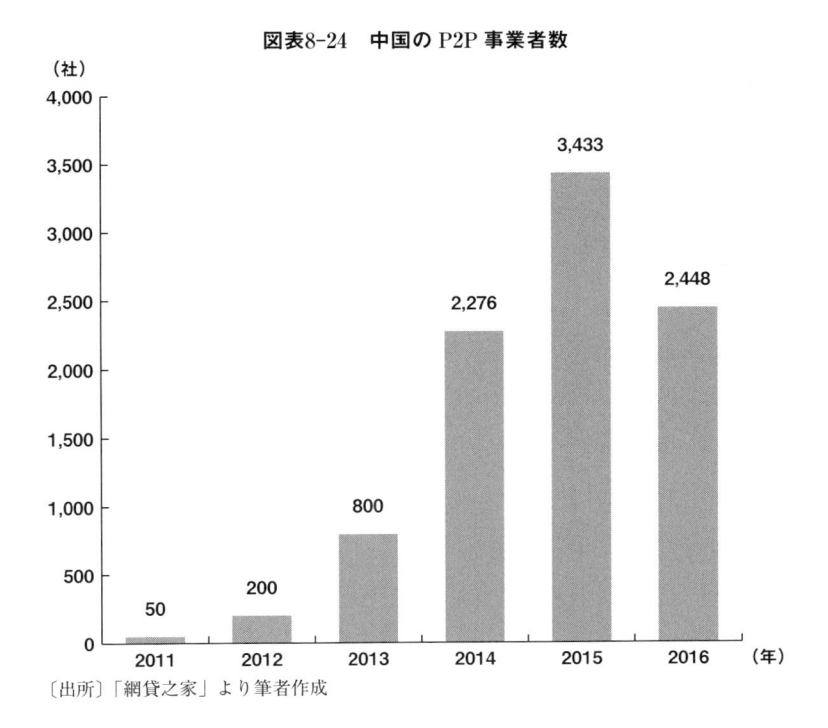

図表8-24　中国のP2P事業者数

〔出所〕「網貸之家」より筆者作成

図表8-25　中国の P2P 事業者の取扱高（2014年 1 月～2017年 6 月）

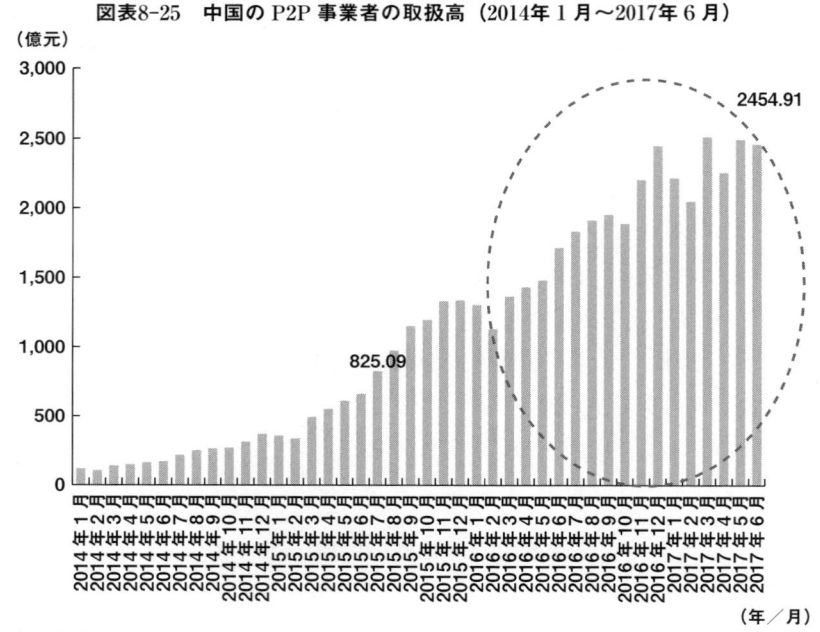

〔出所〕「網貸之家」より筆者作成

ベース）は825.09億元と前年同月比3.8倍（2014年 7 月は216.73億元），貸出残高は2236.7億元で前年同月比4.3倍（2014年 7 月は522.93億元）に急増した。中国の P2P レンディングが個人投資家の資産運用の手段として利用されている実態から考えると，今後も株価が下落すると P2P レンディング市場に資金が流入するという状況は続く可能性もある。2017年 6 月の取扱高は2,454.9億元と，大量の資金が P2P レンディング市場に流れ込んでいることが伺える（図表8-25）。また，P2P レンディングの貸出残高を見ても，2013年末の268億元から，2014年末の1,036億元，2015年末の4,061億元と，2 年連続で約 4 倍に増加しており，2016年末には8,162億元を記録した（図表8-26）。2017年 6 月末のP2P レンディングの貸出残高は 1 兆450億元と，2015年末時点より6,389億元の増加となった。

　しかし，P2P 事業者の数は，ここにきて減少に転じ始めた。「網貸之家」に

図表8-26　中国の P2P レンディングの貸出残高

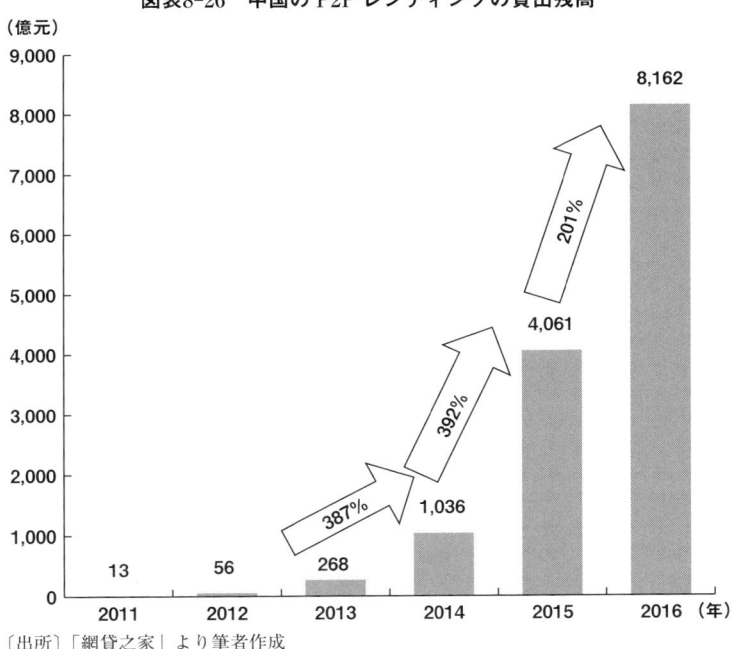

〔出所〕「網貸之家」より筆者作成

よれば，2015年12月末時点で，正常に事業を運営している P2P プラットフォーム数は3,433社であったが，2016年12月末には2,448社まで減少し，1年間で985社が減少した（前掲図表8-24）。また，「網貸之家」の調査では，P2P レンディングの営業停止・問題プラットフォーム数は，2013年の76件から，2014年に301件，2015年には更に1,294件，2016年には更に1,741件とへ急増した（図表8-27）。営業停止・問題プラットフォームとは，営業停止のほか，資金持ち逃げなど経済犯罪の調査対象となったプラットフォームのことである。2015と2016年の事件類型別[30]からみると，資金持ち逃げはそれぞれ46.3％と22.7％，現金引出困難は23.5％と9.6％，営業停止は29.2％と67.4％，経済犯罪の調査対象は1％と0.3％という割合になっている（図表8-28）。

　このように，インターネット上の P2P レンディングが新しい仕組みであり，店舗を持たないため規制当局や投資家にとっては，プラットフォームの基本的

図表8-27 中国の P2P レンディングの問題プラットフォーム数の推移

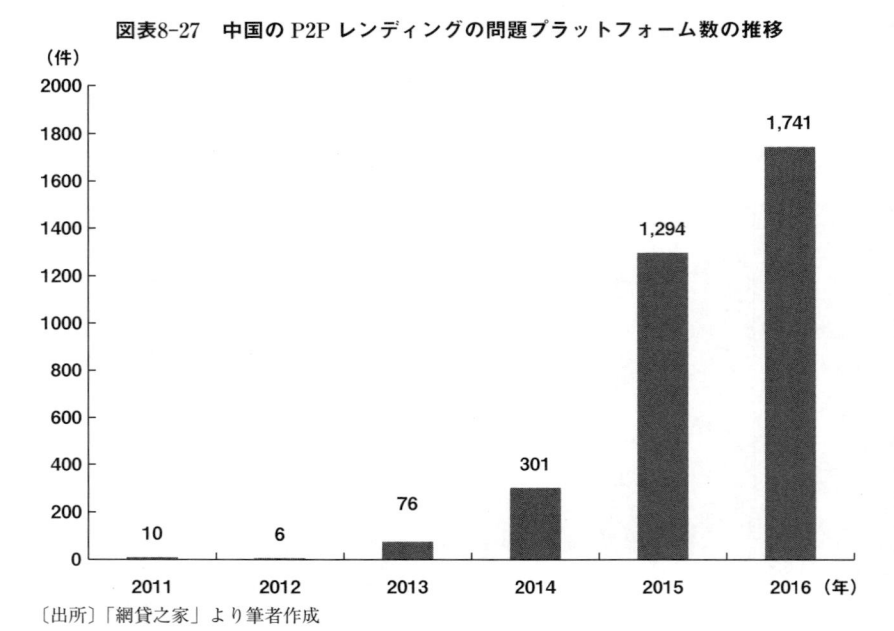

〔出所〕「網貸之家」より筆者作成

図表8-28 中国の P2P レンディングの問題プラットフォームの類型（2015年と 2016年）

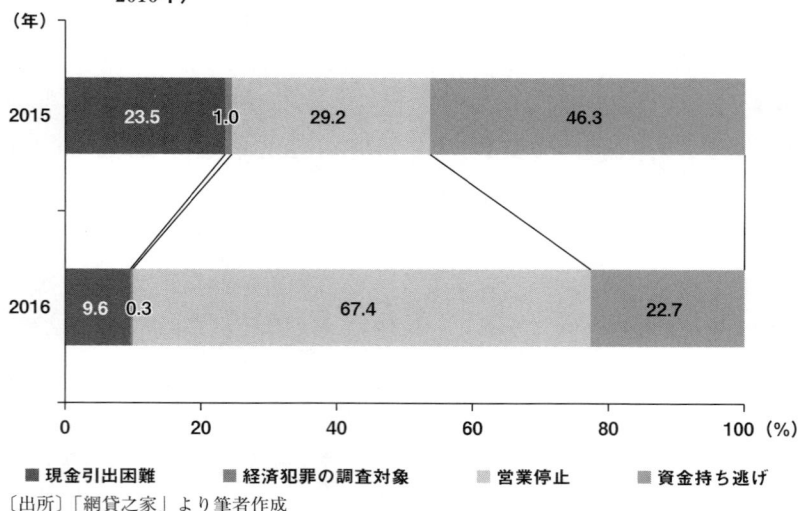

〔出所〕「網貸之家」より筆者作成

な財務体質，あるいは信用リスク管理能力を確認するのが往々にして困難である。近年，増加している経済事件とプラットフォーム閉鎖案件は，一部は未熟な経営管理によるものだが，大半は詐欺に直接起因するものであった。さらに，一部のP2Pレンディング事業者は，自己融資やネズミ講などの違法行為に手を出すところまで現れた。

　最近では，かつて中国P2P業界のトップ4の一角を占めていたe租宝（Ezubo）が，違法融資したことで摘発され，2016年1月に破産に追い込まれた。同社は，2014年7月のオンライン取引開始以来，1年半の間で90万人前後の投資家から約500億元（8,000億円相当）を調達していたが，実態はポンジ・スキームそのものであったとされる[31]。すなわち，賄賂で企業を買収し，プラットフォーム上で架空の会社を設立して，虚偽のプログラムを通じて実現不可能なハイリターンを投資家に約束していたことが明らかになっている。e租宝の破産は，P2Pレンディング市場に衝撃を与えた。他にも，P2Pレンディングを悪用した詐欺などの事件は後を絶たず，P2Pレンディング市場に対する規制・監督の強化が喫緊の課題と指摘されている。

4．中国のフィンテック分野の規制監督の明確化

　現在，中国政府はフィンテック業界に対して二つの側面から規制に取組んでいる。一つは，「穏健で寛容的な規制政策」を導入しながら，イギリスのRegulation Sandboxの手法[32]に似た規制の実験を行うというスタンスである。もう一つは，インターネット・プラットフォームを活用した様々なフィンテック分野を公式に認定するとともに規制監督の強化を明確化するという方向性である。具体的には，2015年7月18日，中国人民銀行が主導し，財政部，中国銀行業監督管理委員会（銀監会），中国証券監督管理委員会（証監会），中国保険監督管理委員会（保監会）など10の関連監督省庁が連名で，インターネット・ファイナンスの規制方針となる「インターネット・ファイナンスの健全な発展促進に関する指導意見（銀発〔2015〕221号，以下，指導意見)」[33]を公表し，

図表8-29　指導意見におけるフィンテック分野の各サービスの主管部門

監督当局	対象サービス
中国人民銀行	オンライン決済（第三者決済）
銀監会	オンラインP2Pレンディングやネット小額貸付，オンライン信託及びオンライン消費者金融
証監会	クラウドファンディング，オンラインファンド販売
保監会	オンライン保険販売

〔出所〕筆者作成

規制の大枠を示した（図表8-29）。

　指導意見では，これまで監督責任が曖昧であったフィンテック分野の各サービスの主管部門を明示した。具体的には，インターネット決済は中国人民銀行，P2Pレンディングや小額貸付，オンライン信託及びオンライン消費者金融は銀監会，クラウドファンディングやオンラインファンド販売は証監会，インターネット保険販売は保監会と，各サービスの監督機関をそれぞれ明確にした。

　さらに，銀監会などの4機関は，「指導意見」の基本原則・監督責務に従い，連名で，2015年12月28日に「ネット貸借情報仲介機関業務活動管理暫定弁法」（パブリックコメント募集稿）[34]を公表した後，2016年8月17日に「ネット貸借情報仲介機関業務活動管理暫定弁法」（2016年第1号）[35]（以下では，弁法）を公布し，インターネット上のP2Pレンディングに対する規制・監督管理の通達を正式に公表した。同弁法では，インターネット上のP2Pプラットフォームの情報仲介としての性質を明確にするとともに，ネット貸借情報の仲介業務を展開する機関（以下，ネット貸借仲介機関）に対して，①機関の名称には「ネット貸借情報仲介」のような文字を含むこと，②客観，真実，全面かつリアルタイムの情報開示責任を負うこと，③融資デフォルトのリスクを保証しないこと，④信用保証サービスを提供しないこと，⑤資金プールを設立しないこと，⑥国家利益や社会公共利益を害さないこと，などを求めた。同弁法は，消費者の権利を保護するとともに，インターネット上のP2Pレンディングを情報仲介という本質に回帰させることを目的としている。

　同弁法は，インターネット上のP2Pレンディングを健全に発展させ，零細・

図表8-30　ネット貸借情報仲介機関業務活動管理暫定弁法（2016年 8 月17日）の主な内容

主な項目	2016年 8 月17日付けの修正版（2015年12月28日パブリックコメント版に対して）
定　義 （第二条）	・「ネット貸借」：個人と個人がインターネットプラットフォームを通じて直接貸借を実現すること（ここでの個人は、自然人、法人及びその他組織を含む） ・「ネット貸借情報仲介機関」：法に基づいて設立し、ネット貸借情報仲介業務を専門的に手掛ける金融情報仲介機関のことを指す。その主な業務は、インターネットを主なチャネルとして、資金の貸し手と借り手に対し、情報検索や情報公開、資産信用評価、情報交換、貸借取引マッチングなどのサービスを提供することである。
監督機関 （第四条）	・中国銀行業監督管理委員会（銀監会）：ネット貸借情報仲介機関の業務活動に関する監督管理制度の制定及びネット貸借情報仲介機関の行為に対する監督 ・各省人民政府：ネット貸借情報仲介機関に対する監督管理 ・工業情報化部：ネット貸借情報仲介機関の活動のうち、通信に関連する業務に対する監督管理 ・公安部：インターネットセキュリティ、金融犯罪などに関する監督管理 ・国家インターネット情報弁公室：金融情報サービス、インターネットコンテンツなどの業務に対する監督管理
ネット貸借情報仲介機関の禁止行為 （第十条）	1. 自身のためまたは形を変えた自身のための融資 2. 直接または間接的に貸し手から資金を受取るあるいは収集すること 3. 貸し手に対して担保あるいは元本利息の保証を提供すること 4. インターネット、固定電話、モバイル電話などの電子チャネル以外の物理的場所で、自らまたは第三者に委託もしくは授権して、融資プロジェクトの宣伝あるいは推薦を行うこと 5. ローンを提供すること（ただし、法律法規が別途規定したものは除外される） 6. 融資プロジェクトの期限を分割すること 7. 理財などの金融商品を自ら販売して資金を募集すること、銀行の理財、証券会社の資産管理、基金、保険あるいは信託商品などの金融商品を代理販売すること 8. 資産証券化類似業務あるいは資産や証券化資産、信託資産、基金残高などを組み合せる形で債権を譲渡すること 9. 法律法規及びネット貸借関連監督管理規定の許可以外に、その他の機関が提供する投資、代理販売、推薦仲介などのサービスと混合、当絡させ、代理販売を行うこと 10. 融資プロジェクトの真実性や収益予測の故意ででっち上げまたは誇大広告、融資プロジェクトの瑕疵やリスクの隠蔽、多義的言語あるいはその他詐欺的な手段による虚偽で誤った宣伝または販売などを行い、虚偽情報あるいは不完全な情報の捏造や散布により他人の商業的信用と評判を侵害して、貸し手と借り手をミスリードすること 11. 株式投資、信用取引、オプション取引、仕組商品及びその他デリバティブ商品などハイリスクの融資を目的とする借款に情報仲介サービスを提供すること 12. 株式投資型クラウドファンディングなどのサービスに従事すること 13. 法律法規やネット貸借に関連する監督管理規定が禁止するその他の活動
借り手の義務 （第十二条）	1. 真実、正確かつ完全なユーザー情報及び融資情報を提供すること 2. すべてのネット貸借情報仲介機関における借入残高情報を提供すること 3. 融資プロジェクトは真実で合法であることを保証するとともに、借入金は指定の使途に基づいて使用し、貸出とその他の目的のために使用してはならない 4. 規定に従い、貸し手に対して貸し手の権益を及ぼすあるいは及ぼしうる重大情報を正確に報告すること 5. 自身は借入に相応な返済能力があることを確保し、規定に従って返済すること 6. 貸借契約及び関連契約で規定したその他の義務
借り手の禁止行為 （第十三条）	1. 故意に身分を変え、融資プロジェクトをでっち上げ、プロジェクト収益を誇大宣伝するなどの形で借入金を騙し取ること 2. 同時に複数のネット貸借情報仲介機関、またはプロジェクトの名称変更、プロジェクト内容に関する実質性の伴わない変更などを通じて、同一融資プロジェクトに関して重複融資を行うこと 3. ネット貸借情報仲介機関以外の公式な場で同一プロジェクトの情報を発表すること 4. 本規定の第十条の内容に抵触していることが判明し、引き続き取引を行うこと 5. 法律法規とネット貸借関連監督管理規定が禁止するその他の活動
貸し手の義務 （第十五条）	1. ネット貸借情報仲介機関に対し、真実、正確かつ完全な身分などの情報を提供すること 2. 貸出資金は合法的な自己資金から提供されていること 3. プロジェクトのリスクを理解し、相応のリスク認知及び受容能力があることを確認していること 4. 貸出で生じた元本利息の損失をみずから負担すること 5. 貸借契約及び関連契約で規定したその他の義務
借入額の制限 （第十七条）	・ネット貸借は、少額を主としなければならない。ネット貸借情報仲介機関は、自身のリスク管理能力に応じ、同一の借り手による同一のネット貸借情報仲介機関のプラットフォーム及び異なるネット貸借情報仲介機関のプラットフォームからの借入上限額を制限し、貸出の集中リスクを予防しなければならない。具体的には、 ① 同一自然人による同一のネット貸借情報仲介機関のプラットフォームからの借入残高は20万元まで、異なるネット貸借情報仲介機関のプラットフォームからの借入残高総額は100万元まで ② 同一法人あるいはその他組織による同一ネット貸借情報仲介機関のプラットフォームからの借入残高は100万元まで、異なるネット貸借情報仲介機関のプラットフォームからの借入残高総額は500万元までとする。
借り手と貸し手の保護 （第二十八条）	ネット貸借情報仲介機関は、借り手と貸し手の資金とネット貸借情報仲介機関の自己資金とを分離するとともに、借り手と貸し手の資金預託管理機関として、条件を満たす銀行業金融機関を選択しなければならない。

〔出所〕中国銀行業監督管理委員会「ネット貸借情報仲介機関業務活動管理暫定弁法（パブリックコメント募集稿、2015年12月28日）、「ネット貸借情報仲介機関業務活動管理暫定弁法」（2016年第 1 号、2016年 8 月17日）より筆者作成・抄訳

中小企業，三農（農村，農業，農民），新興企業と個人の資金ニーズに応えるために，①安定的なインターネット・ファイナンスの維持，②消費者保護，③インターネット・ファイナンスの効率の向上という三大監督目標の下で策定されたものである。全部で8章47条から成り，その特徴は図表8-30の通りである。弁法は，ネット貸借仲介機関に発展と革新のための十分な余地を残し，市場においてその活力を発揮させ，情報仲介や少額分散，実体経済に役立つサービス及び「金融包摂」の本質に回帰するよう，ネガティブリストを導入してネット貸借仲介機関の13項目に及ぶ禁止行為を規定した。また，消費者保護の強化については，同一借り手によるネット貸借仲介機関からの借入残高上限を明確に規定した。

5．中国のフィンテックの発展意義と今後の課題

　ここで，中国のフィンテックの発展の意義について考えてみると，以下の3点が指摘できよう。

　第1は，異業種からの金融サービスへの参入が，取引コストの低下，サービスレベルの向上に寄与していると思われることである。中国のフィンテックは，電子商取引，第三者決済，ソーシャルネットワークなどによって形成された膨大なデータベースやデータ解析技術を活用することで，マーケティング・コストや信用管理コストを著しく低下させた。また，インターネット・ファイナンス事業者は通常，実店舗を数多く設立する必要もなければ，従業員を大量に抱え込む必要もないため，企業運営コストを大幅に下げることができる。

　こうしたコスト構造の変化によって，異業種による金融業への新規参入が可能となり，これまでにない新たな金融サービスが提供されることで，従来の金融ビジネスモデルが変化を迫られるという効果がある。例えば，従来の金融機関においても，コスト競争上，ビッグデータやクラウドコンピューティングの技術の活用が不可欠となり，一方で多様化した顧客ニーズや信用状況のタイムリーな把握が可能となることで，金融機関の商品・サービスレベルの向上が期

待される。

　第2は，インターネットの活用による情報処理コストの急激な低下を受けて，従来金融サービスに手が届かなかった人々も金融を利用できるようになったことである（金融包摂）。とりわけ，中小企業等に対する融資の分野においては，インターネット・ファイナンスの優位性が高く，従来の銀行等ではカバーしきれない部分を補っている。

　第3は，銀行以外に新たな決済サービスが提供されたことである。第三者決済などにおける資金決済のファイナリティは銀行預金と同一ではないとしても，個人から見た実用性にはほとんど問題が生じない状況となっている。また，第三者決済とMMFの融合によって誕生した余額宝などは，中国の金融商品における従来の境界線を乗り越え，金融商品でありながら決済機能も備えるようになったと言える。

　もっとも，第三者決済サービス業者はそのプラットフォーム上で様々な金融商品を提供することが可能となるなかで，銀行には従来同様の厳しい規制が課されるという競争上の不公平性については，今後，問題となってくる可能性があり，新規参入の許可基準の明確化，顧客資金の分別管理，企業内部統制の不備などについて対応が求められるようになるであろう。

終りに

　このように，中国型のフィンテックの発展モデルは，欧米など先進国と異なる部分が多い（図表8-31）。すなわち，中国では，伝統的な金融機関とは独立した決済プラットフォームをもとに，既存の金融サービスを補完・代替するようなサービスとして位置づけられる。また，金融包摂の手段としても近年注目されている。中国におけるフィンテックの発展は，金融イノベーションのエンジンとなることから，当局はこれらの動きを止めるのではなく，その発展を容認する方向である。金利自由化後には，金融政策手段の変更（準備率から市場金利誘導などへ）を視野に入れた，既存金融機関の行動変化（中小企業金融の

図表8-31　中国のフィンテックの発展モデルと欧米など先進国型の比較

比較項目	従来の金融機関のフィンテック	中国のフィンテック	欧米など先進国型のフィンテック
担い手	金融機関（銀行，証券，保険等）	インターネット企業など異業種が金融サービス提供	主に非金融系スタートアップ企業
プラットフォーム	金融機関（銀行，証券，保険等）	世界最大の電子商取引市場・第三者決済をプラットフォームとして多様な金融サービスを展開（金融コングロマリット）	スマートフォンなどパーソナルなチャンネルを活用した新たな金融サービスの提供（単発な商品・金融サービスの提供が多い）
スケール	小（既存金融サービスのオンライン化）	大（世界最大の顧客基盤）	小（各国内のユーザー向け金融サービスの提供）
既存の金融機関との関係	金融機関（銀行，証券，保険等）	独立した決済プラットフォーム	依存（金融機関と連携・提携）
規制監督のスタンス	規制強化（一部緩和）	規制緩い，当局黙認のスタンス（「穏健で寛容的な規制政策」を導入し，イギリスの Regulation Sandbox の手法にも通じる規制の実験を行う。但し将来問題が生じた時当局介入の姿勢）	規制と緩和のバランスを取りながら，フィンテック企業の発展を支援（イギリス，シンガポールなど国では Regulation Sandbox の導入。日本もトライアル特例の議論があるものの，Regulation Sandbox の導入を明示せず）
ビッグデータの活用環境	厳格な規制下で不利（活用していない）	緩い規制下で有利な環境・巨大なエコシステムの形成可能（巨大ユーザー数・巨大プラットフォームが存在し，様々な分野のデータを組み合わせることが容易）	厳格な規制下で一部活用
発展の目的・意義	コスト削減・利便性・競争激化中の差別化	既存の金融サービスの補完・代替する新たな金融サービスの提供。中小企業の資金調達を可能にするための金融包摂の促進も	既存金融サービスとの併用を前提に利用者の利便性向上を狙った付加価値型のサービスが多い

〔出所〕筆者作成

拡大など）も予想される。中国のフィンテック企業の発展は，金融サービスへのアクセス率向上を通じて金融包摂の推進にも寄与している。

　中国のフィンテック企業はレガシーシステムを抱えていない後発者の利益（Leap Frog Effect）に加え，世界最大級のビッグデータの利用環境を活用してリテール金融サービスを世界最先端レベルにまで高度化する可能性がある。中国はこの点においても有利な環境にある。

　最近，ビッグデータの活用はIoTや人工知能と相俟って，多くの産業において実装段階に入っている。今後，次々と注目される事例が出現することが期待される。中国においては，先述したように，数多くの有利な面があるため，その発展も目覚ましい速度で展開される可能性がある。

　中国では今後，ビッグデータやAIを活用したフィンテックのイノベーションが主流になりつつあり，IT技術が金融サービスの姿を抜本から変えようとしている。フィンテックの発展において，より重要なのは既存の金融サービスを発展させるという方向性ではなく，あらゆる生活シーンにおいて，いかにフィンテックを活用して人々に良い顧客体験（UX）を提供するか，ということである。その意味で，金融とITの融合にとどまっていたフィンテックは，消費者の生活に密着したフィンテックライフ（Fintech-Life）の一部へと変化していくであろう。

＜注＞

1）　フィンテック（FinTech: Financial Technology）は，FinanceとTechnologyを組み合わせた言葉で，実態的にはICT技術の発達によって出現した，従来存在しなかったような様々な金融ビジネスの態様あるいはネットベンチャー企業などが提供する金融サービスおよび金融関連サービスを指す。

2）　Arner *et al.*〔2015 & 2016〕, pp.6-28.

3）　CITI Global Perspectives & Solutions〔2016〕, p.9
　　（https://www.citivelocity.com/citigps/ReportSeries.action?recordId=51）

4）　CITI Global Perspectives & Solutions〔2016〕, p.10

5）　（http://www.thfund.com.cn/yuebao）

6）　"Alibaba now 3rd largest money market fund in the world", May 27, 2016
　　（http://www.disruptivefinance.co.uk/2016/05/27/alibaba-now-3rd-largest-money-market-fund-in-the-world/）

7）　アジア太平洋地域は，日本，オーストラリア，ニュージーランド，韓国，インド，シンガポー

ル，台湾，香港，マレーシア，インドネシア，タイ，モンゴル，フィリピン，パキスタン，スリランカ，ベトナムを含む。

8） The Cambridge Centre for Alternative Finance *et al.* 〔2016〕, p.25.

9） ARBOR VENTURES〔2016〕

10） 2016 Fintech100は，金融サービス業において最も有利にテクノロジーを活用し，従来概念を変革した世界上位フィンテック企業50社と，大胆な新鋭性や破壊性及びゲームを潜在的に変える発想力をもつ新興企業50社で構成される。内訳では，アメリカ地域からは35社，ヨーロッパ，中東及びアフリカ地域（EMEA）から29社，アジアから14社，イギリスから12社，オーストラリアとニュージーランドから10社が選ばれた。FinTech 100は，①これまで調達した資金の総額，②最近の資金調達動向，③地理的多様性，④部門的多様性，⑤その他の要素について，商品の良さ，サービスとビジネスモデルの先進性（新興スター企業トップ50社を評価する時にのみ適応），といった5つの指標に基づいて選出されたものである。これらの企業は，優れた技術を最大限に活用し，既存の金融サービス業の秩序に風穴を開けている。その共通点として挙げられるのは，最高の顧客体験（UX）を重視した金融サービスの開発を徹底的に追及していること，市場の誰よりも物事を成し遂げる能力を保持していること，である。（https://s3-ap-southeast-2.amazonaws.com/h2vc/static/reports/innovators/2017/H2-Fintech-Innovators-2017.pdf）

11） アリババグループは，1999年3月に馬雲氏によって設立された中国の電子商取引企業である。同社は，2014年9月にニューヨーク証券取引所に上場し，2017年7月11日時点の時価総額は3,683億ドル（約42兆円）である。同社は当初中小企業向け電子商取引（B2B）サービスの提供から事業をスタートした。以降，オークションなどの個人消費者間（C2C）の電子商取引「淘宝」（Taobao），企業対消費者間（B2C）の電子商取引「天猫」（Tmall）といったマーケットプレイスを提供している。2016年12月末現在の同社サイトのアクティブバイヤーは約4.43億人，2015年の同社国内電子商取引の総取扱高（Taobao + Tmall）は約2.95兆元（約47.2兆円）と，中国のインターネットショッピング市場全体の約77.6％を占めている。アリババの総取扱高は，アメリカのアマゾンやイーベイ，日本の楽天の3社の総取扱高を合計しても及ばない規模である。同社の事業部門は主に，リテール事業とホールセール事業に大きく分けられている。リテール事業としては，淘宝網（Taobao），天猫（Tmall）の他に，共同購入サービスを提供する聚劃算（Juhuasuan），海外のB2Cサービスを提供するAliExpressがある。ホールセール事業としては，B2Bサービスを提供する1688.com（国内）とalibaba.com（海外）を擁している。アリババはこのほか，eコマース取引におけるデータマイニング・サービス（いわゆるビッグデータ関連事業）に加え，クラウドコンピューティングサービスなど，インターネットにおける独自の「エコシステム」（経済圏）の構築を目指している。

12） AFSG（アリペイ含む）は，アリババグループに対して，ライセンス料・ソフトウェアサービス料など（AFSGの連結税引き前利益の37.5％相当）を支払う（2014年8月のアリペイ譲渡条件の修正（第2回）に関する合意内容）

13） （http://finance.qq.com/a/20160426/055823.htm）

14） 中国証券網「螞蟻金服資本暗語：B輪融資後估値達600億美元」，2016年4月27日付，（http://company.cnstock.com/company/scp_dsy/tcsy_rdgs/201604/3776057.htm）

15） 香港拠点の証券ブローカー・投資会社CLSAの情報通信調査部門のElinor Leung氏の試算による。"Ant Financial Worth US$75B, Considers IPO in HK Next Year, All Facts you Have to Know about Alipay", September 21, 2016. （http://fintechnews.sg/5558/fintech-ipo/ant-financial-worth-us75b-considers-ipo-in-hk-next-year-all-facts-you-have-to-know-about-alipay/）

16） "Jack Ma's Finance Business May Be Worth More Than Goldman Sachs", September 20, 2016. （https://www.bloomberg.com/news/articles/2016-09-20/jack-ma-s-finance-business-may-be-worth-more-than-goldman-sachs）

17） （http://company.cnstock.com/company/scp_dsy/tcsy_rdgs/201604/3776057.htm）

18） Ant Financial, "Ant Financial's Double 12 Global Shopping Festival Helps Offline Merchants

Boost Sales", December 13, 2016,（https://www.antfin.com/newsDetail.html?id=584fb54b846cd84 1377424e7）

19）　注18と同じ。

20）　（http://report.iresearch.cn/content/2017/04/267622.shtml）

21）　http://www.alibabagroup.com/en/news/article?news=p141208, Ant Financial, "Ant Financial's Double 12 Global Shopping Festival Helps Offline Merchants Boost Sales", December 13, 2016, （https://www.antfin.com/newsDetail.html?id=584fb54b846cd841377424e7）

22）　天弘余額宝貨幣市場基金2016年年度報告（2017年 3 月30日），（http://cdn-thweb.tianhongjijin. com.cn/fundnotice/11.pdf）

23）　天弘余額宝貨幣市場基金2017年第二季度報告（2017年 6 月30日），（http://cdn-thweb.tianhongjijin. com.cn/fundnotice/11-yueb_1.pdf）

24）　（http://www.disruptivefinance.co.uk/2016/05/27/alibaba-now-3rd-largest-money-market-fund-in-the-world/）

25）　鳳凰網財経「馬雲の価値の上昇：アント・ファイナンシャル・サービス・グループの IPO で500億 ドルの資金調達を予想」（2015年 2 月 2 日付）。（http://finance.ifeng.com/a/20150202/13474524_0. shtml）

26）　2010年，ネット小口融資である淘宝貸出サービスの提供を開始した。

27）　オンライン・コンシューマー・ファイナンス。2014年12月よりトライアルベースで，2015年 4 月より正式に後払い・分割払い（800元以上）のサービス提供を開始した。同サービスの 1 件当 たりの貸出限度額は500〜50,000元（約8,000〜80万円）となっている。返済方法は，一括払いで当 初41日間無利息と，800元以上利用の分割払いで 3 ，6 ，9 ，12ヵ月のそれぞれの利息は2.5％， 4.5％，6.5％，8.8％，の 2 種類がある。

28）　（https://mobilehelp.mybank.cn/bkebank/index.htm#/knowledge/1689/1690?_k=ca6trn）

29）　2011年10月，民間企業である上海盈灿（YingCan）投資管理株式有限公司により設立された P2P レンディングに関する専門ポータルサイトである。同サイト上では，P2P 業界に関するニュースや 貸出データのほか，借り手向けのコミュニティサービスなどをも提供している。 （http://shuju.wdzj.com/industry-list.html?tmpl=hy-qyfb）

30）　網貸之家，（http://shuju.wangdaizhijia.com/industry-list.html?tmpl=hy-qyfb）

31）　"China's $7.6 billion Ponzi scam highlights growing online risks", Feb 2, 2016, （http://www.reuters.com/article/us-china-fraud-idUSKCN0VB2O1）

32）　イギリスの FCA （金融行為規制機関）では，「Project Innovate」というプロジェックを立ち上 げて，消費者の利益にかなう金融サービス分野におけるイノベーションを奨励している。安全面 を確保しながら，一定の範囲内で実験的な取り組みを許容する「Sandbox」制度を提案している。 Financial Conduct Authority〔2015〕, "Regulation Sandbox", November . （https://www.fca.org. uk/your-fca/documents/regulatory-sandbox）

33）　http://www.mof.gov.cn/zhengwuxinxi/zhengcefabu/201507/t20150720_1332370.htm

34）　中国銀行業監督管理委員会「ネット貸借情報仲介機関業務活動管理暫定弁法」（パブリックコメ ント募集稿），（http://www.gov.cn/xinwen/2015-12/28/content_5028564.htm）

35）　中国銀行業監督管理委員会「ネット貸借情報仲介機関業務活動管理暫定弁法」（2016年第 1 号）， （http://www.cbrc.gov.cn/chinese/home/docDOC_ReadView/D934AAE7E05849D185CD497936D767CF. html）

＜引用・参考文献＞

中国互聯網絡信息中心（CNNIC）〔2016〕,「第38次中国互聯網絡発展状況統計報告」，7 月
中国銀行業監督管理委員会〔2015〕,「ネット貸借情報仲介機関業務活動管理暫定弁法」（パブリック

コメント募集稿），12月

中国銀行業監督管理委員会〔2016〕，「ネット貸借情報仲介機関業務活動管理暫定弁法」（2016年第1
号），8月

李建軍等共著〔2014〕，『中国普恵金融体系—理論，発展与創新—』，知識産権出版社，8月

李立栄〔2015a〕，「急成長する中国のコンシューマー向けインターネットファイナンス」『野村資本市
場クォータリー』2015年夏号，第19巻，第1号，82-106頁

＿＿＿＿＿〔2015b〕，「中国個人金融における異業種参入がもたらすイノベーションの進展—インター
ネットを活用した金融サービスの多様化—」『パーソナルファイナンス研究』，No 2，67-85頁

＿＿＿＿＿〔2017a〕，「独自の発展を遂げる中国のフィンテック」『国際金融』新年特別号，1月

＿＿＿＿＿〔2017b〕，「急成長する中国のオンライン・オルタナティブ・ファイナンスと課題」『野村
資本市場クォータリー』，2017年冬号，第20巻，第3号，170-190頁

ARBOR VENTURES〔2016〕, "China FinTech Market Analysis", March 19

Accenture〔2016〕, "Global Fintech Investment Growth Continues in 2016 Driven by Europe and
Asia", April 13

Arner, Douglas W., Jànos Barberis and Ross P. Buckley〔2015 & 2016〕, "The Evolution of FinTech:
A New Post-Crisis Paradigm?", University of Hong Kong Faculty of Law *Research Paper*
No.2015/047, Posted October 20, 2015, UNSW Law *Research Paper* No. 2016-62, Last Revised
September 7, 2016

B20 China〔2016〕, "Financing Growth Taskforce Policy Paper", July

CITI Global Perspectives & Solutions〔2016〕, "Digital Disruption", March

Financial Conduct Authority〔2015〕, "Regulation Sandbox", November

KPMG〔2017〕, "2017 Fintech100-Leading Global Fintech Innovators", 15 November

The Cambridge Centre for Alternative Finance et al.〔2016〕, "Harnessing Potential: The Asia-
Pacific Alternative Finance Benchmarking Report", March

Zhang, B., P. Baeck, T. Ziegler, J. Bone and K. Garvey〔2016〕, "Pushing boundaries: The 2015 UK
Alternative Finance Industry Report", February

第9章 フィンテックがわが国リテール証券業に与える影響

はじめに

　近年，フィンテックの動向が注目を集めている。周知のようにフィンテックとは，金融（Finance）と技術（Technology）をかけ合わせた造語であり，狭義にはベンチャー企業による革新的な金融サービスの提供を指す。その範囲は，送金・決済，預金，融資・貸出，投資，資金調達，情報管理，業務支援，保険，仮想通貨などの幅広い領域に及んでいる。証券業との関連でも，クラウドファンディングやロボ・アドバイザーをはじめとして，スマートフォンでのサービス提供に特化したモバイル証券や分散型台帳技術の証券取引への適用など多くの関連分野が存在し[1]，今後どのような影響を証券業に与えるのかが関心の的となっている。

　他方，情報技術革新と金融業との融合は，19世紀における電信の利用や20世紀半ばのATM（Automatic Teller Machine）導入など，現在のフィンテック以前にもしばしば見られてきた[2]。とりわけ1990年代後半以降の一般家庭へのインターネット普及を背景として急速に拡大したインターネット証券取引（ネット証券取引）は，しばしばフィンテックの先駆的事例として理解されている。たしかに最新の技術革新を金融に取り入れるという意味において，現在のフィンテックとネット証券取引とは連続的な側面を持つものとして理解することができるであろう。それでは，証券市場や証券ビジネス，企業や投資家の行動に与える影響についてもインターネット登場時との連続性（ないしは共通性）の中で理解することができるであろうか。この点については詳細な検討が

必要なように思われる。というのも，現在のフィンテックは，スマートフォンをはじめとした高性能モバイル機器の普及，機械学習型人工知能（AI, Artificial Intelligence）とビッグデータ分析，オープン API（Application Programming Interface），分散型台帳技術など，より広範な要素技術を含んでおり，かつてインターネットが証券業にもたらした影響とは異なる性格・方向性での影響を証券業に与える可能性が考えられるからである。また，近年注目されるフィンテック・サービスには，これまでとはまったく異なったコンセプトから証券業に接近するものが多く存在しており，インターネット登場時とは異なった角度から影響を与える可能性について検討すべき必要があるように思われる。

　そこで本章では，以下の点を検討することとしたい。第一に，1990年代後半のインターネットの登場は証券業にどのような影響を与えたのかを総括的に整理することである。ここでは，価格・商品・サービスの側面に注目して検討することとしたい。第二に，上記で整理された影響との比較を意識しつつ代表的なリテール証券分野のフィンテック・サービスの特徴を整理する。これによってネット証券取引がもたらした影響とは区別される，現在のフィンテックがわが国リテール証券業に与えうる影響を明確化することを試みる。最後に，今後フィンテックが発展していくための課題となりうる点を整理することでむすびとしたい。

1．インターネット取引の証券業への影響

　インターネットの登場が証券業に大きなインパクトを与えたことは記憶に新しい。米国では1996年に E ＊ トレードが大々的な広告を打ってインターネットを利用した証券取引に進出して以降，相次ぐ新規参入と価格破壊を伴いながら個人投資家の株式投資チャネルとして定着した。日本では，証券会社の免許制から登録制への移行（1998年12月）と株式売買委託手数料の完全自由化（1999年10月）とがインターネット革命と重なったこともあり，より急激な価

格破壊を伴いながら個人投資家の株式投資を取り込んでいった。インターネット取引の口座数は急増し（図表9-1），直近では2333万口座に達している。個人の株式取引の9割を占めるといわれ[3]，現在では対面・電話と並ぶ一つのチャネルとして定着したといえよう。こうしたインターネットの登場が証券業に与えた影響について，以下では価格面，商品面，サービス面の観点からみていくことにする。

（1）価格面での影響

　1999年10月に手数料が完全自由化されて以降，ネット証券取引には多くの新規参入が生じ，口座獲得を競って激しい価格競争が展開された。例えば，DLJディレクトSFG証券が「最大98％割引，最低1900円」を宣言すると，これにマネックス証券が「最低1000円」といった形で応酬したように，ネット取引に参入する各社の間で激しい手数料の引き下げ合戦が生じた。結果，株式売買委託手数料は，手数料自由化後の短期間で急激な低下を見せた。こうした価格引き下げ競争は，株価低迷による市況の悪化時や新規参入が生じた際など，その後も幾度となく繰り返された。そうした中で取り扱い商品の充実や情報提供，

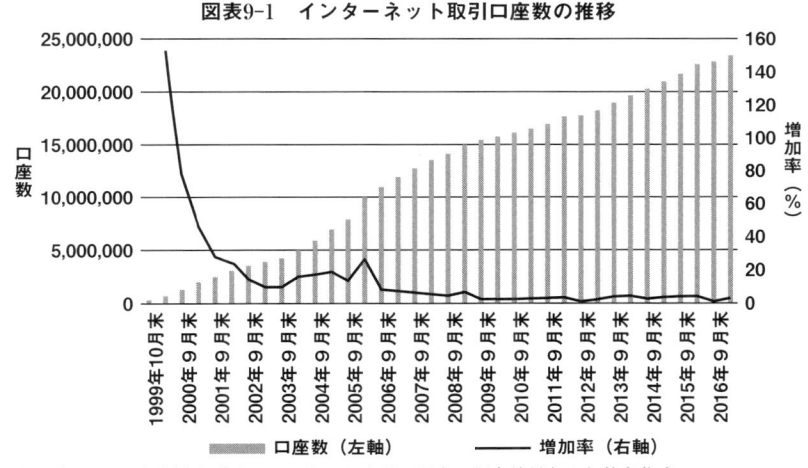

図表9-1　インターネット取引口座数の推移

〔出所〕日本証券業協会「インターネット取引に関する調査結果」より筆者作成。

高度な取引ツールの提供といった価格以外の差別化を追求する動きが生じた点は後にみていくこととする。

　価格面での影響としてもう一点指摘すべき点は，「定額手数料体系」の広まりである。これは，一日の売買回数に関係なく，一日の取引の一定額までは同じ手数料水準とする体系であり，一日に何度も取引を繰り返すことで一回当たりの手数料が低下するという仕組みとなっている。そうした性格から頻繁に売買を繰り返すアクティブな投資家に訴求するような手数料体系であるといえよう[4]。こうした定額手数料体系は，松井証券によって初めて採用されたといわれるが，その後，他のネット証券会社にも採用され，現在では広く見られる価格体系として定着している。

（2）商品面での影響

　インターネットで取引サービスを提供している証券会社は，株式・債券・投資信託などを一通り取り揃えている場合が多いが，中心となる商品は株式の現物取引と信用取引である。その理由は，これらが価格の変動をリアルタイムで確認しながらタイミングを見極めて売買注文を出すことができるというインターネットの特徴を最も活かすことのできる取引であったからだと考えられる[5]。証券会社に一定の保証金を差し入れることで買い付けに必要な資金や売り付けに必要な株券等を借りて売買することを可能にする信用取引は，手持ち資金が少額の顧客により大きな金額での取引を可能にする。手数料が極めて低いネット取引では僅かな値幅からでも利益を得ることが期待できるが，信用取引は，その僅かな利益を量で補おうと考えるアクティブな投資家に訴求する手段となった。ネット証券側から見ても信用取引から生じる金利収入が売買委託手数料と並ぶ収益の柱となっており，信用取引はネット証券にとって主力商品の位置を占めているということができるであろう。

　手数料の引き下げが進み価格以外の差別化が意識されるなかで，ネット取引で取り扱われる商品の範囲は徐々に拡大した（図表9-2）。例えば，2004年前後から，インターネットを通じて先物・オプション取引を扱う証券会社の数が著

図表9-2　取扱商品・取引の状況（社数）

	2001年 9月	2003年 9月	2005年 9月	2007年 9月	2009年 9月	2011年 9月	2013年 9月	2015年 9月
上場株式	61	49	46	48	46	44	38	40
新規公開株式抽選参加	–	20	24	30	27	23	22	24
外国株式	8	15	16	17	22	16	16	13
国債（個人向け国債を含む）	4	9	14	19	20	18	14	13
普通社債	2	3	6	9	8	8	7	4
転換社債型新株予約権付社債・新株予約権付社債(旧転換社債・新株予約権付社債)	15	18	16	13	13	7	6	7
外国債券	2	4	7	11	15	14	14	12
MMF	42	31	26	26	25	23	21	22
中期国債ファンド	26	17	13	11	10	10	9	10
MRF	44	38	34	33	34	31	39	31
上場投資信託（ETF）	50	40	43	46	45	40	39	41
上場投資証券・指数連動証券（ETN）	–	–	–	–	–	–	30	32
不動産投資信託（REIT）	37	36	42	44	44	40	39	41
ベンチャーファンド	–	15	13	15	21	14	17	18
国内証券投資信託（上記を除く）	37	28	27	34	39	33	32	35
外貨建て MMF	12	16	13	14	17	16	16	17
外国証券投資信託（外貨建て MMF を除く）	8	7	7	15	14	12	13	11
信用取引	17	26	29	37	37	32	27	29
有価証券指数等先物取引	1	6	15	22	21	19	20	21
有価証券オプション取引	4	8	15	18	18	14	19	18
上場 CFD	–	–	–	–	–	–	8	7
店頭 CFD	–	–	–	–	–	–	11	13
株式ミニ投資	11	15	12	13	10	6	5	2
証券貸借・消費貸借	–	3	4	6	7	5	6	6
カバードワラント	7	5	5	5	6	4	5	3
保険商品	–	6	6	6	7	3	1	2
外国為替証拠金取引	–	11	18	29	26	25	32	28
商品先物取引	–	0	3	6	0	3	8	8
（参考）インターネット取引を取り扱っている会員数	66	55	56	57	55	51	58	61

〔出所〕日本証券業協会「インターネット取引に関する調査結果」より筆者作成。

しく増加した。また，インターネットを通じて外国為替証拠金取引（FX取引）を提供する証券会社も増加した。こうした取引は価格の変動（ボラティリティ）が大きく，短期売買や信用取引を行うアクティブな顧客にとって魅力的な商品であると考えられる。事実，一部の大手ネット専業証券にとってFX取引からの収益が無視できない水準に達しており，現在ではネット取引の商品ラインナップとして一定の地位を築いていると考えられる。

　以上のように，ネット取引においては短期売買に適した商品の拡充が進む一方，国債・外債・普通社債といった債券や投資信託は，ネット証券取引の主力商品とは言い難い状況が続いた。この理由としては，それらの商品が価格の変動をリアルタイムで確認しながらタイミングを見極めて売買注文を出すことができるという前述したインターネット取引の特徴を活用できるような取引では必ずしもない点があげられる。また，投資信託は詳しい説明が販売につながるという性質を持つが[6]，この点からすると，対面で説明ができないというネット証券の特性は，投資信託の販売とは必ずしも適合的ではなかったと考えられる。

（3）サービス面の特徴

　インターネットを通じて証券取引を行う投資家は，自ら情報収集・分析・投資判断を行う存在だとされる。しかし，的確な判断を下すためには信頼に値する情報とその分析が不可欠である。こうしたネット投資家のニーズに対しては，豊富な情報をやり取りできるというインターネットの特性を活かして，市況・株価・板情報・ニュースなどをリアルタイムで配信するサービスが提供された。また，価格以外の差別化が追求されるなかで，様々な機能を備えた取引ツールの提供が進んだ。例えば，一つの画面上で複数の銘柄の価格情報が自動更新される機能や株価の上昇・下降を音声で知らせる機能を実装した取引ツールの提供のほか，逆指値注文をはじめとする条件注文を実装したものや個別銘柄の財務指標を分析する機能など，セミプロ向けともいえるような機能を備えたものも提供された。このように多様な機能を備えた取引ツールが提供されて

きたが，これは文字だけでなく画像や音声といった豊富な情報をやり取りできるというインターネットの特徴が可能にしたサービスであるということができるであろう。

（4）小括

　ここではインターネット登場による証券業への影響をまとめたい。価格面に関しては手数料水準の劇的な低下と「定額手数料体系」の普及が指摘できる。後者は，一日のなかで頻繁に売買を繰り返すアクティブな投資家に訴求するような価格体系であった。商品面に関しては，現物株式のほか，信用取引・先物取引・FX取引など，短期売買に適した商品の拡充が指摘できる。これは，それらの商品が価格の変動をリアルタイムで確認しながらタイミングを見極めて売買注文を出すことができるというインターネットの特性を活かすことができる商品であったことが関係している。サービス面に関しては，株価や板情報といった取引に必要な情報のリアルタイムでの提供のほか，条件付き注文を備えたツールや企業情報を分析するツールなど，セミプロ向けの高度な機能を備えた取引ツールの提供があげられる。これらは，豊富な情報をやりとりできるというインターネットの特徴が活かされたサービスだということができるであろう。

　以上より，全体としてみると，ネット証券取引は，意識的にせよ無意識的にせよ，頻繁に売買を行うアクティブな投資家に訴求するような価格・商品・サービスの提供を重視してきたといえる。実際，ネット専業証券の収益構成は，売買委託手数料と信用取引からの金利収入が収益の柱となっている。それでは，ネット取引がこのような方向に進んできた要因として何があげられるであろうか。それは結局のところ，顧客セグメント，チャネル，提供される商品・サービスというビジネスモデルを構成する各要素が整合的であった点が指摘できる[7]。すなわち，顧客セグメントとしては，自ら投資の意思決定を行い，短期売買を繰り返すことで細かく利益を積み上げていくようなアクティブ投資家であり，その意思決定に必要な情報や取引ツールについては豊富な情報

をやりとりできるというインターネット・チャネルを通じて提供し，こういった投資家の好むような短期売買に適した商品を低い手数料で提供したのである。ここには顧客セグメント，チャネル，商品サービス間の整合性が見て取れる。この点がネット証券取引の進化の方向性を規定した要因であると考えることができるであろう。

　ただし，このことはネット取引口座数の増加にも関わらず，いまだ十分にリーチできていない顧客層が潜在的に存在する可能性も示唆している。例えば，定年退職後に必要となる資金を運用するために長期投資を希望するような顧客層にとっては，低い手数料や定額手数料体系はそれほど魅力的ではなく，むしろ手数料が相対的に高くてもアドバイスやコンサルテーションを重視するかもしれないし，短期売買に向いた商品よりも長期積立に向く商品の充実が必要とされるであろう。このような場合には，ネット証券よりもむしろ従来型の対面証券の方に優位性があると考えられる。また，資産運用に興味はあるが知識がないというような顧客層には，短期売買に適した商品やセミプロ向けの取引ツールは適合せず，シンプルでわかりやすく取引できる商品・サービスの提供が重要となろう。このように考えると，インターネットを通じた証券取引の登場は，格安な手数料を武器としてそれまで株式投資の経験がないような新たな個人投資家を市場に呼び込む効果があったと考えられる反面，証券業が十分に取り込めていない顧客層を依然として多く残している可能性も否定できないであろう。フィンテックがこれまでのネット証券取引とは区別されるような独自の影響を与える可能性を検討するためには，それがネット取引の登場によっても取り込めなかった領域を開拓しうるかに焦点を当てることが有効であろう。そこで，次節では代表的なリテール向けフィンテック・サービスをいくつか取り上げ，その特徴をネット取引がもたらした影響と比較しつつ検討することにしたい。

2．代表的なフィンテック・サービスの検討

　本節では，証券分野における代表的なリテール向けフィンテック・サービス
として，ロボアドバイザー，モバイル証券，おつり投資アプリを取り上げるこ
とにするが，はじめにリテール取引における注目すべき変化としてスマート
フォン等の高性能モバイル機器の普及について整理しておくこととしたい。と
いうのも，スマートフォンは前節で見たネット証券取引を行うためのパソコン
と同様にインターネットへと接続するための手段であるが，証券サービスの
チャネルとしてみた場合，パソコンでのインターネット利用とは異なる特色を
持つと考えられるからである。そこで，本節では，証券取引チャネルとしての
スマートフォンの特徴から検討を始めることにする。

（1）チャネルとしてのスマートフォン

　はじめに確認しておきたいのがこの10年でのスマートフォンの爆発的な普及
である。2007年に iPhone が発売されたが，これ以降スマートフォンは急速に

図表9-3　情報通信端末の世帯保有率の推移

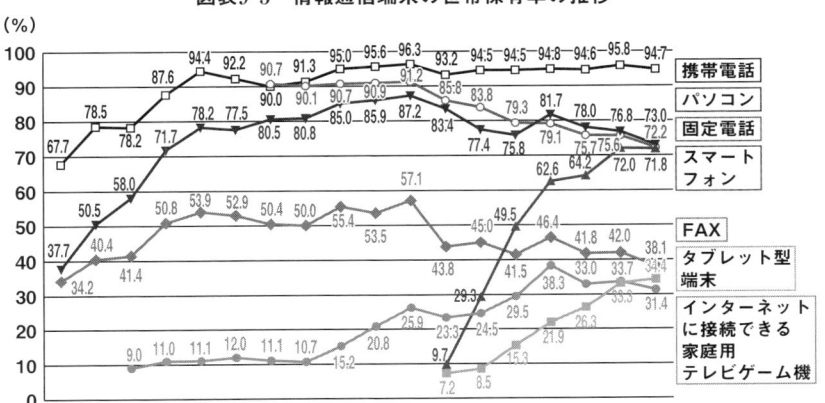

〔出所〕総務省『平成29年版情報通信白書』

普及し，2016年末時点で世帯保有率は7割を超えた（図表9-3）。年代別に個人保有率をみると，20代が94.2％であり，30代は90.4％，40代は79.9％，50代は66％，60代は33.4％となり，特に若い世代ほどスマートフォン利用率が高い結果となっている[8]。

　スマートフォンの普及は，人々のインターネット利用環境を大きく変えた。2016年末の端末別インターネット利用状況を見ると，スマートフォン経由でのインターネット利用が58％とパソコンの59％に接近している（図表9-4）。年代別では，10代（13歳～19歳）の利用率が80％，20代は92％，30代は87％，40代

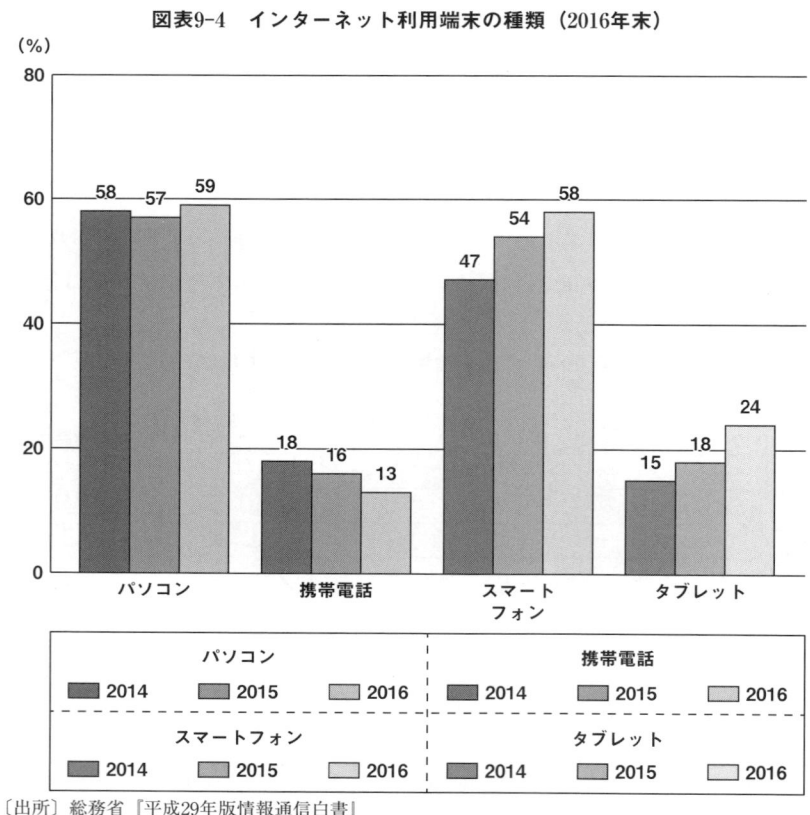

図表9-4　インターネット利用端末の種類（2016年末）

〔出所〕総務省『平成29年版情報通信白書』

は78％，50代は64％，60歳以上は19％となっている[9]。注目すべき点は，10代から30代の若い世代では，パソコンよりもスマートフォン経由でインターネットを利用する割合が高いことである。証券サービスのチャネルとして考えた場合，スマートフォンは特に若い世代に接近するためのチャネルとして期待値が高いといえよう。

　このように近年，若い世代を中心にインターネットの利用がスマートフォン経由に移行しつつあるが，それではパソコンとスマートフォンとの間ではどのような違いが生じるか。次に，両者の特徴を対比したい（図表9-5）。

　はじめに指摘できるのが，利用場所の違いである。パソコンの場合，机の前で着席してインターネットを利用するという場面が想定される。対して，スマートフォンの場合は，どこにでも持ち運べるという携帯性を備えており，電車の中や休憩時間で手軽に利用できる点に特徴がある。一日でスマートフォンを使う回数は48回，アプリを利用する回数は90回との調査結果があるように[10]，手軽さを特徴とするスマートフォンは証券業にとって顧客との接点を近づける手段や顧客の投資に関わるコストを引き下げる手段となりうる。加えて，日常生活の中に金融や投資といったものを定着させる効果も期待できる。

　次に指摘できるのが，画面の大きさと表示できる情報量の差である。パソコンの場合，相対的に大画面で利用することができ，スマートフォンよりも一画面で表示できる情報量が多い。また，マルチウィンドウ機能を備えているため一つのディスプレイ上に複数のウィンドウを表示させることができる。加えて，外部ディスプレイを接続することで画面を拡張することも可能である。こ

図表9-5　パソコンとスマートフォンの比較

	パソコン	スマートフォン
利用場所	パソコンの前に着席	いつでも，どこでも
画面の大きさ	大	小
一画面の情報量	マルチウィンドウ	アプリごとに画面の切り替え
拡張性	外部ディスプレイ接続可	外部ディスプレイ接続可だが？

〔出所〕筆者作成

のようにパソコンは，大画面で豊富な情報を表示することができることに加えて，拡張性も高い点が特徴的である。このことは，前節で見てきたネット証券取引が主たる対象としてきた顧客層のニーズとも合致する。というのも，ネット取引を行う投資家は，リアルタイムで変化しうる株価や板情報，ニュースといった投資判断に必要な多くの情報を一度に見たいと考えるからである。同様に，セミプロ向けの高度な取引ツールについても，パソコンであればストレスなく表示することができるであろう。このように，大画面で情報量が多く拡張性も備えたパソコンは，ネット取引で短期売買を行う投資家にとって適合的なチャネルであったと言うことができる。

　これに対してスマートフォンは，多くの場合パソコンよりも画面が小さく，一度に表示できる情報量には限界がある。また，パソコンのように複数のウィンドウを同時に表示することは基本的にはできず，アプリごとに画面を切り替える必要がある。外部ディスプレイを接続できる機種も存在するが，いったん接続してしまうとスマートフォンやディスプレイの見える範囲に行動が限定されるため，いつでもどこでも使えるというスマートフォンの特徴とは相いれない。このようにスマートフォンの場合，パソコンと比べて画面が小さく一度に表示できる情報量が限られるという制約があるため，証券サービスのチャネルとして考えた場合，多彩な機能を取り込むよりもむしろ機能を絞り込むことによって画面をシンプルかつ分かりやすくすることを要求される点が特徴だといえよう。

　以上のようなチャネルとしてのスマートフォンの特徴をおさえつつ，次項以降では代表的なリテール向けフィンテック・サービスとしてロボアドバイザー，モバイル証券，おつり投資アプリの特徴を見ていくこととしたい。

（2）ロボ・アドバイザー

　ロボ・アドバイザーとは，リスク許容度や投資目的に関する複数の質問によって投資家のプロファイリングを行い，その情報に基づいてアルゴリズムが推奨ポートフォリオを提示するサービスである。その中には，ポートフォリオ

の提示を行うのみのタイプと，投資一任契約によって運用期間中のリバランシングやリアロケーションも行うタイプとが存在する[11]。アルゴリズムが提示するポートフォリオは，現代ポートフォリオ理論に基づいて作成され，これまでは富裕層や機関投資家のみが受けてきた高度な資産運用アドバイスを一般の投資家にも低コストで提供するサービスとして高い注目を集めている[12]。アメリカでは，ベターメントとウェルスフロントが独立系として代表的だが，バンガードやチャールズ・シュワップ等の大手金融機関がこの領域に参入したことで競争が激化した。日本では株式会社お金のデザインとウェルスナビ株式会社がロボアドバイザー・サービスを提供するスタートアップ企業の代表例である。

　株式会社お金のデザインは2013年8月に設立され，2016年2月からテオ（THEO）と呼ばれるロボアドバイザー・サービスを開始している。同サービスは，①年齢，②資産運用の経験，③元本の安全性をどれだけ重視するか，④投資資産が値下がりした際の対応，⑤インフレによる手持ち資産価値の目減りをどれだけ心配するか，という5つの質問によって投資家のプロファイリングを行い，これらの結果に基づいて即座に推奨ポートフォリオが提示される。世界中の約6000銘柄の上場投資信託（ETF）の中から株・債券・実物資産などの資産クラスを含む30種類ほどのETFを購入する。最低投資金額は当初10万円で，運用報酬は預かり資産3000万円までは1％，3000万円を超える部分については0.5％となっている。

　2017年8月からはサービスを全面刷新し，最低投資金額が1万円へと引き下げられた。開始時に必要となる金額を小口化することで開始へのハードルを下げると同時に，積立投資の設定を勧めることで「はじめやすく，続けやすい」仕組みの構築を図っている。また，プロファイリングの質問内容が，①年齢，②年収，③毎月の貯金額，④現在の金融資産，⑤テオで運用を開始する金額（万円単位）に変更され，それまでの③元本の安全性をどれだけ重視するか，④投資資産が値下がりした際の対応，⑤インフレによる手持ち資産価値の目減りをどれだけ心配するか，といった定性的な質問項目は除外された。難しい金

融用語や判断に迷う質問をなくすことで，運用開始までのハードルを下げる試みがなされている。加えて，新たに「テオにお任せ」モードが設定され，リバランシングだけでなく年齢の変化や市場データの変化に応じた運用方針の見直しまでも自動化できる選択肢が加えられた。

　2017年8月に公表されたインフォグラフィックによると[13]，無料診断者は30万人を突破し，そのうち実際に運用しているものは約1万2000人となっている。預かり資産は約100億円である。顧客の89％が投資ほぼ未経験に分類される[14]。年齢別では20代が15％，30代が36％，40代が29％，50代が14％，60代が5％，70代が1％であり，顧客の半数以上が20代と30代の若い層となっている。保有金融資産では，100万円未満が21％，100〜499万円は32％，500〜999万円は18％，1000〜2999万円は19％，3000万円以上は10％となっている。投資金額は，10万円未満が33％，10〜50万円が41％，51〜100万円が15％，101〜500万円が9％，500〜1000万円が1％，1000万円以上が0.1％であり，顧客セグメントの特徴としては，これから資産形成をしていく若い層であることがうかがえよう。

　ウェルスナビ株式会社は2015年4月に設立され，2016年7月からウェルスナビ（WealthNavi）と呼ばれるロボアドバイザー・サービスを一般向けに公開している。投資家のプロファイリングは，①年齢（年代），②年収，③保有金融資産，④毎月の積立額，⑤資産運用の目的（余裕資金，住宅購入，退職金，子供），⑥株価が1か月で20％下落した際の対応，といった6つの質問で行い，これらの結果に基づいた推奨ポートフォリオが即座に提示される。投資対象は，パッシブ運用でコストの安い，かつ，最低10年の運用実績があるドル建てETF（6〜7銘柄）が選ばれている。最低投資金額は当初100万円であったが，2017年7月からは30万円，11月からは10万円となり徐々に小口化されている。手数料は，預かり資産3000万円までは1％，3000万円を超える部分については0.5％となっている。

　同社は，長期・積立・分散をキーワードに働く世代のサポートをミッションとして掲げ，主として30代〜50代のセグメントにターゲットを絞っている。こ

れらの世代は忙しく働くため時間がないことから，同サービスは，資産運用の目標の設定からその先の資産配分・入金・発注・積立・分配金再投資・リバランス・税金最適化という運用の全プロセスをアルゴリズムによって自動化することで，運用期間中における利用者の負担を軽減している。同社のリリースによると，サービス開始からの1年間で口座開設の申し込みは3万4000件に達し，預かり資産は200億円を超えた。利用者の年代別内訳は，20代が10%，30代が33%，40代が31%，50代は18%，60歳代以上は8%となっている[15]。同社のターゲットとしている20代から50代の働く世代で92%を占め，特に30代と40代の資産形成層が顧客セグメントの中心となっている。

　以上のように，わが国のロボアドバイザー・スタートアップ企業が主たるターゲットとするのは今後資産を形成していく若い層であり[16]，かつ，投資経験が少なく資産運用のために使える時間も少ないという特徴を持つ層でもある。そういった顧客層に対して，若い世代ほど利用率が高いというスマートフォンのチャネルを通じて，資産運用のプロセスをアルゴリズムによって自動的に遂行するというお任せ型の商品を提供するのが基本的なビジネスとなっている。

（3）モバイル証券

　モバイル証券とは，スマートフォンのアプリ上でのサービス提供に特化した証券会社である。従来型のネット証券よりもさらに身軽な形態であり，スマホ上での使いやすさが追求されたアプリの提供が特徴的である。アメリカでは，ロビンフッドがこうしたモバイル証券の例として有名である[17]。日本では2013年10月設立の株式会社ワン・タップ・バイ（One Tap BUY）がある。同社は2016年6月，スマートフォンでの簡単な操作でアメリカの優良株式30銘柄を1万円（当初）という少額から購入できるサービスの提供を開始した。購入までの手順は極めてシンプルであり，①興味のある銘柄を選択，②購入金額を指定して「買う」をタップ，③価格・為替・購入株数を確認する画面が出てきたら，さらに「買う」をタップするという3タップで完結するような仕組みと

なっている（注文パスコードの入力を省略した場合）。サービスの特徴は，投資未経験者の投資へのハードルを下げるための工夫が徹底されていることである。取扱銘柄はだれもが知っているアメリカの有名企業30社に限定し，最低投資金額を1万円（当初）と小口に設定することで金額面でのハードルを下げている。また，株数ではなく金額を指定して購入できるが，これによって初心者にとっても価格の上がり下がりが容易にわかるようになっている。さらに，投資初心者にとって理解しがたい「成行」，「指値」，「銘柄」，「株数」といった専門用語を使わず，株価チャートや株価収益率（PER）・株価純資産倍率（PBR）などの指標も排除している。その代わりとして，投資ノウハウや投資対象企業の情報についてはアプリ内のマンガによって理解できるよう工夫されている。手数料は，売買金額の0.5％のスプレッド（米国株式市場開場時間帯以外は0.7％）と，1ドルあたり0.35円の為替スプレッドが取引ごとに徴収される。他の米国株取引を提供している証券会社では一取引当たりの最低手数料が設定されている関係から，10万円までの取引金額であれば同社で取引する方が有利な価格設定となっている。これらから，小口での投資を行いたい利用者を意識した価格設定であるといえる。

　このように，同社は「金額が大きい」や「知識がない」といった投資に至るまでのハードルを徹底的に引き下げることで，投資未経験者や投資初心者に訴求するようなサービスを展開している。2016年10月には銀行口座から証券口座に資金を移動させることなく株式を購入できるサービス「置いたまま買付」をみずほ銀行と提携して開始し，入金のハードルを下げた。同年12月には，最低投資金額が1000円へとさらに小口化され，より気軽に投資を始められるような水準にまで引き下げられている。2017年2月からは，日本株 EFT 三本の取り扱いを開始し，同年7月からは個別銘柄の日本株の取り扱いを開始した。ここでも，やはり有名企業30銘柄に限定することで投資未経験者にとっての分かりやすさが追求されている。利用者の年齢別内訳は20代が約30％，30代が約31％，40代が約24％，50代が約11％，現物株式の投資経験は経験なしが約7割，1年未満が約1割で初心者が全体の8割を占め[18]，同社のねらい通り若年

層が顧客セグメントの中心となっている。

　スマートフォンを通じた証券取引アプリは，すでに既存証券会社によっても提供されている。ただし，その多くは，ネット取引を行う顧客に対してスマートフォン上でも同様の取引を可能にすることを主眼としており，株価・板情報・市況・ニュースといった情報のリアルタイムでの提供や逆指値等の条件付き注文といった機能を備えているケースが多い。この意味では，すでに取引の経験がある既存顧客をターゲットとしたサービスであり，従来のネット取引の延長上にあるということができる。一方，ここで取り上げたワン・タップ・バイは，スマートフォンというチャネルを通じて投資未経験ないしは投資経験の少ない若年層にターゲットを絞り，そうした顧客にシンプルで分かりやすい商品を手の届きやすい少額から提供することを基本的なビジネスとしている。これは，これまでのネット証券とは明らかに異なるコンセプトであり，近年のフィンテックの潮流の中で登場した新しいサービスとして位置づけることができるであろう。

（4）おつり投資アプリ

　おつり投資とは，クレジットカードやデビットカード，電子マネー等での買い物時のお釣りをあらかじめ指定したETFや投資信託で自動的に積み立てるサービスである。事前に「100円で支払う」「500円で支払う」「1000円で支払う」といった設定を行い，買い物時に生じたお釣り（100円に設定した場合350円の買い物であれば50円，500円に設定した場合は150円など）が仮想的に計算され，一定金額になると（もしくは一定期日になると）投資へと回される。ETFや投資信託の選定にはロボ・アドバイザーが活用されることがあり，その意味ではロボ・アドバイザー・サービスの一種と言うことができる。アメリカでは2012年創業のエイコーンズがこのサービスのパイオニアとして有名である。同社は，口座残高が5000ドル未満の場合月額1ドルの手数料を，5000ドル以上では総資産に対して年額0.25％の手数料を設定し，その割安かつ手軽なサービスから若年層の高い支持を受けている。日本においては，ロボ・アドバ

イザー・サービスを提供するウェルスナビ株式会社が2017年5月から「マメタ
ス」を開始した。また，同年6月にはトラノテック株式会社が「トラノコ」の
提供を開始している。

　このおつり投資サービスは，投資に至るまでのハードルの引き下げが徹底さ
れている点において，これまでに見てきたロボアドバイザーやモバイル証券と
共通する性格を持っている。すなわち，それらのサービスが小口化を進めてき
たのに対して，おつり投資は数百円からでも投資を可能にする究極の小口化で
あるということができる。また，日々の買い物のお釣りという性格からリスク
許容度が高いという資金の性格をとらえ，資金を投資に振り向けることの心理
的負担感を引き下げている。加えて，買い物という日常生活と投資という金融
行動との垣根を低くすることを通じて，日常生活の中に投資を埋め込むという
コンセプトも有する。これらの特徴は，ネット取引やこれまでの証券サービス
とはまったく異なるものであり，近年のフィンテックの潮流の中で登場した新
しいサービスであるということができるであろう。

（5）小括

　本節では証券分野における代表的なリテール向けフィンテック・サービスを
いくつか検討してきた。ここでは，それらの事例から見えてくるフィンテック
の現状についてまとめることとしたい。第一に指摘できることは，リテール証
券分野のフィンテックは，ネット証券が主たる対象としてきた顧客セグメント
とは異なった顧客層をターゲットとしていることである。前者が対象としてき
たのは，様々な情報を分析し自分で投資の意思決定を行うことができる層で
あった。そのため，ネット証券取引においては，頻繁に売買を繰り返すアク
ティブな投資家にとって魅力的な価格体系が提供され，短期売買に向く商品の
充実が進んだ。また，豊富な情報をやりとりできるというインターネットの特
徴を活かした情報提供や高度な取引ツールの提供も行われている。これとは対
照的にフィンテックは，投資を行ってみたい（あるいは，始めなければならな
い）と感じているが知識がなくどうしたらよいか（あるいは，何から始めたら

よいか）分からない若年層を主たるターゲットとしている。この層は，ネット証券の顧客層とも従来型の対面証券の顧客層とも異なるセグメントであると考えられる。

　次に指摘できるのは，スマートフォンに最適化されたサービスの提供が行われていることである。ネット証券においては，パソコンによるインターネット利用を通じて市況・株価・板情報・ニュースといった情報のリアルタイムでの提供のほか，様々な機能を備えたセミプロ向け取引ツールの提供が行われた。これに対して，スマートフォンは画面が小さく一度に表示できる情報量に制約があるため，機能を絞り込み画面をシンプルにすることが重要であった。本節でみてきたロボアドバイザーやモバイル証券によるサービスは，若年層という顧客セグメントを明確に意識したうえで，専門用語等の難しさを排して分かりやすさや手軽さを重視した機能の提供に注力している。「成行」，「指値」といった専門用語や株価チャートを排除してわずか3タップでの株取引を可能にしたワン・タップ・バイはスマートフォンに最適化させて機能を絞り込んだ実践の一例だといえるだろう。

　第三に指摘できるのは，シンプルで分かりやすい商品やお任せ型の自動化された商品が提供されているという点である。ネット証券取引においては，現物株式や信用取引をはじめとして，先物取引やFX取引といった短期売買を行うのに適した商品が中心であり，利用者は，種々の情報収集・分析など投資に関して積極的な関与が必要とされた。これは，ネット取引の主たる顧客セグメントが一定程度の経済や金融に関する知識を有し，様々な情報を分析して自ら投資の意思決定を行うことができる層だからこそ可能になったと言える。対して，例えばロボ・アドバイザーの場合，プロファイリングのための質問に答えるのみでその後の運用はアルゴリズムが自動的に行うというお任せ型のサービスとなっている。これは，サービスの主たる利用者が20代〜50代の働く世代であり資産運用に使える時間が少ないという顧客セグメントの特徴に対応したものである。モバイル証券の場合には，だれもが知っている有名企業の株式という分かりやすさが重視された商品の選択であるが，これはサービスの主たる利

用者が投資未経験者や投資初心者で金融や経済に関する知識が少ないという顧客セグメントの特徴に対応したものである。

　以上の検討から，わが国リテール証券業におけるフィンテックは，スマートフォンを主たるチャネルとし，分かりやすい商品・お任せ型の商品を比較的安価で提供することによって，投資や金融の知識が少ない小口の若年投資家層を開拓しつつあるといえるのではないだろうか。若年層が開拓されつつあるのは，スマートフォンというチャネルの特質からみても自然な結果であるといえよう。新しいコンセプトによって，これまでの証券業がリーチできなかった層が開拓されつつあることは，現状では小口の投資が主流であったとしても投資家のすそ野の拡大につながり，将来の市場拡大に寄与する可能性が期待される。

　なお，フィンテックが主たるターゲットとしている顧客セグメントがこれまでの証券業が取り込んでこなかった層であることから，フィンテックが伝統的な対面型の証券会社から顧客を奪い取るといった直接的な競合を引き起こしているとは現状では考えにくい。フィンテックの文脈では，しばしば破壊的な影響（ディスラプション）が強調されてきたが，そもそもターゲットとする顧客セグメントが異なっている点には注目しておく必要があるであろう。しかし，注意すべき点は，フィンテックがターゲットとする顧客セグメントが将来的に遺産を相続する世代だという点である。デジタルな環境に慣れた世代が相続した遺産を既存証券会社ではなくフィンテックで運用することは十分に考えられる。ディスラプティブな影響が生じるとすれば，そうした世代間での遺産相続が発生する将来時点から顕在化するのではないかと考えられる。

終りに

　以上，本章では1990年代後半に登場したネット証券取引との比較からリテール向けフィンテックの特徴を検討し，それがわが国リテール証券業にもたらしうる影響を検討してきた。スマートフォンを通じて若年層にアプローチしつつ

ある現在のフィンテックは，証券業がこれまで取り込むことのできなかった顧客層を開拓しつつあり，「貯蓄から投資」や「貯蓄から資産形成へ」といった動きに貢献する可能性を秘めていると考えられる。本章の最後にそうした可能性を持つフィンテックが今後発展していくうえで課題となりうる点を指摘することでむすびにかえたい。

　はじめに指摘できるのはサイバーセキュリティの確保である。近年，サイバー攻撃の手法は高度化し，それに伴って個人情報の漏洩や不正送金などのリスクが高まっている。セキュリティ上の懸念がモバイル端末での金融サービスを利用しない理由の一つであるとする調査結果があるように[19]，セキュリティ上の信頼性を高めることは今後のフィンテック拡大にとって前提条件になると考えられる。サービス提供者は，サイバー攻撃の脅威を認識し，それへの対応の枠組みを適切に設定することが必要となろう[20]。

　次に指摘できるのは，顧客への情報提供に関する課題である。オンラインでのサービス提供は，利用者がスマートフォンやパソコン上の画面に表示された説明文等を読んで理解することを前提としている。しかし，実際には，利用者はそれらの説明文等をよく理解することなく読み飛ばしていることが多い[21]。また，読んだとしても知識の欠如等により十分に理解していない可能性もある[22]。スマートフォンを通じたサービス提供を基本とするフィンテックでは対面でのコミュニケーションによるフォローが期待できず，トラブルにつながる恐れもないとは言えない。こうしたリスクに対して，サービス提供側としては狭い画面においても確実に利用者が内容を確認し説明を理解できるようなインターフェイスの工夫が必要とされよう。また，そういったサービス提供の工夫とともに，利用者側が投資や金融に関する知識を高めていけるような付加機能を提供する取り組みも有効となろう。

　第三に，特にロボ・アドバイザーとの関連でアドバイスの質の問題があげられる。欧米においてロボ・アドバイザーのアドバイスが顧客の最善の利益につながるか否かといった論点について様々な議論が交わされている。例えば，SEC の投資家教育支援局は2015年，FINRA と共同でロボ・アドバイザーに関

するインベスター・アラートを公表した。そこでは，ロボ・アドバイザーのアドバイスが利用者の金融ニーズや目的にとって必ずしも適切とは限らないことについて注意喚起を行っている[23]。また，アメリカのロボ・アドバイザー3社の利用者規約を分析した Fein〔2015〕は，それらのサービスが必ずしも顧客の最善の利益を追求していないことを明らかにしている。このようにロボ・アドバイザーのアドバイスの質に対しては否定的な見解も提起されている事実には注意が必要であろう。サービス提供側は，SEC〔2017〕で示されたように，ビジネスモデルやサービス内容に関する情報開示，適切なアドバイスを行うための顧客からの情報の取得，効果的なコンプライアンスの仕組みの整備等を進めることによって，ロボ・アドバイザー市場全体への信頼を高めていくことが求められよう。

　以上，フィンテックが今後発展していくうえで課題となりうる点を整理した。わが国でロボ・アドバイザーやモバイル証券等のサービスが開始されたのはごく最近のことであり，本格的な普及と市場の確立はまさにこれからのことである。引き続き，今後の動向には注視する必要がある。

＜注＞

1）　証券業とフィンテックの関連についての包括的なサーベイとしては，証券業界とフィンテックに関する研究会サーベイグループ〔2017〕を参照されたい。
2）　Arner, Barberis and Buckley〔2015〕，4頁。
3）　二上〔2015〕，2頁。
4）　佐賀〔2007〕，23頁。
5）　インターネット取引の特徴については，福田〔2007〕を参照。
6）　深見〔2010〕，81頁。
7）　リテール証券業のビジネスモデルについては，佐賀〔2007〕および佐賀〔2016〕を参照。
8）　総務省『平成29年版情報通信白書』。
9）　総務省『平成29年版情報通信白書』。
10）　マーケティングリサーチ会社インテージによる調査結果（https://www.intage.co.jp/gallery/mobile2016/）。
11）　なお，欧米では，顧客が自身でロボアドバイザーのツールを使う場合と営業員が顧客対応の中でロボアドバイザーのツールを併用する場合（ハイブリッド型）とに区分して議論されることが多い（例えば，FINRA〔2016a〕，2頁）。また，欧米では，ロボ・アドバイザーの使われ方としてハイブリット型が主流になりつつあるという（ESAs〔2016〕，17頁，Fisch, Laboure and Turner〔2017〕，23頁など）。
12）　GAO〔2017〕，33頁，IOSCO〔2017〕，30頁，ESAs〔2015〕，16-7頁など。

13)　2017年7月20日時点の数値。
14)　内訳は，資産運用の経験が「ほとんどない」が47%，「ある程度」が42%である。
15)　2017年8月末時点。
16)　海外でも若い世代ほどロボ・アドバイザーの利用率が高いとする調査結果がある。FINRA
　〔2016b〕，8頁を参照。
17)　ただし，その収益源は，待機資金からの利息収入と信用取引にかかる金利収入・貸株料，一部
　ヘビーユーザー向けのプレミアム機能からの手数料となっており，本項で紹介するワン・タッ
　プ・バイとはビジネスモデルが異なる。
18)　2016年10月末時点。
19)　FRB〔2016〕，13頁，18頁。
20)　サイバーセキュリティへの対策としては，例えばIOSCO〔2017〕，72頁を参照。
21)　Salo and Haapio〔2017〕，4頁。
22)　ESAs〔2015〕，21-2頁。
23)　SEC〔2015〕。

＜引用・参考文献＞

佐賀卓雄〔2015〕，「リテール証券業のビジネスモデルについて」証券経営研究会編『資本市場の変貌
　と証券ビジネス』日本証券経済研究所，2015年。
――――〔2007〕，「ネット証券のビジネスモデルについて」『月刊 資本市場』No.264，2007年8月。
証券業界とフィンテックに関する研究会サーベイグループ〔2017〕，『証券業界とフィンテックに関す
　る研究会サーベイグループ報告書』日本証券経済研究所，2017年。
総務省〔2017〕，『平成29年版情報通信白書』2017年。
二上季代司〔2015〕，「ネット取引と対面取引」『証研レポート』1688号，2015年2月。
深見泰孝〔2010〕，「大手ネット証券を巡る最近の動向」『証研レポート』1663号，2010年12月。
福田　徹〔2007〕，「ネット・トレーダー向け総合サイトを志向するインターネット証券会社」『証券
　レビュー』第47巻第7号，2007年7月。
Arner, D., J. Barberis and R. Buckley〔2015〕, *The Evolution of Fintech: A New Post-Crisis
　Paradigm?*, University of Hong Kong. Faculty of Law Research Paper No.2015/047, October 2015.
Board of Governors of the Federal Reserve System (FRB)〔2016〕, *Consumers and Mobile
　Financial services 2016*, March 2016.
Financial Industry Regulatory Authority (FINRA)〔2016a〕, *Reports on Digital Investment Advice*,
　March 2016.
――――〔2016b〕, *Investors in the United States 2016*, December 2016.
Fisch, J. E., M. Laboure and J. A. Turner〔2017〕, *The Economics of Complex Decision Making: The
　Emergence of the Robo Adviser*, August 2017.
Fein, M. L.〔2015〕, *Robo-Advisors: A Closer Look*, Fein Law Offices, September 2015.
International Organization of Securities Commissions (IOSCO)〔2017〕, *IOSCO Research Report on
　Financial Technologies (Fintech)*, February 2017.
Joint Committee of the European Supervisory Authorities (ESAs)〔2015〕, *Joint Committee
　Discussion Paper On Automation in Financial Advice*, December 2015.
――――〔2016〕, *Reports on Automation in Financial Advice*, December 2016.
Salo, M. and H. Haapio〔2017〕, "Robo-Advisors and Investors: Enhancing Human-Robot
　Interaction Through Information Design", In Erich Schweighofer et al. (Eds.), *Trends and
　Communities of Legal Informatics. Proceedings of the 20th International Legal Informatics*

Symposium IRIS 2017. Österreichische Computer Gesellschaft, Wien 2017, pp.441-448（ISBN 978-3-903035-15-7）and in Jusletter IT, 23 February 2017.

U. S. Government Accountability Office（GAO）〔2017〕, *Financial Technology: Information on Subsectors and Regulatory Oversight*, April 2017.

U. S. Securities and Exchange Commission（SEC）〔2015〕, *Investor Alert: Automated Investment Tools*, May 8, 2015.（https://www.sec.gov/oiea/investor-alerts-bulletins/autolistingtoolshtm.html）

―――――〔2017〕, *IM Guidance Update: Robo-Advisers*, February 2017.

第Ⅳ編　証券業務の変化をめぐる諸論点

第10章　英米大手銀行グループの業務展開と金融深化

はじめに

　新自由主義の進展において，グローバル化と金融深化は重要な役割を果たしている。本章では，このうちの金融深化を視野に入れて，その実態に迫るために，英米大手銀行グループの収益構造と業務展開を考察する。アメリカとイギリスは，同じく資本市場中心の金融システムであり，共通するところも多いが，本章でみるように異なっているところもある。英米大手銀行グループの収益構造と業務展開における共通点と相違点を把握することによって，両国における金融深化の内実を探ることにする。

　筆者は，金融深化の学術的ルーツの1つはFridman〔1980〕と考えている。彼は第2次世界大戦以降のアメリカの金融市場における特徴として民間債務経済（企業・家計）の出現をあげている。戦後は1970年代まで政府部門の債務残高（対 GDP 比）が減少する一方で企業・家計の債務残高（対 GDP 比）が増加している。そして，1970年代までは政府部門と民間部門の債務残高の GDP 比が140パーセント程度で安定している。フリードマンの作った図を現在まで延長してみると，1980年代から民間部門だけでなく政府部門の債務残高（対 GDP 比）も増加している。そのため，現在では政府部門と民間部門の債務残高の GDP 比が増加して300パーセントを越えている。フリードマンの実証を拡張する形で，Philippon〔2015〕は1860-2010年代のアメリカの金融収益，金融資産，金融仲介コスト，金融所得シェア，負債等を計測している。

　このように様々なマクロデータが用いられているが，①そもそも金融深化と

は何を意味するのか，②金融深化は実体経済にどのような影響をもたらすの
か，はようやく議論され始めた状況である。Arcand *et al.*〔2015〕は，1960－
2010年における64〜133か国のデータを用いて，以下のような回帰分析をして
いる。金融部門が比較的小規模な段階において金融深化と経済成長には正の相
関がある。しかし，民間部門への貸付がGDPの80〜100％に達すると，成長
に対してマイナスの影響があるという。こうした金融の負の側面を指摘したの
は，Minsky〔1974〕，Kindleberger〔1978〕，Rajan〔2005〕等で，彼らは金融
システムが肥大化して複雑になると，不安定性が増し巨大な破綻が起きやすく
なるとした。ミンスキーとキンドルバーガーはバブルや景気循環に注目した。
ラジャンはより長期の金融深化を考察し，本章もこの考え方を踏襲している。
また，Tobin〔1984〕は，金融システムの行き過ぎた発展はリソース（資本，
人材）の配分を乱すおそれがあるとした[1]。

　本章では，まず第1節と第2節で，英米大手銀行グループのミクロデータに
よって，個々の金融機関の競争関係，すなわち英米大手銀行グループの収益構
造と業務展開の一端を明らかにする。第1節で英米大手銀行グループの収益構
造における投資銀行業務の位置づけ，第2節で同じく業務展開におけるリテー
ルバンキングの位置づけを考察する。本章で扱うミクロデータは，英米大手銀
行グループの損益計算書（第1節），貸借対照表（第2節），既存のアンケート
調査（第3節）である。第1節と第2節の収益構造と業務展開を受けて，第3
節では，アンケート調査等の先行研究を参考にしながら，マクロデータだけで
は見過ごされがちな，両国のマーケットの競争状態に即した英米金融システム
の違いに迫っていきたい。すなわち第3節で業務展開における抱合せ取引の対
象を考察し，最後に本章のまとめについて述べる。

1．投資銀行業務の位置づけ

　英米大手銀行グループの投資銀行業務への進出は共通するところもあるが，
本節でみるように異なっているところも多い。ここでは，英米大手銀行グルー

プの投資銀行業務を軸にその収益構造における共通点と相違点を考察することによって，まず彼らの業務展開を探る糸口にする。

（1）米国3大銀行グループ：投資銀行業務への移行

　米国3大銀行グループとは，JPモルガン・チェース，バンク・オブ・アメリカ，シティグループである。アメリカの投資銀行業務のコアは，引受業務とトレーディング業務，それにM&Aアドバイザリー業務である。

　まず，引受業務の推移を確認しよう。金融持株会社の引受業務は，銀行本体ではなく，おもに同一グループ傘下の証券子会社によっておこなわれる。図表10-1をみると，金融持株会社JPモルガン・チェースの引受業務[2]は，2006-09年に株式引受が総収益の2.5％に急速に増加した。これは，3大商業銀行グループの株式引受シェアが，3大投資銀行のものを上回った時期と一致している。債券引受は，2002年に急減したがほぼ総収益の3～4％台で相対的に安定していた。同じくバンク・オブ・アメリカの引受業務は2005年，09年，12-13年に急増したが，ほぼ総収益の3～5％台で大幅な減少は生じていない。これらの年は，3大商業銀行グループの株式引受シェアが急増し，3大投資銀行のものを上回った時期と重なっている。シティグループは2004年以降のデータしか公表していないが，2007年に株式引受が増加し，その後減少に転じたが，それ以外に目立った動きはなく，総収益の3～4％台で安定していた。2007年も3大商業銀行グループの株式引受シェアが増加した時期である。

　投資銀行業務のコアには，トレーディング業務もある。大手商業銀行のトレーディング業務は，大手行の強みを理解するために重要である。図表10-1でトレーディングを含んだ自己勘定取引も用いて，3大銀行グループのトレーディング業務をみてみよう。トレーディング業務は時期によって上下したが，J.P.モルガン・チェースでは，自己勘定取引は総収益のほぼ10～14％台で，2006年には17.4％に達したが，サブプライム危機の影響で08年には-15.9％まで赤字を計上した。バンク・オブ・アメリカでは，トレーディング損益は5％を超えたこともあったが，2007-08年には赤字に転落し，その後はほぼ7％台

図表10-1　米国３大銀行グループの総収益の内訳　2001-16年（単位：100万ドル）

	2001	2002	2003	2004	2005	2006	2007	2008	2009	2010	2011	2012	2013	2014	2015	2016
JPモルガン・チェース																
バンク・ワン買収　　ベアー・スターンズ買収																
投資銀行業務[1]	3,612	2,763	2,890	3,537	4,088	5,520	6,635	5,526	7,087	6,190	5,911	5,808	6,354	6,542	6,751	6,448
アドバイザリー	1,248	756	642	898	1,255	1,638	2,272	1,955	1,861	1,429	1,796	1,492	1,318	1,631	2,111	2,095
引受手数料総額	2,364	2,007	2,248	2,639	2,833	3,882	4,363	3,571	5,226	4,761	4,115	4,316	5,036	4,911	4,640	4,353
株式引受手数料	525	464	699	780	864	1,179	1,713	1,477	2,487	1,589	1,181	1,026	1,499	1,571	1,408	1,146
債券引受手数料	1,839	1,543	1,549	1,859	1,969	2,703	2,650	2,094	2,739	3,172	2,934	3,290	3,537	3,340	3,232	3,207
自己勘定取引	n. a.			5,148	7,669	10,778	9,015	-10,699	9,796	10,894	10,005	5,536	10,141	10,531	10,408	11,566
貸付・預金関連手数料	n. a.	1,674	1,727	2,672	3,389	3,468	3,938	5,088	7,045	6,340	6,458	6,196	5,945	5,801	5,694	5,774
アセット・マネジメント	n. a.					4,996	7,003	5,994	5,353	6,128	6,690	7,101	8,549	9,646	9,755	9,201
管理手数料	n. a.	{5,754	{5,906	{7,682	{9,891	2,430	2,401	2,452	1,927	2,023	2,171	2,135	2,101	2,179	2,015	1,915
委託手数料, フィー	n. a.					4,429	2,250	5,497	5,260	5,348	5,233	4,632	4,456	4,106	3,739	3,475
キャピタル・ゲイン (ロス)	866	1,563	1,446	338	-1,336	-543	164	1,560	1,110	2,965	1,593	2,110	667	77	202	141
モーゲッジ手数料と関連収益	n. a.	988	892	803	1,054	591	2,118	3,467	3,678	3,870	2,721	8,687	5,205	3,563	2,513	2,491
カード収益	2,108	2,307	2,466	4,840	6,754	6,913	6,911	7,419	7,110	5,891	6,158	5,658	6,022	6,020	5,924	4,779
非金利収入総額	10,802	11,526	12,337	25,845	34,693	40,757	44,966	28,473	49,282	51,693	49,545	52,121	53,287	50,571	50,033	49,585
総収益（ネット）	26,162	29,614	33,256	42,372	54,248	61,999	71,372	67,252	100,434	102,694	97,234	97,031	96,606	94,205	93,543	95,668
バンク・オブ・アメリカ																
フリート・ボストン買収　　メリルリンチ買収																
カード収益	2,422	2,620	3,052	4,592	5,753	14,290	14,077	13,314	8,353	8,108	7,184	6,121	5,826	5,944	5,959	5,851
サービス料	4,943	5,276	5,618	6,989	7,704	8,224	8,908	10,316	11,038	9,390	8,094	7,600	7,390	7,443	7,381	7,638
投資とブローカレッジ・サービス	2,112	2,237	2,351	3,614	4,184	4,456	5,147	4,972	11,919	11,622	11,826	11,393	12,282	13,284	13,337	12,745
投資銀行業務[2]	1,526	1,481	1,669	1,886	1,856	2,317	2,345	2,263	5,551	5,520	5,217	5,299	6,126	6,065	5,572	5,241
アドバイザリー[3]	251	288	228	310	295	337	443	546	1,167	1,018	1,246	1,066	1,131	1,207	1,503	1,269
引受手数料総額	796	721	963	920	1,596	2,139	2,094	2,163	5,088	4,388	3,996	4,388	5,274	5,073	4,269	4,140
株式引受手数料	n. a.	n. a.	n. a.	n. a.	273	315	19	624	1,964	1,329	1,303	1,026	1,469	1,490	1,236	864
債券引受手数料	n. a.	n. a.	n. a.	n. a.	1,323	1,824	1,775	1,539	3,124	3,059	2,693	3,362	3,805	3,583	3,033	3,276
株式投資	291	-280	215	863	2,212	3,189	4,064	539	10,014	5,260	7,360	2,070	2,901	1,130	333	299
プリンシパル・インベストメント	n. a.			966	1,500	1,894	2,217	-84	1,222	2,299	392	589	378	-46	n. a.	n. a.
トレーディング損益	1,842	778	409	869	1,763	3,358	-4,889	-5,911	12,235	10,054	6,697	5,870	7,056	6,309	6,473	6,902
モーゲッジ・バンキング	597	761	1,922	414	805	541	577	4,760	8,791	2,734	-8,830	4,752	3,874	1,563	2,364	1,853
保険プレミアム	n. a.				437	761	1,833	2,760	2,066	1,346	-195	n. a.	n. a.	n. a.	n. a.	n. a.
キャピタル・ゲイン (債券)	n. a.	682	1,424	1,700	-443	180	1,124	4,723	4,723	2,526	3,374	1,662	1,271	1,354	1,138	490
非金利収入総額	14,348	13,571	16,422	21,005	26,438	38,187	32,392	27,422	72,534	58,697	48,838	42,678	46,677	44,295	44,007	42,605
総収益（ネット）	34,638	34,494	37,886	48,965	57,175	72,776	66,833	72,782	119,643	110,220	93,454	83,334	88,942	84,247	82,965	83,701
シティグループ																
スミス・バーニー売却																
委託手数料, フィー	15,593	15,258	16,314	15,981	17,143	19,244	20,706	10,366	17,116	13,658	12,850	12,926	13,113	13,032	11,848	10,521
投資銀行業務[4]	n. a.	n. a.	n. a.	4,222	4,499	5,254	5,462	3,245	4,763	3,828	3,308	3,688	4,028	4,703	4,567	4,312
アドバイザリー	n. a.	n. a.	n. a.	927	1,212	1,329	1,832	1,038	754	720	682	709	844	949	1,093	1,000
引受手数料総額	n. a.	n. a.	n. a.	3,295	3,287	3,925	3,630	2,207	4,009	3,108	2,626	2,979	3,184	3,754	3,474	3,312
株式引受手数料	n. a.	n. a.	n. a.	1,108	1,136	1,237	1,912	629	1,385	937	672	673	1,016	1,246	906	628
債券引受手数料	n. a.	n. a.	n. a.	2,187	2,151	2,688	1,718	1,578	2,624	2,171	1,954	2,306	2,168	2,508	2,568	2,684
自己勘定取引	5,544	4,513	5,120	3,716	6,443	7,999	-12,086	-22,601	3,932	7,517	7,234	4,781	7,121	6,698	6,008	7,585
管理手数料, その他受託費	n. a.	n. a.	n. a.	5,524	6,119	6,934	9,132	8,222	5,195	4,005	3,995	4,012	4,089	4,013	3,648	3,364
キャピタル・ゲイン (ロス)	237	-485	510	833	1,962	1,791	1,168	-2,061	1,996	2,411	1,997	3,251	748	570	682	948
保険プレミアム	3,450	3,410	3,749	3,132	3,300	3,062	3,021	3,020	2,868	2,647	2,476	2,280	2,110	1,845	836
非金利収入総額	n. a.	n. a.	n. a.	37,956	44,402	50,061	33,117	-2,150	31,371	32,415	29,906	22,570	29,573	28,889	29,724	24,771
総収益（ネット）	67,367	71,308	77,442	79,635	83,642	89,615	78,495	51,599	80,285	86,601	78,353	70,173	76,366	76,882	76,354	69,875

（注１）投資銀行業務は投資銀行部門のみのデータである。
（注２）投資銀行業務の内訳はグローバル企業と投資銀行業務部門のみのデータである。
（注３）アドバイザリーは債券，株式，M&Aのアドバイザリー手数料である。
（注４）投資銀行業務は法人顧客向けグループのみのデータである。
〔出所〕各社決算資料より作成。

を推移していた。シティグループの自己勘定取引では，ほぼ6〜10％台であっ
たが，2007−08年には赤字に転落した。このように，サブプライム危機以前に
は，トレーディング業務が大手商業銀行における収益の1つの柱に成長してい
た。さらに，大手商業銀行本体のトレーディング収益は，サブプライム危機以
後も収益の1つの柱として定着していた。3大銀行グループは，新しい投資銀
行業務であるトレーディング業務で積極的にリスクをとって，収益拡大を目指
してきたと考えられる。

　投資銀行業務のコアでは最後となるが，図表10-1のように金融持株会社 JP
モルガン・チェースの M＆A アドバイザリー業務[3]収益は，2002年に急減し，
その後07年に急増したが，2009−14年には総収益の1.2〜1.4％台と低迷したが，
2015−16年には2.1〜2.2％台まで回復した。同じくバンク・オブ・アメリカの
アドバイザリー業務は，2009年に倍増したが，それでも11−16年には総収益の
1.2〜1.8％台であった。シティグループは2004年以降のデータしか公表してい
ないが，アドバイザリー業務は07年まで着実に増加したが，その後低迷した。
総収益に対する比率は，2004年の1.2％から07年の2.3％まで上昇し，非金利収
入が赤字の08年を除くと，その後は0.8〜1.4％台を推移した。

　ただし，米国3大銀行グループでは，金利収入や手数料収入の方が大きく
なっている。J.P. モルガン・チェースの手数料収入では，債券引受手数料等の
投資銀行業務やカード収益が中心である。バンク・オブ・アメリカの手数料収
入では，2005年までサービス料，06−08年はカード収益，09年から投資とブ
ローカレッジ・サービスが中心である。伝統的な商業銀行業務から投資銀行業
務に移行していることがわかる。シティグループの手数料収入では，委託手数
料，フィーが中心である。

　以上のように，米国3大銀行グループでは，①新しい投資銀行業務であるト
レーディングの大きさと②手数料収入における投資銀行業務への重心の移行が
特徴になっている。

（2）英国４大銀行グループ：投資銀行業務の盛衰

　英国４大銀行グループとは，HSBC（旧香港上海銀行），バークレイズ，RBS[4]（ロイヤル・バンク・オブ・スコットランド）グループ，ロイズ・バンキング・グループである。イギリスでは，銀行法制定は1979年であり，アメリカのグラス・スティーガル法のような銀行と証券を分離するような法的規制は存在してこなかった。1990年代末から英国４大銀行グループは投資銀行業務から離れつつあったが，図表10-2をみると，サブプライム危機をへてロイズを除いて再びその動きが起こっている。たとえば，今世紀に入り，HSBC は顧客に膨大な資金を貸しているが，彼らの証券発行や外国為替等はモルガン・スタンレーがおこなっている。HSBC は証券化のような「複雑なストラクチャー商品はコストが掛かる」と判断したという[5]。

　ヴィッカーズを委員長とする銀行問題独立委員会は，自己勘定によるプロプライアタリー・トレーディング（自己勘定による裁量的売買，略してプロップ取引）はイギリスのユニバーサルバンクでは比較的小さいという。1993 – 2003年に，英国４大銀行グループ[6]のトレーディング収益は営業利益の5.5%であった。

　2004年に，HSBC は，日本を除くアジアで最大の証券化である，香港政府の道路・橋通行料レベニュー債を主導した。レベニュー債とは，特定の事業収益を財源とする事業目的別歳入債券である。今世紀に入り，HSBC は顧客に膨大な資金を貸しているが，彼らの証券発行や外国為替等はモルガン・スタンレーがおこなっている。図表10-2で HSBC の営業収益の内訳をみると，トレーディング収益はサブプライム・ブーム期の2006 – 07年に急増して営業収益の11%台まで増加し，その後増減を繰り返したが，16年には16%に近づいた。ただし，2004年から一貫して金利収入や手数料収入の方が大きくなっている。手数料収入では，口座サービス，運用ファンド，カードが中心である。2012年以降も伝統的な商業銀行業務である口座サービスが最も大きくなっている。

　４大銀行グループのバークレイズは，1980年代半ばにイギリスで最初に投資

図表10-2　英国4大銀行グループの収益の内訳　2001-16年（単位：100万ドル）

	2001	2002	2003	2004	2005	2006	2007	2008	2009	2010	2011	2012	2013	2014	2015	2016
HSBC（営業収益）																
金利収入（ネット）	14,725	15,460	25,598	31,099	31,334	34,486	37,795	42,563	40,730	39,441	40,662	37,672	35,539	34,705	32,531	29,813
手数料収入（ネット）	7,470	7,824	10,394	12,948	14,456	17,182	22,002	20,024	17,664	17,355	17,160	16,430	16,434	15,957	14,705	12,777
口座サービス	1,620	1,715	2,317	2,779	3,132	3,633	4,359	4,353	3,592	3,632	3,670	3,563	3,581	3,407	2,745	2,417
運用ファンド	965	1,026	1,096	1,479	1,831	2,718	2,975	2,757	2,172	3,801	3,955	3,030	2,673	2,658	2,570	2,076
カード	1,116	1,242	2,976	3,987	4,699	5,708	6,496	5,844	4,625	2,561	2,753	2,561	2,455	2,460	2,281	1,970
与信枠	628	752	966	1,179	880	922	1,138	1,313	1,479	1,635	1,749	1,761	1,907	1,890	1,919	1,795
ブローキング収益	928	773	873	943	1,104	1,354	2,012	1,738	1,617	1,789	1,711	1,350	1,388	1,371	1,441	1,060
ユニット型投資信託	481	284	358	498	388	520	875	502	363	560	657	739	891	1,005	1,007	863
輸出入	524	556	609	692	722	780	866	1,014	897	991	1,103	1,196	1,157	1,115	971	820
引受	135	173	175	234	234	274	367	325	746	623	578	739	866	872	762	705
トレーディング損益(ネット)				2,786	5,864	8,222	9,834	6,560	9,863	7,210	6,506	7,091	8,690	6,760	8,723	9,452
金融商品からの収益[注](ネット)					1,034	657	4,083	3,852	3,531	1,220	3,439	2,226	768	2,473	1,532	2,666
金融投資	米ハウスホールド買収			540	692	969	1,956	197	520	968	907	1,189	2,012	1,335	2,068	1,385
保険料（ネット）				5,368	5,436	5,668		9,076	10,471	11,146	12,872	13,044	11,940	11,921	10,355	9,951
総額（ネット）	25,888	39,117	44,302	55,988	61,704	70,070	87,601	88,571	78,631	80,014	83,461	82,545	78,337	74,593	71,092	59,836
バークレイズ（営業収益）																
リーマン・ブラザーズ買収																
金利収入（ネット）	5,966	6,205	6,604	6,833	8,075	9,143	9,598	11,469	11,918	12,523	12,201	11,639	11,600	12,080	12,558	10,537
フィー・委託手数料収入(ネット)	3,737	3,925	4,263	4,847	5,705	7,177	5,771	6,491	8,418	8,871	8,622	8,582	8,731	8,174	7,892	6,768
トレーディング損益(ネット)	1,011	833	1,054	1,487	2,321	3,614	3,754	1,339	7,001	8,078	7,660	3,025	6,553	3,331	3,623	2,768
投資収益（ネット）				1,027	858	962	1,216	680	56	1,477	2,305	817	680	1,328	1,138	1,324
総額（ネット）	11,142	11,327	12,411	13,015	15,762	19,441	18,249	15,780	21,052	25,768	26,690	21,095	24,864	23,120	23,340	19,078
RBSグループ（総収益）																
金利収入（ネット）	6,846	7,849	8,301	9,071	9,918	10,596	12,069	18,675	16,504	13,782	12,303	11,402	9,017	9,258	8,767	8,708
フィー・委託手数料収入(ネット)	3,805	4,343	4,418	4,547	4,909	5,194	6,085	7,445	7,009	6,301	5,417	4,875	3,539	2,933		2,535
支払サービス									1,776	1,638	1,498	1,368	1,090	989	923	856
カード手数料									2,389	2,432	1,093	1,088	892	822	738	645
貸付（信用枠）									2,433	1,863	1,707	1,480	1,291	1,250	1,076	1,044
ブローカレッジ									450	652	631	548	397	321	262	154
投資管理						罰 ABN アムロ買収			627	568	525	471	434	391	305	250
貿易金融									420	423	410	314	269	280	242	196
トレーディング損益(ネット)	1,426	1,462	1,793	1,988	2,343	2,675	1,292	-8,477	3,881	4,517	2,701	1,675	2,536	1,325	806	974
外国為替								1,906	2,340	1,491	1,327	654	1,660	1,428	809	989
金利								1,026	3,883	1,862	760	1,932	25	-108	35	-480
クレジット								-12,207	-4,147	48	-308	737	424	-82	-80	336
総額（ネット）	14,558	17,016	19,281	22,515	25,569	28,002	30,366	25,868	38,690	26,622	24,651	17,941	16,737	15,150	12,923	12,590
ロイズ・バンキング・グループ（総収益）																
HBOS買収																
金利収入（ネット）	4,922	5,171	5,255	5,110	5,671	5,329	6,099	7,718	9,026	12,546	12,698	9,075	7,338	10,660	11,318	9,274
フィー・委託手数料収入(ネット)	2,689	2,865	2,539	2,210	2,148	2,478	2,624	2,537	2,737	3,310	3,544	3,293	2,734	2,257	1,810	1,689
当座預金	573	579	623	637	593	652	693	707	1,088	1,086	1,053	1,008	973	918	804	752
カード手数料	332	414	460	520	545	493	536	581	765	812	877	941	984	1,050	918	875
保険ブローキング	528	647	640	672	681	629	648	549	539							
信託手数料				データ不連続		331	362	413	395							
トレーディング損益(ネット)	233	188	560	5,036	9,298	6,341	3,123	-9,186	19,098	15,724	-368	13,554	16,467	10,159	3,714	18,545
外国為替	158	178	228	174	163	130	193	141	771	447	658	335	400	249	255	1,905
投資不動産			データ不連続	329	430	631	-321	-1,058	-214	434	-107	-264	156	513	416	-83
証券その他	75	15	332	4,533	8,705	5,580	3,251	-8,269	18,541	14,843	-919	13,483	15,911	9,397	3,043	16,723
保険プレミアム	428	486	535	6,070	4,469	4,719	5,430	5,412	8,946	8,148	8,170	8,284	8,197	7,125	4,792	8,068
総額（ネット）	8,888	8,887	9,783	19,283	22,726	19,673	18,228	7,009	45,297	31,410	14,145	29,831	37,985	29,892	23,150	39,611

（注）金融商品からの収益とは，公正価値に指定された金融資産の価格変動による影響を計測したものである。

〔出所〕各社決算資料より作成。

銀行業務に事業展開し，95年に最初に自社株買戻しをおこない，97年末に投資銀行部門とくに株式業から撤退を始めたヨーロッパの大手行の１つであった。LTCM（ロングターム・キャピタル・マネジメント）救済の最中に，投資銀行部門のバークレイズ・キャピタルはプロプライアタリー・トレーディング業務を終了し，新興市場での業務を縮小した。図表10-2で営業収益の内訳をみると，バークレイズのトレーディング収益もサブプライム・ブーム期の2006－07年に急増して営業収益の20％前後まで増加した。2008年のリーマン・ブラザーズ買収後の09－10年にも，同じく営業収益の30％超に急増した。その後増減があったが，2014－16年には同じく15％前後を推移している。ただし，1992年から一貫して金利収入やフィー・委託手数料収入の方が大きくなっている。

　RBSグループは，スコットランドの首都エディンバラに本社を置くリテール銀行を中核とする金融グループである。リテールとは，小口で家計や中小企業向けという意味である。図表10-2でRBSの総収益の内訳をみると，トレーディング収益はサブプライム危機前後の2005－06年に総収益の９％台に10年に同じく17％に13年に15％台に増加することもあった。しかし，2014－16年には同じく６～８％台を推移している。トレーディング収益でも，内訳が公表された2008年から09－10，12年を除くと，投資銀行業務ではなく商業銀行業務の外国為替のウエイトが大きくなってきたことがわかる。Martin〔2013〕によると，RBSはリテール銀行で，その中に小さなゴールドマン・サックスがあったという。そのため，1996年から一貫して金利収入やフィー・委託手数料収入の方が大きくなっている。フィー・委託手数料収入では，内訳が公表された2009年から支払サービス，カード手数料，貸付（信用枠）といった商業銀行業務が中心となってきた。

　1980年代末にロイズはホールセールの投資銀行業務を縮小し，92年に証券子会社の閉鎖を決定した。ホールセールとは，大口で大企業，中堅企業，政府，機関投資家向けという意味である。1990年代末にロイズのリテールとホールセールの収益比率は70：30で，70年代は完全に逆の30：70であった。1997年にロイズのROE（自己資本利益率）は41％で他の３行の２倍以上であった。た

だし，図表10-2で総収益の内訳をみると，ロイズのトレーディング収益はサブプライム・ブーム期以降の2005，09−10，12−14，16年に総収益の３分の１を超え金利収入より大きくなった。トレーディング収益の中では，投資銀行業務の証券その他が圧倒的に大きくなっている。これにはサブプライム・ブームや2009年のHBOS（ハリファックス・バンク・オブ・スコットランド）買収前後の経営戦略の変更が影響したようである。2001−03，08，11年を除けばトレーディング収益の方がフィー・委託手数料（コミッション）収入より大きくなっている。フィー・委託手数料収入では，当座預金，カード手数料，保険ブローキングが中心である。2006年以降も商業銀行業務である当座預金，カード手数料が最も大きくなっている。

　以上のように，1990年代末から英国４大銀行グループは投資銀行業務から離れつつあったが，サブプライム危機をへてロイズを除いて再びその動きが起こっている。英国４大銀行グループでは，①新しい投資銀行業務であるトレーディングの盛衰と②手数料収入における伝統的な商業銀行業務への依存が特徴になっている。英米大手銀行グループの収益構造における共通点は，サブプライム・ブーム期のトレーディング業務の大きさである。一方，相違点は①その後のトレーディングの減退（イギリス）と維持（アメリカ），②手数料収入における商業銀行業務への依存（イギリス）と投資銀行業務への移行（アメリカ）である。ロジャース〔1999〕によると，商業銀行業務，投資銀行業務，保険業務等の兼業は，それぞれの業務にシナジーが発生するときに，うまく機能する。それぞれの業務が固く結び付きつながるときに，シナジーが発生する。顧客の取引費用を減少し，抱合せ取引を提供する銀行グループが継ぎ目のない組織になる必要があるという[7]。

2．リテールバンキングの位置づけ

　前項で扱った投資銀行業務は研究開発会社のように組織化され，本項で取り上げる小口のリテールバンキングは工場のように操業されるという[8]。これは

投資銀行業務におけるエンジニア達の高度な金融工学と，素朴な大数の法則に基づいたリテールバンキングを対比したものであろう。しかしながら，リテールバンキングと投資銀行業務は，必ずしも独立して存在するわけではない。ここでは，英米大手銀行グループのリテールバンキングにおける共通点と相違点を考察することによって，彼らの業務展開に迫ることにする。

（1）米国３大銀行グループ：住宅ローンの大きさ

　現在，米国３大銀行は住宅モーゲッジローンの最大の貸し手である。しかし，銀行は歴史的に住宅モーゲッジローンの重要な貸し手ではなかった。貯蓄金融機関や生命保険会社が1990年代前半まで主要な貸付機関であったが，銀行は94年に連邦関連モーゲッジ・プールを除けば金融機関の中でトップになった。この住宅ブームの続く1990年代から，銀行間で住宅モーゲッジローンの獲得競争が起こってきた。中小銀行と住宅モーゲッジローンで競合したのは，大手行であった。

　図表10-3をみると，３大銀行のJPモルガン・チェースで，2001–09年に総貸付に占める住宅モーゲッジローンの比率を29.7％から51.5％まで急上昇させた。バンク・オブ・アメリカでは，2001–10年に同じく30.3％から54.1％まで急増し，シティバンクのデータは不連続だが[9]，2001–05年には消費者ローンを含んでも23.7〜51.2％の範囲にあり，住宅モーゲッジローンの比率は2010年に60.3％となった。2007年以降，３大銀行でも，この値は一時減少したが，

図表10-3　米国３大銀行の貸付残高の内訳　2001-16年末（総貸付に占める比率％）

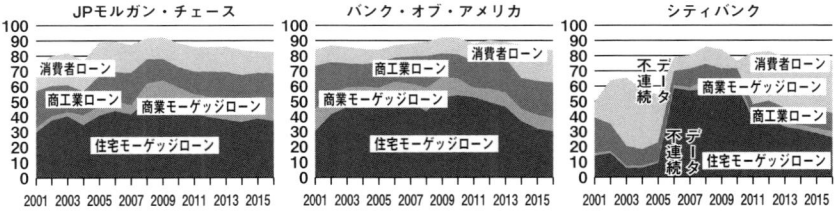

（注）海外支店を含むが，持株会社やその子会社を除いた銀行本体のデータである。
〔出所〕Federal Financial Institution Examination Council, *Reports of Condition and Income* 各号, Schedule RC-C より作成。

2009－10年に増加し，11－16年に再び減少に転じることが多かった。3大銀行では住宅モーゲッジローンが過半を占めることもあった。このように，米国3大銀行グループでは，住宅ローンの大きさが特徴になっている。

　次に，サブプライムローンのデータをみてみよう。JPモルガン・チェースは，2006年末に住宅モーゲッジローン残高の22.1％をサブプライムで貸し付けていた。JPモルガン・チェースのデータは残高であり，証券化率等に大きな差がなければ，融資市場全体とほぼ同じ水準と考えることができる。JPモルガン・チェースのサブプライム残高比率は，翌2007年末には31.3％に達し，2008年と09年末には20.3％と19.0％に急落した[10]。バンク・オブ・アメリカとシティバンクに関する同様のデータは入手できなかったが，サブプライム関連の損失が報道されており[11]，巨額のサブプライムローンをオリジネートし保有したと考えられる。とくに，シティグループは2006年のサブプライム・オリジネーターの4位にランクされた。シティグループは，2005年から06年に，サブプライム融資を85.5％も増加させた[12]。住宅モーゲッジローンの獲得競争で2005年まで後塵を拝してきたシティグループは，危機直前にサブプライムローンを急増させたのである。このように，3大銀行，とくに，シティグループは巨額のサブプライム融資をおこなった。

（2）英国4大銀行グループ：商工業ローンの大きさ

　イギリスのリテールバンキングの中で，4大銀行のHSBCはグローバルな中小企業貸出で強みを発揮してきた。バークレイズはクレジットカード，ロイズはモーゲッジ，RBSは中小企業貸出の最大手であったという。

　図表10-4でHSBCの貸付の内訳をみると，2003年にアメリカ第2位の消費者信用会社ハウスホールド・インターナショナルを買収したこともあり，サブプライム・ブーム期に消費者ローン，とくに住宅ローンを増加させた。しかし，基本的には商工業ローン，とくに国際貿易サービスが中核業務であった。ただし，1998年には，HSBCのホールセールバンキングは，バランスシートの70％を占めるが，税引き前利益の40％しか生まない状態であった。一方，パー

図表10-4　英国４大銀行グループの貸付残高の内訳　2001-16年末（総貸付に占める比率％）

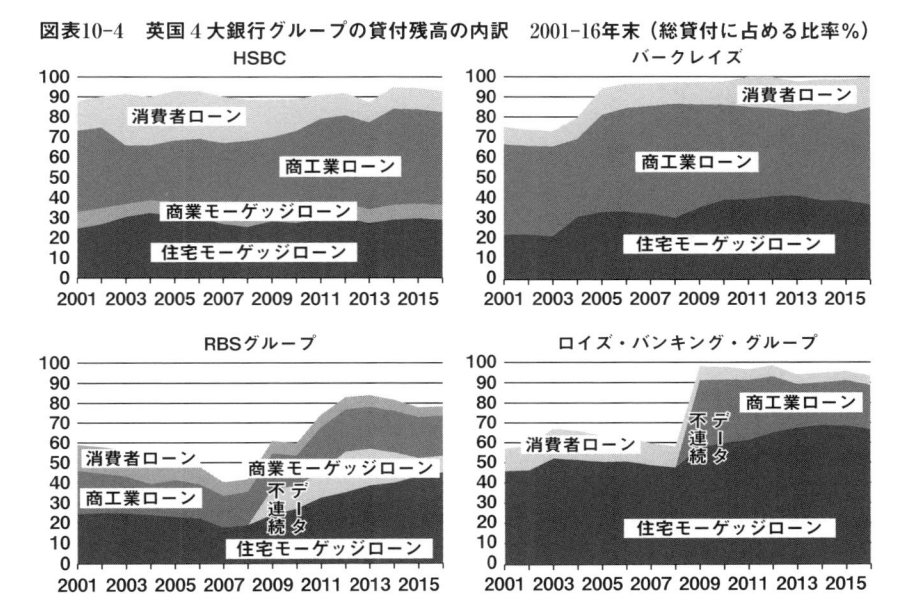

〔出所〕各社決算資料より作成。

ソナルバンキングは金融資源の30％を使って利益の60％を生み出していたという。

　バークレイズは，1960年代にはイギリスで最初にクレジットカード業務，バークレイズカードを発展させた。1997年に，バークレイズでは個人と法人を含む国内銀行サービスが約70％であった。先の図表10-4で貸付の内訳をみると，バークレイズは各種個人ローンよりも商工業ローンが大きいことがわかる。

　RBSはリテール銀行で，同様に図表10-4で国内顧客向けローンの内訳をみると，1993年から国内顧客向けローンの中で住宅ローンが最も大きくなっている。2002年には，RBSの法人向け融資はイギリス最大であった。しかしながら，2003年には税引き前利益の69％が個人顧客によるものであった。

　ロイズは，1997年にはリテールバンキングが25.9％，住宅モーゲッジが21.5％，保険が16.4％，ホールセール市場が20.3％，国際銀行業が13.2％という

業務構成であった。図表10-4で顧客向けローンの内訳をみると，ロイズも1999年から顧客向けローンの中で住宅ローンが最も大きくなっている。

　このように，HSBCとバークレイズではほぼ商工業ローン，RBSとロイズでは住宅ローンが最も大きくなっていた。Janssen〔2009〕によると，英国4大銀行グループはディフェンシブな戦略をとり，国内市場に注力したままであった。結果的に，彼らは成功することとなった。英国4大銀行グループでは，①商工業ローンと②住宅ローンの大きさが特徴になっている。英米大手銀行グループのリテールバンキングにおける共通点は，他国と比べて住宅ローンが大きいことである。一方，相違点はイギリスでは商工業ローンが相対的に大きく，アメリカでは相対的に小さいことである。

　銀行サービス調査委員会の最終報告書，クルックシャンク・レポート（2000年）によると，1988－99年に，イギリスの銀行（投資銀行業務を除く）の超過収益率は，他の主要経済部門のほとんどすべてより高かったという。とくに，個人リテール向け銀行サービスの供給は，収益性が高い。消費者は，他の商品の販売に際しても，自分の当座預金を供給している銀行に依存するので，当座預金の競争が十分であるかが本質的に重要となる。しかし，当座預金の供給は最も高い集中度を示しており，さらに当座預金の変更には時間と手間がかかる[13]。

3．抱合せ取引の対象

　Berger *et al.*〔2000〕の学術的な研究では，一般に伝統的銀行業での規模の経済は，比較的小さな事業規模で完全に実現されているという。よく知られた銀行は規模が大きく，すでに大半の規模の経済の利益を受けているという[14]。規模の経済ではない大手行の利益の源泉の1つは，抱合せ取引だと考えられる。銀行の抱合せ取引は，銀行のコア業務である預金と貸付を主たる商品としておこなわれている。ここでは，英米大手銀行グループの抱合せ取引における共通点と相違点を考察することによって，彼らの業務展開の実態に迫ることにする。それによって，マクロデータだけでは見過ごされがちな，両国のマー

ケットの競争状態に即した英米金融システムの違いに迫っていきたい。

（1）米国３大銀行グループ：貸付と投資銀行業務

　米銀の抱合せ取引は，銀行のコア業務である貸付を主たる商品としておこなわれている。ここでは，アンケート調査を基にして貸付を軸に抱合せ取引を考える。銀行が貸付をオリジネートする際に，融資以外のどのような業務を勧めたのだろうか？　これは，2004年における企業の財務担当者370人に対するアンケートで明らかになる。まず，図表10-5A で，取引銀行グループに対して融資以外の業務を与えないという理由で，取引銀行に融資を拒絶または融資条件を変更された企業をみてみよう。融資を拒絶または融資条件を変更されたのは，全企業の50％，大手の63％に達したのである。

　銀行が融資以外に勧めた業務も，図表10-5A に列挙されている。特に，投資銀行業務／戦略的アドバイザリー・サービス，債券引受，キャッシュ・マネジメントで，融資を拒絶または融資条件を変更された比率が高くなっていた。キャッシュ・マネジメントという伝統的な商業銀行業務だけでなく，融資を武器に投資銀行業務に積極的に進出しようとする大手銀行グループの姿が想像できる。

　それでは，顧客はどうして商業銀行を他の金融機関より好んで利用したのだろうか？　この問題を考えるために，図表10-5B によって2000年の製造業を中心とした財務担当者444人のアンケートをみてみよう。これは，企業は各金融サービスに対してどの金融機関を使うかという調査である。商業銀行が多いと答えた担当者は，キャッシュ・マネジメントからディリバティブまで広範であった。キャッシュ・マネジメント，貸付等，外国為替の３つは商業銀行業務だが，投資銀行業務である投資運用，資本市場サービス，ディリバティブ／ヘッジ・サービスも商業銀行を利用していた。商業銀行の中で投資銀行業務をおこなうのは大手なので，現実には大手商業銀行を利用したことになる。唯一，M＆A アドバイザリー業務では，投資銀行が優位であった。投資銀行と比較するために保険会社の利用状況をみると，保険業務では，商業銀行や投資銀

図表10-5　アメリカの金融部門における抱合せ取引

A　商業銀行グループに融資以外の業務を与えないという理由で融資を拒絶または融資条件を変更された企業 2004年2月調査[1]

（単位：％）

	全企業	年商10億ドル以上
あらゆる業務	50	63
投資銀行業務／戦略的アドバイザリー・サービス	42	53
債券引受	40	51
株式引受	17	23
戦略的アドバイザリー／M&A業務	28	35
キャッシュ・マネジメント	40	48
個人退職金積立プラン	16	20
投資ブローカレッジ	13	16

B　各金融サービスによって利用する金融機関の形態2000年7月調査[2]

（単位：％）

	商業銀行	ファイナンス・カンパニー	投資銀行	保険会社
キャッシュ・マネジメント	98	3	11	1
貸付等	85	16	15	9
外国為替	60	3	6	0
投資運用	58	7	53	4
資本市場サービス	48	7	42	2
ディリバティブ／ヘッジ・サービス	37	3	19	1
M&Aアドバイザリー業務	23	7	33	2
保　険	1	1	7	87

C　今後2年間に各金融サービスによって利用したい金融機関の形態2000年7月調査[2]

（単位：％）

	商業銀行単体	保険会社単体	投資銀行単体	グループ化した商業銀行と保険会社	グループ化した商業銀行と投資銀行	グループ化した投資銀行と保険会社
資本市場サービス	15	1	19	2	57	6
M&Aアドバイザリー業務	10	0	27	2	54	7
投資運用	17	1	23	2	52	5
ディリバティブ/ヘッジ・サービス	29	1	13	3	50	4
外国為替	53	1	2	4	38	2
貸付等	54	1	1	7	35	2
キャッシュ・マネジメント	64	1	1	4	31	2
保　険	1	69	1	14	2	12

（注1）過去5年間に融資をうけた企業における融資を拒絶または融資条件を変更された企業の比率である。企業の財務担当者（370人）のアンケート回収結果によるものである。

（注2）製造業を中心とした財務担当者（444人）のアンケート回収結果によるもので，各金融サービスによって利用する各金融機関が全アンケート企業に占める比率である。全アンケート企業の年商別構成は以下の通りである。年商2億5,000万ドル未満が30％，2億5,000万～10億ドルが32％，10～50億ドルが25％，収益50億超が11％，返答なしが2％である。

〔出所〕Association for Financial Professionals〔2000〕，pp.5，9，19，23，Exhibit 1，5 and 15，Association for Financial Professionals〔2004〕，pp.2，7

行を利用せず，圧倒的に保険会社を利用したと，担当者は答えたのである。

　2000年の製造業を中心とした財務担当者への調査は，グラム・リーチ・ブライリー法順守期限後についても聞いている（図表10-5C）。15年以上前の古いデータだが，グループ化した商業銀行と投資銀行と取引したい金融サービスは，資本市場サービス，Ｍ＆Ａアドバイザリー業務，投資運用，ディリバティブ／ヘッジ・サービスで，投資銀行単体にくらべて20％以上も大きかった。商業銀行グループの中で投資銀行業務をおこなうのは大手である。企業は，上記の投資銀行業務に対して，大手商業銀行グループを利用することになる。外国為替，貸付等，キャッシュ・マネジメントという商業銀行業務は，伝統的な商業銀行単体でおこなうと財務担当者は答えた。グループ化した商業銀行と投資銀行の数字も大きいが，伝統的な商業銀行単体より15％から33％も低かった。保険は先ほどと同様，圧倒的に保険会社が多かった。消費者はワンストップ・ショッピングを好み，保険を除くと，その金融機関は商業銀行が最も望ましいのである。

　アメリカ企業の財務担当者は，伝統的な商業銀行業務だけでなく，いくつかの投資銀行業務をも，投資銀行より商業銀行を利用した。さらに，企業の担当者は，投資銀行業務を依頼する際に，投資銀行単体よりも，グループ化した商業銀行と投資銀行を利用したいという。商業銀行グループの中で投資銀行業務をおこなうのは，現代的には大手グループ３社である。1990年代末から，３大銀行中心の金融システムが，商業銀行業務ではなく，各種金融商品の引受業務という投資銀行業務で形成されたのである。これは，伝統的に資本市場中心の金融システムであったアメリカにおいて，画期的な出来事であった。

　以上のように，米国３大銀行グループでは，まず①銀行のコア業務である貸付が抱合せ取引の主たる商品となっている。次に②主に企業向けローンと投資銀行業務が抱合せ取引されることが特徴になっている。

（2）英国４大銀行グループ：預金と貸付・保険

　英銀の抱合せ取引は，銀行のコア業務である預金を主たる商品としておこな

われている。ここでは，アンケート調査を基にして預金を軸にした抱合せ取引を考える。イギリスでは，抱合せ取引は特定の法律によって禁止されておらず，消費者にいつも不利益をもたらすとは考えられていない。もちろん，抱合せ取引は独占禁止法や不公正商行為についてのEU指令に基づく国内法の適用範囲である。

銀行サービス調査委員会のいわゆるクルックシャンク・レポート（2000年）によると，イギリスの当座預金の供給は集中度が高く，当座預金は他の商品分野における銀行間競争の鍵を握っているという。図表10-6A をみると，調査年（2009年と12年）によってやや数字が異なるが，当座預金の66〜88％が貯蓄預金と抱合せて販売された。同じくクレジットカードの当座預金の抱合せ取引率も33〜53％であった。2009年の数字だけだが，預金型 ISA（個人貯蓄口座）や無担保消費者ローンの抱合せ取引率も42％であった。

次に図表10-6B をみると，当座預金は，貯蓄預金だけを抱合せ取引している。これは一見，当座預金の抱合せ取引が重要でないようにも思われる。しかし，当座預金と抱合された貯蓄預金は，生命保険，消費者ローン，住宅保険，自動車保険の4商品を抱合せ取引している。当座預金は，貯蓄預金を媒介に，生命保険，消費者ローン，住宅保険，自動車保険の4商品に，銀行が進出する足掛かりになっていると考えられる。

このように，銀行は当座預金と他の金融商品との抱合せ取引をおこなった。伝統的な銀行の当座預金保有者がその銀行で追加的なサービスを購入する数は，平均して1であった。当座預金は，モーゲッジや貯蓄商品のうちの1つと抱合せて販売されてきた。たくさんの金融機関がありながら，銀行が個人ローンやクレジットカードのような商品の価格を高い水準で維持できる理由は，この抱合せ取引によってある程度説明できる[15]。

イギリスの当座預金と他の金融商品の販売において日本で参考になるのは，バンカシュアランス（銀行業務と保険業務との融合）であろう。イギリスでは伝統的に銀行業務と保険業務の兼業は規制されておらず，歴史的に保険事業へ参入してきた。このバンカシュアランスの収益は，図表10-2の保険料もしくは

図表10-6　イギリスの個人リテール金融部門における抱合せ取引

A　当座預金の抱合せ取引率　2009年9月調査　2012年8月調査

	2009年 （1,829口座，公正取引庁）	2012年 （4,271口座，デロイト金融サービスセンター）
貯蓄預金	88%	66%
クレジットカード	53%	33%
預金型ISA	42%	
無担保消費者ローン	42%	
自動車ローン		5%
モーゲッジ	27%	9%

B　抱合せ取引の実態　2009年1〜3月調査（欧州政策研究所等）

主たる商品＼従たる商品	消費者ローン	住宅保険	投資助言	生命保険	自動車保険	支払保障保険	年金商品	貯蓄預金	総数
消費者ローン				1		1		1	3
クレジットカード						1			1
当座預金								1	1
デビットカード								1	1
投資助言			1	2			1		4
モーゲッジローン		1				1			2
貯蓄預金	1	1		2	1				5
総数	1	2	1	5	1	3	1	3	17

（注）矢印は主たる商品から従たる商品への方向を示している。
〔出所〕Centre for European Policy Studies and Van Dijk Management Consultants〔2009〕,
pp.214-215, 266, table 59, UK Office of Fair Trading〔2010〕, p.131, table 7.1, Deloitte Center
for Financial Services〔2013〕, pp.1-3, 15, exhibit 3. 原資料はMintel, *Current, Packaged and
Premium Accounts, Finance Intelligence*, June 2010。

保険プレミアムに表れる。HSBCの保険料は2004年から公表され，営業利益の
8.1〜16.6％と増加傾向にある。ロイズの保険プレミアムは，データが不連続な
時期と異常値を除けば，営業利益の19.7〜31.5％と高い水準にある[16]。イギリ
スの保険には，日本では馴染みの薄い支払保障保険もある（図表10-6B）。保
険商品を提供するためにAIGと戦略的提携を選択したバークレイズを除き，
他の3行は保険子会社を持っていた。英国4大銀行グループでは，リテールバ

ンキングの中に①ウェルス・マネジメントと②バンカシュアランスがあった。公表されてはいないが，HSBC のバンカシュアランス戦略はおもにウェルス・マネジメント業務を拡大することに貢献したという。

　ロイズのアセット・マネジメントは，基本的にバンカシュアランス戦略の一部であり，完全に独立したファンド・マネジメント部門の業務ではない。ロイズに買収された TSB は，1967年に生命保険子会社を設立して保険と預貸業務をリンクさせ，抱合せ取引をおこなっていた。貯蓄と保険商品の組み合わせが，バンカシュアランス・モデルの核心である。1988年の生命保険会社アビーライフ買収後，ロイズはバンカシュアランス戦略を開始した。ロイズはさらにチェルトナム＆グロスターシャーと TSB を買収し，そのロイズ TSB グループは2000年に大手生命保険会社スコティッシュ・ウィドゥズを買収した結果，強力な抱合せ取引力を手に入れ，リテール金融サービスを強化できた。このように，バンカシュアランスも抱合せ取引の１つである。

　銀行グループの抱合せ取引は，さらなる拡がりを持つ可能性がある。例えば，Roberts and Kynaston〔2015〕によると，HSBC では，銀行業務は他部門の成長のインキュベーター（保育器）であるという。事業のライフサイクルに対応して，各種の銀行業務が求められる。起業時には銀行業務が必要で，その後パーソナルまたはグローバルバンキング，IPO（新規公開株式発行），貿易保険を顧客に勧めるようになる[17]。バンカシュアランス等のリテールバンキングだけでなく，投資銀行業務をも含めた抱合せ取引戦略が現実におこなわれており，こうした動きに今後とも注目していく必要があるだろう。

　以上のように，英国４大銀行グループでは，まず①銀行のコア業務である預金が抱合せ取引の主たる商品となっている。次に，②主に預金と家計向けローン，保険が抱合せ取引されることが特徴になっている。英米大手銀行グループの抱合せ取引における相違点は，まず①抱合せ取引におけるコア業務がイギリスでは預金であり，アメリカでは貸付ということである。次に，②イギリスでは主に預金と家計向けローン，保険を抱合せており，アメリカでは主に企業向けローンと投資銀行業務を抱合せていることである。一方，共通点は銀行のコ

ア業務である預金と貸付の抱合せ取引における重要性である。

終りに

　本章では，英米大手銀行グループの業務展開を，収益構造を皮切りにリテールバンキング，抱合せ取引の順にその共通点と相違点を考察した。収益構造からは，投資銀行業務への移行（アメリカ）とその盛衰（イギリス）を把握できた。リテールバンキングでは，住宅ローン（アメリカ）と商工業ローンイギリス）の大きさを確認できた。抱合せ取引では，貸付と投資銀行業務（アメリカ），預金と貸付・保険（イギリス）という組み合わせを見出すことができた。これらの業務展開は金融深化の実態に関連していると思われる。以下では，その一端を紹介することによって，本章の結びとしたい。

　指摘したように，アメリカの3大銀行グループは，主として①の企業向けローンとOTD（組成分配型）モデル以外の投資銀行業務を抱合せ取引した（図表10-7A）。一方，イギリスの4大銀行グループは，主に②の預金と①の家計向けローン（とその保険）を抱合せ取引した（図表10-7B）。同じく資本市場中心の金融システムもしくはアングロサクソン型モデルと呼ばれているが，両国の金融システムの実態はかなり異なっており，この違いをもたらしている要因やこの違いがもたらす結果には興味深いものがある。

　まず，金融システムの相違をもたらしている要因の一つとして，両国のマーケットの競争状態の違いが考えられる。アメリカでは長らく投資銀行による投資銀行業務の寡占が問題となっており，大手商業銀行グループが20年の歳月をかけて，投資銀行による寡占を打ち破ったのであった。一方，イギリスでは各種投資銀行業務は商業銀行もおこなうことができ，投資銀行であるマーチャントバンクによる寡占は問題とならなかった。むしろ大手商業銀行による当座預金業務を中心とした寡占を，クルックシャンク・レポート（2000年）が問題視したのであった[18]。アメリカでは，投資銀行に寡占化された業務に対して，そこに風穴を開けようと，大手商業銀行グループが自らの寡占業務である貸付を

図表10-7　大手銀行グループの抱合せ取引の関係図

A　アメリカ

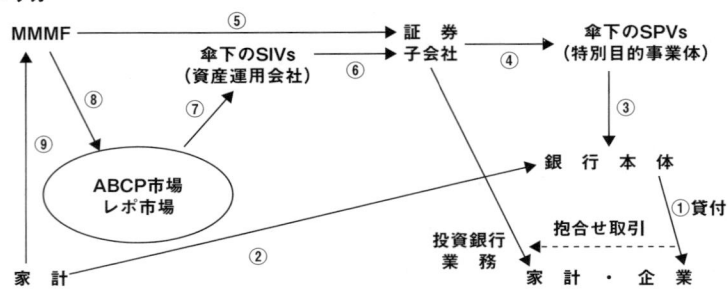

B　イギリス

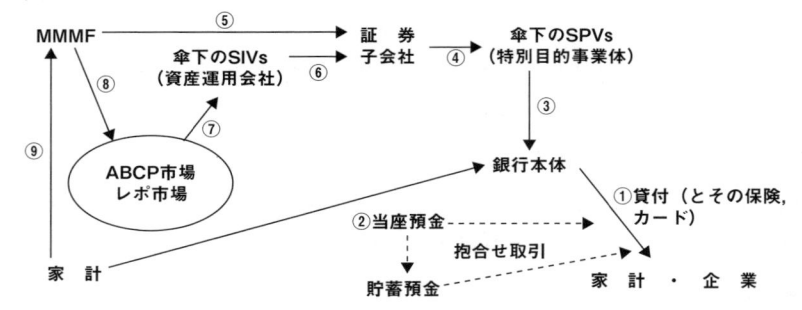

(注)　───▶はキャッシュフローを，-------▶は主たる商品から従たる商品への方向を示している。①〜⑨の番号はOTDモデルの業務を表している。各業務の説明は，掛下〔2016a〕，285-7頁，図IVを参照されたい。

主たる商品として，抱合せ取引をおこなった。一方，イギリスでは，競合している家計向けローン（とその保険）に対して，競争を有利に進めようと，大手商業銀行グループが自らの寡占業務である当座預金を主たる商品として，抱合せ取引をおこなった。伝統と格式を重んじるイギリスと創造と変革を志向するアメリカの国民性の違いがここにも表れたのである。

　次に，金融システムの相違がもたらす結果の一つとして，経済成長への影響が指摘されている。Beck *et al.*〔2012〕は，1994-2005年における45か国の先進国・新興国のデータによると，企業向けローンは経済成長に連動したが，家計向けローンは連動しないという。Sahay *et al.*〔2015〕の30〜34か国のデー

タ分析によると，企業向けローンは家計向けローンより経済成長に影響を与えるという。企業向けローンは金融制約を緩和し，投資と成長を促進する。一方，家計向けローンは貯蓄率を下げ，成長を鈍化させる。家計向けローンは，発達した資本市場中心の金融システムがあり，都市化され，製造業が小さい国で，大きくなることが多い。つまり，先進国で家計向けローンのシェアが大きくなる傾向にある。一方，企業向けローンのシェアは先進国より新興国で大きくなる傾向にあるという[19]。

　これらは英米経済とその金融深化に関する以下の２点と整合的な面がある。第１に，リテールバンキングといわれながらも，大手行による企業向けローンが相対的に大きいイギリス経済の成長率が意外と高いことである。第２に，大手行による家計向けローンが大きいアメリカ経済が，他国に較べてそれほど悪くない状況下において，Summers〔2013〕が長期停滞論を主張していることである。実体経済と金融深化の関係は今後さらなる検討が求められるだろう。

＜謝辞＞

本研究は JSPS 科研費 JP16K03920の助成を受けたものです。

＜注＞

1）　以上 Minsky〔1974〕, p.272, Kindleberger〔1978〕, p.4（邦訳，8頁），Friedman〔1980〕, pp.16-17（邦訳，23-24頁），Tobin〔1984〕, pp.1, 3-4, Rajan〔2005〕, pp.359-60, Philippon〔2015〕, pp.1411-2, 17, 20-21, 24, 32-33, figure 2, 3, 4, 5, 7, 8, 11, 16 and 17, Arcand, Berkes and Panizza〔2015〕, pp.105, 107, 109-110, 112-114, 123-124, 141, table 1, 2 and 6.
2）　引受業務は，図表10-1の３大商業銀行グループの投資銀行業務における引受手数料総額の推移を参照されたい。
3）　M＆A アドバイザリー業務は，図表10-1の３大商業銀行の投資銀行業務におけるアドバイザリーの推移を参照されたい。
4）　RBS というイニシャルは，2003年から頻繁に使われるようになったという。Martin〔2013〕, p.150（邦訳，191頁）。
5）　石田〔2011〕, 147頁，Roberts and Kynaston〔2015〕, pp.554, 568.
6）　当時の英国４大銀行グループは RBS，HSBC，バークレイズ，ロイズ TSB（トラスティー・セービング・バンク）である。
7）　以上，Rogers〔1999〕, pp.35, 40, 111, 114, 198-211, Janssen〔2009〕, p.231, figure 5.6, Independent Commission on Banking〔2011〕, p.92, 石田〔2011〕, 171頁，Martin〔2013〕, p.219（邦訳，276頁），Roberts and Kynaston〔2015〕, pp.554, 568.
8）　Rogers〔1999〕, p.209.

9)　なお，シティバンクのデータの不連続な理由は，2005年まで消費者ローンに住宅モーゲッジローンのデータがかなり含まれていたことが大きいと思われる。

10)　2008年以降のデータは，合併したワシントン・ミューチュアルのものを含む。ワシントン・ミューチュアルは，サブプライム・レンダーであり，最大の貯蓄貸付組合であった。

11)　たとえば，『日本経済新聞』2008年1月23日，朝刊，8頁，2008年7月22日，7頁，2009年1月19日，7頁。

12)　以上 JPMorgan Chase Co. 決算資料，Joint Economic Committee of the U.S. Congress〔2007〕，p.18, Figure 8, Ashcraft and Schuermann〔2008〕，p.4, table 2, Inside B&C Lending〔2009〕，p.6. 原資料は Inside Mortgage Finance, *Top Subprime Mortgage Market Players & Key Data*, 2006, Inside Mortgage Finance, *The 2007 Mortgage Market Statistical Annual,* Federal Reserve.

13)　以上，Rogers〔1999〕，pp.63, 76, 114, Cruickshank〔2000〕，pp.21, 130, chart 2.1（邦訳，29-30頁，183頁，図2.1），Janssen〔2009〕，pp.84, 238, Martin〔2013〕，pp.144, 219（邦訳，183, 276頁），Barty and Ricketts〔2014〕，p.12, Roberts and Kynaston〔2015〕，pp.221-22. 原資料は Lehman Brothers, *UK Clearing Banks: 1998 Annual Review*, July 23, pp.66, 107.

14)　Cruickshank〔2000〕，pp.20, 44, note 5（邦訳，27-28, 60頁）。

15)　以上 Cruickshank〔2000〕，pp.126, 134（邦訳，176-77, 189頁），Centre for European Policy Studies and Van Dijk Management Consultants〔2009〕，pp.208, 265.

16)　ロイズのデータが不連続なのは2003年と04年の間で，異常値は2008年と11年である（図表10-2）。Janssen〔2009〕は以下のように説明する。データが不連続な2003年まで，このバンカシュアランスは，その他営業利益に表れた。英国4大銀行グループのその他営業利益は営業利益のおよそ10%に達していた。それは英銀グループの保険業務の強さを反映していたという。なお，AIGと提携したバークレイズと保険子会社を持つ RBS はこの数字を公表していない。

17)　以上，Rogers〔1999〕，pp.61, 206, Cruickshank〔2000〕，p.134（邦訳，189頁），Janssen〔2009〕，pp.84, 122, 186, 188, 231-232, figure 5.6, Roberts and Kynaston〔2015〕，p.546.

18)　クルックシャンク・レポートは銀行のブームの流れに背いて静かな墓場行きとなったという。Martin〔2013〕，p.116（邦訳，147頁），掛下〔2016a〕，第5章第3節。

19)　Beck *et al.*〔2012〕，pp.1, 4, 24, 33, Sahay *et al.*〔2015〕p.21.

＜引用・参考文献＞

石田晋也〔2011〕，『金融危機の本質：英米当局者7人の診断（KINZAI バリュー叢書）』金融財政事情研究会

掛下達郎〔2016a〕，『アメリカ大手銀行グループの業務展開：OTD モデルの形成過程を中心に』日本経済評論社

掛下達郎〔2016b〕，「現代の金融業」川波洋一・上川孝夫編『現代金融論（新版）』有斐閣ブックス，122-141頁

掛下達郎〔2017〕，「イギリス四大銀行グループの収益構造」公益財団法人 日本証券経済研究所『証券レビュー』第57巻第5号，87-102頁

Arcand, J-L, Berkes, E and Panizza, U.〔2015〕，"Too Much Finance?" *Journal of Economic Growth,*〔2015〕，Vol. 20, Issue 2, June, pp.105-148

Ashcraft, A and Schuermann, T.〔2008〕，"Understanding the Securitization of Subprime Mortgage Credit," Federal Reserve Bank of New York Staff Report No. 318, March

Association for Financial Professionals〔2000〕，*Financial Industry Consolidation Survey*

Association for Financial Professionals〔2004〕，*2004 Credit Access Survey*

Barty, J and Ricketts, T.〔2014〕，*Promoting competition in the UK banking industry*, BBA, The voice of banking

Beck, T, Büyükkarabacak, B, Rioja, F and Valev, N. 〔2012〕, "Who Gets the Credit? And Does It Matter? Household vs. Firm Lending Across Countries," *B.E. Journal of Macroeconomics: Contributions,* Vol. 12, Issue 1, Article 2, March

Berger, A, DeYoung, R, Genay, H and Udell, G. 〔2000〕, "Globalization of Financial Institutions: Evidence from Cross-Border Banking Performance," Robert E L and Anthony M S, *eds., Brookings-Wharton Papers on Financial Services,* vol. 3, Brookings Institution Press

Centre for European Policy Studies and Van Dijk Management Consultants 〔2009〕, *Tying and Other Potentially Unfair Commercial Practices in the Retail Financial Service Sector, Final Report,* Submitted to the European Commission

Cruickshank, D. 〔2000〕, *Competition in UK Banking: A Report to the Chancellor of the Exchequer,* Stationery Office Books（古川顕監訳『21世紀銀行業の競争：クルックシャンク・レポート』東洋経済新報社，2000年）

Deloitte Center for Financial Services 〔2013〕, *Kicking it up a notch: Taking retail bank cross-selling to the next level,* https://www2.deloitte.com/content/dam/Deloitte/us/Documents/financial-services/us-kickingitupanotch-092614.pdf

Friedman, B. 〔1980〕, "Postwar Changes in the American Financial Markets," in M. Feldstein, *ed., The American Economy in Transition,* Chapter 1, University of Chicago Press（宮崎勇監訳『戦後アメリカ経済論：変貌と再生への途』日本経済新聞社，1984年）

Independent Commission on Banking 〔2011〕, *Interim Report: Consultation on Reform Options,* HM Treasury, April

Inside B&C Lending 〔2009〕, "Subprime Lending," Special Issue

Janssen, S. 〔2009〕, *British and German Banking Strategies,* Palgrave Macmillan UK

Joint Economic Committee of the U.S.Congress 〔2007〕, *The Subprime Lending Crisis: The Economic Impact on Wealth, Property Values and Tax Revenues, and How We Got Here,* October

Kindleberger, C. 〔1978〕, *Manias, Panics, and Crashes: A History of Financial Crises,* Basic Books（吉野俊彦・八木甫訳『金融恐慌は再来するか：くり返す崩壊の歴史』上，東洋経済新報社，1980年）

Martin, I. 〔2013〕, *Making It Happen: Fred Goodwin, RBS and the men who blew up the British economy,* Simon & Schuster UK（冨川海訳『メイキング・イット・ハプン：世界最大の銀行を破綻させた男たち』WAVE出版，2015年）

Minsky, H. 〔1974〕, "The modeling of financial instability: An introduction," in *Modelling and Simulation,* Vol. 5, Proceedings of the Fifth Annual Pittsburgh Conference, Instruments Society of America, April, pp.267-72

Mukunda, G. 〔2014〕, "The Price of Wall Street's Power," *Harvard Business Review,* June, pp.70-78（辻仁子訳「社会の不均衡を是正する4つの方策「ウォール街資本主義」の歪みを正す」『Diamondハーバード・ビジネス・レビュー』2014年12月，90-103頁）

Philippon, T. 〔2015〕, "Has the US Finance Industry Become Less Efficient? On the Theory and Measurement of Financial Intermediation," *American Economic Review,* Vol. 105, No. 4, April, pp.1408-38

Rajan, R. 〔2005〕, "Has financial development made the world riskier?" *Proceedings of the 2005 Jackson Hole Conference organized by the Kansas City Fed,* February, pp.313-69

Roberts, R and Kynaston, D. 〔2015〕, *The Lion Wakes: A Modern History of HSBC,* Profile Books

Rogers, D. 〔1999〕, *The Big Four British Banks: Organisation, Strategy and the Future,* Palgrave Macmillan UK

Sahay, R, Čihák, M, N'Diaye, P, Barajas, A, Bi, R, Ayala, D, Gao, Y, Kyobe, A, Nguyen, L, Saborowski, C, Svirydzenka, K and Yousefi, S. 〔2015〕, "Rethinking Financial Deepening: Stability and Growth in Emerging Markets," *IMF Staff Discussion Note* 15/08

Summers, L. [2013], *IMF Fourteenth Annual Research Conference in Honor of Stanley Fischer,* November 8

Tobin, J. [1984], "On the efficiency of the financial system," *Lloyds Bank Review,* 153, July, pp.1-15

UK Office of Fair Trading [2010], *Review of barriers to entry, expansion and exit in retail banking,* OFT1282, http://webarchive.nationalarchives.gov.uk/20140402142426/http:/www.oft.gov.uk/shared_oft/personal-current-accounts/oft1282

第11章　トランプ政権下のリテール証券業と
フィデューシャリー・デューティ

はじめに

　アメリカでは，2016年に労働省規則「フィデューシャリーの定義」が採択された[1]。これは，証券営業担当者の大半にもフィデューシャリー・デューティを負わせようとする規則で，90年代からの議論が大きく進展したかに見えた。しかし，その後トランプ政権に交代したことにより，同規則の適用が事実上一部延期され，先行きの不透明さも指摘されている。

　もっとも，20年近くにわたるフィデューシャリー・デューティ議論を振り返ってもこのような足踏みは再三あり，むしろ新たなサービスが生まれる契機ともなってきた。実際，独立系の営業担当者を採用するLPLのアーノルドCEO兼社長も「我々は労働省規則を利用してイノベーションを起こし，サービスの効率化を図り，より良いリソースを提供していく」と述べている[2]。

　そこで本章は，労働省規則とのその適用延期の直接・間接的な影響を受け，トランプ政権下の米国証券営業がどのような変容を遂げようとしているかを検証していきたい。

１．労働省規則「フィデューシャリーの定義」

（1）労働省規則の採択経緯と現状

　アメリカでは，証券チャネルが多様化する一方で，資産管理型営業の普及と

ともに SMA（Separately Managed Account）等の投資顧問型サービスが拡大しつつあった。しかし，その結果，チャネルや商品によって投資家保護水準が異なることが問題視されるようになり，これを統一すべきであると考えられるようになった。具体的には適合性原則を主たる行動規範とする証券外務員に，投資顧問法並みのフィデューシャリー・デューティを負わせようというのである[3]。しかし，これは証券外務員にとって大きな負担増を意味したことから，20年近い議論を経ても決着をみることがなかった。

　そこで，オバマ政権は2016年4月に労働省規則フィデューシャリーの定義を発表し，年金に関わるアドバイスを提供する者の定義を広げ，彼らはフィデューシャリーであるとした。これにより，リテール証券商品の一つとして広く普及していた IRA（個人型確定拠出年金）の提供者が対象となったため，大半の証券外務員が実質的にフィデューシャリーとなった。

　各社は規則の一部適用日の2017年4月に向けて対応を急いでいたが，トランプ政権は2月に大統領覚書を発表して，この動きにブレーキをかけた。大統領覚書は，労働省規則が（ⅰ）年金関連商品・サービスや金融情報・アドバイスへのアクセスを阻害することにならないか，（ⅱ）年金市場に混乱を招かないか，（ⅲ）訴訟増や年金サービスの価格高騰を招かないか，を精査し，これらが確認された場合は同規則の撤回・修正案を提示すべきであるとしたのである[4]。

　これを受けて労働省は，適用日を60日遅らせた後に2017年6月に導入した。しかし規則の大半に設けられていた経過期間の終了日は，2018年1月から[5]2019年7月まで延期した[6]。

　この間，議会では労働省規則を撤廃する法案の審議が進んだ[7]。労働省規則が適用されても営業担当者の資格や商品によって投資家保護水準が異なる実態に代わりはないため，SEC（証券取引委員会）は統一規制に向けたパブリック・コメントの募集を再開した[8]。こうした連邦政府の動きに先駆け，ネバダ州は統一規制を採択した[9]。また財務省も労働省規則の見直しを支持し，統一規制を模索すべきであるとの提言を発表した[10]（図表11-1）。

図表11-1　フィデューシャリー・デューティを巡る動き

	フィデューシャリー・デューティをめぐる動き
2016年4月	オバマ政権が労働省規則を発表。適用開始は2017年4月，経過期間を2018年1月まで設けることを予定
2017年1月	トランプ政権発足
2017年2月	大統領覚書にて，労働省規則精査の必要性を指摘
2017年4月	労働省，規則の適用を60日遅らせる
2017年6月	労働省規則を適用
2017年7月	ネバダ州が証券業者，投資顧問業者等のファイナンシャル・プランナーに適用する統一フィデューシャリー・デューティ規制を採択
2017年7月	下院教育・労働委員会，「貯蓄者の手に届くリタイアメント・アドバイス法案」を採択。ワグナー下院議員，「小口貯蓄者向けアドバイスを守る法案（PASS Bill）」を起草。公聴会が開かれる。
2017年8月	労働省規則の経過期間を2019年7月まで延長する規則案を発表。9月15日までパブリック・コメントを求める
2017年9月	SEC，営業担当者の行動規範に関わるパブリック・コメントを求める
2017年10月	下院金融サービス委員会，PASS Bill 採択。財務省，労働省規則の見直しを支持する報告書を発表
2017年11月	労働省規則の経過期間終了日を2019年7月まで延期

〔出所〕各種資料より作成

（2）労働省規則の詳細

　労働省規則が，証券外務員に大きな影響を与えたのは，フィデューシャリーの対象者が大きく拡大されたからであった。

　1974年 ERISA（従業員退職所得保障法）の制定時は，個人が自助努力で積み立てを行う確定拠出年金は誕生していなかった。そのため，年金に対してアドバイスを提供するフィデューシャリーの定義は極めて狭く解釈されていた。

　そこで，労働省規則はこれを改め，企業型から個人型への資産移管や引出し時も含め，個人型確定拠出年金のアドバイス提供者もフィデューシャリーの対象者とした（図表11-2）。個人投資家の中核を占めるベビーブーマー層が退職期に入り，個人型の残高が企業型を上回っているアメリカにおいては，この規則改正で証券外務員の多くが対象となった。

図表11-2　2016年労働省規則の概要

フィデューシャリーの定義
投資アドバイス：企業年金やIRA，そのフィデューシャリー，加入者，受益者等に対して報酬を得てアドバイスを提供する者は，ERISA及び内国歳入法上の投資アドバイスを提供するとみなす。アドバイスとは，（ⅰ）証券等の売買や保有，企業年金・個人型確定拠出年金資産の移管・引出し後の投資についての推奨，（ⅱ）投資ポリシーや戦略，ポートフォリオ構築等の運用にかかわる推奨，投資アドバイス・運用サービスの提供者，投資口座の選定に関わる推奨，年金資産の移管・引出しの金額，形態，行き先に関わる推奨を指す。
推奨者：推奨者は（ⅰ）フィデューシャリーであることを認め，（ⅱ）アドバイスは受容者の特定の投資ニーズに対応するとの合意に基づき，（ⅲ）特定の受容者の年金の証券等についてアドバイスを提供する。推奨は，アドバイスの受容者の行動の可否についての提案を指す。ただし（ⅰ）プラットフォームの提供者がマーケティングやプラットフォーム提供を行う場合，（ⅱ）商品の選択・モニタリングの支援を行う場合，（ⅲ）一般向けコミュニケーション（ニュースレター等），（ⅳ）投資教育（リスクとリターン等の一般的な情報，アセット・アロケーション・モデル，双方向資料等）は，推奨には当たらない。
最善の利益契約による適用除外（BICE）
BICE：ERISA及び内国歳入法はフィデューシャリーが，投資アドバイスに応じて金額が変わる報酬を受取ること，アドバイスに関して第三者から報酬を受けることを，以下の要件を満たす場合を除いて禁止している。
契約・公平な行為基準等：適用除外要件はBest Interest Standard（最善の利益基準）等の公平な行為基準を含む。（ⅰ）IRA等，ERISAが適用されない場合は加入者と書面にて契約を交わさなければならない。（ⅱ）金融機関及びアドバイス提供者がフィデューシャリーであることを書面にて明示する。<u>（ⅲ）金融機関は公平な行為基準（Impartial Conduct Standards）に従う。すなわち（a）推奨時に加入者の最善の利益（Best Interest）のために行動し，アドバイスは注意（care），技術（skill），慎重さ（prudence），勤勉さ（diligence）をもって提供し，提供者の利益を優先せず，（b）推奨に基づく取引から得る報酬は合理的な水準とし，（c）推奨する取引や手数料等，意思決定に関わる文書は誤解を招かない記述とする。</u>（ⅳ）金融機関は（a）公平な行為基準を遵守するための書面による方針・手続きを策定，遵守すること，（b）重大な利益相反を書面にて特定した上で回避手段を講じ，その担当者を指名すること，（c）ノルマ等，利益相反の誘因となり得るインセンティブを与えないこと，を保証する。（ⅴ）金融機関は（a）最善の利益基準，サービスとそれに対する対価の支払い方法，（b）重大な利益相反，金融機関やアドバイスの提供者が推奨に関連して受け取る報酬や手数料，（c）加入者が方針・手続きや費用等に関する文書の請求権を有すること及びその取得方法，（d）金融機関のウェブサイトへのリンク等，（e）自社商品や推奨に関する第三者からの支払いの有無とこれ

による制約，（f）アドバイスやサービスに懸念が生じた場合の連絡先とその取得方法，（g）加入者の投資のモニタリングや注意喚起の有無と，モニタリング頻度，注意喚起理由等を開示する。（vi）契約書が（a）金融機関の責務，（b）加入者が集団訴訟等に参加する権利等，を制限したりしてはならない。（vii）企業年金等は書面による契約は不要。ただし（a）フィデューシャリーであることを文書で示し，（b）公平な行為基準に従い，（c）方針・手続きを策定・遵守し，（d）（v）の情報を開示し，（e）ERISA上の義務を放棄しない。（viii）均一手数料（Level Fee）を採用する金融機関・アドバイス提供者は上記（i），（iv），（v），（vi），（vii）を適用しなくて良い。ただし，（a）フィデューシャリーであることを文書で示し，（b）公平な行為基準に従い，（c）企業年金・個人型確定拠出年金間の資産移管，コミッション型口座から均一手数料口座への資産移管の場合は，それが最善の利益をもたらすと考える理由を，代替案も含めて書面にて提示する。（ix）アドバイス提供者が銀行の従業員の場合，公平な行為基準を満たせば，行内紹介の取り決めにかかる報酬を受取ることができる。

自社商品と第三者からの支払い：自社商品を提供したり，第三者からの支払いを受けたりすることにより，投資選択肢に制約が生じる場合，最善の利益基準を満たしたと見なす要件は以下の通りである。（i）自社商品を提供したり，第三者からの支払いを受けたりし，投資選択肢に制約が生じていること，（ii）重大な利益相反とその情報開示要件，（iii）投資選択肢の制約，重大な利益相反，第三者からの支払いと引き換えに加入者に提供するサービス，投資選択肢の制約，利益相反が合理的な報酬以上の報酬の誘因とならない理由，方針・手続きが不適切な推奨を抑止すると考える理由，を書面にて通知する。（iv）方針やインセンティブの取り決めを実施・モニタリングし，不適切な推奨を誘引するようなノルマ等を採用しない。（v）推奨時に支払われる報酬等が合理的水準を超えないようにする，（vi）推奨は注意，技術，慎重さ，勤勉さをもって行い，加入者の投資目的等に応じたアドバイスを，その提供者の利益を優先せずに提供する。

（注）下線が2017年に適用された公平な行為基準
〔出所〕Department of Labor〔2016b〕，〔2016c〕

　証券外務員は適合性原則を主たる行動規範としてきたが，フィデューシャリーとなったことで，顧客の最善の利益（Best Interest）に資する行動をとることが義務付けられるようになった。

　また ERISA 法では，利益相反の可能性のある取引を禁止取引と定め，禁止取引の適用除外要件（prohibited transaction exemptions, PTE）を満たす場合に限り，これを可能としていた。しかし，現状の PTE では，新たにフィデューシャリーとなる証券外務員がコミッション，12(b)-1手数料（信託報酬の販社取り分），レベニュー・シェアリング（手数料折半）といった従来の手

数料や報酬慣行を維持できなくなると考えられた。そこで，労働省は禁止取引の適用除外も改正し，一定の条件のもとで，こうした慣行を維持できるようにする Best Interest Contract Exemption（BICE）を設けた[11]。

　BICE では，一般に，アドバイスを提供するフィデューシャリーが，投資アドバイスに応じて金額が変わる報酬を受け取ること，アドバイスに関して第三者から報酬を受け取ることを下記の要件を満たす場合を除いて禁止している。その要件とは，最善の利益を目指すことを明示した契約（Best Interest Contract）を交わすこと[12]，金融機関と営業担当者がフィデューシャリーであることを書面にて明示し，「公平な行為基準（Impartial Conduct Standards)」に従うこと，公正な行為基準を遵守するための文書による方針・手続きを策定・遵守し，ノルマやボーナスといった利益相反を誘引しそうなインセンティブを与えないと保証すること，重大な利益相反や手数料・報酬，自社商品及び第三者からの支払いの有無について開示すること，等である。なお，「公平な行動基準」とは，顧客の最善の利益（Best Interest）のために行動すること，フィデューシャリーの推奨に基づく取引から得る報酬は合理的な水準とすること，推奨や取引，手数料，意思決定に関わる文書は誤解を招かない記述とすること，を指す。

　報酬については，金融機関が利益相反の誘因となり得るインセンティブは与えないことを保証しなければならないとされた。そして，規則に関する FAQ 等では，例えば類似商品が2つあった場合に，金融機関の得る収入が多い商品の歩合戻し率を高くすることは慎むべきで，コミッションに応じた歩合戻し率の上昇幅も緩やかにすべきである。また，営業担当者が一定の営業目標を達成し，歩合の戻し率を上げる場合には，伝統的慣行に倣って年初に遡って引き上げるのではなく，営業目標達成後に引き上げるべきであるとしている。

　第三者からの支払いや自社商品の提供がある場合についても，投資選択肢に制約が出ることを加入者に書面にて通知する等して，最善の利益基準を満たさなければならないとした。

　なお，アドバイスの中身に応じて手数料が変化しない「均一手数料（Level

Fee)」のみを受け取るフィデューシャリーも，公正な行為基準には従わなければならないが，それ以外の BICE 要件がやや緩和される。均一手数料であれば，利益相反の可能性が低いと考えられるからである。

　以上の労働省規則の適用日は一時延期されたものの，結局，2017年6月に，フィデューシャリーの定義と，BICE の「公平な行動基準」が適用された。そして，それ以外の要件に関しては，2019年7月の経過期間終了時までに対応すればいいとされた。つまり，現状においては「公平な行動基準」要件に従えば，従来からの証券営業慣行を維持できる。ただし，労働省は規則に関するFAQ で，営業担当者へのインセンティブや，自社商品や第三者からの支払い提供等の慣行は，公平な行動基準の範囲以内に止めることを強調している。

　いずれにせよ，規則の全面適用が先送りになったことは，事実上の撤回ではないかと見る向きもある。また今後は労働省が SEC 等と統合フィデューシャリー・デューティの作成作業を開始することも期待されている。

2．労働省規則を踏まえた営業戦略の転換

（1）チャネル勢力図への影響

　労働省規則は禁止取引の適用除外規定を満たせば，これまで通りの証券営業慣行を認めている。また，メリル・リンチ等が指摘するように，個人型確定拠出年金は積立上限額が定められているため，規則の影響を直接受ける同社の預かり資産比率は10％程度である[13]。加えて，セントルイスに本社を置くエドワード・ジョーンズが指摘するように，一任サービスを推進する同社では，証券外務員全員が既に投資顧問登録を行っており[14]，フィデューシャリー・デューティを負う実務上の仕組みも研修体制も整っている[15]。それでも，ERISA 上のフィデューシャリー・デューティは，投資顧問法のそれよりも厳しいと考えられていること，従来通りの慣行を維持しようとすれば公平な行動基準に従う等，コンプライアンス負担は増えることから，営業のあり方が大き

く変わる可能性が指摘されている。

　コンサルティング会社ATカーニーの試算によれば（図表11-3），独立系証券外務員が最も影響を受け，2020年の預かり資産は－11％，収入は－22％と予想された[16]。コミッションが主たる収入源の小規模な業者も少なくないからである。一方，従来型の証券業者は労働省規則により，確定拠出年金口座におけるコンプライアンス負担が投資顧問型口座のそれと変わらなくなることから，より富裕層，投資顧問型口座に注力することで影響を緩和させると見られている。

　そして，こうした変化はむしろ個人向け投資顧問業者[17]には追い風となるため，兼業型営業担当者とともに預かり資産は増えると試算された[18]。もっとも類似サービスの提供業者が増え，価格競争に巻き込まれることから，兼業型の収入はマイナスと予想される。

　さらに，業者によっては小口口座の取扱いを避けることから，その受け皿として機械チャネルが伸びると見られている。中でも，ロボ・アドバイザーは預かり資産，収入ともに3倍以上になると予想された。

図表11-3　労働省規則のインパクト

	2015年預かり資産		2015年収入	
	（兆ドル）	対2020年増減率予想（％）	（億ドル）	対2020年増減率予想（％）
大手証券	5.7	-5	500	-8
地方，銀行系，保険系証券	4.2	-6	250	-11
独立系証券外務員	3.0	-11	180	-22
外務員型兼投資顧問型営業担当者	1.6	5	170	-3
個人向け投資顧問業者	2.2	10	280	5
ロボ・アドバイザー	0.1	211	10	211
ネット証券業者	4.4	4	220	4
年金運営管理機関等	6.8	3	200	-5

（注）証券業者，独立系証券外務員もSMA等を提供する場合はフィデューシャリーとなる。年金運営管理機関もフィデューシャリーであるが，投資アドバイスを提供しないことが多い。
〔出所〕A.T.Kearney〔2016〕

　実際，AT カーニーの試算から約１年がたち，大手証券が営業経験者の採用を控えるようになった。後述するように大きな移籍料を支払って，トップ営業担当者を惹きつけることが難しくなったからである。一方で，中小証券会社の合併・買収が活発化した[19]。規制対応のコンプライアンス及び IT コストの負担に耐えられないと考え，撤退が始まったからである。

　以上より，現在は証券外務員型の独立系営業担当者を採用する証券大手の魅力が相対的に増しており，身売りする中小証券の受け皿ともなりつつある。証券業者によってはその免許を返上し，こうした有力証券傘下で，複数の独立系営業担当者店舗を束ねて管理するスーパーOSJ（office of supervisory jurisdiction）に転身した[20]。

（2）証券会社の商品・サービス改革

　労働省規則導入に伴う喫緊の課題として，証券業者は確定拠出年金口座の改革に乗り出した。基本的には従来の証券営業慣行を維持すべく，労働省規則適用口座とそれ以外を分け，前者は BICE 対応を行うか，均一手数料を導入してBICE 対応負担を緩和しているが，新口座の仕組みは様々である。

　例えば，メリル・リンチは2016年10月，コミッション型の個人型確定拠出年金口座の取扱いをやめると発表した[21]。最大のライバルであるモルガン・スタンレーが，顧客に選択肢を残すべきであるとして，コミッション口座の維持を早々に発表したのとは対照的である。メリル・リンチは残高手数料という均一手数料のみの口座を提供することで，負担を軽減しようとした。もっとも，メリル・リンチも2017年５月には，労働省規則の経過期間延長を受けて方針を変更し，コミッション型の機能限定個人型確定拠出口座を新たに導入した[22]。この口座は当初，預かり金と預金しか積み立てられないが，後に MMF やブローカー定期預金[23]，株式等に投資できるというものである。

　エドワード・ジョーンズは，コミッション型の個人型確定拠出年金口座は残し，BICE に対応するものの，この口座では投資信託を購入できないようにすると発表した。投資信託を購入する場合は，やはり残高手数料型の確定拠出年

金口座を利用しなければならない[24]。ただし，同社も2017年6月以降，コミッション型の口座でも投資信託購入を認める方針に変更したと報道されている[25]。

　LPLもコミッション型口座を維持するが，一方で，投資信託の販売手数料を均一化した新口座を開設すると発表した[26]。同社によれば，資産クラスに関わらず，販売手数料は3.5％，12(b)-1は25ベーシス・ポイントで，対象投資信託は20社の1,500本になる見込みである[27]。

　このように，BICE対応に取り組んだ各社であるが，規則適用日が大幅延期されたことから，商品性に柔軟性を持たせる動きも見られている。

（3）運用会社の対応

　運用会社も証券業者の取り組みに呼応するかのように，労働省規則対応商品を開発し始めた。その一つが販売手数料と（平均2.5％程度），12(b)-1（同25ベーシス・ポイント）を低めに抑えたTシェアである[28]。その特徴は，均一手数料要件を満たすために，資産クラスに関わらず，販売手数料と12(b)-1を一定にするというものである。また，第三者（通常運用会社）と収入を分け合うレベニュー・シェアリングといった不透明な慣行は行わない（図表11-4）。

図表11-4　労働省規則対応シェアの登場

	伝統的Aシェア	Tシェア	クリーン・シェア
販売手数料（営業担当者取り分）	様々，5％以上の場合もある	2.5％，資産クラスに関わらず手数料を統一	なし
販売手数料（業者取り分）	様々	なし	なし
事務管理費用	様々	様々	なし。これらの手数料は明示化されたアドバイス料とともに営業担当者が設定
運営費用	様々	様々	
販促費（12b-1）	25ベーシス・ポイント	25ベーシス・ポイント	
アドバイス料	なし	なし	
第三者との収入折半	様々	なし	なし

〔出所〕Szapiro〔2017〕

　さらに，2017年1月，SEC がノー・アクション・レターをキャピタル・グループに対して発行して以来，クリーン・シェアの導入も見られる[29]。クリーン・シェアとは，販売手数料や12(b)-1をなくした運用及び管理費だけの投資信託である。

　クリーン・シェアの活用方法としては2通りが考えられる。第一が，均一手数料型口座に組み込み，他の投資信託と同じ手数料を金融機関が徴収する方法である。第二が，クリーン・シェア売買のコミッションを金融機関が徴収し[30]，アドバイスも提供する場合はその対価を別途徴収する方法である。いずれにせよ，金融機関が取引の対価として手数料を徴収するため，投資信託に組み込まれている販売手数料とは異なる，というのが SEC の見解である。

　もっとも，クリーン・シェアにも販社取り分が残っており，完全に「クリーン」ではないとの指摘もある。実際，キャピタル・グループの F-2シェアの場合，販社がサブ・トランスファー・エージェント[31] 手数料として12ベーシス・ポイントを受け取っている。

　なお，運用会社によっては，企業型確定拠出年金限定で提供してきたRシェア（販売手数料なし，12(b)-1は様々）を多様化させ，実質的なクリーン・シェアを提供している。例えば，フェデレーテッドが提供するクリーン・シェア56本の内26本は，Rシェアである[32]。

（4）報酬制度の見直し

　さらに，報酬制度の見直しも始まった。2016年10月，労働省が規則に関する FAQ にて，営業担当者を引き抜く際の「移籍料」に言及した[33]。それまで，大手証券では，トップ営業担当者には年間営業収入の3.3倍程度の「移籍料」を約束するが，移籍時に支払うのはその半分程度で，残りはその後9年程で分割返済する貸付とするのが一般的であった。この貸付は就業期間に応じて返済を免除する仕組みであるが，その条件として，営業収入や資産残高等の達成条件も設けることがある。

　しかし，労働省は，移籍料自体は違法でないものの，営業収入・資産残高の

達成条件を盛り込むことは利益相反にあたるとした。これを受けて各社は移籍料を 2 ～2.5倍に引き下げたり，移籍時の支払いのみに変更したりした模様である[34]。

また，UBS は2017年 6 月，年金口座から営業担当者が得る報酬を見直し，取引連動から残高連動に変更すると発表した[35]。顧客は当該口座で取引を行う際に，引き続きコミッションを支払うことができる。ただし，営業担当者はコミッションの対価を得られないため，取引を積極的に薦めなくなるのではないかと考えられている[36]。

さらに，レイモンド・ジェームズは証券外務員型の独立系営業担当者の歩合戻し率を，商品に関わらず，一定にすると発表した。現状では，販社取り分の内，営業担当者に渡される歩合の戻し率が投資信託は90％，株式，保険，SMA，ファンド・ラップが85％となっている[37]。それが今後は商品に関わらず，年間営業収入50万ドルまでを81％とし，営業収入に応じて徐々に引き上げながら1,000万ドル以上で90％にするという。また，一方で営業担当者は同社に対し，取引手数料を投資信託で26ドル，株式で22ドルと一株当たり1.5セントの合計額，保険で49ドル支払っていたが，これが今後は一律25ドルになる。

（5）フィンテックの支援

労働省規則対応のために，証券業者のコンプライアンス負担は間違いなく増加した。特に金融機関から独立した営業担当者は，自力で顧客の最善の利益に資するアドバイスの証跡を残さなければならない。そこで，様々なフィンテック・ベンダーがその負担を軽減するシステムを開発している。

労働省の懸念の一つには，営業担当者が企業型から個人型確定拠出年金への資産移管を薦める際，手数料の高い自社もしくは親密企業の商品に誘導することであった。企業型は就業先に応じて商品の選択肢が限定されており，投資アドバイスを受ける機会は多くない。これに対し，転職・退職の際には，金額がまとまっていることもあり，金融機関のリテール部門の営業担当者のアドバイスの影響が大きい。

　そこで，例えばリスクトリーマ社は，企業型確定拠出年金のデータベースと組み合わせ，営業担当者の提案が顧客の最善の利益に資することを示す報告書を作成するアプリケーションを開発した。

　401（k）フィデューシャリー・オプティマイザーと呼ばれる同社のアプリケーションは，中堅・中小企業を顧客に持つ営業担当者をターゲットとする。企業の確定拠出年金が採択した投資信託と類似の低コスト投資信託を検索し，自社に移管すればどれだけ手数料が節約できるかを分析する。また，現在採用されている投資信託の相関関係を試算し，十分な分散が行われているかも分析する。

　また，IRA フィデューシャリー・オプティマイザーと呼ばれるアプリケーションは，企業型から個人型への資産移管を検討する個人を顧客に持つ営業担当者をターゲットとする。顧客のリスク許容度スコアと既存の企業型及び移管先として提案する個人型のポートフォリオのリスク・スコアや，パフォーマンス及び手数料をそれぞれ比較し，提案が顧客の最善の利益に資するものであることを客観的に示そうとする[38]。

　一方，資産の一元管理は，証券総合口座やアカウント・アグリゲーション技術を用いて既に行われてきたが，今後は労働省規則遵守のために，より洗練されていくことが期待されている。

　アカウント・アグリゲーション技術の発展により，顧客は異なる金融機関の複数口座を一元化し，取引情報を随時更新できるようになっていた（図表11-5）。しかもこの情報は営業担当者等に情報のアクセス権を付与することにより，共有することができる。また，独立系の営業担当者を抱える金融機関も自社のシステムをポートフォリオ管理システムと連携させるようになった。複数の金融機関と契約する営業担当者も各プラットフォームの情報の統合を目指していたのである。

　もっとも，現時点では，特定の商品や業者のデータを取り込めず，資産の断片的管理に留まる資産管理ツールも少なくないのが実情である。しかし，顧客の最善の利益に資するアドバイスを提供するためには，顧客の金融状況のより

正確な把握が不可欠となるため，資産・負債に関するすべての情報を取り込んだ真の資産一元管理が期待されている。また，文字認識技術の発達に伴い，費用の仕分けが容易になったことから，キャッシュフロー管理機能も向上しつつある。さらには，アラート機能を充実させ，取引の一部の自動執行を視野に入れたベンダーも登場している。

　いずれにせよ，どのようなアドバイスが顧客の最善の利益に資するのかを見極められるのは，証券業者ではなく営業担当者である。従って，労働省規則の適用は営業担当者の支援ツールの充実を促していくとみられている。

（6）アドバイス難民が増える可能性

　米国商工会議所は[39]，労働省規則の影響として小口口座がアドバイスを受けにくくなることを指摘した。（ⅰ）金融機関が取扱い商品の絞り込みを行う，（ⅱ）手数料均一化の影響で特に債券商品が割高となる，（ⅲ）最低預かり資産額が引き上がる，（ⅳ）残高連動型商品への移管が促される，といった動きが既にみられているからである。

　実際，既に商品の絞り込みに着手した金融機関を合わせると，運用資産4兆ドル，口座数1,340万口座に及ぶ，という報告もある。また手数料引き上げを発表した金融機関の口座数は合計600万に及ぶという。

　最低預かり資産の要件に関しては，現在は，確定拠出年金等の税制優遇口座に限り，これを設けない金融機関が少なくない。その結果，例えば個人型確定拠出年金口座の42％の残高が2万ドル以下となっている[40]。しかし，例えばバンク・オブ・アメリカの証券チャネルで一般の証券口座を開設する場合，最低預かり資産は2万ドルである[41]。労働省規則対応のため，今後は税制優遇口座にも最低預かり資産要件が定められると，多くの一般投資家は対面アドバイスを諦めなければならなくなる。

　さらに，コミッション型口座から残高連動型口座への誘導が進むと，後者の口座の方が一般に最低預かり資産は高いため，やはりアドバイス難民が生じる可能性がある。また既に購入時に販売手数料を支払った顧客は当該商品を保有

し続ける限り，販売に伴う追加手数料は基本的に発生しないはずである。しかし，残高手数料型口座に移管することにより，再び販売に伴う手数料を支払うことになる。そもそも長期保有者にとっては，販売手数料の方が残高手数料よりも割安である。それにも関わらず，選択肢が狭められる可能性が既に生じている。

3．台頭するロボ・アドバイザー

（1）ロボ・アドバイザーの位置づけ

　以上見たように，労働省規則の適用後はコンプライアンスの負担増が見込まれ，対面チャネルでは顧客を絞り込む可能性もでてきている。そこで資産形成層の受け皿として期待されているのが，ロボ・アドバイザーである。

　もともと電子的な投資アドバイス・ツールは90年代後半から，投資顧問登録を行ったオンライン業者が企業型確定拠出年金市場向けに提供していた。これらの業者は企業が採用した商品の範囲内で銘柄とその構成比を提案していた。

　しかし，一般向けには，NASD（全米証券業協会，当時）規則2210（d）（1）（D）が公衆向けコミュニケーションへの予測やパフォーマンス見通しの掲載を禁じていたことから，証券業者は投資分析ツールを活用できないでいた[42]。情報開示を行う等の一定の条件下で，NASDがこれを認めたのは2005年のことである[43]。もっとも，証券業者の場合はオンライン上のやり取りだけで，顧客適合性原則の遵守が可能とは考えにくかったため，ツールの個別性を高めてアドバイスに踏み込むことを躊躇した。

　その後，金融危機を経て，投資家のコスト意識が高まったことから，ETF版ファンド・ラップを直販形態で提供する新興オンライン投資顧問業者がロボ・アドバイザーとして急成長を遂げた。折しも証券外務員のフィデューシャリー・デューティ議論が注目されていたが，投資顧問業者はもともと適合性原則よりも高度な行動規範とされるフィデューシャリー・デューティを負うた

め，新たなコンプライアンス負担を懸念することなく，アドバイス市場に参入できた。

　2015年前後からは大手運用・証券業者もロボ・アドバイザー市場に参入し，営業担当者向け支援ツールとしても使われるようになった。その結果，2017年の残高は700億ドルを超えた[44]が，急成長の影で，彼らが従来の規制の枠組みにおさまるのかも問われるようになった。

（2）ロボ・アドバイザーのフィデューシャリー・デューティ

　ロボ・アドバイザーは原則，投資顧問業登録を行うため，フィデューシャリー・デューティを行動規範とする。その根幹をなす忠実義務（duty of loyalty）と善管注意義務（duty of care）に則って，フィデューシャリーは顧客の最善の利益に資するように行動しなければならない[45]。

　忠実義務は，自己勘定取引と利益相反を避けるよう，義務付けている。ただし，投資顧問法では利益相反の大半は手数料等も含め，顧客に開示すれば良いとされる[46]。

　善管注意義務は，証券外務員の行動規範とされる顧客適合性原則（suitability）をも内包すると考える。ただし，フィデューシャリーの場合はより高度な投資家保護を求められ，顧客の最善の利益のために行動しなければならない[47]。

　しかし，マサチューセッツ州の証券局は，完全に自動化されているロボ・アドバイザーはこれらの義務を果たせない可能性があるため，投資顧問業者として州登録を行う際には個別に審査を行うと発表した[48]。（ⅰ）顧客の精査を十分に行わず，（ⅱ）最小限のカスタマイズ化しか行わずに投資の意思決定を行えば，（ⅲ）十分に注意義務を果たせずに，（ⅳ）顧客の最善の利益を追求する義務を拒否することになるからである。

　実際，ロボ・アドバイザーは，顧客の口座外の資産については情報を収集・精査できず，財務状況やニーズ・目的の変更を知る術もない。簡素な質問票では顧客の身元確認が適切に行えない可能性もある。そもそもロボ・アドバイ

ザーは，自社のサービスの提供が適切かを見極めることもできない。

　こうした状況に対応するため，ロボ・アドバイザーの多くは免責条項にてファイナンシャル・プランは提供しないと謳う等，義務の一部を否認している。しかし，州当局は中核的義務を否認する者がフィデューシャリーの役割を果たすことはできないとの見解を示している。

　SEC もロボ・アドバイザーは情報開示や顧客適合性の精査が十分に行えない懸念があり，コンプライアンス方針や手続きを策定する際には，ロボ・アドバイザー特有の事情も考慮すべきとして，2017年にガイダンスを発表した（図表11-6）[49]。

　SEC が注目したのは，情報開示，適合性原則，コンプライアンス・プログラムの3分野である。情報開示については，ロボ・アドバイザーがアルゴリズムを使用していることに加え，その前提や機能・その限界等の特有の情報を効果的に開示すべきであるとした。適合性原則については，質問票が精査に十分な内容か，顧客の回答に一貫性が見られない場合，顧客に再考を促したり，ロボ・アドバイザーの注意を喚起する仕組みになっているかを考慮したりすべきであるとした。またコンプライアンス方針・手続きを策定する際には，アルゴリズム開発，検証，過去データを用いた検証，投資収益のモニタリング等についても盛り込むべきであるとしている。

（3）ロボ・アドバイザーを活用する投資顧問業者の責務

　ロボ・アドバイスのサービスは広く普及しつつあるが，その機能を提供できる業者は限られていることから，伝統的投資顧問業者がこれを活用する事例も目立つようになった。そこで，前述のマサチューセッツ州証券局は，そのような投資顧問業者に対し，ロボ・アドバイザーと提携する際の指針を示した[50]。

　両者とも投資顧問業者としてフィデューシャリー・デューティを負うが，前者は顧客に対し，（ⅰ）契約先のロボ・アドバイザーやそのサービス内容，（ⅱ）当該ロボ・アドバイザーを選択した理由，（ⅲ）当該ロボ・アドバイザーが個人にも直接サービスを提供している場合はその旨，（ⅳ）自社が提供

図表11-5　資産一元管理の発展段階

第一段階 投資口座の一元管理		第二段階 アドバイスの質向上に寄与		第三段階 自動化	
					一部取引の自動執行
		アドバイスの付加価値を高めるためには，レベル3は必要		継続的モニタリング（アラート機能付き）	
	多くの営業担当者はレベル2に留まる		キャッシュフロー管理（費用の分別管理）		
		資産・負債の包括的管理			
	包括的パフォーマンス管理（複数プラットフォームの一元化）				
投資口座の包括的管理（自社外の口座情報も集約）					
レベル1	レベル2	レベル3	レベル4	レベル5	レベル6

〔出所〕Kitces〔2017〕

する付加価値，（ⅴ）ロボ・アドバイスの制約や，（ⅵ）商品選択肢が狭まる可能性の有無を開示しなければならない。また（ⅶ）コンプライアンス・コンサルタントから情報開示支援を受ける場合も，雛型通りではなく，各社の実態に合わせた開示を行わなければならない。

　さらに，ロボ・アドバイザーと同程度のサービスしか提供せずに，不合理な手数料を徴収するのは倫理的ではないことから，州当局は精査にあたり，投資顧問業者の手数料とそのサービス水準，ロボ・アドバイザーの手数料，ロボ・

図表11-6　ロボ・アドバイザーに関わる規制

ロボ・アドバイザーに対する SEC の見解

情報開示	
ビジネス・モデルを説明する際に盛り込むべき内容	アルゴリズムの使用，機能，前提と限界，リスクの開示。アルゴリズムによる提案を覆すような状況や，アルゴリズムの開発・管理・所有に対する第三者の関与の有無。顧客が直接・間接に支払う手数料，顧客口座の管理・監督に人間が関与する度合い，収集した顧客情報の使い方とその限界についての開示。顧客がいつ，どのように提供情報の更新をすべきか
提供していないサービスを提供しているとの誤解を招かないよう，アドバイスの範囲を明確にすべきサービス	包括的ファイナンシャル・プラン，税の影響や質問票以外の情報を考慮したアドバイス
重要な事実の効果的開示方法	主要な情報の口座開設前開示やその強調。開示情報には双方向メッセージを付随したり，追加情報を求める顧客にこれを提供する手段を設ける。モバイル端末での開示情報の提示方法やフォーマットはプラットフォームに適したものにする
適合性原則	
顧客情報の収集を質問票に依存するが故に考慮すべき内容	質問票の情報は顧客適合性の審査に十分な内容か。内容が明快で，必要に応じてさらなる説明を顧客に与えられる体制の整備。顧客の回答に一貫性が見られない場合に，顧客に再考を促したり，ロボ・アドバイザーの注意を喚起する仕組み
顧客に推奨ポートフォリオ以外の選択肢を提示する際に考慮すべき内容	推奨ポートフォリオが顧客に適していると考える根拠の説明方法。顧客の投資目的と顧客が選択するポートフォリオの矛盾を喚起するポップアップ等の機能
コンプライアンス・プログラム	
文書によるコンプライアンス方針・手続きを策定し，毎年に見直すにあたり，考慮すべき内容	アルゴリズムの開発，検証，過去データによる検証，導入後投資収益のモニタリング。初回及び及び継続的な推奨が，顧客に適していると信じるに足る情報を収集できる質問票。ポートフォリオに大きな影響を与えるアルゴリズムの変更に関する開示。アルゴリズムの開発，管理，所有に関わる第三者の適切な監督。サイバーセキュリティの脅威に対する予防と検出。アドバイスのマーケティングのための SNS 活用。顧客口座と主要なアドバイス・システムの保護

〔出所〕Securities and Exchange Commission〔2017a〕

伝統的投資顧問業者がロボ・アドバイザーを活用する際のマサチューセッツ州証券局方針

情報開示項目	内容
州証券局が投資顧問業者に求める情報開示	提携先名及び提携先がロボ・アドバイザーであることの告知。ロボ・アドバイザーの提供サービスがロボ・アドバイザーからも直接受けられること、当該サービスの告知。投資顧問業者が手数料の対価として提供する価値と提供できないサービス、提供商品の制限。
ロボ・アドバイザーとの提携に関わる開示	特定のロボ・アドバイザーとの提携理由とそれらによって生じる利益相反。提携によって生じる追加手数料。提携によって顧客が受ける恩恵と不利益。
ロボ・アドバイザーからも直接サービスを受けられることの開示	投資顧問業者のサービスを使うことなく、もしくは追加的な手数料を払うことなく、ロボ・アドバイザーのサービスを直接受けられる場合はその旨を告知。
ロボ・アドバイザーのサービスに加えて、投資顧問業者が対価を得て提供する付加価値の開示	金融面のゴールの提示、包括的・継続的なファイナンシャル・プランの提示やモニタリング、ポートフォリオの継続的な見直し等。
顧客に提供できない機能の開示	ロボ・アドバイザーのポートフォリオや投資商品へのアクセス、選択、変更、カスタマイズができない場合等。
ロボ・アドバイザーの活用によって商品選択肢が狭まる可能性の開示	ロボ・アドバイザーがETFのみ提供する場合等。
自社及びロボ・アドバイザー独自のサービスの平易な説明	コンプライアンス・コンサルタントを採用する場合も汎用的な説明ではなく、自社独自の状況に即した文言とする
投資顧問業者及びロボ・アドバイザーが徴収する全ての手数料の開示	州証券局は、当該投資顧問業者、ロボ・アドバイザー、ロボ・アドバイザーを活用する他の投資顧問業者の手数料を比較する

〔出所〕The Commonwealth of Massachusetts〔2016a〕

伝統的な証券業者がロボ・アドバイザーを活用する際のFINRAの見解

項目	内容
アルゴリズムのガバナンスと監督	導入時精査：ロボ・アドバイザーの手法と前提が証券業者の手法に適行に遂行するものか。入力データを理解しているか。ロボ・アドバイザーの試験的な出力結果は期待通りか。継続精査：市況変化に耐えうるモデルか。定期的な試験結果は期待通りか。定期的な試験を定めているか。

ポートフォリオのガバナンスと監督及び利益相反の精査	特定の投資家プロフィールごとの特性（リターン，分散，信用及び流動性リスク等）を定めているか。ポートフォリオに証券を組み込む際の基準を定めているか。各ポートフォリオに適した証券を選択しているか。投資家属性に合ったポートフォリオの提示を見極めるため，モデル・ポートフォリオをモニターしているか。特定の証券を組み込むことによって生じる利益相反を特定，軽減しているか
顧客のプロファイリング	顧客の正確なプロファイリングに必要な情報の要素を特定しているか。顧客のリスク許容度を能力・意欲面から評価しているか。プロファイリングの質問票における顧客の矛盾する答を適切に処理しているか。投資が貯蓄や負債返済よりも適切かの評価。顧客への定期連絡によるプロファイル変更がないかの確認。プロファイリング手段の適切なガバナンスと監督の仕組みの構築
顧客ごとの適合性評価	投資プロファイルの要素を全て収集しようとしているか。していないとすれば，欠落情報を不要と結論付ける合理的な理由があるか。顧客プロファイリングの矛盾する回答をロボ・アドバイザーはどのように処理するか。証券や投資戦略が顧客に適しているとする基準，前提とその限界は何か。ロボ・アドバイザーは特定の証券を優遇するか，もしする場合はその根拠は何か。ロボ・アドバイザーは特定の証券，資産クラス，業種の集中度を考慮するか
リバランス	自動リバランスを行い，手数料や譲渡税が生じることの開示。税の最小化手法の開発。スタイル・ドリフト時のリバランス基準及びそれが資産クラスごとに異なるのかの開示。定期的リバランスの頻度の開示。大きな市況変化への対応方針・手続きの策定。
営業担当者への研修	ロボ・アドバイザーの使い方及びその前提と限界。ロボ・アドバイザーの利用が適切でない条件

〔出所〕Financial Industry Regulatory Authority〔2016〕

アドバイザーを活用する他の投資顧問業者の手数料水準を比較すると述べている。

（4）ロボ・アドバイザーを活用する証券業者の責務

　同様に，FINRA（金融取引業規制機構）もロボ・アドバイスを提供する証券業者の責務に対する見解を示した[51]。証券業者の場合も投資顧問業者同様，ロボ・アドバイザーのモニタリング責任を負うが，何よりも FINRA は適合性原則を全うする責任がロボ・アドバイザーではなく，証券業者にあることを強調している。

　FINRA は，第一にアルゴリズムのガバナンスと監督について注目している。証券業者はロボ・アドバイザーの運用手法が証券業者のタスクや期待と合致しているか等を精査する必要がある。

　第二が提案ポートフォリオと利益相反のガバナンス，監督についてである。証券外務員と顧客間の利益相反の懸念は，ロボ・アドバイスの提供により払拭できるが，証券業者と顧客間の懸念は残る。そのため，FINRA は，系列商品を提供するといった利益相反がある場合は，これを特定して回避策を講じるべきであるとしている。

　第三が顧客プロファイリングである。証券外務員は補足的な質問を行うことも可能であるが，ロボ・アドバイザーは4〜12の質問に依存する。そのため，そもそも投資やロボ・アドバイザーが適切なのかを見極める質問項目も含め，顧客の矛盾する答を適切に処理し，プロフィールの変更も認めるような施策を講じること等が必要である。

　第四が顧客適合性評価である。顧客情報は適合性評価を行うのに十分か，矛盾する情報があった場合はこれらをどのように処理するのか，等を考慮する必要がある。

　第五がリバランスについてである。自動リバランスを行うことやその際に生じる手数料，譲渡税，リバランスの条件，等の開示が重要とされる。

　第六がロボ・アドバイザーを活用する証券外務員の研修についてである。

FINRAはツールの適切な使い方とその前提条件及び制約，ツールの活用が不適切となる条件，等の研修をすべきであると考えている。

　総括すると，FINRAは，ロボ・アドバイザーを活用していても，証券業者がその制約の理解を深め，顧客ニーズを把握して適切に活用していくことがカギであると結論づけている。

終りに

　労働省規則は一部が既に導入されたとは言え，対面投資アドバイスのコストを引き上げることからアドバイス難民を生みかねないことが懸念されており，予断を許さない。しかし，他方では，フィデューシャリー・デューティが適合性原則よりも高度な投資家保護を提供することが一層認知され，これを提供する営業担当者には追い風が吹いている。負担増と新たなビジネス・チャンスの狭間で伝統的金融機関は工夫を凝らしており，実際，新たなサービスも生まれている。

　また，こうした対面チャネルの改革が，結果としてロボ・アドバイザーの普及も広めたことは興味深い。投資顧問業者の一形態である彼らは当初からフィデューシャリーであるため，高度な投資家保護を提供すると考えられてきた。しかし，非対面という性格上，忠実義務，善管注意義務の遂行には懸念も生じており，その在り方については今後も議論が重ねられていこう。特に，現在は，伝統的投資顧問業者や証券業者もロボ・アドバイザーを活用する動きが目立っていることから，業務分担の在り方や責任の所在が焦点となっていこう。

　証券外務員のフィデューシャリー・デューティ議論には，画一的な営業を促すミニマム・スタンダード型の販売規制から，営業担当者が工夫を凝らしつつ，最善の利益に資する商品・サービスを模索する販売規制へと，方向転換を促すという側面もある。フィデューシャリー規則そのものの行方には不透明さも残るが，様々な新サービスが生まれつつある現状を鑑みれば，一定の効果は既に現れているとは言えないであろうか。

＜注＞

1 ）　Department of Labor〔2017c〕
2 ）　Zulz〔2017〕
3 ）　沼田〔2017〕
4 ）　Trump〔2017〕
5 ）　Department of Labor〔2017d〕
6 ）　Department of Labor〔2017b〕
7 ）　Schoeff〔2017〕
8 ）　Clayton〔2017〕
9 ）　Nevada Secretary of State〔2017〕
10）　Munchin〔2017〕
11）　Department of Labor〔2016b〕
12）　企業年金の場合，契約は不要
13）　Wursthorn〔2016a〕
14）　投資顧問登録も行っている証券業者の関係人という立場
15）　McCarthy〔2016〕
16）　A.T. Kearney〔2016〕
17）　投資顧問登録を行って個人向けにアドバイスを提供する業者。投資顧問法上のフィデューシャ
　　リー・デューティを行動規範とする
18）　A.T. Kearney〔2016〕
19）　Financial Advisor〔2017〕
20）　もともと OSJ は，近隣店舗の営業活動が適切に行われているかを管理する内部管理責任者を兼
　　ねた営業担当者を指した。しかし近年は，コンプライアンスの支援業務のみならず，マーケティ
　　ングや IT，営業指南といった支援も提供して力をつけた OSJ が現れ，スーパーOSJ と呼ぶ
21）　Wursthorn〔2016a〕
22）　Dilts〔2017〕
23）　同社が紹介する他行の預金
24）　Wursthorn〔2016c〕
25）　Iacurci〔2017c〕
26）　Kelly〔2016〕
27）　Iacurci〔2017b〕
28）　Waggoner〔2017〕
29）　Securities Exchange Commission〔2017b〕
30）　平均的な前払い型の販売手数料の 6 〜 7 割と考えられている Maxey〔2017〕
31）　トランスファー・エージェント業務とは，名義書換等の事務代行業務。同業務の一部を販社に
　　再委託している。Thornton〔2017〕
32）　Maxey〔2017〕
33）　Department of Labor〔2016a〕
34）　Bloomberg News〔2017〕
35）　Dilts〔2017〕
36）　Reuters〔2017〕
37）　Jamieson〔2017〕
38）　Skinner〔2016a〕
39）　米国の個人向け運用資産16兆ドルの内の12兆ドル，2,600万口座を管理する14社を調査。US
　　Chamber of Commerce〔2017〕
40）　Holtz-Eakin〔2017〕

41）　www.merrilledge.com/pricing（accessed on November 25, 2017）
42）　National Association of Securities Dealers〔2004〕
43）　National Association of Securities Dealers〔2004〕
44）　www.statista.com（accessed on December 28, 2017）
45）　Fein〔2017a〕
46）　Fein〔2017a〕
47）　Fein〔2017a〕
48）　The Commonwealth of Massachusetts〔2016b〕
49）　Securities and Exchange Commission〔2017a〕
50）　The Commonwealth of Massachusetts〔2016a〕
51）　Financial Industry Regulatory Authority〔2016〕

＜引用・参考文献＞

沼田優子〔2017〕，「投資アドバイスとは何か─フィデューシャリーとしての米国証券営業担当者の事例から─」，『証券経済研究』第99号
A.T.Kearney〔2017〕，"Update on the Department of Labor Fiduciary Rule," *A. T. Kearney Analysis*, April.
＿＿＿＿〔2016〕，"A.T. Kearney Study: The $20 Billion Impact of the New Fiduciary Rule on the U.S. Wealth Management Industry," *A. T. Kearney Analysis*, August.
Bloomberg News〔2017〕，"DOL Rule Shows Down Wirehouse Recruiting and Crimps Bonuses," *InvestmentNews*, February 27.
Clayton, J.〔2017〕，"Public Comments from Retail Investors and Other Interested Parties on Standards of Conduct for Investment Advisers and Broker-Dealers," *U.S. Securities and Exchange Commission*, June 1.
Department of Labor〔2017a〕，"18-Month Extension of Transition Period and Delay of Applicability Dates; Best Interest Contract Exemption (PTE 2016-01); Class Exemption for Principal Transactions in Certain Assets Between Investment Advice Fiduciaries and Employee Benefit Plans and IRAs (PTE2016-02); Prohibited Transaction Exemption 84-24 for Certain Transactions Involving Insurance Agents and Brokers, Pension Consultants, Insurance Companies, and Investment Company Principal Underwriters (PTE 84-24)," *Federal Register*, Vol. 82, Vol. 228, November 24, pp.56545-56560.
＿＿＿＿〔2017b〕，"Proposed Rules-Extension of Transition Period and Delay of Applicability Dates; Best Interest Contract Exemption (PTE 2016-01); Class Exemption for Principal Transactions in Certain Assets Between Investment Advice Fiduciaries and Employee Benefit Plans and IRAs (PTE 2016-02); Prohibited Transaction Exemption 84-24 for Certain Transactions Involving Insurance Agents and Brokers, Pension Consultants, Insurance Companies, and Investment Company Principal Underwriters (PTE 84-24)," *Federal Register*, Vol. 82, Vol. 168, August 31, pp.41365-41376.
＿＿＿＿〔2017c〕，"Conflict of Interest FAQs (Transition Period)," May.
＿＿＿＿〔2017d〕，"Rules and Regulations-Definition of the Term "Fiduciary"; Conflict of Interest Rule-Retirement Investment Advice; Best Interest Contract Exemption (Prohibited Transaction Exemption 2016-01); Class Exemption for Principal Transactions in Certain Assets Between Investment Advice Fiduciaries and Employee Benefit Plans and IRAs (Prohibited Transaction Exemption 2016-02); Prohibited Transaction Exemptions 75-1, 77-4, 80-83, 83-1, 84-24 and 86-

128," *Federal Register*, Vol. 82, Vol. 66, April 7, pp.16902-16918.

_____ [2016a], "Conflict of Interest FAQs (Part 1-Exemptions)," October 27.

_____ [2016b], "Best Interest Contract Exemption," *Federal Register*, Vol. 81, No. 68, April 8, pp.21002-21085.

_____ [2016c], "Definition of The Term "Fiduciary;" *Conflict of Interest Rule-Retirement Investment Advice*, Vol. 81, No. 68, April 8, pp.20945-21002.

Dilts, E. [2017], "Bank of America's Merrill Lynch to Debut Fiduciary-Friendly Account Option," *Reuters*, September 29.

Fein, M. L. [2017a], "Are Robo-Advisors Fiduciaries?" *University of Oxford Worcester College*, September 12.

_____ [2017b], "How are Robo-Advisors Regulated?" *University of Oxford Worcester College*, September 12.

_____ [2017c], "How Should Robo-Advisors Be Regulated?" *University of Oxford Worcester College*, September 12.

_____ [2017d], "Regulatory Focus on Robo-Advisors," *University of Oxford Worcester College*, September 12.

Financial Advisor [2017], "DOL Rule Driving Consolidation and Disruption," *Financial Advisor*, September 1.

Financial Industry Regulatory Authority [2016], "Report on Digital Investment Advice," March.

_____ [2011], "Know Your Customer and Suitability-SEC Approves Consolidated FINRA Rules Governing Know-Your-Customer and Suitability Obligations," *Regulatory Notice*, 11-02, January. (www.finra.org/sites/default/files/NoticeDocument/p122778.pdf)

Firvida, C. M. [2017], "Impact of the DOL Fiduciary Rule on the Capital Markets," *United States House of Representatives Committee on Financial Services Capital Markets*, July 13.

FTI Consulting [2017], "Fiduciary Rule: Initial Impact Analysis," *Chamber of Commerce*, September 7.

Hazen, T. L. [2016], Treatise on The Law of Securities Regulation, *Thomson Reuters*

Holtz-Eakin, D. [2017], "Impact of the DOL Fiduciary Rule on the Capital Markets," *United States House of Representatives Committee on Financial Services Capital Markets*, July 13.

Iacurci, G. [2017a], "DOL Fiduciary Rule Has Enforcement Gaps-and They Could Widen," *InvestmentNews*, September 11.

_____ [2017b], "LPL to Roll Out New Mutual Fund Platform as DOL Fiduciary Rule Takes Effect," *InvestmentNews*, July 13.

_____ [2017c], "DOL Fiduciary Rule: Edward Jones Changing Stance on Mutual Fund Commissions in IRAs," *InvestmentNews*, June 7.

_____ [2016a], "DOL Fiduciary Rule Will Trim 401 (k) Advisers' Stable of Record Keepers, Asset Managers: Study," *InvestmentNews*, October 13.

_____ [2016b], "Merrill's Move to End Commissions IRAs a "Tectonic Shift" for Brokerage Industry," *InvestmentNews*, October 7.

_____ [2016c], "Attrition Fears Play into Broker-Dealers' Hesitation to Detail New Commission Schedules under DOL Fiduciary Rule," *InvestmentNews*, September 30.

_____ [2016d], "Broker-Dealers Eye Level Commissions to Reduce Risk under DOL Fiduciary Rule," *InvestmentNews*, July 11.

Investment Advisers Act of 1940 [1940], Public Law 111-203, August 22. (https://www.sec.gov/about/laws/iaa40.pdf)

Jamieson, D. [2017], "Raymond James Financial Moving to Single Payout Grid," *Financial Advisor*, July 5.

Ji, M. [2017], "Are Robots Good Fiduciaries? Regulating Robo-Advisors Under the Investment Advisers Act of 1940," *Columbia Law Review*.

Kelly, B. [2017], "UBS Latest to Shift Broker Compensation Ahead of DOL Fiduciary Rule," *InvestmentNews*, June 2.

_____ [2016], "DOL Fiduciary Rule Sparks LPL to Standardize Fees on Mutual Funds: CEO," *InvestmentNews*, August 24.

Kitces, M [2017], "The Six Levels of Account Aggregation: FinTech and PFM Portals For Financial Advisors," October 9, (https://www.kitces.com/blog/six-levels-account-aggregation-pfm-fintech-solutions-accounts-advice-automation/) accessed on December 27, 2017.

Lemke, T.P. & Lins, G.T. [2015], Regulation of Investment Advisors, *Thomson Reuters Westlaw*.

Lightbourne, J. [2017], "Algorithms & Fiduciaries: Existing and Proposed Regulatory Approaches to Artificially Intelligent Financial Planners," *Duke University of Law, J. D.*

Maxey, D. [2017], "Clean Shares' Get a Boost from Fiduciary Rule," *The Wall Street Journal*, May 26.

McCarthy, E. [2016], "Edward Jones' Jim Weddle: Reading for the Future," *Research*, Vol. 39, No. 7. July, pp. 22-25.

Munchin, S. T. & Phillips, C. S. [2017], "A Financial System That Creates Economic Opportunities-Assets Management and Insurance," *U.S. Department of Treasury*, October.

National Association of Securities Dealers [2004], "Guidance: Investment Analysis Tools," *NASD Notice to Members*, 04-86, November, pp. 1027-1034.

Nevada Secretary of State [2017], "Senate Bill No. 383," (https://www.leg.state.nv.us/Session/79th2017/Bills/SB/SB383-EN.pdf) accessed on December 28, 2017.

Padalka, A. [2017], "Morgan Stanley Cut Incentives Bracing for DOL Rule," *Financial IQ*, December 17.

Reuters Staff [2017], "USB to Change How Advisors Get Paid Ahead of Fiduciary Rule Deadline," *Reuters*, June 1.

Schoeff, Jr. M. [2017a], "House Panel Passes Bills to Replace DOL Fiduciary Rule with One Requiring Disclosure of Conflicts," *InvestmentNews*, October 2.

_____ [2017b], "Wagner Introduces Bill to Kill DOL Fiduciary Rule," *InvestmentNews*, September 27.

_____ [2017c], "Rep. Wagner Drafts Bill to Kill DOL Fiduciary Rule, Replace it with Best-Interest Standard," *InvestmentNews*, July 11.

_____ [2017d], "House Passes Bill that Would Kill DOL Fiduciary Rule," *InvestmentNews*, June 8.

Scott, J. [2012], "Household Alpha and Social Security," *Financial Analysts Journal*, vol. 68, No. 5. September/October, pp. 6-10. (http://www.cfapubs.org/doi/pdf/10.2469/faj.v68.n5.3)

Securities and Exchange Commission [2017a], "Robo Advisers," *Guidance Update*, February.

_____ [2017b], "Investment Company Act of 1940-Section 22 (d) Capital Group," *Response of the Office of Chief Counsel Division of Investment Management*, January 11.

Skinner, L. [2016a], "How Fintech Aims to Make DOL Fiduciary Rule Manageable," *InvestmentNews*, October 21.

_____ [2016b], "DOL Fiduciary Rule Could Cause Half of Potential IRA Rollover Assets to Stay Put: Report," *InvestmentNews*, September 8.

Smith, B. [2017], "Morgan Stanley Preserves Client Choice in Response to DOL Rule," *Morgan Stanley*, March 28.

Szapiro, A. & Ellenbogen, P. [2017], "Early Evidence on the Department of Labor Conflict of

Interest Rule," *Morningstar*, April.

The Commonwealth of Massachusetts [2016a] "Policy Statement: State-Registered Investment Advisers' Use of Third Party Robo-Advisers," (https://www.sec.state.ma.us/sct/sctpdf/Policy-Statement-State-Registered-Investment-Advisers-Use-of-Third-Party-Robo-Advisers.pdf)

_____ [2016b], "Policy Statement: Robo-Advisers and State Investment Adviser Registration," April 1. (http://www.sec.state.ma.us/sct/sctpdf/Policy-Statement-Robo-Advisers-and-State-Investment-Adviser-Registration.pdf)

The U.S. House of Representatives Committee on Appropriations [2017], "Appropriations Committee Releases the Fiscal Year 2018 Labor, Health and Human Services Education Funding Bill," *The U.S. House of Representatives Committee on Appropriations*, July 12.

Thornton, N. [2017], "Morningstar: "Industry's Idea of Clean Shares May not be Clean Enough," *BenefitsPRO*, July 19.

Trump, D. J. [2017], "Presidential Memorandum on Fiduciary Duty Rule," *The White House, Office of the Press Secretary*, Feb. 3.

Waggoner, J. [2017], "Brace for Thousands of New DOL Fiduciary-Friendly Mutual Fund Share Classes," *InvestmentNews*, January 6.

Wursthorn, M. [2016a], "Merrill Lynch to End Commission-Based Options for Retirement Savers," *The Wall Street Journal*, October 6.

_____ [2016b], "Watch Out, Retirement Savers, Your Choices Are Poised to Shrink," *The Wall Street Journal*, August 18.

_____ [2016c], "Edward Jones Shakes Up Retirement Offerings Ahead of Fiduciary Rule," *The Wall Street Journal*, August 17.

_____ [2016d], "Brokerages Adapt to Pending Labor Rule," *The Wall Street Journal*, March 16.

www.merrilledge.com/pricing (accessed on November 25, 2017)

www.statista.com (https://www.statista.com/statistics/573291/aum-of-selected-robo-advisors-globally/) accessed on December 28, 2017.

Zulz, E. [2017], "A Look Inside LPL's DOL Fiduciary Strategy," *ThinkAdvisor*, August 3.

第12章　「顧客本位の業務運営に関する原則」と証券会社の対応

はじめに

　本章では，「顧客本位の業務運営に関する原則」の概要を紹介し，それを受けた証券会社の対応を見ることとする。

　第1節では，「顧客本位の業務運営に関する原則」公表までの経緯を振り返る。第2節では，「顧客本位の業務運営に関する原則」の総論として，その規範としての特徴を解説する。第3節では各論として，「顧客本位の業務運営に関する原則」の各原則を解説する。第4節及び第5節では，2017年6月末まで

図表12-1　「顧客本位の業務運営に関する原則」の経緯

年月	動き
2007年7月	佐藤金融庁長官（当時）講演「金融規制の質的向上について（ベター・レギュレーションへの取組み）」
2008年4月	「金融サービス業におけるプリンシプル」
2014年2月	「日本版スチュワードシップ・コード」制定
2014年9月	金融庁「平成26事務年度　金融モニタリング基本方針」
2015年3月	「コーポレートガバナンス・コード原案」採択
2016年6月	「日本再興戦略2016—第4次産業革命に向けて—」
2016年12月	金融審議会　市場ワーキング・グループ報告
2017年3月	「顧客本位の業務運営に関する原則」公表
2017年5月	「日本版スチュワードシップ・コード」改訂
2017年7月	2017年6月末までに「顧客本位の業務運営に関する原則」を採択し，取組方針を公表した金融事業者のリスト公表

〔出所〕大和総研金融調査部制度調査課作成

に「顧客本位の業務運営に関する原則」を採択し，取組方針を公表した金融事業者，特に証券会社の動向について紹介する[1]。

1. 「顧客本位の業務運営に関する原則」公表までの経緯

(1)「金融サービス業におけるプリンシプル」(2008年)

「顧客本位の業務運営の原則」について，金融庁の「平成26事務年度 金融モニタリング方針」(後述（2))から説き起こされることが多い[2]。しかし，その萌芽は，既に2008年に金融庁が公表した「金融サービス業におけるプリンシプル」(図表12-2)の中に見ることができる。

図表12-2 「金融サービス業におけるプリンシプル」(2008年)

金融サービス業におけるプリンシプル	具体的なイメージ
1. **創意工夫をこらした自主的な取組み**により，**利用者利便の向上や社会において期待されている役割**を果たす。	①**利用者の求める金融サービス提供**のための不断の努力 ②多様な利害関係者との適切な関係 ③我が国の金融サービス業が，高い付加価値を生み出し，**経済の持続的成長に貢献**していくことを期待 ④社会的責任等への対応
2. 市場に参加するに当たっては，市場全体の機能を向上させ，透明性・公正性を確保するよう行動する。	①法令，自主規制等の遵守 ②**ベストプラクティスの追求**，必要に応じ自主規制等の改善に努め，市場の効率性など機能向上のために貢献 ③市場の透明性・公正性を害する悪質な行為に対して厳しい態度で臨み，市場の透明性・公正性確保のために貢献
3. **利用者の合理的な期待**に応えるよう**必要な注意**を払い，**誠実かつ職業的な注意深さ**をもって業務を行う。	①利用者のニーズを十分踏まえ，**適切な金融サービスの提供，事後フォロー等**の契約管理 ②「優越的地位の濫用」の防止等，取引等の適切性の確保 ③利用者の情報保護の徹底 ④利用者の公平取扱い，アームズレングスの遵守
4. **利用者の経済合理的な判断を可能とする情報やアドバイスをタイムリー**に，かつ明確・公平に提供するよう注意を払う。	①利用者等の**判断材料となる情報を正確・明確に開示**し，実質的な公平を確保 ②**適合性の原則** ③利用者に**真実を告げ，誤解を招く説明をしない**こと

5. 利用者からの相談や問い合わせに対し，真摯に対応し，必要な情報の提供，アドバイス等を行うとともに金融知識の普及に努める。	①可能な限り**利用者の理解と納得を得る**よう努力 ②相談，問い合わせ，苦情等の事例の蓄積と分析を行う，説明態勢など業務の改善に努力 ③正しい金融知識の普及
6. 自身・グループと利用者の間，また，利用者とその他の利用者の間等の**利益相反**による弊害を防止する。	①**利益相反やビジネス上のコンフリクトに適切に対応しているか十分に検証** ②**利益相反による弊害を防止する適切な管理態勢**の整備 ③利用者に対する**誠実な業務遂行**
7. 利用者の資産について，その責任に応じて適切な管理を行う。	①利用者の財産の適切な管理 ②財産を管理するものの責務の履行（例えばその責務に応じて善管注意義務，分別管理義務，**受託者責任**）
8. 財務の健全性，業務の適切性等を確保するため，必要な人員配置を含め，適切な経営管理態勢を構築し，**実効的なガバナンス機能**を発揮する。	①適切かつ効率的な経営管理・**ガバナンス**の構築 ②役職員の適切な人員配置 ③法令や業務上の諸規則等の遵守，健全かつ適切な業務運営 ④各金融機関等の取締役のフィットアンドプロパー
9. 市場規律の発揮と経営の透明性を高めることの重要性に鑑み，適切な情報開示を行う。	①市場への適時・適切な情報開示 ②多様な利害関係者への適時適切な情報開示
10. 反社会的勢力との関係を遮断するなど金融犯罪等に利用されない態勢を構築する。	①犯罪等へ関与せず，利用されないための態勢整備（含反社会的勢力との関係遮断） ②顧客管理体制の整備，関係機関等との連携
11. 自身のリスク特性を踏まえた健全な財務基盤を維持する。	①リスク特性に照らし，資産，負債，資本のあり方を適切に評価 ②リスクに見合った自己資本の確保
12. 業務の規模・特性，リスクプロファイルに見合った適切なリスク管理を行う。	①適切なリスク管理態勢の整備 ②資産・負債，損益に影響を与え得る各種リスクを総合的に把握し，適切に制御 ③持続可能な収益構造の構築
13. 市場で果たしている役割等に応じ，大規模災害その他不測の事態における対応策を確立する。	①市場混乱時における流動性確保 ②危機管理体制の構築，危機時の関係者間の協議
14. 当局の合理的な要請に対し誠実かつ正確な情報を提供する。また，当局との双方向の対話を含め意思疎通の円滑を図る。	①当局からの合理的な要請に対し，適時に必要とされる情報を十分かつ正確に伝達 ②当局と金融サービス提供者の双方向の対話の充実を通じて円滑な情報伝達

〔出所〕金融庁「金融サービス業におけるプリンシプル」。下線太字は筆者による。

（2）「金融モニタリング方針」（2014年）

　平成26年9月に公表された「平成26事務年度　金融モニタリング基本方針」
の中で，金融庁は，金融機関に対して「フィデューシャリー・デューティー」
を求める方針を明らかにした。

　家計や年金，機関投資家が運用する多額の資産が，それぞれの資金の性
格や資産保有者のニーズに即して適切に運用されることが重要である。
　このため，商品開発，販売，運用，資産管理それぞれに携わる金融機関
がその役割・責任（フィデューシャリー・デューティー）を実際に果たす
ことが求められる。

〔出所〕金融庁「平成27事務年度　金融行政方針」2-3頁。

　その後，「平成27事務年度　金融行政方針」（平成27年9月）や「平成27事務
年度　金融レポート」（平成28年9月）などを通じて，「フィデューシャリー・
デューティー」や，それと関連して用いられる「顧客本位の業務運営」が繰り
返し，強調されている。

（3）「日本再興戦略2016」と金融審議会（2016年）

　「顧客本位の業務運営」は，2016年6月2日に閣議決定された「日本再興戦
略2016─第4次産業革命に向けて─」（以下，「日本再興戦略2016」）の中に盛
り込まれ，政府の方針として取り上げられることとなった。

　商品開発・販売・運用・資産管理といった顧客の資産形成に携わる全て
の業者においてフィデューシャリー・デューティー（顧客本位の業務運
営）の徹底が図られるよう，必要な対応について，金融審議会において検
討を行う。

〔出所〕「日本再興戦略2016」154頁

　これを受けて，金融審議会に設置された市場ワーキング・グループ（以下，

市場WG）で「国民の安定的な資産形成とフィデューシャリー・デューティー」がテーマの一つとして議論された。

2016年12月には「金融審議会 市場ワーキング・グループ報告 〜国民の安定的な資産形成に向けた取組みと市場・取引所を巡る制度整備について〜」（以下，WG報告書）が取りまとめられた。この中で，「当局において，顧客本位の業務運営に関する原則（以下「原則」という）を策定し，金融事業者に受け入れを呼びかけ，金融事業者が，原則を踏まえて何が顧客のためになるかを真剣に考え，横並びに陥ることなく，より良い金融商品・サービスの提供を競い合うよう促していくことが適当である」（2頁）との提言が行われた。

（4）「顧客本位の業務運営に関する原則」の公表（2017年）

WG報告書の提言を受けて，金融庁において原則の制定に向けた作業が進められ，2017年1月19日に原案（「顧客本位の業務運営に関する原則（案）」）が公表された。

パブリック・コメント手続の後，2017年3月30日，最終的な「顧客本位の業務運営に関する原則」が金融庁から公表されることとなった。

2．「顧客本位の業務運営に関する原則」の特徴

（1）プリンシプルベース・アプローチ

「顧客本位の業務運営に関する原則」は，あくまでも「金融事業者が顧客本位の業務運営におけるベスト・プラクティスを目指す上で有用と考えられる原則」（前文「本原則の目的」）である。法令そのものや，法令上の個別の規定を代替するものではない（「コメントの概要及びそれに対する金融庁の考え方」（以下，「金融庁の考え方」）番号18など）。従って，「顧客本位の業務運営に関する原則」は，金融事業者に対して強制的に適用されるものではなく，「金融事業者の自発的な受入れを呼びかけていくもの」だとされている（「金融庁の

考え方」番号20)。

　さらに,「顧客本位の業務運営に関する原則」を受け入れた場合であっても,その金融事業者に対して,詳細で具体的な義務や禁止事項などが課されるわけではない。同原則が定めるのは,主として大きな考え方や理念を示した原則（プリンシプル）である。これをどのようにして具体化していくかは,各金融事業者の自主性に委ねられている。すなわち,金融事業者には,「原則を外形的に遵守することに腐心するのではなく,その趣旨・精神を自ら咀嚼した上で,それを実践していくためにはどのような行動をとるべきかを適切に判断していくことが求められる」こととなる（前文「本原則の採用するアプローチ」）。

　このように,詳細で具体的なルールを強制的に適用するのではなく,原則（プリンシプル）を示した上で,これに沿った自主的な取組みを促す手法は,「プリンシプルベース・アプローチ」と呼ばれるものである。例えば,日本版スチュワードシップ・コード（以下,SS コード）やコーポレートガバナンス・コード（以下,CG コード）などでも採用されている。

　「顧客本位の業務運営に関する原則」において,プリンシプルベース・アプローチを採用する理由について,金融庁は次のように説明している。

一　これまで,金融商品の分かりやすさの向上や,利益相反管理体制の整備といった目的で法令改正等が行われ,投資者保護のための取組みが進められてきたが,一方で,これらが最低基準（ミニマム・スタンダード）となり,金融事業者による形式的・画一的な対応を助長してきた面も指摘できる。

一　本来,金融事業者が自ら主体的に創意工夫を発揮し,ベスト・プラクティスを目指して顧客本位の良質な金融商品・サービスの提供を競い合い,より良い取組みを行う金融事業者が顧客から選択されていくメカニズムの実現が望ましい。

〔出所〕「顧客本位の業務運営に関する原則」前文「経緯及び背景」

（2）コンプライ・オア・エクスプレイン

　「顧客本位の業務運営に関する原則」を受け入れた金融事業者は，そのための指針を策定・公表することが求められる（原則1）。その指針の中で，各原則（原則2～7）について，次のことをわかりやすい表現で盛り込むように求められている。

> ○（各原則を）実施する場合には，原則に付されている注釈も含めてその対応方針
> ○（各原則を）実施しない場合にはその理由や代替策

　つまり，「顧客本位の業務運営に関する原則」を受け入れる金融事業者であっても，すべての原則（プリンシプル）を実施（コンプライ）することが必ずしも義務付けられるわけではなく，「自らの状況等に照らして実施することが適切でないと考える原則があれば，一部の原則を実施しないこと」も認められる。ただし，その場合には，その原則を実施しないことについての合理的な理由や代替策を十分に説明（エクスプレイン）することが求められる。

　これは，CGコードやSSコードで採用されている，いわゆる「コンプライ・オア・エクスプレイン」（実施するか，実施しない場合には，その理由を説明するか）の手法を採用するものとも言われている[3]。

　なお，原則を実施（コンプライ）する場合であっても，単に「実施している」というだけでは足りず，具体的な「対応方針」の説明（エクスプレイン）が求められているという点で，「コンプライ・アンド・エクスプレイン」（実施する，しないにかかわらず，説明せよ）に近いとの指摘もある[4]。

（3）フィデューシャリー・デューティーとの関係

　フィデューシャリー・デューティーは，英米法において信認を受けた者が履行すべき義務を指し，受託者責任とも訳されている。元々は信託受託者が信託委託者および受益者に対し負う義務を指す概念とされる。

　英米法の概念であることから，わが国においては，フィデューシャリー・デューティーに関して，必ずしも定着した概念が存在するわけではない。例えば，金融庁は，平成27事務年度金融行政方針において，フィデューシャリー・デューティーについて「他者の信任に応えるべく一定の任務を遂行する者が負うべき幅広い様々な役割・責任の総称」と，かなり広い概念として説明している。

　「日本再興戦略2016」に見られるように，「フィデューシャリー・デューティー」を，「顧客本位の業務運営」と同義語と位置づける場合がある。加えて，金融商品取引法36条１項が規定する「顧客に対する誠実義務」との関連性が指摘される場合もある[5]。

　金融商品取引法36条１項が規定する「顧客に対する誠実義務」とは，「金融商品取引業者等並びにその役員及び使用人は，顧客に対して誠実かつ公正に，その業務を遂行しなければならない」というものである。これは，金融商品取引法の前身である（旧）証券取引法時代に「IOSCO（証券監督者国際機構）の行為規範原則（90年11月）の第１原則（誠実・公正）を踏まえて，92年改正により証券取引法に規定されたもの」とされている[6]。

　この考え方を踏まえれば，わが国においても，金融商品取引法を根拠とした金融商品取引業者に対する業規制としてのフィデューシャリー・デューティーが存在し，それを具現化するものとして「顧客本位の業務運営に関する原則」が定められたと解する余地がないとは言い切れない。

　ただ，仮に，金融商品取引法が規定する「顧客に対する誠実義務」に，業規制としてのフィデューシャリー・デューティーが含まれると解したとしても，どのような場合にフィデューシャリー・デューティーが認定される信認関係があるといえるのか（信認関係の範囲）や，信認関係が認められた場合に具体的にどのような義務が伴うのか（義務の内容）といった点について，英米法における「フィデューシャリー・デューティー」と同列に論じられるかというと疑問が残る。

　私見であるが，「顧客に対する誠実義務」や「顧客本位の業務運営に関する

原則」は，厳密には，英米法における「フェデューシャリー・デューティー」とは，異なる概念であると位置づけるのが相当であるように思われる。

（4）法令に基づくエンフォースメントとの関係

「顧客本位の業務運営に関する原則」は，法令ではない。従って，これに違反したとしても，直ちに法令違反として処分対象となるわけではない（「金融庁の考え方」番号19，62，167，168）。

同時に，「顧客本位の業務運営に関する原則」は，「法令上の個別の規定を代替するものではない」。つまり，理論上，プリンシプルを受け入れているか否か，実施しているか否かに関わらず，「これまで同様，法令違反と判断される事象があった場合には，法令に則り厳正に対処」されることとなる（「金融庁の考え方」番号10～12など）。

例えば，「適合性原則」（金融商品取引法40条1号）に違反する行為があった場合，「顧客本位の業務運営に関する原則」を受け入れ，実施しているからといって，免責されたり，処分を免れたりすることはないということになる。

加えて，「適合性原則」のような法令上の具体的な行為規制に違反しなくても，金融商品取引法上，内閣総理大臣は，金融商品取引業者や登録金融機関に対し，その業務の運営に関し，「公益又は投資者保護のため必要かつ適当であると認めるときは，その必要の限度において」業務改善命令を出すことができる（金融商品取引法51条，51条の2）。また，その金融商品取引業や登録金融機関業務に関し，不正・不当な行為をした場合において，その情状が特に重いときは，登録取消しや業務停止を命じることができる（金融商品取引法52条1項9号，52条の2第1項5号）。

仮に「顧客本位の業務運営に関する原則」やそれに基づいて策定された方針等に反する行為があったとしても，そのことが直ちに処分に結びつくわけではない。しかし，その行為が，公益又は投資者保護のため業務改善が必要かつ適当と判断される事態を引き起こした場合や，その行為そのものが不正・不当で情状が重いと判断された場合には，上記の金融商品取引法に基づく行政処分の

対象となることも考えられる。

　逆に，「顧客本位の業務運営に関する原則」に沿った業務運営が行われていたとしても，（例えば，法令違反行為などがあった場合において）直ちに行政処分の軽減事由として考慮されるわけではない（「金融庁の考え方」番号36）。

　確かに，「一般的な行政処分の判断において，行政による対応に先行して，金融機関自身が，自主的に利用者保護のために所要の対応に取り組んでいる」と判断されれば，軽減事由として考慮される余地はある。しかし，その際，考慮されるのは，今回の「顧客本位の業務運営に関する原則」ではなく，「行政当局と共有されたプリンシプル（平成20年公表）」である（「金融庁の考え方」番号36）。

　ここでいう「行政当局と共有されたプリンシプル（平成20年公表）」とは，平成20年4月に公表された「金融サービス業におけるプリンシプル」（以下，平成20年プリンシプル。図表12-2）のことである。もっとも，「平成20年プリンシプル」には，今回の「顧客本位の業務運営に関する原則」と共通あるいは関連すると考えられる事項も盛り込まれている。その意味では，金融事業者の工夫次第では，両プリンシプルに一体的に取り組む余地があるかもしれない。

（5）当局によるモニタリング

　顧客本位の業務運営を実現し，これの定着を図る観点から，当局も一定の役割を果たしていくことが想定されている。すなわち，検査・監督において「顧客本位の業務運営に関する原則」の「受入れ状況，策定した取組方針，当該方針に係る取組状況について，適切にモニタリングを行い，ベスト・プラクティスの実現を目指して対話していく」ことが予定されているのである（「金融庁の考え方」番号165など）。

　具体的には，金融庁から「顧客本位の業務運営に関する原則」と同時に公表された「『顧客本位の業務運営に関する原則』の定着に向けた取組み」（以下，「定着に向けた取組み」）の中で，次のような「当局によるモニタリング」の方針が示されている。

> ・金融事業者における業務運営の実態を把握し，ベスト・プラクティスを収集
>
> ・収集されたベスト・プラクティスや各事業者が内部管理上用いている評価指標などを基に，金融事業者との対話を実施。「原則」を踏まえた取組みを働きかけ
>
> ・各金融事業者の取組方針と，取組みの実態が乖離していることは無いか等について，当局がモニタリングを実施
>
> ・モニタリングを通じて把握した事例については，様々な形での公表を検討

〔出所〕「定着に向けた取組み」3頁

（6）金融事業者に求められる対応

　「顧客本位の業務運営に関する原則」は，プリンシプルベース・アプローチ，かつ，コンプライ・オア・エクスプレインの仕組みを取り入れている。その意味では，同原則を受け入れるか否か，受け入れるとして各原則（プリンシプル）を実施するか否かは，基本的に，各金融事業者の自主的な判断に委ねられていると，一応，言えるだろう。

　もっとも，金融庁は，ベスト・プラクティスの実現を目指して，同原則の受入状況，取組状況などについて，積極的にモニタリングを行っていく方針を示している。言い換えれば，金融事業者における同原則に対する対応は，「自主的」といっても，完全な「任意」ではなく，ベスト・プラクティスの実現という観点から，自らに何が求められているのかを真剣に検討した上で，責任をもって選択するものだと言えるだろう。

　「顧客本位の業務運営に関する原則」を受け入れる場合，ただ漫然と各原則（プリンシプル）を実施（コンプライ）するという対応は望ましいものではないだろう。（1）で述べたように，**ルールベース・アプローチにおける「形式的・画一的」な横並びの対応に対する反省から，プリンシプルベース・アプ**

ローチを採用する同原則が制定されたという経緯がある。従って，**金融事業者は，同原則を受け入れるに当たって，「原則を外形的に遵守することに腐心するのではなく，その趣旨・精神を自ら咀嚼した上で，それを実践していくためにはどのような行動をとるべきかを適切に判断していくことが求められる」**こととなる（前文「本原則の採用するアプローチ」。下線太字は筆者）。

　このことは，プリンシプルにおける用語の定義の明確化，適用範囲の明確化（適用除外の確認を含む），特定の対応の可否の確認などを求める意見に対して，金融庁が，しばしば「何が顧客のためになるかを真剣に考え，横並びに陥ることなく，より良い金融商品・サービスの提供を競い合うとの観点から適切に判断されるべき」（「金融庁の考え方」番号26，29～31，54など）といった趣旨の回答を行っていることからもわかるだろう。

　特に，金融事業者による「横並び」の対応について，金融庁は，再三にわたって，釘をさしている。例えば，業界団体による指針等の設定は「必ずしもその趣旨には合わない」と，否定的な見解を示していること（「金融庁の考え方」41）は重要である。これが，いわゆる「業界雛形」対応につながりかねないとの考えに基づくものであろう。また，業界全体としての取組み・対応についても，これを頭から否定はしないものの，横並びの対応に陥ることがないように警告している（「金融庁の考え方」番号147）。これも同様の趣旨であろう。

　つまり，**金融事業者は**，「顧客本位の業務運営に関する原則」を受け入れる以上，**各原則（プリンシプル）の趣旨・精神を自ら理解し，これを実践していく上で何が必要かを，自社の置かれた状況（事業，規模，顧客層など）を踏まえて，自分の頭で考える必要がある**ということだ。

　具体的な取組みとしては，「顧客本位の業務運営に関する方針」の策定（原則１），策定した方針に沿った社内規程等の点検・見直し（「金融庁の考え方」58），報酬・業績評価体系・従業員研修・ガバナンス体制の整備（原則７）などが考えられるだろう。加えて，こうした取組みを単に実施したというだけではなく，その定着を図る（例えば，いわゆる PDCA（plan, do, check, act）サイクルを回す[7] など）ことも求められるだろう。

　金融庁は，こうした対応を進める上で，各金融事業者において次のような行動が求められるとしている。

- ・各金融事業者においては，
　―顧客本位の業務運営を確保するための経営トップのリーダーシップの発揮，
　―マネジメント層における業務計画等の策定・実施，フォローアップ，
　―現場レベルでの実践を通じた浸透，フィードバック，
　など，それぞれの段階に応じた適切な行動が求められる
- ・その際，金融事業者は自らの取組みが実質を伴う形で定着しているか，仮に実質を伴っていないとすればどの段階でうまく機能していないのかを分析し，経営トップの責任において改善がなされるべき

〔出所〕「定着に向けた取組み」1頁

3．「顧客本位の業務運営に関する原則」の内容

（1）原則1「顧客本位の業務運営に関する方針の策定・公表等」

原則1．金融事業者は，顧客本位の業務運営を実現するための明確な方針を策定・公表するとともに，当該方針に係る取組状況を定期的に公表すべきである。当該方針は，より良い業務運営を実現するため，定期的に見直されるべきである。

（注）金融事業者は，顧客本位の業務運営に関する方針を策定する際には，取引の直接の相手方としての顧客だけでなく，インベストメント・チェーンにおける最終受益者としての顧客をも念頭に置くべきである。

〔出所〕「顧客本位の業務運営に関する原則」

　原則1は，「顧客本位の業務運営に関する原則」を受け入れた金融事業者に対して，次の3つのことを求めている。

> ① 「顧客本位の業務運営に関する方針（顧客本位の業務運営を実現するための明確な方針）」（以下，「方針」という）の策定・公表
> ② 「方針」に係る取組状況の定期的な公表
> ③ 「方針」の定期的な見直し

　①で策定・公表される「方針」が，「コンプライ・オア・エクスプレイン」のベースとなるものである。「顧客が，自らのニーズや課題解決に応えてくれる金融事業者を主体的に選択できるよう，金融事業者の行動や取組みの『見える化』を進める」（「金融庁の考え方」番号46）上での中核となる仕組みでもある。

　策定・公表すべき「方針」の具体的な内容について，原則（プリンシプル）自体には，特に，具体的な項目は定められていない。もっとも，金融庁から原則（プリンシプル）と同時に公表された「定着に向けた取組み」では，「顧客本位の業務運営の定着度合いを客観的に評価できるようにするための成果指標（KPI）を，取組方針やその実施状況の中に盛り込んで公表」[8]するよう働きかけていく方針が示されている。

　4節でも紹介するが，金融庁としては，金融事業者が「方針」を策定するに当たって，顧客本位の業務運営の定着度合いを評価するための成果指標（KPI）の設定することを重視する立場だと思われる。

　「顧客本位の業務運営に関する原則」を受け入れた金融事業者は，「方針」を策定・公表すれば，それで終わりというわけではない。前述の通り，策定・公表した「方針」に係る取組状況を定期的に公表する（②）とともに，「方針」そのものについても定期的な見直し（③）を行う必要がある。いわゆるPDCAサイクルを回すことが求められているのである[9]。

　それでは，こうした取組状況の公表や「方針」の見直しをどれくらいの頻度で行う必要があるのだろうか？この点について金融庁は，取組状況の公表は「本原則の趣旨を踏まえれば，少なくとも**年に1度**は行うことが適当」であるとしている（「金融庁の考え方」番号45。下線太字は筆者）。「方針」の見直しについても「少なくとも定期的な公表を行う際に見直しの検討を行うことが適

当」（同前）としている。つまり，「方針」の見直しについても，少なくとも年に１度は検討することが求められる。

（２）原則２「顧客の最善の利益の追求」

> 原則２．金融事業者は，高度の専門性と職業倫理を保持し，顧客に対して誠実・公正に業務を行い，顧客の最善の利益を図るべきである。金融事業者は，こうした業務運営が企業文化として定着するよう努めるべきである。
>
> (注) 金融事業者は，顧客との取引に際し，顧客本位の良質なサービスを提供し，顧客の最善の利益を図ることにより，自らの安定した顧客基盤と収益の確保につなげていくことを目指すべきである。

〔出所〕「顧客本位の業務運営に関する原則」

　原則２は，金融事業者に対して，「顧客の最善の利益を図る」ことと，それが「企業文化として定着するよう努める」ことを求めている。

　「顧客本位の業務運営に関する原則」において金融事業者の業務運営における行動規範を定めた原則２〜６の中でも，原則２は，「顧客本位の業務運営の神髄」[10] を定めた，いわば総論的・中核的なプリンシプルだと言われている[11]。

　それでは「顧客の最善の利益」とは何か？

　原則２の中でも，特に定義は設けられておらず，あくまでも各金融事業者が自ら検討すべき課題とされている（「金融庁の考え方」63）。金融事業者が，自らや個々の顧客の置かれた状況などを踏まえて，特に真摯に考える必要がある事項であろう。

　もっとも，金融庁は，単純に**各金融事業者が考える「顧客の最善の利益」の提供に努めればよい，との考え方には立っていない**ことにも留意が必要である。すなわち，仮に，「**顧客の考える利益と金融事業者が考える当該顧客の最善の利益が異なる場合には，その一致を目指すことが求められる**」と指摘しているのである（「金融庁の考え方」64。下線太字は筆者）。ここでいう「一致を目指すこと」が，具体的に何を意味しているのかは定かではない。私見だが，

これを金融事業者が「顧客の考える利益」を何が何でも実現しなければならない，という趣旨ととらえることは妥当ではないように思われる。しかし，少なくとも金融事業者としては，自らその顧客の最善の利益とは何かを考えることに加え，その顧客が考える利益についても理解を深める必要があるだろう。

こうした「顧客の最善の利益」を追求すると，金融事業者として収益を上げることができず，事業を継続できなくなるのではないか，との指摘がなされる場合がある。

この点について，原則2の注釈には，「顧客の最善の利益」の追求と金融事業者の「安定した顧客基盤と収益の確保」とは二律背反関係にあるものではなく，同時実現が可能であるとのスタンスが示されている。これは，「平成28事務年度金融行政方針」で示された，金融庁の次の考え方との関連性が指摘されている[12]。

> 　金融機関が顧客本位の良質なサービスを提供し，企業の生産性向上や国民の資産形成を助け，結果として，金融機関自身も安定した顧客基盤と収益を確保するという取組み（顧客との「共通価値の創造」の構築）は，持続可能なビジネスモデルの一つの有力な選択肢であるとともに，地域経済の活性化にもつながると考えられる。

〔出所〕金融庁「平成28事務年度金融行政方針」18頁

こうした金融事業者の中長期的な企業価値向上と顧客本位の業務運営の関係についての金融庁の見解（「共通価値の創造」）は，森金融庁長官による2017年4月7日の日本証券アナリスト協会での講演における次のコメントにも如実に表れている。

> 　こうした話をすると，お客様が正しいことを知れば，現在作っている商品が売れなくなり，ビジネスモデルが成り立たなくなると心配される金融機関の方がおられるかもしれません。
> 　しかし，皆さん，考えてみてください。正しい金融知識を持った顧客に

は売りづらい商品を作って一般顧客に売るビジネス，手数料獲得が優先され顧客の利益が軽視される結果，顧客の資産を増やすことが出来ないビジネスは，そもそも社会的に続ける価値があるものですか？こうした商品を組成し，販売している金融機関の経営者は，社員に本当に仕事のやりがいを与えることが出来ているでしょうか？また，こうしたビジネスモデルは，果たして金融機関・金融グループの中長期的な価値向上につながっているのでしょうか？

　ここ数年，友人から，「母親が亡くなり遺品の整理をしていると，最近購入したと思われる，お年寄りには到底不向きのハイリスクで複雑な投信が，何本も出てきた」という苦情を聞くことがよくあります。もしかすると，そうした投信を売った営業員の方は，親のところにあまり顔を見せない子供たちに代わって，お母様の話し相手になっていたのかもしれませんが，これにより子供たちの当該金融グループに対する評価はどうなったでしょうか？こうした営業は長い目で見て顧客との信頼関係を構築する観点から本当にプラスでしょうか？

〔出所〕「日本の資産運用業界への期待」（日本証券アナリスト協会　第8回国際セミナー「資産運用ビジネスの新しい動きとそれに向けた戦略」における森金融庁長官基調講演）。

（3）原則3「利益相反の適切な管理」

> 原則3．金融事業者は，取引における顧客との利益相反の可能性について正確に把握し，利益相反の可能性がある場合には，当該利益相反を適切に管理すべきである。金融事業者は，そのための具体的な対応方針をあらかじめ策定すべきである。
>
> （注）金融事業者は，利益相反の可能性を判断するに当たって，例えば，以下の事情が取引又は業務に及ぼす影響についても考慮すべきである。
> ・販売会社が，金融商品の顧客への販売・推奨等に伴って，当該商品の提供会社から，委託手数料等の支払を受ける場合
> ・販売会社が，同一グループに属する別の会社から提供を受けた商品を販売・推奨等する場合

> ・同一主体又はグループ内に法人営業部門と運用部門を有しており，当該運用部門が，
> 　資産の運用先に法人営業部門が取引関係等を有する企業を選ぶ場合

〔出所〕「顧客本位の業務運営に関する原則」

　原則3は，「利益相反の適切な管理」を定めている。具体的には，原則3は，金融事業者に対し次のことを求められている。

> （a）利益相反の可能性について正確に把握（特定）
> （b）利益相反の適切な管理
> （c）利益相反管理のための具体的な対応方針の策定

　（a）の「利益相反の可能性」について，原則3は，注釈の中で次の3つの局面を例示している。

> ①販売会社が，商品の提供会社から委託手数料等を受領するケース
> ②販売会社と，商品の提供会社が同一グループに属するケース
> ③同一主体又はグループ内に法人営業部門と運用部門を有するケース

　①は，顧客の利益と販売会社の利益が相反する局面である。すなわち，顧客の最善の利益の観点からは，ふさわしい商品とはいえない場合であっても，販売会社による自社の手数料収入を優先した販売・推奨等が行われる可能性があるということだろう。具体的には，「販売会社が，金融商品の顧客への販売・推奨等に伴って，当該商品の提供会社から委託手数料等の支払いを受ける場合に，受け取る手数料等が高い商品と低い商品があれば，高い商品に関し利益相反の可能性が高まる」（「金融庁の考え方」番号85）といったことが想定されているようである。

　ここでいう「委託手数料等」の範囲について，例えば，「委託会社から販売会社に支払われる代行手数料」が含まれるとの見解（「金融庁の考え方81」）が示されているものの，最終的には各金融事業者において「顧客の最善の利益を図る観点から，適切な判断が求められる」とされている（同80）。その際，プリンシプルベース・アプローチの趣旨に照らせば，どのような名目で受け取ら

れているかではなく，実態として顧客との利益相反が生じるか，という観点から判断する必要があるだろう。

②は，顧客の利益と販売会社の属する金融グループの利益が相反する局面である。すなわち，販売会社が，顧客の最善の利益の観点からは，ふさわしい商品とはいえない場合であっても，販売会社による自社グループの利益を優先した販売・推奨等が行われる可能性があるということだろう。

ここでいう「同一グループ」の定義，範囲についても，明確な判断基準は示されていない。最終的には各金融事業者において，「顧客本位の業務運営の観点から自ら必要と考える範囲」で定義し，対応することが求められている（「金融庁の考え方」番号84）。資本関係や業務提携関係といった形式的な基準にとらわれず，実質的な観点からの判断が求められることとなろう。

③は，異なる部門の顧客同士の利益が相反する局面である。すなわち，顧客の最善の利益の観点からは，ふさわしくない投資先であったとしても，自社又は自グループの法人営業部門の営業支援を優先した投資先企業の選定等が行われる可能性があるということであろう。

利益相反の可能性を把握・特定した上で，原則3は，金融事業者が利益相反を適切に管理することを求めている（b）。ここで求められているのは，あくまでも「管理」である。利益相反の可能性がある場合における金融商品の販売・推奨等が，一律に禁止されるわけではない（「金融庁の考え方」83）。ただ，他の方法では利益相反の管理が困難であり，顧客の最善の利益を図ることができないような場合には，取引の中止が必要となるケースもあり得るだろう。

（c）の方針策定に関しては，証券会社（第一種金融商品取引業者）であれば，既に法令（金融商品取引法36条2項）に基づき，利益相反管理方針の策定などが要求されている。

法令に基づいて既に策定している方針によって，原則3に対応することも排除されない，と金融庁はしている。ただし，その際には「既に策定している利益相反管理方針の内容やその実施状況と，本原則の内容とで齟齬を来たしてい

るかどうかや，本原則の内容をカバーできていない部分があるかどうか等について検討されることが適当」との見解を示している（「金融庁の考え方」番号76，77）。

（4）原則 4 「手数料等の明確化」

> 原則 4．金融事業者は，名目を問わず，顧客が負担する手数料その他の費用の詳細を，当該手数料等がどのようなサービスの対価に関するものかを含め，顧客が理解できるよう情報提供すべきである。

〔出所〕「顧客本位の業務運営に関する原則」

　原則 4 は，次の原則 5 とともに，金融事業者が「顧客に対して重要な情報を分かりやすく提供する」[13] ことを定めたプリンシプルである。原則 4 では，「顧客の判断において重要な要素である」[14] ことから，特に手数料等に関する情報提供を切り出して，規定している。

　単に「手数料等がいくらか」を示すだけではなく，「当該手数料等がどのようなサービスの対価に関するものか」についても，情報提供することも求めている点が重要である。

　原則 4 が対象とする「手数料その他の費用」の範囲について，判断基準は示されていない。もっとも，原則 4 が，「名目を問わず」と規定していることなどを踏まえれば，顧客が直接又は間接に負担する費用が，かなり幅広く該当する可能性がある。

　手数料等の詳細について情報提供を行うための具体的な方法も，原則 4 では，特に規定されていない。顧客本位の業務運営の観点から各金融事業者が「ベスト・プラクティスを目指して主体的に創意工夫を発揮することが求められる」ものと考えられる（「金融庁の考え方」番号93，94など）。

　なお，投資信託の手数料情報に関しては，2014年のいわゆる投信制度改革を通じて，かなり詳細な開示が既に求められている。そのため，投資信託の手数料に関しては，現状の開示方針・開示内容で問題はないのではないかとの声も

あるようだ（「金融庁の考え方」番号94など）。

　確かに，投資信託に関する手数料情報の開示は大きく進んだものの，まだ改善の余地があるとの指摘もある。例えば，前述の森金融庁長官による講演では次のような見解が示されている[15]。

> 　さらに重要なことは，商品に係る販売手数料，信託報酬などのコストをお客様に理解していただくことです。こうしたコストについては，単にパーセンテージで示すのではなく，例えば10万円投資した場合のコストを実額で示す方が「顧客本位」だと思います。

〔出所〕「日本の資産運用業界への期待」（日本証券アナリスト協会　第8回国際セミナー「資産運用ビジネスの新しい動きとそれに向けた戦略」における森金融庁長官基調講演）

　さらに，目論見書や契約締結前交付書面などを通じた販売時における手数料情報の説明・開示だけではなく，購入後，実額としてどれだけのコストを，どのようなサービスの対価として実際に支払ったのか，という観点からのわかりやすい開示のあり方についても考える必要があるだろう[16]。

（5）原則5「重要な情報の分かりやすい提供」

> 原則5．金融事業者は，顧客との情報の非対称性があることを踏まえ，上記原則4に示された事項のほか，金融商品・サービスの販売・推奨等に係る重要な情報を顧客が理解できるよう分かりやすく提供すべきである。
>
> （注1）重要な情報には以下の内容が含まれるべきである。
> ・顧客に対して販売・推奨等を行う金融商品・サービスの基本的な利益（リターン），損失その他のリスク，取引条件
> ・顧客に対して販売・推奨等を行う金融商品・サービスの選定理由（顧客のニーズ及び意向を踏まえたものであると判断する理由を含む）
> ・顧客に販売・推奨等を行う金融商品・サービスについて，顧客との利益相反の可能性がある場合には，その具体的内容（第三者から受け取る手数料等を含む）及びこれが取引又は業務に及ぼす影響
> （注2）金融事業者は，複数の金融商品・サービスをパッケージとして販売・推奨等する場合

には，個別に購入することが可能であるか否かを顧客に示すとともに，パッケージ化する場合としない場合を顧客が比較することが可能となるよう，それぞれの重要な情報について提供すべきである（（注2）～（注5）は手数料等の情報を提供する場合においても同じ）。

（注3）金融事業者は，顧客の取引経験や金融知識を考慮の上，明確，平易であって，誤解を招くことのない誠実な内容の情報提供を行うべきである。

（注4）金融事業者は，顧客に対して販売・推奨等を行う金融商品・サービスの複雑さに見合った情報提供を，分かりやすく行うべきである。単純でリスクの低い商品の販売・推奨等を行う場合には簡潔な情報提供とする一方，複雑又はリスクの高い商品の販売・推奨等を行う場合には，リスクとリターンの関係など基本的な構造を含め，より丁寧な情報提供がなされるよう工夫すべきである。

（注5）金融事業者は，顧客に対して情報を提供する際には，情報を重要性に応じて区別し，より重要な情報については特に強調するなどして顧客の注意を促すとともに，顧客において同種の金融商品・サービスの内容と比較することが容易となるよう配慮すべきである。

〔出所〕「顧客本位の業務運営に関する原則」

　手数料等に関する情報提供を定めた原則4に対して，原則5は，より広く，金融商品・サービスの販売・推奨等に係る重要な情報全般についての情報提供に関するプリンシプルである。

　原則5が対象とする「重要な情報」の範囲には，原則4で取り上げられた「顧客が負担する手数料その他の費用」や「金融商品の基本的な仕組みや特性」が含まれる（「金融庁の考え方」番号119）。

　加えて，原則5の（注1）において，次の内容も含まれるべきと定められている。

①顧客に対して販売・推奨等を行う金融商品・サービスの基本的な利益（リターン），損失その他のリスク，取引条件

②顧客に対して販売・推奨等を行う金融商品・サービスの選定理由（顧客のニーズ及び意向を踏まえたものであると判断する理由を含む）

③顧客との利益相反の可能性がある場合には，その具体的な内容（第三者から受け取る手数料等を含む）及びこれが取引又は業務に及ぼす影響

　ここで「顧客に対して販売・推奨等を行う金融商品・サービスの選定理由」が掲げられていることが注目される（②）。これを「顧客本位」の視点から読

めば，「なぜ，この金融商品・サービスをあなたに推奨しているのか」を説明せよ，という趣旨だと理解するのが素直だろう。なお，「顧客のニーズ及び意向を踏まえたものであると判断する理由を含む」とあるが，これは「その金融商品・サービスを選定した理由が顧客のニーズ及び意向を踏まえたものであった場合に，単にその旨を情報提供するのではなく，そう判断した理由も提供すべきであること」を意味すると説明されている（「金融庁の考え方」番号117）。

　利益相反の説明（③）は，原則3とも関連する項目である。利益相反の可能性について原則3やその注釈を踏まえて把握・特定した上で，それが「取引又は業務に及ぼす影響についても考慮し，その具体的な内容及びこれが取引又は業務に及ぼす影響を重要な情報として顧客に対して理解できるよう分かりやすく提供」することが想定されている（「金融庁の考え方」番号118）。

　なお，「重要な情報」の説明に関して，前述の森金融庁長官の講演において次のような指摘が行われていることにも留意が必要だろう。

　毎月分配型の投信は，引き続き多く販売されていますが，毎月分配型では複利のメリットが享受できないことをお客様に理解してもらった上で投資判断していただくのが「顧客本位」ではないでしょうか。同様に，過去数年間，高い値上がり率を示している投信も人気ですが，こうした投信の販売にあたっては，高値掴みの危険性についても言及するのが「顧客本位」だと思います。

〔出所〕「日本の資産運用業界への期待」（日本証券アナリスト協会　第8回国際セミナー「資産運用ビジネスの新しい動きとそれに向けた戦略」における森金融庁長官基調講演）

　具体的な場面を想定した対応として，原則5の（注2）で，複数の金融商品・サービスをパッケージとして販売・推奨等する場合の取扱いが記述されていることは重要である。ここでいう「パッケージ」として販売・推奨等されるものには，単純に複数の金融商品・サービスをセット販売するケースに加え，例えば，「ファンド・ラップ，ファンド・オブ・ファンズ形態の投資信託，仕組債等の仕組商品，外貨建一時払保険等が含まれる」との見解が金融庁から示

されている（「金融庁の考え方」番号120～125）。

　こうした「パッケージ」と考えるのが一般的なものについては，次のような取扱いが求められている。

◇個別に購入することが可能であるか否かを顧客に示す

◇パッケージ化する場合としない場合を顧客が比較することが可能となるよう，それぞれの重要な情報について提供する

　要するに，顧客がそれらの金融商品・サービスをパッケージとして購入する場合と，単品で購入する場合のメリット・デメリットを把握・理解・比較できるようにすべきだということであろう。この点について，前述の森金融庁長官の講演では，貯蓄性保険商品を例に次のような指摘がなされている。

　例えば，貯蓄性保険商品の販売であれば，これまでは，「この商品は，死亡保障と資産運用を同時に行うお客様のニーズに応えたパッケージ商品です」という説明だったのでしょうが，顧客の立場に立てば，個別の債券・投信と掛捨ての保険を別々に購入した場合とのコストの比較を顧客に理解してもらった上で投資判断をしてもらう必要があるのではないでしょうか。

〔出所〕「日本の資産運用業界への期待」（日本証券アナリスト協会　第8回国際セミナー「資産運用ビジネスの新しい動きとそれに向けた戦略」における森金融庁長官基調講演）

　さらに，原則5の（注5）で，情報の重要性に応じたメリハリをつけた説明に加えて，「同種の金融商品・サービスの内容と比較することが容易となるよう配慮」した説明も求めている点も留意すべきであろう。

　ここでいう「同種の金融商品・サービス」としては，「例えば，同じ指数に連動するETFと公募投信」が該当すると説明されている（「金融庁の考え方」番号127～129）。その際，「自社で取り扱っているか否かに関わらず，顧客が内容を比較することが容易となるよう配慮すべき」との見解も示されている（同前）。自社で取り扱っていない金融商品・サービスをどのように比較するの

か，実務上，工夫が必要となるだろう。

（6）原則6「顧客にふさわしいサービスの提供」

> 原則6．金融事業者は，顧客の資産状況，取引経験，知識及び取引目的・ニーズを把握し，当該顧客にふさわしい金融商品・サービスの組成，販売・推奨等を行うべきである。
>
> （注1）金融事業者は，複数の金融商品・サービスをパッケージとして販売・推奨等する場合には，当該パッケージ全体が当該顧客にふさわしいかについて留意すべきである。
> （注2）金融商品の組成に携わる金融事業者は，商品の組成に当たり，商品の特性を踏まえて，販売対象として想定する顧客属性を特定するとともに，商品の販売に携わる金融事業者においてそれに沿った販売がなされるよう留意すべきである。
> （注3）金融事業者は，特に，複雑又はリスクの高い金融商品の販売・推奨等を行う場合や，金融取引被害を受けやすい属性の顧客グループに対して商品の販売・推奨等を行う場合には，商品や顧客の属性に応じ，当該商品の販売・推奨等が適当かより慎重に審査すべきである。
> （注4）金融事業者は，従業員がその取り扱う金融商品の仕組み等に係る理解を深めるよう努めるとともに，顧客に対して，その属性に応じ，金融取引に関する基本的な知識を得られるための情報提供を積極的に行うべきである。

〔出所〕「顧客本位の業務運営に関する原則」

　金融事業者に対して，顧客の属性を踏まえて，その「顧客にふさわしい金融商品・サービス」の提供を求めるのが，原則6である。

　原則6は，顧客の属性を踏まえた適切な金融商品・サービスの提供という観点では，金融商品取引法上の適合性原則（金融商品取引法40条1号）との類似性・関連性が指摘できるだろう。事実，パブリックに寄せられた意見の中にも，原則6と適合性原則との関係を指摘するものが見受けられた（「金融庁の考え方」番号148，150，151など）。

　しかし，類似性・関連性があるといっても，金融商品取引法上の適合性原則の「不適当と認められる」販売・勧誘の禁止と，原則6の「ふさわしい金融商品・サービスの組成，販売・推奨等を行うべき」との間には，大きな差があると考えられる。私見だが，法令上の「ミニマム・スタンダード」として「ダメなものは売ってはならない」（適合性原則）が存在し，その上に原則6に基づ

く「ベストプラクティス」として「最もふさわしいものを提供する」があるのだという整理も可能ではないかと思われる。

　さらに，金融商品取引法上の適合性原則は，販売・勧誘を対象とした規制であるが，原則6の対象には，「販売・推奨等」だけではなく，「組成」が含まれている点が注目される[17]。これはEUのMiFIDⅡなどを意識したものと思われる。その結果，商品の販売に携わる金融事業者（証券会社，銀行など。以下，「販売業者」）だけではなく，組成に携わる金融事業者（運用会社など。以下，「組成業者」）も，原則6の射程範囲に含まれ得ると考えられる。組成業者が，具体的に何をするべきかについては，原則6の（注2）に規定されている。具体的には，次の通りである。

> ①商品の組成に当たり，商品の特性を踏まえて，販売対象として想定する
>   顧客属性を特定する
> ②販売業者においてそれに沿った販売がなされるよう留意する

　上記①は，商品の組成に当たって，その商品をどのような顧客に販売することを想定するのか，特定することである。

　上記②は，そうした組成業者の想定に沿った販売を，販売業者が行っているかに留意することである。各社の置かれている状況等によっては常に妥当するとは限らないが，上記②のために組成業者が取り得る具体的な対応方法としては，例えば，次のものが想定されるようだ（「金融庁の考え方」番号143，144）。

> 　「組成を行う金融事業者として，販売を行う金融事業者より想定される顧客層についての情報を可能な限り取得する手段をとった上で，当該販売を行う金融事業者ごとにその説明態勢，営業態勢及び内部管理態勢等を確認し，当該販売を行う金融事業者への卸販売の可否を審査する」
> 　「組成に携わる金融事業者は，当該金融商品の全般的な特性，複雑性等を，販売に携わる金融事業者に明確に提示し，当該金融商品に対して一般的に適合性を有する最終顧客を特定」し，「販売に携わる金融事業者を通

じて，この情報をターゲットとなる最終顧客に開示する」

　「組成に携わる金融事業者は，金融商品提供時もしくは定期的なレビューの実施時に，販売に携わる金融事業者の協力の下に，可能な限りの顧客属性等のヒヤリングを行うことや，一例として，基本契約等で双方の契約上の責務を確認すること」

　私見だが，上記②の反射的な効果として，販売業者においても，その商品の販売・推奨等が，組成業者が特定した顧客属性を有する顧客に対して行われるように（それ以外の顧客には行われないように）対応することが求められる可能性があるだろう。

　具体的な場面を想定した対応として，原則 6 の（注 1 ）では，前記原則 5 の（注 2 ）と同様に，複数の金融商品・サービスをパッケージとして販売・推奨等する場合の取扱いが示されている。

　ここでは，パッケージを販売するに当たって，パッケージ全体が当該顧客にふさわしいかについて留意することを求めている。すなわち，パッケージよりも，単品での販売の方がふさわしい顧客に対して，いわば抱き合わせ販売のようにパッケージを販売・推奨等するべきではない，という趣旨であろう。

　さらに，原則 6 の（注 3 ）は，販売・推奨等しようとする金融商品・サービスが，本当に「顧客にふさわしい金融商品・サービス」であるか否かを判断する上で，特に慎重な審査が求められるケースとして，次の二つの場合を例示している。

◇複雑又はリスクの高い金融商品の販売・推奨等を行う場合
◇金融取引被害を受けやすい属性の顧客グループに対して商品の販売・推奨等を行う場合

　ここでいう「金融取引被害を受けやすい属性の顧客グループ」とは，「一般には，取引経験や金融知識の少ない顧客」が想定されている（「金融庁の考え方」番号149）。

（7）原則7「従業員に対する適切な動機づけの枠組み等」

> 原則7．金融事業者は，顧客の最善の利益を追求するための行動，顧客の公正な取扱い，利益相反の適切な管理等を促進するように設計された報酬・業績評価体系，従業員研修その他の適切な動機づけの枠組みや適切なガバナンス体制を整備すべきである。

〔出所〕「顧客本位の業務運営に関する原則」

　原則7は，原則2～6の取組みを推進するためのプリンシプルと位置づけられている（「金融庁の考え方」160）。具体的には，次のものを顧客本位の業務運営を促進するように設計することを求めている。

> ◇報酬・業績評価体系，従業員研修その他の適切な動機づけの枠組み
> ◇適切なガバナンス体制

　原則7は，「顧客本位の業務運営」を「経営者のみならず，現場の営業職員まで浸透させる」[18]という観点から，「報酬・業績評価体系，従業員研修その他の適切な動機づけの枠組み」を適切に整備することを求るものである。

4．「顧客本位の業務運営に関する原則」を採択し，取組方針を公表した金融事業者（2017年6月末）

（1）採択金融事業者リストの公表

　2017年7月28日，金融庁は，「『顧客本位の業務運営に関する原則』を採択し，取組方針の公表を行った金融事業者のリスト（平成29年6月30日時点）」（以下，採択金融事業者リスト）を公表した。

　金融庁は，金融事業者が「顧客本位の業務運営に関する原則」を受け入れた場合でも，いつまでに取組方針を策定・公表すべきかについて，特段，策定期

限を設ける予定はないとしていた（「金融庁の考え方」番号43）。ただし，「本
年（筆者注：2017年）6月末から当面四半期ごとに，取組方針を策定した金融
事業者の名称とそれぞれの取組方針の URL を集約し，金融庁ホームページに
おいて公表」（「定着に向けた取組み」3頁）する予定であるとしていた。

　そのため，第一回公表のタイミングで，どれだけの金融事業者が「顧客本位
の業務運営に関する原則」を受け入れ，取組方針を策定するかが，注目されて
いた。

（2）取組方針を公表した金融事業者

　採択金融事業者リストによれば，2017年6月末までに「顧客本位の業務運営
に関する原則」を採択し，取組方針を公表した金融事業者の数は469であった
（2017年8月1日追加公表分を含む）。その内訳は，図表12-3の通りである。

図表12-3　取組方針を公表した金融事業者（業態別）

業態		公表数
都市銀行等		50
	都市銀行	4
	信託銀行	8
	その他の銀行	11
	銀行持株会社	6
	外国銀行支店	18
	信託会社	3
地域銀行及びその銀行持株会社		101
	地方銀行	57
	第二地方銀行	32
	その他の銀行	1
	銀行持株会社	11
協同組織金融機関		6
	信用金庫	5
	労働金庫	1
保険会社等		74
	生命保険会社	39
	損害保険会社	14

	少額短期保険業者	7
	乗合代理店	13
	損害保険代理店	1
金融商品取引業者等		238
	第一種金融商品取引業者	133
	第二種金融商品取引業者	7
	投資運用業者	85
	投資助言・代理業者	8
	指定親会社	1
	金融商品仲介業者	3
	適格機関投資家等特例業務届出者	1
合計		469

〔出所〕採択金融事業者リスト（2017年6月末時点）を基に大和総研金融調査部制度調査課作成

図表12-4　取組方針の公表率（業態別）

業態	公表件数（a）	免許，許可，登録等件数（b）	公表率（a/b）
都市銀行	4	4	100%
信託銀行	8	16	50.0%
地方銀行	57	64	89.1%
第二地方銀行	32	41	78.0%
信用金庫	5	264	1.9%
生命保険会社	39	41	95.1%
損害保険会社	14	52	26.9%
第一種金融商品取引業者	133	289[注]	46.0%
第二種金融商品取引業者	7	875[注]	0.8%
投資運用業者	85	355[注]	27.2%
投資助言・代理業者	8	466[注]	1.7%

（注）金融商品取引業者については同一の業者が複数の業態の登録を受けている場合がある。そのため，便宜上，各業態の登録件数について，次のような処理を行っている。
　　　第一種金融商品取引業者：全登録件数
　　　第二種金融商品取引業者：第一種金融商品取引業又は投資運用業の登録を受けている者を除く登録件数
　　　投資運用業者：第一種金融商品取引業の登録を受けている者を除く登録件数
　　　投資助言・代理業者：第一種金融商品取引業，第二種金融商品取引業又は投資運用業の登録を受けている者を除く登録件数
〔出所〕採択金融事業者リスト（2017年6月末時点）を基に大和総研金融調査部制度調査課作成。免許，許可，登録等件数については，下記金融庁ウェブサイト（2017年8月2日時点）に基づいている。
　　　http://www.fsa.go.jp/menkyo/menkyo.html
　　　なお，それぞれのデータの時点は下記の通り。
　　　都市銀行，信託銀行，地方銀行，第二地方銀行　平成29年4月1日現在
　　　信用金庫　平成29年1月23日現在　（信金中央金庫は含まない）
　　　金融商品取引業者　平成29年6月30日現在

　持株会社，外国金融事業者，代理店など，幅広い業種が，取組方針を公表していることがわかる。その一方，信用組合，銀行代理業者，貸金業者，資金移動業者などは，リストに確認できなかった。

　図表12-4は，主要な業態における取組方針の公表率である。

　一律に判断することはできないが，全般に，規模が大きく，かつ，リテール業務を行っている事業者が多い業態ほど公表率が高く，規模が小さい，又はリテール業務を行っていない事業者が多い業態ほど公表率が低くなっている傾向が見受けられるように思われる。

（3）金融庁のコメント（投資信託販売に関するKPI）

　金融庁は，採択金融事業者リストの公表に併せて，「金融事業者による原則の採択等の状況について」と題するコメントを発表した。

　その中で，金融庁は，多くの金融事業者が「原則」を採択し，取組方針を策定，公表したことと共に，「顧客本位の業務運営の定着度合いを客観的に評価できるようにするための成果指標（KPI）についても一定数の金融事業者が公表しました」として，「こうした動きを歓迎いたします」と評価している。

　成果指標（KPI）については，「定着に向けた取組み」以来，金融庁として重点的に金融事業者に働きかけてきたものと考えられる。これを受けて，公表された取組方針の中から，もっぱら投資信託に関わるものであるが，次のようなものを好事例として紹介している。

　（参考）KPIの好事例と考えられるもの
・投資信託の販売額上位10銘柄
・投資信託販売に占める毎月分配型の販売額とそれ以外との比較
・投資信託残高に対する分配金の割合
・投資信託販売額に占める自社グループ商品の比率
・インベスターリターン^{（※）}と基準価額の騰落率との差
※日々のファンドへの資金流出入額と，期首及び期末のファンドの純資

産額から求めた内部収益率を年率換算したもの。

〔出所〕金融庁「金融事業者による原則の採択等の状況について」（平成29年7月28日）

　これらの好事例を紹介した上で，金融庁は「各金融事業者におかれましては，上記のような好事例なども踏まえながら，まだ取組方針やKPIを公表していない金融事業者についてはその公表を，既に公表している金融事業者については，必要に応じてその更なる改善に努めていただくようお願いいたします」と呼びかけている。

　その意味では，これらの好事例が，この時点における一種の「ベストプラクティス」と評価されたものと考えられよう。今後の金融事業者による取組方針にも影響を及ぼすことが想定される。

5．証券会社の対応状況

　2017年6月末までに「顧客本位の業務運営に関する原則」を採択し，取組方針を公表した証券会社（第一種金融商品取引業者）は133社[19]であった。そのうち，取組方針をウェブサイト上に掲載している132社[20]を対象に対応状況を見てみる。

（1）原則1への対応

　原則1「顧客本位の業務運営に関する方針の策定・公表等」については，132社中110社（83.3％）において記載が確認できた。他の原則と比較して記載している業者が少ないが，取組方針そのものを策定・公表したことをもって，

図表12-5　取組方針に関する開示内容

①「方針」の策定・公表	110社
②「方針」に係る取組状況の定期的な公表	79社
③「方針」の定期的な見直し	76社

〔出所〕各社の取組方針（2017年6月末時点）を基に大和総研金融調査部制度調査課作成

原則1に対応したと判断しているケースもあるのかもしれない。取組方針に関する開示内容は，図表12-5の通りである。

取組方針の策定・公表については，明確に定めているものの，取組状況の公表や，方針の見直しについては，必ずしも明確に定めていない業者も多いことがわかる。

取組方針の見直し（③）について記載している76社でも，見直しの頻度については，単に「定期的」，「適宜」，「随時」とのみ定めている業者がほとんどであり，頻度を明記しているのは8社のみであった。そのうち7社は，「金融庁の考え方」に沿って年1回の見直しを予定している[22]。

（2） 原則2への対応

原則2の「顧客の最善の利益の追求」については，132社中130社（98.5％）において記載が確認できた。

その内容は，それぞれの業者の置かれている立場（対面か，ネットか，独立系か，金融グループ系か，など）によって多様である。例えば，「顧客の最善の利益」についての考え方も，「中長期的な資産形成」，「利便性」，「コスト」，「品揃え」など多岐にわたっている。

その他，原則2が「企業文化として定着するよう努めるべき」と規定しているのを受けて，自社の企業文化や企業風土などについて言及する事例もあった（31社）。地域社会や地方への貢献等について記載する業者も一定数（36社）確認できた。

（3） 原則3への対応

原則3の「利益相反の適切な管理」については，132社中125社（94.7％）において記載が確認できた。ただ，利益相反「管理」について記載している業者は，132社中110社（83.3％）あったものの，利益相反の「特定」，「把握」などに関して明記している業者は，132社中76社（57.6％）にとどまった。

さらに，抽象的な文言にとどまる事例も多く，具体的に利益相反を「管理」

図表12-6　利益相反に関する開示内容

①利益相反の管理方法

情報の遮断	1社
部署等の分離	1社
利益相反の説明・開示	14社
取引の中止	7社
審査等の手続	26社
その他	11社

②利益相反の可能性が特定，把握される局面

手数料に関わる利益相反	19社
グループ会社に関わる利益相反	49社
法人営業に関わる利益相反	7社
その他の利益相反	11社

〔出所〕各社の取組方針（2017年6月末時点）を基に大和総研金融調査部制度調査課作成

する手法や，利益相反の可能性が「特定」，「把握」される局面について明記している業者は，限られている（図表12-6）。

　もっとも，第一種金融商品取引業者は，既に法令（金融商品取引法36条2項）に基づき，利益相反管理方針の策定などが要求されている。既に法令に基づく利益相反管理方針を定めていることから，「顧客本位の業務運営に関する原則」の取組方針では，概略のみを記載したというケースも多いのかもしれない。

（4）原則4への対応

　原則4「手数料等の明確化」については，132社中129社（97.7％）において記載が確認できた。もっとも，その記載内容は多種多様である。

　比較的，多かったのは，手数料等について説明・情報提供を行う手段について記載している事例で，132社中70社（53.0％）で確認できた。具体的には，契約締結前交付書面（52社），目論見書（47社）といった法定書面を掲げているケースが多い。自社ホームページ，ウェブサイトで説明・情報提供するという業者も25社あった。

その他, 自社が受領する手数料等が何の対価であるかについて記載する事例も132社中52社 (39.4%) で確認できた。

(5) 原則5への対応

原則5「重要な情報の分かりやすい提供」については, 132社中128社 (97.0%) において記載が確認できた。

提供する主な「重要な情報」としては, 例えば, 図表12-7のようなものが見受けられた。

「顧客本位の業務運営に関する原則」が例示する「重要な情報」の中では, 「販売・推奨等を行う金融商品・サービスの基本的な利益 (リターン), 損失その他のリスク, 取引条件」を掲げている業者が多い。

同原則が例示するものであっても, それ以外の事項は, 明示的に掲げる業者は多くない。特に, 「複数の金融商品・サービスをパッケージとして販売・推奨等する場合」や「同種の金融商品・サービスの内容」との比較については極端に少ない。

同原則が例示する情報以外では, 「アフターフォロー, アフターサービス」 (30社), 「経済状況, 市場動向」 (25社) などがあった。

重要な情報の提供の方法としては, 年齢, 知識, 経験など顧客属性 (68社), 複雑さやリスクなど商品属性 (40社) に応じて, 説明方法を工夫するとする業者が, 比較的, 多く見られた。

図表12-7 提供する主な「重要な情報」

リスク, リターン, 取引条件	102社
商品, サービスの選定理由	21社
利益相反の可能性, 内容	12社
パッケージ化商品・サービスの取扱い	6社
同種の商品・サービスの比較	7社
アフターフォロー, アフターサービス	30社
経済状況, 市場動向	25社

〔出所〕各社の取組方針 (2017年6月末時点) を基に大和総研金融調査部制度調査課作成

（6）原則6への対応

　原則6「顧客にふさわしいサービスの提供」については，132社中125社（95.7％）において記載が確認できた。

　原則5と明確に区分せずに記載されている事例も多いことから明言はできないが，知識，経験など顧客属性を把握し，ふさわしい商品・サービスを提供する旨を記載している事例が多かった（115社）。特に，複雑又はリスクの高い金融商品（45社）や，高齢者など金融取引被害を受けやすい顧客（21社）については，慎重に対応する旨を記載している事例も確認できた。

　他方，何をもって「ふさわしい」と考えているかを明記している業者は限定的であった。例えば，「顧客満足度」，「利便性」，「コスト」，「安定的資産形成」，「長期・積立・分散」などを掲げる事例もあったが，いずれも10社未満であった。

　具体的な対応策としては，「不適切な場合には勧誘・販売・口座開設などを行わない」（30社），「アフターフォローを行う」（29社），「社内体制，社内手続などを整備する」（20社）などがあった。近年の状況を反映して，少数ではあるが，「ロボ・アドバイザー」，「FinTech」，「NISA」に言及する事例もあった。

　原則6は，販売業者のみならず，組成業者に対しても「商品の特性を踏まえて，販売対象として想定する顧客属性を特定するとともに，商品の販売に携わる金融事業者においてそれに沿った販売がなされるよう留意すべき」ことを求めている。第一種金融商品取引業者においても，132社中18社（13.6％）において組成・開発等に関する記述が確認できた。ただ，具体的な方策まで踏み込んで記載している事例は少なく，例えば，組成業者が販売会社の体制・手続を検証・確認する旨を記載している事例や，グループ内の組成業者と販売業者が連携する旨を記載している事例が確認されたくらいであった。

（7）原則7への対応

　原則7「従業員に対する適切な動機づけの枠組み等」については，132社中

図表12-8　適切な動機づけを行うための報酬・業績評価体系

手数料，収益に偏らない	34社
預かり資産の増加を反映	31社
コンプライアンス要素を反映	16社
新規顧客・顧客基盤の拡大を反映	14社
顧客の利益を反映	5社
顧客満足度を反映	4社
その他	20社

〔出所〕各社の取組方針（2017年6月末時点）を基に大和総研金融調査部制度調査課作成

130社（98.5％）において記載が確認できた。

そのうち「報酬・業績評価体系」については101社で言及されていた。「報酬・業績評価体系」の設計の考え方について，より具体的に踏み込んだ記述を行っているのは63社あり，その内訳は図表12-8の通りである。

「従業員研修」や「社員教育」などについては104社で言及されていた。具体的な研修・教育等の内容については，コンプライアンスや企業倫理（「顧客本位の業務運営に関する原則」やその対応方針を含む）（38社），商品やサービスなどに関する知識・スキル（34社）を挙げる業者が多かった。

「適切なガバナンス体制」に言及する業者は31社にとどまった。具体的な内容まで説明している事例は，わずか13社であった。その中には，ガバナンスというよりは，社内管理体制のことを説明している事例も散見された。そうした中，取締役会によるモニタリング等（4社。うち1社は社外取締役についても言及），外部者によるチェック等（4社）を行う旨を説明している業者もあった。

（8）成果指標（KPI）

取組方針の中で「成果指標」，「KPI」について明記する第一種金融商品取引業者は，非常に限られており，132社中5社（3.8％）であった。「成果指標」や「KPI」という言葉は直接使っていないものの，実質的に成果指標（KPI）について言及していると考えられる業者を合わせても，11社（8.3％）にとど

まった。

　限られたサンプルの中ではあるが，成果指標（KPI）として比較的多く採用されているものとしては，「預かり資産の増加」（5社），「顧客満足度」（5社），（従業員等の）「資格取得」（4社）が挙げられる。

終りに

　金融庁が進めようとするプリンシプルベース・アプローチ，コンプライ・オア・エクスプレインによる「顧客本位の業務運営」が機能する大前提は，金融事業者が自主的にこれを受け入れ，自ら考え，行動することである。その意味で，第一回公表の時点で，証券会社を含む多くの金融事業者が採択・公表を行ったことは，歓迎すべきことである。

　もっとも，公表された取組方針を見る限り，多くの事例において，確かに工夫の跡は見受けられるものの，真にその業者のオリジナリティを感じさせるものは，少数に留まるというのが筆者の印象である。中には，複数の業者で似たような内容や言い回しが認められるケースや，単に「顧客本位の業務運営に関する原則」の内容をなぞっただけのようなケースも認められた。

　とはいえ，最初から「満点」の取組方針が策定されることを期待することは妥当ではない。まずは多数の金融業者が「顧客本位の業務運営に関する原則」を受け入れて，取組方針を策定・公表したこと自体を素直に評価すべきであろう。

　各社が，策定した取組方針に沿った業務運営が行われているかを検証し，必要に応じて取組方針の見直しを行うなど，「ベストプラクティス」を目指して，PDCAサイクルを回し続けることが，「顧客本位の業務運営」が定着する上で重要であると考えられよう。

＜注＞

1）　本稿脱稿後の2017年10月と2018年1月に金融庁は「顧客本位の業務運営に関する原則」を採択し，取組方針を公表した金融事業者のリストを更新している。例えば，協同組織金融機関等による受入れが大幅に改善したこと（6社→109社），金融商品取引業者等による受入れもさらに進んだこと（238社→452社），KPI の好事例として「投資信託における長期・積立・分散投資の状況」が掲げられていることなどが確認できる。

2）　西村あさひ法律事務所〔2017〕，1003頁など

3）　平成28年11月25日開催金融審議会「市場ワーキング・グループ」（第10回）議事録，齋藤市場課長（金融庁）発言など。

4）　平成28年12月20日開催金融審議会「市場ワーキング・グループ」（第12回）議事録，上柳委員（弁護士）発言など。

5）　松尾〔2016〕，39頁

6）　松尾〔2016〕，39頁。松尾〔2011〕，364-65頁，黒沼〔2016〕，525頁なども参照。

7）　平成29年3月3日開催第38回金融審議会総会・第26回金融分科会合同会合議事録，齋藤市場課長発言。

8）　「定着に向けた取組み」，3頁。なお，「金融庁の考え方」60も参照。

9）　平成29年3月3日開催第38回金融審議会総会・第26回金融分科会合同会合議事録，齋藤市場課長発言参照。

10）　平成29年3月3日開催第38回金融審議会総会・第26回金融分科会合同会合議事録，齋藤市場課長発言。

11）　有吉尚哉〔2017〕参照。

12）　有吉尚哉〔2017〕参照。

13）　平成29年3月3日開催第38回金融審議会総会・第26回金融分科会合同会合議事録，齋藤市場課長発言。

14）　平成29年3月3日開催第38回金融審議会総会・第26回金融分科会合同会合議事録，齋藤市場課長発言。

15）　その他，平成28年10月5日開催金融審議会「市場ワーキング・グループ」（第6回）議事録，永沢委員（Foster Forum 良質な金融商品を育てる会）発言なども参照。

16）　この点，「資産運用の専門家が，個人の安定的な資産形成に資すると勧める特徴を持った投信」（「日本の資産運用業界への期待」（日本証券アナリスト協会　第8回国際セミナー「資産運用ビジネスの新しい動きとそれに向けた戦略」における森金融庁長官基調講演））とされる積立 NISA の対象投資信託の要件の一つとして，「信託報酬等の費用のうち当該保有者に対応する部分の金額を，累積投資勘定での保有期間を通じて，通知すること」が掲げられていることが注目される（「租税特別措置法施行令第二十五条の十三第十三項の規定に基づき内閣総理大臣が財務大臣と協議して定める要件等を定める件」）。

17）　これは組成業者と販売業者が同一グループに属する場合に限らず適用されるものと解されている（「金融庁の考え方」141）。

18）　平成29年3月3日開催第38回金融審議会総会・第26回金融分科会合同会合議事録，齋藤市場課長発言。

19）　この中には，有価証券関連業を営まないものを含んでいる。

20）　他の1社は，策定した取組方針を店頭に設置しているとのことである。

21）　集計に当たっては，大和総研　中村文香研究員に多大なご協力をいただいた。ここに深謝の意を表する。

22）　他の1社は，半年ごとに検証を行う旨（公表は年1回）を定めている。

＜引用・参考文献＞

有吉尚哉〔2017〕，「顧客本位営業原則への対応　フィデユーシャリー・デューティーNo.11」，『金融ファクシミリ新聞』第7030号，3月21日

黒沼悦郎〔2016〕，『金融商品取引法』有斐閣，10月

西村あさひ法律事務所〔2017〕，『ファイナンス法大全〔全訂版〕上』商事法務，8月

橋本卓典〔2016〕，『捨てられる銀行』講談社現代新書，5月

＿＿＿＿〔2017〕，『捨てられる銀行2　非産運用』講談社現代新書，4月

松尾直彦〔2011〕，『金融商品取引法』商事法務

＿＿＿＿〔2016〕，「『フィデューシャリー・デューティー』の法的な義務付けは不要」，『金融財政事情』，9月26日号

金融庁「金融審議会　市場ワーキング・グループ報告　〜国民の安定的な資産形成に向けた取組みと市場・取引所を巡る制度整備について〜」（WG報告書）（平成28年12月22日）
　http://www.fsa.go.jp/singi/singi_kinyu/tosin/20161222-1.html

金融庁「顧客本位の業務運営に関する原則」（平成29年3月30日）
　http://www.fsa.go.jp/news/28/20170330-1.html

金融庁「コメントの概要及びコメントに対する金融庁の考え方」（「金融庁の考え方」）（平成29年3月30日）
　http://www.fsa.go.jp/news/28/20170330-1/01.pdf

金融庁「『顧客本位の業務運営に関する原則』の定着に向けた取組み」（「定着に向けた取組み」）（平成29年3月30日）
　http://www.fsa.go.jp/news/28/20170330-1/03.pdf

金融庁「『顧客本位の業務運営に関する原則』を採択し，取組方針を公表した金融事業者のリストの公表（第1回）について」
　http://www.fsa.go.jp/news/29/sonota/20170728/fd_kouhyou.html

平成28年10月5日開催金融審議会「市場ワーキング・グループ」（第6回）議事録
　http://www.fsa.go.jp/singi/singi_kinyu/market_wg/gijiroku/20161005.html

平成28年11月25日開催金融審議会「市場ワーキング・グループ」（第10回）議事録
　http://www.fsa.go.jp/singi/singi_kinyu/market_wg/gijiroku/20161125.html

平成28年12月20日開催金融審議会「市場ワーキング・グループ」（第12回）議事録
　http://www.fsa.go.jp/singi/singi_kinyu/market_wg/gijiroku/20161220.html

平成29年3月3日開催第38回金融審議会総会・第26回金融分科会合同会議事録
　http://www.fsa.go.jp/singi/singi_kinyu/soukai/gijiroku/20170303.html

「日本の資産運用業界への期待」（日本証券アナリスト協会　第8回国際セミナー「資産運用ビジネスの新しい動きとそれに向けた戦略」における森金融庁長官基調講演）
　http://www.fsa.go.jp/common/conference/danwa/20170407/01.pdf

資料　わが国証券業界の変化と動向
―最近20年間―

はじめに

　本資料は，最近20年間のわが国証券業界において看取されたビジネス上の変化について事実経過を整理するものである。対象期間を最近20年間に特定した理由は，以下の2点にある。

　第一に，1990年代後半から証券業界への新規参入・退出が相次いだことである。この結果，多様な業務特性を持った業者が入れ代わり立ち代り現われて，証券業界の担い手に大きな変化が起こっている。

　第二に，1998年の「金融システム改革法」により証券業の開業規制は免許制から登録制へ移行したが，それと同時に「専業義務」（言い換えれば兼業規制）が撤廃され，また株式委託手数料が完全自由化されたことにより，既存の証券会社においても，多様なビジネス展開が可能になった。

　その結果，日本証券業協会（以下，「日証協」あるいは単に「協会」と略す）に加入する協会員の顔ぶれについても，伝統的な証券業務をほとんど営まない業者が散見される。さらにまた，新規参入業者のみならず既存の証券会社についても，業務内容の中軸が変化し，これを反映して純営業収益を構成する収入項目のウェイトが変化していることも看取されるようになった。

　要するに，1990年代末を境に，わが国証券業界における競争のルールが根本的に変わったのである。競争の舞台（提供する商品やサービス）は広くなり多様なビジネス展開が可能になった一方で，競争の主体は絶えず交代のリスク（活発な参入と退出）にさらされるようになったのである。

　以下，次節において，最近20年間の参入と退出の状況を概観する。その中間時点にあたる2007年には「金融商品取引法」が施行され，翌年には「リーマン・ショック」による相場の激変が起こっている。このため，参入・退出状況についても前半と後半にわけて，事実関係を整理している。

　次いで2節では，日証協の協会員をいくつかの分類基準によって類型化している。前述のように，多様な業務特性と経営方針を持った業者が混在するようになったため，①業務特性と②支配株主構成を主要な分類基準として，全協会員を類型化してみた[1]。こうした類型化によって，多様な業務の伸長（あるいは収縮）がどの類型の業者によって主導されているか，また多様な営業領域がある中で，個々の営業分野において競争関係にあるのはどの類型の業者であるのか，といった具体的な競争関係が理解できるようになるだろう。

　そこで3節では，類型ごとの純営業収益や純資産等の若干の財務数値について，2007年と2016年の2時点の比較を行ってみた。こうした時点比較によってどの類型が伸長（あるいは収縮）しているかが理解できる。

　次いで4節では，この20年間の純営業収益を構成する収入項目の推移を類型別に概観する。

　最後の5節では，「その他手数料」に焦点を当てて，やや詳しく検討してみた。業務の多様化は，結果として収入面に反映されるはずである。専業義務の撤廃によって本来業務以外の業務への多角化が進展したとすれば，それは証券業務に関連する収入以外の収入，すなわち「その他手数料」や「その他営業収益」の拡大という形で反映するはずだからである。

　ちなみに，個社別の純営業収益やその構成，販売管理費，貸借対照表などについて，非上場証券会社の場合にはディスクロージャー誌（「業務及び財産の状況に関する説明書」）等で開示されているが，全社が開示しているわけではない。そこで，本稿で利用した数値については，個社の財務データではなくグルーピングした財務データを日証協から提供されたものであることをあらかじめお断りしておく[2]。

1．証券業界への参入と退出の状況

　証券会社は，証券業務を運営する上で日証協に加入し，その自主ルールを遵守しなければなららい。裏返せば，日証協への加入と脱退の状況は，証券業務への新規参入と退出の状況を反映していることになる。すなわち，証券会社としての登録と日証協への加入，自主廃業や登録取消しは日証協からの脱退と同義である。

　もっとも，2007年9月施行の「金融商品取引法（以下，金商法と略）」により，協会定款が変更され，加入要件が「証券会社」から「第一種金融商品取引業者」へと変更されたこと等により，以前とは異なる事情が出てきた（後述）。そこで，この前後で2つに分けた参入・退出状況の表を作成してみた。図表資料-1，図表資料-2がそれである。

　図表資料-1は，金融監督庁が発足した1998年7月から金商法が施行される直前の2007年6月までの9年間を対象期間にしたもので，退出は171社（自主廃業等94，合併・事業譲渡77），参入198社で27社の増加となっている。年平均19社が退出し，22社が参入した勘定になる。

　他方，2007年4月から2017年3月までの10年間をみると，退出は139社（自主廃業等61，合併・事業譲渡等59，登録取消し9，変更登録8，組織変更2），参入は91社（新規登録68，変更登録16，組織変更3，協会加入4）で48社の減少となっている。年平均で14社が退出し，9社が参入した勘定となっている。退出と参入の頻度が少なくなってきたこと，とりわけ新規登録の数が減少している。この結果，20年間の前半では参入が退出を上回り，後半ではそれが逆転している。

　金商法が施行された2007年前後を境にして，協会への加入と脱退に関連していくつかの変化があった。

　第一は，証券業を主たる業務としない業者が増えてきたことである。

　協会へ加入するためには，「第一種金融商品取引業」として登録する必要が

図表資料-1　参入・退出の状況──1998年7月〜2007年6月まで

		1998年度	1999年度	2000年度	2001年度	2002年度	2003年度	2004年度	2005年度	2006年度	累計
参入	新規登録（免許を含む）	29	30	26	14	14	7	13	43	22	198
	うち外国証券	7	9	4	2	4	1	3	2	0	32
退出		31	21	23	18	28	17	7	11	15	171
内訳	合併（事業譲渡含む）	15	7	14	7	10	7	4	8	5	77
	うち外国証券	0	0	4	0	0	0	0	5	5	14
	自主廃業（登録取り消しを含む）	16	14	9	11	18	10	3	3	10	94
	うち外国証券	1	9	5	4	10	5	3	1	0	38
純増減		−2	9	3	−4	−14	−10	6	32	7	27
	うち外国証券	6	0	−5	−2	−6	−4	0	−4	−5	−20

（注1）年度は金融監督庁（現金融庁）の事業年度。当年7月〜翌年6月までの1年間
（注2）1998年度については，11月までは免許14社，12月以降は登録15社。
〔出所〕『金融監督庁の1年』，『金融庁の1年』各年版により作成

図表資料-2　参入・退出の状況──2007年4月〜2017年3月まで

		2007年度	2008年度	2009年度	2010年度	2011年度	2012年度	2013年度	2014年度	2015年度	2016年度	合計
参入		24	18	7	10	1	3	5	5	6	12	91
内訳	新規登録	21	11	7	6	1	3	3	4	2	10	68
	変更登録	1	6	0	2	0	0	2	0	3	2	16
	組織変更	2	1	0	0	0	0	0	0	0	0	3
	協会加入	0	0	0	2	0	0	0	1	1	0	4
退出		10	15	24	19	17	29	7	4	9	5	139
内訳	合併（事業譲渡含む）	3	6	12	10	5	13	2	2	3	3	59
	自主廃業	4	6	11	8	7	12	5	2	4	2	61
	登録取り消し	1	1	0	0	3	3	0	0	1	0	9
	登録変更	1	1	1	1	2	1	0	0	1	0	8
	組織変更	1	1	0	0	0	0	0	0	0	0	2
純増減		14	3	−17	−9	−16	−26	−2	1	−3	7	−48

（注1）年度は当年4月〜翌年3月。2007年4月〜6月は図表資料-1の2006年度と一部で重複する。
（注2）対象は「第1種金融商品取引業」であって，かつ「有価証券関連業」の登録業者である。
〔出所〕『金融庁の1年』各年版および日本証券業協会『協会員の移動状況等』により作成

ある（ただし，店頭金融先物取引業[3]は除かれている）。しかし，登録したからといって証券業を実際に営む必要はないようである。実際，協会員の中には，ほとんど証券業務を営んでいない業者もある。したがって，その業務収入として，委託手数料，引受手数料，募集手数料や証券売買益がゼロの業者もいるのである。こうした業者の収入の多くは「その他手数料」や「その他営業収益」，「証券以外の（たとえば外為）」売買益から構成されている。

　これに関連して，投信やファンドの組成業者である「投資運用業」の登録業者があらためて「第一種金融商品取引業」の登録をして，日証協に加盟するような事例が最近増えてきたのである（これが変更登録による参入である）。

　他方，協会から脱退する場合には，以前は会社を清算する場合が多かったのだが，証券業を廃業して登録を抹消するが，会社は存続し「第二種金融商品取引業」や「投資助言業」へ変更登録する事例も目立ってきた。1998年の登録制と同時に導入された専業義務の撤廃（兼業の原則自由）によって，証券業の登録をしても，それ以外の業務を主とする業者が出現することは予想されたことではあるが，金商法施行以来，目立ってそうした事例が増えてきたのである。

　第二の変化は，外国証券会社の国内法人化である。金商法施行にともない「外国証券業者法」も金商法に統合され，外国証券会社も第一種金融商品取引業者となった。これ以降，白書『金融庁の一年』は，登録状況の記述について国内証券会社と外国証券会社の区別を行っていない。他方，日証協による外国証券会社の定義（「外国法人」の協会員）は，設立根拠法に基づいている。すなわち，海外の法律に準拠して設立された証券会社が「外国法人」であって，わが国では「支店」形態での進出となるため外国証券会社東京支店を「外国法人」の協会員と定義している。

　しかし，国内法人化により，外国証券会社東京支店はどんどん少なくなり，2006年3月末には39社あったものが，1年後には32社と減り，2017年11月末現在（本稿執筆現在），わずか10社となっている。ゴールドマン・サックスをはじめとして海外の主要な大手投資銀行東京支店は，現在，現地法人の形態に変わっており，協会の定義からすると国内法人とされる。しかし，外資系証券会

社の営業分野はホールセールが主であり，その経営戦略や営業手法については親会社によるガバナンスが働いて，明らかに国内証券とは異なる態様をとっている。

　そうであれば，冒頭でみたように，多様化する業務分野の中で，どの業務分野において，どの属性の業者が競争し，どちらがコンプライアンスを適切に遵守しつつ効率的な業務展開を行っているのか，その結果，どの属性の業者のビジネスモデルが生き残っているのか，といった課題を検討する場合には，外国証券会社であるかどうかの区別は株主構成から判断すべきであろう。

２．業者の類型化

　そこで，日証協に加入する協会員について，開示資料，ホームページ，各種新聞雑誌などから，①主とする業務の内容と②支配株主を特定し，これに③規模別，④地域（本店所在）別の分類基準を加えて，類型区分を行ってみた。このうち，①は業務多様化に関連してどの業務がどの業者によって担われているかをみるためである。また②は，業務拡大・撤退・選択等の経営戦略や財務政策において株主によるガバナンスがどのように作用しているかをみるためである。

　上場証券の場合は「市場規律」が働くであろうが，非上場の場合には，大株主の属性（外資系，メガバンク系，地銀系，オーナー系）によってガバナンスが異なると考えられる。なお，持株会社グループでは，単体ベースで非上場であってもグループの支配的な子会社である場合には「上場証券」に含めている。

　このほか，③は国内証券，外資系証券ともに規模的に大きな格差があることから分類基準に加えたものである。④は，中小証券には地元に営業基盤を限定する業者が多く，競争エリアが特定されていることから地域別に類型区分しておいた方がよいからである。

　以上の類型化の分類基準を用いて，１年ごとに類型化を行ってみた。このう

ち図表資料-3は，金商法施行直前およびリーマン・ショック以前の2007年３月末時点の類型分類表である。他方，図表資料-4は，直近の2016年３月末時点の類型分類表である（2017年３月期の類型化の作業は未完成のため前年のものを用いている）。

　ここで若干の説明を加えておこう。2016年３月末の「独立系大手」とは野村，野村フィナンシャル・プロダクツ・サービシズ，大和の三社，「メガバンク系」とはSMBC日興，三菱UFJモルガンスタンレー，みずほ，SMBCフレンド，三菱UFJモルガンスタンレーPB，みずほグローバル・オルタナティブ・インベスツメンツである。2007年３月末時点における「独立系大手」および「メガバンク系」には統合前の母体会社を含めている。

　また，第一種金融商品取引業の登録をしていながら，証券業務を主たる業務としていない業者は「非伝統的ビジネス業者」として分類している（資産運用，ファンド組成や証券化，外為証拠金＝FX業務）。また証券業ではあるが，比較的新しい業務（PTS，店頭デリバティブ業務，プライベートエクィティ業務，金融商品仲介受託業務など）や新しい形態のサービス（ネット証券）を提供している業者も「非伝統的ビジネス業者」に含めている。

　さて，これをみると，リーマン・ショックのような相場の激変にさらされつつ参入・退出が繰り返された結果，2007年３月末時点と比較して社数が増えたものは，地銀系証券，資産運用やファンド組成を主たる業務とする業者であることがわかる。逆に社数が大きく減った類型は，中小証券（とりわけ東京本店）ならびに外資系中堅・中小の証券プロパー業者であることがわかる。

　また，図表資料-5は，類型間の変更を見たものである。この間，本社移転（東京への移転が多い），業態転換（FX業への転換が多い），株主の交代（外資による買収，株式公開，メガバンクや地銀による買収）等がみられ，類型間の移動は18社を数える。

図表資料-3　類型分類表（2007年3月末）

類型	社数		伝統的証券ビジネス	非伝統的ビジネス
独立系大手	5		4	1
銀行系	15		15	0
		メガバンク系	7	0
		地銀系	5	
		その他銀行系	3	
上場証券	16		16	
外資系	69		46	23
		大手投資銀行（従業員上位10社）	12	
		資産運用・ファンド・証券化・金融仲介		18
		ネット		1
		FX		1
		PTS		3
		中堅・中小	34	
中堅・中小証券	143		143	
		東京	57	
		関東甲信越	12	
		大阪	12	
		関西（大阪除く）	13	
		中部東海	18	
		北陸	11	
		中国	6	
		四国	6	
		九州・沖縄	4	
		北海道・東北	4	
日系非伝統的	60			60
		資産運用		1
		ファンド組成		8
		証券化・流動化		6
		ネット		11
		FX		17
		PTS		4
		そのほか証券関連業		10
		そのほか		3
合計	308		224	84

（注1）外資系業者には，国内法人化のため準備会社を登録し，登録が2重になっている業者が5社ある。このため，大手投資銀行12社は実質10社，中堅中小証券は実質31社，会員業者総計は実質303社となる。

（注2）「その他証券関連業」はプライベートエクィティ業6社，金融仲介受託業2社，店頭デリバティブ業2社。

（注3）インスティネット（PTSと重複）は独立系大手の「非伝統的ビジネス」にカウントし，PTSには含めていない。ICAP東短（PTSと重複）も，その他証券関連業（店頭デリバティブ）に含め，PTSには含めていない。

（注4）シティグループによる日興コーディアルのTOBは短期間で三井住友銀行へ売却されたため，日興コーディアル（現SMBC日興）は「外資」に含めず独立系大手に含む。

〔出所〕各社開示資料，ホームページ，新聞雑誌報道などにより作成

図表資料-4　類型分類表（2016年3月末）

類型	社数		伝統的証券ビジネス	非伝統的ビジネス
独立系大手	3		2	1
銀行系	23		22	1
		メガバンク系	5	1
		地銀系	14	
		その他銀行系	3	
上場証券	16		16	
外資系	64		34	30
		大手投資銀行（従業員上位10社）	10	
		資産運用・ファンド・証券化・金融仲介		22
		ネット		3
		FX		3
		PTS		2
		中堅・中小	24	
中堅・中小証券	83		83	
		東京	20	
		関東甲信越	9	
		大阪	8	
		関西（大阪除く）	9	
		中部東海	13	
		北陸	8	
		中国	3	
		四国	6	
		九州・沖縄	4	
		北海道・東北	3	
日系非伝統的	60			60
		資産運用		5
		ファンド組成		10
		証券化・流動化		6
		ネット		9
		FX		16
		PTS		6
		そのほか証券関連業		3
		そのほか		5
合計	249		157	92

（注1）野村フィナンシャル・プロダクツ・サービシズ（店頭デリバティブと重複）は独立系大手の「非伝統的ビジネス」に，またみずほグローバル・オルタナティブ・インベストメンツ（資産運用と重複）はメガバンク系「非伝統的ビジネス」にカウントし，日系非伝統的ビジネスの該当分類には含めていない。

〔出所〕図表資料-3に同じ

図表資料-5　**類型間の移動――2007年4月～2017年3月まで**

	2007年度	2008年度	2009年度	2010年度	2011年度	2012年度	2013年度	2014年度	2015年度	2016年度	合計
類型移動	2	3	5	2	2	3	1	0	0	0	18
内訳　本社移転（東京へ）	1	1	1	1							4
FXへ	1	1	1	1	1	1					6
外資系へ		1	1		1	2					5
上場証券へ							1				1
メガバンク系へ			1								1
地銀系へ			1								1

〔出所〕図表資料-3に同じ。

3．類型ごとの社数と規模

　次に，社数，純財産，売上高（純営業収益），コスト（販売管理費），役職員などの規模につき，2007年と2016年の2時点を比較して，類型ごとの増減をみたものが図表資料-6である。図表資料-6は，図表資料-3，資料-4に依拠しつつ，顧客層の共通性や業務特性の面から，大きく3つにくくり直している（①大手およびホールセール主体，②リテール主体，③非伝統的ビジネス主体）。

　これによると，全体として社数は54社（実質）の純減，純資産合計は8兆円から7.5兆円の若干の減少，製造業の売上高に相当する純営業収益はほぼ変わらず，販売管理費と役職員は1割弱の減少となっている。リーマン・ショックの打撃は，ほぼ消えたと考えてよいだろう。ところが，担い手である業者の数が大きく減少している。

　これを類型別にみると，次のようになろう。

〔大手証券およびホールセール主体の類型グループ〕

　新大手5社（独立系，メガバンク系大手）は，経営統合により社数は減っているが，純資産，純営業収益，販売管理費，役職員の規模についてはむしろシェアを高めている。ここでは独立系，メガバンク系を合算しているが，これ

図表資料-6　類型区分別の社数と規模（2007年3月末vs2015年度末）

	社数		純資産 （10億円）		純営業収益 （10億円）		販売管理費 （10億円）		役職員	
（大手およびホールセール主体）										
新大手5社	9	5	46.4%	46.7%	48.03%	50.42%	43.28%	50.07%	48.04%	53.32%
そのほか銀行系	3	3	0.6%	0.7%	0.1%	0.3%	0.2%	0.3%	0.2%	0.2%
外資系	41	34	28.6%	21.2%	29.8%	19.9%	34.0%	16.5%	15.7%	8.9%
合計	53	42	75.7%	66.1%	78.0%	70.6%	77.4%	66.9%	64.0%	62.4%
（リテール主体）										
上場証券	16	16	7.3%	7.4%	7.2%	6.3%	7.6%	7.6%	12.8%	13.6%
銀行系	7	16	2.6%	4.7%	2.4%	3.3%	2.0%	3.8%	3.6%	5.6%
中堅・中小証券	143	83	7.5%	6.5%	5.5%	3.1%	6.5%	4.0%	13.3%	9.2%
合計	166	115	17.3%	18.6%	15.1%	12.7%	16.0%	15.5%	29.7%	28.4%
（非伝統的ビジネス主体）										
日系	61	62	6.6%	14.3%	6.8%	14.6%	6.1%	14.9%	5.8%	7.1%
外資系	23	30	0.2%	1.0%	0.6%	2.2%	0.7%	2.8%	0.6%	2.2%
合計	84	92	6.9%	15.4%	7.3%	16.7%	6.8%	17.7%	6.4%	9.2%
総計（社，10億円，人）	303	249	8,015	7,474	4,040	4,038	3,043	2,799	94,909	87,117
主な非伝統的ビジネス業者										
資産運用／ファンド／証券化（日系）	15	21	0.23%	1.08%	0.2%	2.2%	0.2%	2.8%	0.4%	1.4%
同上（外資系）	18	22	0.14%	0.89%	0.5%	2.0%	0.5%	2.5%	0.4%	1.9%
日系ネット	11	9	4.51%	6.34%	4.5%	6.6%	3.4%	4.8%	1.8%	2.7%
日系FX	17	16	0.34%	1.13%	0.6%	1.4%	0.8%	1.3%	1.2%	1.3%

（注1）左は2007年3月末，右は2015年度末の数値。2014年4月以降，決算年度は3月期決算を義務付けられなくなったため2015年度末としている。ただし，依然として2016年3月期決算が多い。

（注2）新大手5社は野村，大和，SMBC日興，三菱UFJモルガンスタンレー，みずほの5社（2007年3月はこれら5社に統合された母体各社）。その他銀行系は，新生，あおぞら，しんきんの各証券3社。銀行系はメガバンク系の2社（SMBCフレンド，三菱UFJモルガンスタンレーPB）および地銀系の合計。また大手独立系，メガバンク系各1社（野村ファイナンシャルプロダクツサービス，みずほグローバルオルタナティブ）は業務特性の観点から非伝統的ビジネスに含めている。社数は重複を調整した実質ベースであり，営業休止中の業者は除く。

〔出所〕二上〔2018〕，表3。

を分けてみると，メガバンク系の伸長度合いが高いのである（三井住友銀行による SMBC 日興の買収を考慮しても結論は変わらない）。

　他方，外資系の伝統的証券では，社数も純資産，営業規模もともに減少している。この類型では，リーマン・ショックの打撃が大きく，これへの対応から撤退あるいは事業規模の縮小へと進んだ。ただ，2014-15年をボトムに再び，回帰して再進出あるいは営業拡大に転じているが，リーマン・ショック以前には戻るに至っていない。

　〔リテール類型のグループ〕

　このグループでは銀行系の社数の増加，純資産や純営業収益などの営業規模のシェア上昇がみられる。特に地銀系証券の社数は５社から14社へと急増している。またメガバンク系のリテール２社についても営業規模のシェア拡大がみられる。

　これと対照的に中堅・中小証券の社数は激減しており，これに伴って純資産や純営業収益など営業規模のシェアも低下している。上場している証券会社についてはほぼ横ばいとなっている。

　〔非伝統的ビジネスのグループ〕

　このグループは，業務特性が極めて多様で，共通性は少ない。そこで，より細分化された類型グループごとにみてみよう。図表資料-6の下半分には，主な非伝統的ビジネス業者として，資産運用・ファンド組成・証券化の業者（日系および外資系），日系のネット証券，日系の FX 業の４類型を掲げている。

　このうち日系ネット証券と FX 業はリテール業者と顧客層が重なっており，競争関係にある。社数は増えておらず減っているが，純資産，純営業収益など営業規模のシェアは上昇している。

　他方，資産運用等の類型グループは，日系，外資系ともに社数が増加し，営業規模のシェアも上昇している。この類型グループは，既存の業者と重なることは少なく，強いていえば大手証券およびホールセール業者の顧客層と部分的に重なる。

　全体として，非伝統的ビジネスのグループは，社数，営業規模ともに存在感

を高めているのである。

4．純営業収益の推移と類型別の収入構成

　以上のように，類型ごとの社数，営業規模の動向が，２時点間比較だけではあるが，おぼろげにイメージできたと思う。そこで，この間の業務内容の変化を反映すると思われる収入構成の変化を概観し，これがどのような類型グループの営業活動によってもたらされたのかを考えてみよう。

　図表資料-7は，この20年間の純営業収益の金額およびこれを構成している収入項目のウェイトの推移をみたものである。純営業収益は証券会社の売上高に相当するもので，その構成項目は受入手数料（①委託，②引受，③募集，④その他の各手数料）と⑤トレーディング損益および⑥金融収支（金融収益―金融費用）からなる。

　これによると，1998年３月期から前半10年間の純営業収益は，年平均２兆45百億円，後半は３兆９百億円で，後半の方が多くなっている。

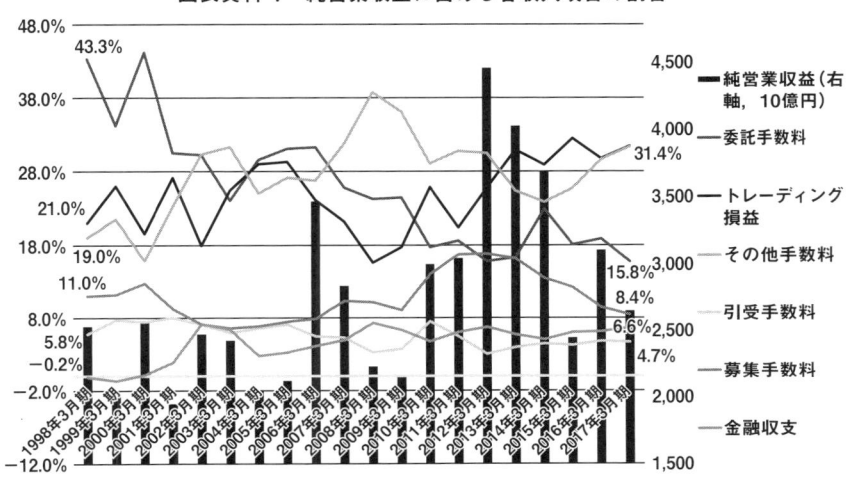

図表資料-7　純営業収益に占める各収入項目の割合

〔出所〕日本証券業協会『統計情報（業界編）』「会員の決算概況」より作成

　収入項目をみると，委託手数料は43.3％→15.8％へ一貫して低下している。この間，株式委託売買高は増えていたのだから，この低下はもっぱら手数料率の低下による。これに対して，著しく増えたのは，「その他手数料（19.0％→31.4％）」および「トレーディング損益（21.0％→31.4％）」である。

　「その他手数料」および「トレーディング損益」について前半，後半各10年間についてその年平均金額と純営業収益に占める割合をみると，「その他手数料」は前半（75百億円，25％），後半（96百億円，29.9％），同じく「トレーディング損益」は前半（71百億円，24.1％），後半（84百億円，26.3％）と増えており，純営業収益に占めるウェイトも上昇していることがわかる。

　他の収入項目についてみると，募集手数料が増加している点が注目される。もっとも，募集手数料はほとんど投信販売から得られるもので，その収入としては募集手数料の他に代行手数料もあるため，これを一体的に検討する必要がある。そして代行手数料は「その他手数料」に含まれるため，いずれにしても，子細に検討すべきは「その他手数料」ということになる。

　そこで，純営業収益の構成項目につき類型グループごとに20年間にわたって時系列的に追跡してみれば，どの類型グループによってこうした収入構成の変化（換言すればビジネスの変化）がもたらされたのか，理解できるのであるが，これに関連する数値は，完全には得られていない。

　そこで，すでに公表されている資料を借用して検討してみよう。図表資料-8は，やや古く（2014年度），分類範囲もやや異なるが，類型別にどれほど収入構成が違っているのかをみるためには意味があるだろう。

　これによれば，全体として「トレーディング損益」および「その他手数料」のウェイトが高くなっているが，このウェイトの高さは，トレーディング損益では国内大手証券5社と上場証券でトレーディング損益のウェイトが高いことによってもたらされていること，「その他手数料」では外資系の証券プロパーや資産運用関連の非伝統的ビジネス業者でそのウェイトが高いことからもたらされていることが分かる。他の類型においてもウェイトの高いグループがみられるが，純営業収益のシェアの高さを勘案すると，そのように考えてよいと思

図表資料-8　類型別収入構成

会員名	社数	委託手数料	引受手数料	募集手数料	その他手数料	トレーディング損益	金融収支	その他営業収益
総計	251	18.07%	4.26%	12.23%	25.69%	32.50%	6.02%	1.23%

〔伝統的証券ビジネス〕

会員名	社数	委託手数料	引受手数料	募集手数料	その他手数料	トレーディング損益	金融収支	その他営業収益
大手およびホールセール	46							
独立系大手	3	14.32%	5.71%	15.07%	18.40%	44.41%	2.09%	0.00%
メガバンク系	3	11.82%	8.68%	14.85%	15.67%	44.44%	4.24%	0.30%
その他銀行系	3	5.12%	5.64%	3.43%	5.54%	77.78%	2.49%	0.00%
外資系大手	16	16.83%	1.68%	0.35%	59.93%	8.40%	12.49%	0.32%
外資系中堅・中小	21	36.19%	0.40%	0.52%	53.83%	−11.54%	17.38%	3.21%
国内リテール	116							
上場証券など	18	25.26%	0.91%	26.20%	10.57%	34.55%	2.46%	0.05%
中堅・中小	85	48.33%	0.18%	14.06%	8.03%	23.50%	5.08%	0.83%
地銀系証券	13	19.13%	0.09%	32.23%	19.32%	28.46%	0.77%	0.00%

〔非伝統的ビジネス〕

会員名	社数	委託手数料	引受手数料	募集手数料	その他手数料	トレーディング損益	金融収支	その他営業収益
日系非伝統的ビジネス	60							
ネット	8	43.21%	0.68%	3.15%	6.93%	16.33%	29.36%	0.33%
資産運用	5	0.00%	0.00%	0.85%	99.17%	0.00%	−0.04%	0.01%
ファンド組成	10	8.71%	0.00%	3.14%	39.98%	47.81%	0.01%	0.36%
証券化・流動化	7	2.95%	0.00%	22.42%	65.39%	9.01%	0.23%	0.00%
FX	15	21.16%	0.00%	0.03%	5.66%	71.19%	−0.24%	2.21%
PTS	7	66.80%	0.00%	0.00%	12.59%	0.26%	0.01%	20.34%
そのほか	8	3.49%	0.00%	3.67%	72.85%	0.70%	1.98%	17.30%
外資系非伝統的ビジネス	29	1.02%	0.00%	0.10%	62.24%	2.04%	−0.13%	34.73%

（注1）　独立系大手には野村フィナンシャル・プロダクツ・サービシズを含む。外資系大手は伝統的証券ビジネス業者の内，従業員100人以上，中堅・中小は100人未満で分けている。

（注2）　メガバンクリテール証券2社は上場証券16社と合算している。

（注3）　みずほグローバル・オルタナティブ・インベストメンツは日系「資産運用」に含めている。

（注4）　日系「ファンド組成業者」のトレーディング損益は特定の1社の債券トレーディング損益等によるもので，それを除けばゼロである。

（注5）　外資系非伝統的ビジネス業者29社の内訳は「資産運用」21社，「ネット専業」2社，「FX専業」4社，「PTS専業」2社である。

〔出所〕二上〔2016〕，表2-2

われる。

　このうちトレーディング損益はトレーディング業務の規模の大きさを反映しているとは必ずしも言えない。トレーディング損益は相場動向等によって大きく左右され自己売買の大きさに比例するとは限らないからである。トレーディング損益の推移からトレーディング業務の特徴を推測できるためには，時系列的なデータが必要である。

　そこで，以下では，これに次いでウェイトの高い「その他手数料」に焦点を当て，この収入をもたらしている業務特性について推論してみよう。

5．その他手数料の収入源

　図表資料-9は，同じく2014年度の「その他手数料」の商品別内訳ならびに「その他営業収益」につき，これをもたらした業務内容を推定したもの（上段）と各類型のシェアを算出したもの（下段）を転載した表である。

　「その他手数料」の商品別内訳の構成割合は，その6割近くが「その他」，1/4が受益証券であり，残りの2割弱が債券と株式にかかわるものである。しかし，どのような業務を収入源にしているのか，明示した資料は存在しない。したがって，図表資料-9は各社の開示資料，ホームページ（会社概要など）その他から，収入源泉となる業務内容を類推したものである。

　まず，株式にかかわる「その他手数料」の収入源泉として，伝統的なビジネスとしては有価証券管理業務関連の手数料（具体的には信用取引にかかわる事務管理手数料）が考えられる。その論拠は，信用取引顧客の受注を集めているネット証券のシェアが比較的高いためである。また外資系大手のシェアが高いが，これについては「店頭エクィティデリバティブ」関連の手数料と推論する。

　同様に，債券にかかわる「その他手数料」の収入源泉としては，債券や金利の店頭デリバティブであると推論する。

　受益証券にかかわる「その他手数料」については，運用会社から販売証券会

図表資料-9　「その他手数料」「その他営業収益」に関連するビジネス

	その他手数料				その他営業収益
	株	債券	投信	その他	
伝統的ビジネス	口座管理手数料（主として信用取引関係）		代行手数料		
非伝統的ビジネス	店頭エクィティデリバティブ	店頭債券デリバティブ		コーポレートアドバイザリー（M＆A等）店頭クレジットデリバティブ	債券レポ仲介
				運用報酬（委託者報酬，運用受託報酬）FX委託手数料	
その他手数料およびその他営業収益の類型別業者シェア	外資系大手16社59.7%	外資系大手16社84.1%	外資系大手16社1.7%外資系資産運用・ファンド・証券化およびネット専業計23社6.3%	外資系大手16社38.0%外資系資産運用・ファンド・証券化およびネット専業計23社11.3%	
	外資系，小計62.6%	外資系，小計86.8%	外資系，小計8.1%	外資系，小計49.3%	
	メガバンク系3社13.6%独立系大手3社9.7%日系ネット8社5.8%	メガバンク系3社5.6%独立系大手3社3.3%	独立系大手3社41.9%メガバンク系3社25.4%上場証券16社11.3%日系ネット8社3.5%	独立系大手3社17.7%日系資産運用・ファンド・証券化22社13.2%メガバンク系3社10.7%	

（注1）独立系大手は野村フィナンシャル・プロダクツ・サービシズも含め3社。
（注2）店頭債券デリバティブには「金利スワップ」も含まれると思われるが，確認できていない。
（注3）日系資産運用にはみずほグローバル・オルタナティブ・インベストメンツを含む。
〔出所〕二上〔2016〕，表8

社に支払われる「代行手数料」と考えてよいと思われる。その根拠としては，投信のリテール販売に積極的な国内証券のシェアが高いことが挙げられる。

　最後に6割近くを占める「その他」にかかわる「その他手数料」であるが，これらの収入は，各社開示資料その他から判断して，①M&A等にかかるコーポレート・アドバイザリー報酬，②クレジット・デリバティブに関連する手数料，③資産運用にかかる報酬（委託者報酬や運用受託報酬等），④取引所FXの委託手数料，⑤保険販売手数料，⑥親会社からの顧客斡旋手数料，⑦親会社への業務サポートに係る手数料などから構成されていると推論する。

　このうち①のコーポレート・アドバイザリー報酬は，M&Aのアドバイザリーランキングから判断して外資系および独立系・メガバンク系大手によってほとんど占められていると想定される。

　次いで，②のクレジット・デリバティブは先の店頭エクィティデリバティブや債券デリバティブ（あるいは金利スワップ）と合わせて，リーマン・ショック後に急減，その後低迷しているが，これと歩調を合わせるように外資系のシェアが低下していることを論拠としている。③の運用報酬は，投資運用業者が変更登録により第1種金融商品取引業者として協会に加盟したことから統計上，表面化し，シェアが上昇したものと推論する。④の取引所FXにかかる委託手数料は，ネット証券，FX業者のシェアに反映されている。

　FXに関しては，業者により「委託手数料（その他）」に計上する場合も考えられる。FX業者の委託手数料への依存度が比較的高いのは，取引所FXの委託手数料を経理上，そのように勘定処理しているためであり，加えて日経225等の証券関連の市場デリバティブの委託取引もあるためだろう。

　なお，FXにかかる注文執行は店頭仕切り売買によって行われる部分が多いことから，これにかかる収入はトレーディング損益（「その他」）に計上される。FXやネット証券のトレーディング損益への依存度が比較的高いのはそのためであろう。

終りに

　日本版ビッグバン以降のわが国証券業界は，それ以前と比べて「競争のルール」が全く変わってしまった。その変化のポイントとして冒頭で言及したように２点（新陳代謝の活発化と業務の多様化）を挙げた。

　これを勘案して，具体的にどのような競争実態になっているのかをみるために，日証協の協会員を①業務特性ならびに②支配株主の面から類型化した。そして，広くなった業務領域のうち，セグメントされた個別営業分野における競争がどの類型の業者によって展開されているのか，その結果としてパフォーマンスを見ようとしたのである。

　この目的を達成するためには，少なくとも純営業収益を類型ごとに集約し，それを時系列的に作成したデータによって検討する必要がある。この小稿では，2014年度だけのデータだけでどこまで説明できるか，試論的に検討したに過ぎない。その意味で，究極の目的に至る中間的な作業であったことをお断りして，末筆とする。

＜注＞

1 ）　なお，類型化の作業は未完であって，2007年以降2016年までの９年間についてのみ完了している。

2 ）　一時点（2014年度）だけではあるが，業者を類型化し，純営業収益の占有率や構成項目，取引動向等から，類型ごとの営業活動の特徴を類推したことがある。二上〔2016〕，「証券会社経営分析について」，同「証券会社経営分析の資料」日本証券業協会（http://www.jsda.or.jp/shiryo/chousa/files/160622keieibunseki.pdf）。また，時系列的な検討を加えたものとして二上〔2018〕，「証券会社経営の時系列的分析」および同「資料」日本証券業協会（本文は，http://www.jsda.or.jp/shiryo/chousa/files/20180131keieibunseki.pdf。　資　料　は，http://www.jsda.or.jp/shiryo/chousa/files/20180131keieibunsekisiryo.pdf）。

3 ）　たとえば，店頭 FX（外為証拠金）取引業者は金融先物取引業協会に加盟しなければならないが，日証協に加盟する必要はない。しかし，市場デリバティブに定義される取引所 FX や証券を対象とした CFD（Contract for Difference）を手掛ける場合は日証協に加入する必要がある。

変貌する金融と証券業

平成30年4月27日　発行 ©

定価（本体3,000円＋税）

編　者　　　　証 券 経 営 研 究 会

発行者　公益財団法人　日本証券経済研究所

東京都中央区日本橋茅場町1‐5‐8
（東京証券会館内）　〒103-0025

電話　03(3669)0737代表

URL：http://www.jsri.or.jp/

印刷所　奥 村 印 刷 株 式 会 社
東京都北区栄町1‐1　〒114-0005

ISBN 978-4-89032-054-7